何孝荣，1966年生，江苏省涟水县人。南开大学历史学院研究员，南开大学故宫学与明清宫廷研究中心主任，博士生导师，历史学博士。中国明史学会理事，中国宗教学会理事，中华大藏经续编（汉文部分）编委，香港孔子学院兼任研究员。研究明清史、中国佛教史、故宫学，在中国大陆、台湾、香港等地出版独著《明代南京寺院研究》、《明代北京佛教寺院修建研究》、《清史十五讲》，二人合著《中国帝王后妃外传》明代卷、《明代文化研究》、《清史纪事本末》第二卷，点校《金陵梵刹志》、《金陵玄观志》，发表论文八十余篇。主持国家重大出版工程项目及国家社科基金项目、教育部人文社会科学研究项目等多项。

明清历史的多个方面，进行系统研究，筚路蓝缕，取得了丰硕的成果。

新中国成立以后，特别是改革开放以来，学术界在马列主义理论指导下，继承老一辈学者的信实学风，汲取西方学术研究的科学方法，解放思想，大胆探索，推动了明清史研究的不断深入。研究领域在不断扩大，研究水平在不断提高，明清史学逐渐形成充满朝气、欣欣向荣的繁荣景象。经过数十年的发展与积淀，时间已为我们留下了一些有价值的学术著作，这些著作资料翔实，论述严密，条理贯通，至今仍为许多学者所推崇。因此，将多年以来明清史研究著作纳入《文库》，重新修订再版，可使我们回顾明清史学研究的发展轨迹，促进 21 世纪明清史学术研究的深入发展。

故宫博物院和故宫出版社推出这套《明清史学术文库》还有一层特殊的意义，这就是故宫和故宫博物院在明清史研究中的特殊地位。故宫作为明清两代的皇宫紫禁城，在明清两朝的统治历史中，共有 24 位皇帝在此生活执政，使之在五百多年中成为全国的政治中心、文化中心，演绎出一幕幕兴衰史剧，几乎明清时期的每一个重大历史事件，都与宫廷发生着密切的联系。故宫几乎每一座宫殿、每一个院落、每一处山石，甚至每一口水井、一床一案，都有一段传奇经历，蕴含着独特的、浓厚的历史文化信息，涉及建筑、园林、历史、地理、文献、文物、考古、美术、宗教、民族、典制、礼俗等诸多学科与门类。这也是研究明清时期典章制度、宫廷建筑、宫廷生活等历史问题的专家学者不能不予以关注、不能不去考察体验的诸多社会历史领域。建立在以明清两代皇宫“原址保护”基础上的故宫博物院，兼容建筑、藏品与其中蕴含丰富的宫廷历史文化为一体，这一特点及优势，决定了它在整个明清史研究中有着独特的、不可替代的重要地位。而故宫的一切研究工作也离不开明清史学术界的辛勤劳动。

正是基于这种独特关系，故宫博物院与清史编纂委员会联合举办清史研讨会，与北京大学联合主办《明清论丛》，成立明清宫廷史研究中心和故宫学研究所，组织编纂明清史研究丛书，并资助出版一大批重要的明清史学术研究成果，受到学界的广泛赞许。以突出皇宫、皇权和皇帝等皇家文化研究的“故宫学”学术概念，也得到了学界的广泛关注。浙江大学、中国社会科学院研究生院等高校已开始招收这方面的硕士研究生，浙江大学成立了故宫学研究中心，南开大学成立了明清宫廷史与故宫学研究中心，台湾清华大学开设了“故宫学概论”课程等。所有这些，必将对故宫博物院的日常工作和学术研究，以及明清史学界的进一步发展，产生重要的推动作用。

故宫出版社作为故宫博物院的重要部门，一直把促进明清史和故宫学的研究作为自己义不容辞的责任和义务，做出了积极的努力，也取得了重要的成果。本次推出这套《明清史学术文库》，在整合、出版既有学术成果的基础上，通过深入地与专家、学者沟通，对明清史及故宫学研究涉及的一些问题进行专题探讨，以提高明清史和故宫学研究的理论水平，并向成为我国明清史研究成果的出版重镇不断迈进，其精神也值得赞扬。我们相信，通过故宫出版社与明清学术界的不断努力，明清历史研究必将取得更大的发展。

郑欣淼

2012年 7 月

总序二

一百年前的1912年，清朝覆亡，宣统帝退位，中华民国建立。标志着统治中国长达两千多年封建帝制的终结。中国历史迈开了前进的脚步，中国人民觉醒奋起，在近代化的征途上努力前进。

伴随着清王朝的覆灭，中国的一大批学者对中国封建社会的最后两个王朝——明朝和清朝的历史进行了认真、系统的研究，章太炎、梁启超、孟森、钱穆、萧一山、蒋廷黻、郭廷以、郑天挺、吴晗、罗尔纲、王钟翰等学术前辈在明清史处女地上披荆斩棘、辛勤耕耘，为明清史学的发展奠定了基础。改革开放以来，学术界百花齐放、百家争鸣，以马克思主义为指导不断地解放思想，积极吸收外国的研究思想和方法，使我国明清史的研究出现了前所未有的长足进步，涌现出一批有价值的学术著作。但在当时，中国或者尚在战乱时期，或者尚在建设的探索时期，经济贫穷，文化欠发达，学术著作的印刷数量不多，流传不广，不利于学术交流和明清史研究更深入的发展，故而故宫出版社将多年来明清史专题性研究著作纳入《明清史学术文库》，重新修订再版，力求涵盖民国以来各个时期的学术大家及其代表性著作，目的就在于将涉及政治、经济、文化、社会生活等方面的研究著作汇集一起，以此反映明清社会的整体状况，为学者深入研究明清时期的社会状况提供学术平台。

明清两代，时间长达五百多年之久，道路崎岖，变化迅速，人物和事件丰富繁多，是最接近今天现实的历史，生产力已有相当发展，居于当时世界各国的前列，社会结构和各种关系已相当复杂，人口众多，经济繁荣，交流频繁，财富充盈，各种事业兴旺发达。至康雍乾时期，中国历史发展到最高峰。但社会中的各个领域存在着缺陷，各种主客观条件尚未具备，整个社会唯以协同推进，阻力重重，举步维艰。所以未能进入近代化的轨道，中国坐失了西方世界在18世纪所抓住的社会进步的良好时机，这是中国的不幸，也是我们前几辈先人痛心扼腕、力图奋起直追的动力和原因。今天，我们正在建设中国特色的社会主义，成绩辉煌，但前途还有许多艰难曲折，需要我们奋斗拼搏，晚近明清历史上先辈们走过的崎岖道路值得我们回顾、反思、探索、研究，以利于后人的继续快步前进。

在中华民国成立以前，明清史虽已编纂了许多重要的档案资料，但研究尚在起步阶段，历史编纂中充斥着对本朝的歌功颂德和对前朝的诋毁。民国以后的明清史研究则有了重大的进步。

其进步主要可举出三个方面：

第一，改变了形而上学和英雄史观，逐渐以社会进步史观和马克思主义唯物史观来研究历史；改变了停滞不动、堆砌史料、罗列历史事实，不讲究前因和后果，不揭示历史发展的客观规律，强调英雄创造了历史而忽视人民群众的生产斗争、阶级斗争，不能给人以真实的历史知识的做法。历史是人类进步的活动，是人民群众艰辛创造和英勇斗争的进程。经济活动是人类社会的基础，而政治、军事、法制、文化、思想都是其上层建筑，将会或早或迟地随着经济基础的变化而变化。二十世纪初进步史观和马克思主义唯物史观的出现，大大改变和推动了中国历史研究，明清史研究领域出现了许多高水平的、科学的、实证的明清史著作。

第二，研究领域的扩大。自民国以来，明清史研究的领域不断扩大，不仅着重于帝王将相活动，不仅有内外战争、官场升贬、刑律惩治，也不仅宣扬封建的纲常伦理，还涉及到中央和地方的典章制度、兴废沿革、官阶序列、财政收支、赋税征收，人口的增减迁移，城镇的设置变迁；经济方面有农林牧副各业的状况，开垦和耕作记录，各种传统的手工业和商业，以至近代工厂、矿场的兴起，电报的设置，火车轮船的建造；军事方面，有八旗、绿营、团练、湘军、淮军以至北洋水师、小站练兵等；文化方面，既有诗文词赋、绘画书法、人物传记，又有昆曲、京剧、小说、唱本各种民间艺术；加之民族、法制、科学、宗教、城市、乡镇、风俗习惯、生态海洋等方面。各种研究无所不包，覆盖了各个社会历史领域，使得每朝的史书类似于百科全书型的著作，可以阅读和寻找到各种各样的知识。

第三，史料的整理和发展大为进步。民国以后，大内档案公之于世，其数量达一千万件以上，其中尤以清朝的档案与史料为多，它们的大量公开出版为后人提供了无穷的研究宝藏。档案和各种史料是认识和研究历史的重要载体，只有对它进行积累、分析、辨识、考证，才能揭示出历史的真相。近百年来，收集、保存、整理和利用这些珍贵的历史资料取得了很大的成绩，使我们对五百多年的明清历史有了许多新的重要的发现和认识。

故宫出版社作为故宫博物院的下属部门，把服务和促进明清史和故宫学研究作为自己的责任和义务，并为此做出了不懈的努力，坚持资助出版《明清史论丛》，还抽出人力、物力出版了《明代宫廷史研究丛书》等一批颇具特色的明清史著作，逐渐成为明清史研究成果的一个重要的出版阵地，为明清史研究的深入发展，作出了积极贡献。相信本丛书的出版，无论对史学工作者还是普通的史学爱好者，都是一个极大的便利，必将对明清史学术知识和研究的深入发展与广度普及，产生积极的影响。

戴逸

2012年7月

目　录

序　一

何孝荣同志的博士生毕业论文《明代南京寺院研究》，经论文答辩委员鉴定及同行评议审阅后，一致认为是一篇优秀的著作。概括言之，有以下四点。

一曰选题新颖。此前研究佛教的著述为数颇多，但一般偏重于教义的阐释或寺院经济的探讨，对佛寺本身的研究则为数极微，而对一朝代一地区佛寺的个案研究则更寥若晨星。此文则独树一帜，别开生面，填补了佛教研究的空白。

二曰系统综合。本文作者运用了历史学、宗教学、政治学、经济学、文化学、社会学、教育学、文学、哲学以及建筑学等多学科、多角度的研究，对明代南京寺院的背景、兴废和分布、僧人来源与等级结构、佛学水平与儒学修养、寺院经济与制度、寺院建筑以及寺院对明代政治、经济、文化、民众生活等的作用和影响进行了全面、系统、深入、综合的考察，细致入微，新意迭出，令人信服。

三曰功力踏实。本文引用了大量文献资料，如正史、实录、地方志、寺院志、历朝高僧传、古人文集，旁及野史、小说等，以及近人考古发掘资料，计二百余种。对《明实录》、《金陵梵刹志》、《栖霞小志》、《牛首山志》、《献花岩志》、《摄山志》、《大明高僧传》、《补续高僧传》、《新续高僧传》等用力最勤，曾反复研读，还几次到南京各寺院进行实地访问和考察。在此基础上，分析考辨，去粗取精，使本文内容更加丰富翔实，立论更加坚实可信，足见作者的功力深厚和踏实。

四曰可资借鉴。本文在指出南京佛寺对社会的消极影响外，也公允地、实事求是地提出其另一方面的作用。如，佛寺兴建虽耗费大量资财，却增加了下层劳动人民的就业机会；佛教虽有麻痹人民斗志的一面，但稳定了社会秩序，对社会生产发展和人民生活也有一定积极效应；对藏传佛教的重视，对西藏僧人上层的封授，实现了对西藏的管理，一些藏僧到南京受封、讲道、交流教义，对加强民族团结、维护国家的统一也有一定作用等。有些评论者指出，这对我们今天制定民族政策和宗教政策也有现实借鉴意义。

至于结构严谨，文字通畅，学风踏实严肃，也是评议者看过论文后的印象。

还值得指出的是，作者并不因为答辩委员和同行评议专家对本文的好评而踌躇满志，停步不前，而是在答辩后又从头审查论文，重读有关史料，反复修改。如，为了写好《明代佛教政策》一节，作者两次通读二千九百余卷的《明实录》：写作前将江苏国学图书馆本《明实录》读过一遍，答辩后，为修改此节，又用将近两月时间，将台湾中研院史语所校勘本《明实录》读了一遍。作者还根据评议人及答辩委员的建议修改了一些不妥之处，又向一些佛教史专家请教，吸收他们的修改意见。这种锲而不舍、精益求精的精神和态度，令人赞赏。

在此文即将出版之际，我想起了杜牧的诗句“南朝四百八十寺，多少楼台烟雨中”。假如按本文作者这种写法，将南朝乃至北朝、隋唐宋元诸朝的寺院一一写出，那该是多么有学术价值的中国佛寺史啊！

杨志玖

1999年6月24日

序　二

宗教是人类历史上长期存在的一种社会现象，并且现在仍然广泛存在，将来还要长期存在下去，其影响相当深远。深入地开展宗教研究，无论在理论上，抑或在实践上，都有重要的意义。在中国历史上，最为盛行的宗教是佛教。对于研究中国历史的学者来说，把中国佛教作为重要的课题，是非常必要的。笔者自20世纪60年代进入大学以后，因受周围环境的影响，立志学习、研究有明一代的历史。随着学习、研究的进行，逐渐感受到了佛教在明代的盛行以及对明代政治、经济、文化、外交、社会生活、民族关系等方面的不可忽视的影响，领悟到了明史工作者必须对明代佛教进行深入的研究。但自知对佛学了解太少，面对艰深的佛教典籍望而生畏，迄今不敢全力投入这一领域的研究。而环顾学术界诸位大家，虽对明代佛教有所探索，并取得了熠熠生辉的成果，而殆因客观条件的制约和精力有限，少能将其注意全部集中于明代佛教，其专门以研究明代佛教名家者，也未能打破这一研究仅处于起步阶段的局面。从总体上看，有关明代佛教的论著数量太少，且多限于个别人物、典籍、宗派等的研究，有的甚至流于空泛，或者论点偏颇，不符合历史实际。这是令人遗憾的。笔者一直祈盼明史学界能在佛教研究方面下更大气力，不断写出有分量的论著，逐个专题步步深入，而后在综合研究上实现大突破。今有青年学者何孝荣，在攻读博士学位期间，怀远大志向，以初生牛犊不怕虎的精神，起而对明代南京寺院进行专门探讨，实为值得赞扬的大好事。

明代佛教这一课题，内容非常广泛。研究起来，只能从其中的某个方面（或名之曰子课题）入手。何孝荣博士选择了明代南京寺院，这是非常明智的。首先，明代佛寺虽多，但两京是其最为集中之地，其佛学水平也最高，影响广泛。研究南京佛寺，可在相当大的程度上了解明代佛寺的基本状况。其次，现尚存世的明代南京佛寺的文献资料、文物古迹以及口碑传说，数量颇多，为进行这一研究提供了条件。

何孝荣博士的这篇博士论文《明代南京寺院研究》长达三十多万字，凡分七章，论述了明代南京佛寺的兴盛原因、兴废和分布状况、各类建筑的配置、僧人的来源和等级结构、经济部门和财政收支、管理制度和佛事活动、对国家和民众生活的影响等，考察十分细致，读后令人对明代南京佛寺获得相当全面的认识，对明代佛教、明代社会有了更深的了解。这无疑是难能可贵的。论文在评论宗教的历史作用时，既能指出其消极影响，也不抹煞其积极作用，立论公允，闪耀着辩证唯物论的光辉。这一点尤其应该给予充分的肯定。

何孝荣博士为人聪慧，而更值得特别强调的是用功、勤奋。笔者与他相识已经十年，他留给笔者的印象几乎是时时处处与书本为伴。为了学习和探索历史问题，他舍得下笨功夫，能坐冷板凳；不怕忍耐饥渴劳累，奔波于有关图书馆和资料存放处；勤于问难，为了搞清一个细节，可以不辞千里专程访问有关专家。勤奋出天才。在写出这篇博士论文前，他已经在明清史研究上作出了不少引人注目的成绩，其发表的论文不断为有关报刊和论著转载、引用或获得奖励。这不是偶然的。这篇博士论文质量甚高，答辩时已受到答辩委员会的一致好评。这也不是凭空得来的。读者只要浏览一下论文后所附近二百种参考书目，读一读“后记”

中所写的艰苦调查、请教的情形，将会自然得出这一结论。

在这篇论文的“后记”中，何孝荣博士对笔者多有恭维之辞。作为其老师，当然在其撰写论文过程中发表过一些参考意见，这一点笔者不想否认。但实事求是地说，由于笔者对佛教所知甚少，对这篇论文的写作所起作用甚微，相反地，由于何孝荣博士做了大量研究，了解甚多，笔者在与其讨论时，反而所获甚多。所谓“教学相长”，诚为不虚。

何孝荣博士将这篇论文的写作，只当作其研究明代佛教的一个开始，将来还要继续研究有关的专题。笔者非常赞成，衷心地预祝他成功！笔者也希望有更多的学者加入明代佛教研究的行列！

南炳文

1999年9月8日

明代南京八大寺位置示意图

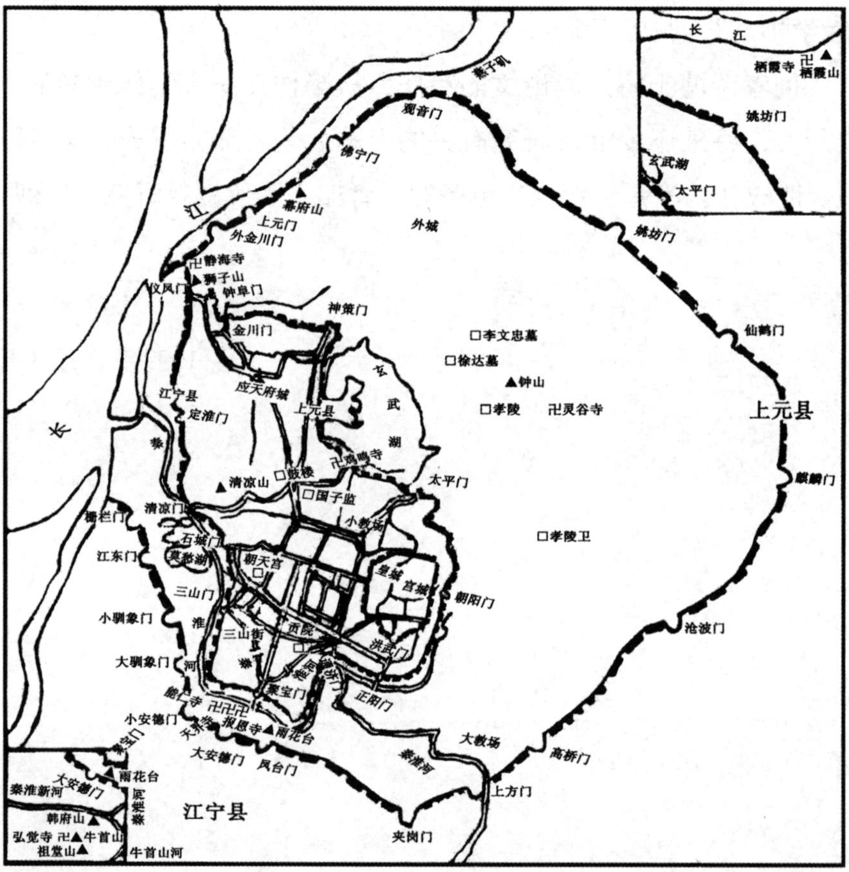

第一章　背景

明代南京寺院数量众多，殿堂崇丽，佛学兴盛，经济可观，制度完备，对南京乃至全国的政治、经济、文化以及民众生活都产生了重要影响。南京寺院各方面状况的形成，与明代的佛教政策、明代南京的社会状况以及南京的佛教和寺院传统有密切关系。

第一节　明代佛教政策

佛教起源于公元前 6 世纪至 5 世纪的古印度，约在公元前后的两汉之际开始传入中国，并对其后的中国政治、经济、文化、社会风俗等各方面都产生了重要影响。历代以来，佛教在中国的兴衰一直与统治者的佛教政策有很大关系。正如《元史》所说，“释、老之教，行乎中国也千数百年，而其盛衰，每系乎时君之好恶”[1]。寺院作为佛教的主要组织和存在形式，其盛衰无疑也与统治者的佛教政策密切相关。因此，研究明代南京寺院，必须首先探讨明代的佛教政策。

一　整顿和限制

明太祖朱元璋出生于元末濠州钟离（今安徽凤阳）的贫苦农家，因生计维艰，至正四年（1344 年），17 岁时出家为僧。至正

1 《元史》卷二〇二《释老传》。

十二年，朱元璋参加了元末农民起义。最终，他打败并起的群雄，推翻元王朝的统治，建立明王朝。作为一位当过数年僧人的皇帝，明太祖不仅对佛教有着割不断的情愫，而且深明佛教“阴翊王度”的作用，因此在位期间提倡、保护佛教。而对历代，尤其是元代兴衰经验教训的了解和元末佛教内部混乱的洞悉，又使他清楚必须整顿、限制佛教，才能使其更好地为明王朝服务。为此，洪武年间制定了一系列相关制度、法令，再经永乐年间补充和完善，从而形成了明王朝以整顿、限制为主，又加保护和提倡的佛教政策。其后，各朝多沿用明初制定的佛教政策，变更不大，只是执行时有所异同。但个别时期也曾禁绝和排斥佛教，对佛教整顿和限制尤烈。

（一）设置僧司衙门，严格住持选任

洪武元年，明太祖在设立世俗政府机构的同时，也成立了用于管理佛教事务的善世院，“以僧慧昙领释教事”[1]。善世院职掌，包括甄选名刹住持、统领和管制全国僧人、参与给发僧人度牒等。洪武十四年十二月，善世院裁撤，由中书省及其辖下的礼部等世俗衙门管理佛教。

随着明太祖提倡佛教和各地战乱平息、生产恢复，佛教有了很快发展，不仅僧人、寺院数量大增，由此带来的问题和弊病也大量出现。洪武十四年六月，礼部提出了设置僧司衙门方案：在京设僧录司，“掌天下僧教事”，各府、州、县分别设僧纲、僧正、僧会等司，分掌其事；僧录司设善世（正六品）、阐教（从六品）、讲经（正八品）、觉义（从八品）各二员，僧纲司设都纲（从九品）、副都纲各一员，僧正司设僧正一员，僧会司设僧会一员；僧录司官员由礼部任命，不支俸，官、吏、皂隶等皆由僧人及佃仆充任；各级僧司衙门“专一简束”僧人，管理寺院，僧人除“犯奸盗非为”、

1 《明太祖实录》卷二九。

“与军民相涉”等罪以外，“有司不许干预”[1]。次年四月，明太祖任命各僧官，公布其职掌，僧司衙门正式成立，并与明王朝的存亡相始终。

住持是一寺之首，其戒行、学问对全寺僧众起着表率作用，并职司约束、管理诸僧，明王朝十分重视其选任。在设置僧司衙门诏令中，明太祖规定：“凡各处寺、观住持有缺，从僧、道官举有戒行、通经典者，送僧录、道录司考中，具申礼部，奏闻方许”[2]。洪武二十一年四月，他又下诏，灵谷、天界、天禧、能仁、鸡鸣等“京刹大寺”，“今后缺大住持，务要丛林中选举有德行僧人，考试各通本教，方许著他住持，毋得滥举”[3]，重申严格住持选任。成化年间，因“福建僧人多以田投献势豪之家，谋为住持，亦有已经问罪还俗、仍复赴京请求僧录司给札住持者”，明政府下令各地“遇有钱粮僧寺住持缺，必须僧司举保本处籍僧，送有司勘结，转行给札，不许仍前滥保。其曾经问结者，虽有札付，亦必究问”[4]。

为了加强对寺院的管理，明朝政府一度在寺院中设立砧基道人。洪武十九年，明太祖“敕天下寺院有田粮者设砧基道人，一应差役，不许僧应”[5]。砧基道人负责上令下达和寺院的差税事宜

1 （明）释幻轮：《释氏稽古略续集》卷二。

2 《明太祖实录》卷一四四。

3 （明）葛寅亮：《金陵梵刹志》卷二《钦录集》，洪武二十一年戊辰。

4 《明宪宗实录》卷二一〇。

5 《释氏稽古略续集》卷二，《金陵梵刹志》卷二《钦录集》，洪武十九年丙寅。按，砧基道人，《明太祖实录》称设于洪武二十七年，后来的《大明会典》、《国朝典汇》等都沿袭这一说法。实际上，砧基道人应始于洪武十九年或更早。因为，第一，明太祖的文集《钦录集》、明代僧人编写的佛教史著作《释氏稽古略续集》均记载设于洪武十九年；第二，洪武二十七年颁布僧人《避趋条例》中称“寺院庵舍已有砧基道人”，则砧基道人在此前已经设立；第三，《钦录集》洪武五年壬子载明太祖圣旨称：“将天禧寺、能仁寺田土等“都入蒋山（寺）砧基簿内作数，永远为业”。可见，砧基道人之设应不晚于洪武十九年。《明太祖实录》中的有关记载，是将《避趋条例》压缩改写，但其中的“已有”被改写为“设”，致后人亦误。

等，“管事当门户”[1]。景泰年间，政府限每寺田至六十亩，砧基道人之制遂废。

对犯罪僧人，明政府坚决加以惩罚，并命还俗。设立僧司衙门时，明政府即宣布，僧人“犯奸盗非为”、“与军民相涉”等罪，由有司“干预”。明律也规定，“僧、道犯罪，曾经决罚者，并令还俗”[2]。对此，各朝多遵行不二。景泰年间，有僧要求“如永乐、宣德间例”，对犯罪僧、道“情重者断还俗，情轻者输赎复业”。有官员指出，断犯罪僧、道还俗“乃律之正条”，“永乐、宣德间或有令赎罪复业者，特出一时事例”。于是，明代宗“命仍如律断之”[3]。成化年间，由于“江南僧、道多因被人侵占田土、负欠租粮、诖误致罪者”，都察院等议定，“僧、道犯公罪不还俗”[4]，对有关律条稍作修改。

(二) 分僧人为禅、讲、教三类，要求各务本业

明初，鉴于元代崇奉藏传佛教的流弊，转而支持汉地佛教，因此藏传佛教在内地渐衰，而汉地佛教则逐渐恢复并发展起来。

明太祖重视讲习佛教经典，洪武十年，他“诏天下沙门讲《心经》、《金刚》、《楞伽》三经，命宗泐、如玘等注释颁行”[5]，企图借以统一佛教思想。而针对明初佛教现状和民间显密法事盛行现实，洪武十五年五月，明太祖下令分天下寺院为禅、讲、教三类，要求僧众分别专业修习[6]。所谓“其禅，不立文字，必见性

1 《金陵梵刹志》卷二《钦录集》，洪武二十六年癸酉。

2 《明宪宗实录》卷二三五。

3 《明英宗实录》卷二六七。

4 《明宪宗实录》卷二三五。

5 《金陵梵刹志》卷二《钦录集》，洪武十年丁巳。

6 《金陵梵刹志》卷二《钦录集》，洪武十五年。按，本书初版据中国佛教协会：《中国佛教》（一）（第 112 页，知识出版社，1980 年），言“洪武三年，明太祖召集各地僧者，分天下寺院为禅、讲、教三类，要求僧众分别专业修习”。然遍查明代史籍，尤其是《金陵梵刹志》、《释氏稽古略续集》，均未见洪武三年分寺院为禅、讲、教三类的记载。只是（明）释德清《憨山老人梦游集》卷三〇《雪浪法师恩公中

者方是本宗；讲者，务明诸经旨义；教者，演佛利济之法，消一切现造之业，涤死者宿作之愆，以训世人”[1]。禅即禅宗，讲即宣讲佛教经典的僧人，指禅宗以外的其他宗派，教则包括从事祈福弥灾、追荐亡灵等各种法事活动的僧人（名瑜伽僧或赴应僧）。为了易于分别和管理，禅、讲、教僧须各衣其服。次年五月，明太祖颁布“瑜伽显密法事仪式及诸真言密咒”，令各地领回习学，通过考试者方许为瑜伽教僧[2]。

为了“清其事而成其宗”，洪武二十四年七月，明太祖又颁布《申明佛教榜册》：

一、自经兵之后，僧无统纪。若府、若州，合令僧纲司、僧正司验倚郭县分，僧会司验本县，僧人杂处民间者，见其实数，于见有佛刹处，会众以成丛林，清规以安禅。其禅者，务遵本宗公案，观心目形，以证善果。讲者，务遵释迦四十九秋妙音之演，以导愚昧。若瑜伽者，亦于见佛刹处，率众熟演显、密之教应供，是方足孝子顺孙报祖父母劬劳之恩。

一、令下之后，敢有不入丛林，仍前私有眷属，潜住民间，被人告发到官，或官府拿住，必枭首以示众。容隐窝藏

兴法道传》中说：明太祖“初至建康，剑甲未解，即崇重佛氏。洪武三年，诏天下高僧，安置于天界寺，建普度道场于钟山灵谷，名流毕集，大阐玄宗，御驾躬临，亲闻法喜。而法道之盛，不减在昔，何其伟欤？由是于一门制立三教，谓禅、讲、瑜珈，以禅悟自心，讲明法性，瑜珈以济幽冥。乃建三大刹，以天界安禅侣，以天禧居义学，以能仁居瑜珈，汪汪洋洋，天下朝宗”。《憨山老人梦游集》的记载言，洪武三年，明太祖诏集高僧，但“于一门制立三教”并非洪武第三年。而且，据《金陵梵刹志》卷二《钦录集》，洪武十五年条，明太祖确定能仁寺为瑜珈教寺，也是此时，在分寺院为禅、讲、教三类之后。故《中国佛教》（一）错读《憨山老人梦游集》的相关记载，本书初版误引。兹改正。后文相关部分亦据此稍作修改。

1 《释氏稽古略续集》卷二。

2 《金陵梵刹志》卷二《钦录集》，洪武十六年。

者，流三千里。

一、显、密之教，轨范科仪，务遵洪武十六年颁降格式。……此令一出，务谨遵，毋增减、为词讹舛紊乱。敢有违者，罪及首僧及习者。

一、令出之后，有能忍辱，不居市廛，不混时俗，深入崇山，刀耕火种，侣影伴灯，甘苦空寂寞于林泉之下，意在以英灵出三界者，听。

一、瑜伽僧既入佛刹，已集成众，赴应世俗，所酬之资，验日验僧，每一日每一僧钱五百文；主磬、写疏、召请三执事，每僧各一千文。

一、道场诸品经咒、布施则例（略）。

一、陈设诸佛像，香灯供给，阇黎等项劳役，钱一千文。

一、凡僧与俗斋，其合用文书，务依修斋行移体式，除一表、三申、三牒、三帖、三疏、三榜，不许文繁，别立名色，妄废纸札，以耗民财。

一、今后所在僧纲、僧正、僧会去处，其诸散寺应供民间者，听从僧民两便，愿请者愿往任从之。僧纲、僧正、僧会毋得恃以上司，出帖非为拘钤，假此为名，巧取散寺民施。从有缘僧，有道高行深者，或经旨精通者，檀越有所慕，从其斋礼，毋以法拘。

一、曩者，民间世俗多有仿僧瑜伽者，呼为善友，为佛法不清，显密不灵，为污浊之所污有若是。今后止许僧为之，敢有似前如此者，罪以游食。[1]

从榜册条款可以看出，政府对僧人修行等事务的管理进一步严格和规范。

1 《释氏稽古略续集》卷二。

但是，《申明佛教榜册》的颁布未起到预期效果，“各处僧、道多有假托化缘、骗人钱钞的”[1]，犯戒败行者所在多有。洪武二十七年正月，明太祖又定僧人“所避、所趋者”：

一、僧合避者：不许奔走市村，以化缘为由，致令无籍凌辱，有伤佛教。若有此等，擒获到官，治以败坏祖风之罪。

一、寺院庵舍，已有砧基道人，一切烦难答应官府，并在此人。其僧不许具僧服入公厅跪拜。设若己身有犯，即预先去僧服，以受擒拿。

一、钦赐田地，税粮全免；常住田地，虽有税粮，仍免杂派僧人差役。

一、凡住持并一切散僧，敢有交结官府、悦俗为朋者，治以重罪。

一、凡僧之处于市者，务要三十人以上聚成一寺。

一、可趋向者：或一、二人幽隐于崇山深谷、必欲修行者，听。

一、僧有妻者，许诸人捶辱之，更索取钞钱。如无钞者，打死勿论。

一、有妻室僧人，愿还俗者听；愿弃离者、修行者，亦听。

一、僧寺庵院，一切高明之人本欲与僧扳话，显扬佛教。奈何僧多不才，其人方与和狎，其僧便起求施之心，为此人远不近（略）。[2]

1 《金陵梵刹志》卷二《钦录集》，洪武二十五年壬申。

2 《释氏稽古略续集》卷二。

明太祖宣布，“榜示之后，官民僧俗敢有妄论乖为者，处以极刑”[1]。洪武二十九年三月，明太祖又令“将以前出的榜文编集成书，颁示天下僧道寺观，申明周知”[2]。

《申明佛教榜册》和《避趋条例》是清事成宗、整顿和限制佛教的重要文件，影响及于有明一代。永乐十年五月，鉴于天下僧、道“多不守戒律”，以及俗人行瑜伽法而“败坏风化”，明成祖重申洪武年间禁例，“违者杀不赦”[3]。宣德七年三月，明宣宗令“申明洪武中禁令”，不准僧人化缘，“所得财物皆以非礼耗费”，“违者必罪之”[4]。正统六年四月，因僧、道“多有坏乱心术、不务祖风、混同世俗、伤败风化”，都察院“遵洪武旧例，再出榜各处禁约，违者依律罪之”[5]。

（三）建立度牒、僧籍制度，限制出家人数

度牒是封建国家对于依法得到公度为僧、道者所发给的凭证，是封建王朝管理宗教、限制出家人数的重要手段。

洪武五年十二月，明太祖宣布给予现有僧人以新朝度牒，罢“免丁钱”，“著为令”[6]。次年十二月，在完成换发、补发度牒以后，鉴于僧、道“徒众日盛，安坐而食，蠹财耗民”，明太祖决定对以后请度者加以考试，“精通经典者方许”[7]。同时，因民间多女子出家，规定“自今年四十以上者听，未及者不许”，“著为令”[8]。由于出家有许多特权，度牒又是免费发放，加上考试频繁且宽松，所以出家者还是迅速增加。洪武十七年闰十月，礼部奏

---

1 《释氏稽古略续集》卷二。

2 《金陵梵刹志》卷二《钦录集》，洪武二十九年。

3 《明太宗实录》卷一二八。

4 《明宣宗实录》卷八八。

5 《明英宗实录》卷七八。

6 《明太祖实录》卷七七。

7 《明太祖实录》卷八六。

8 《明太祖实录》卷八六。

准“三年一次出给度牒，且严加考试，庶革其弊”[1]。但遁入佛教者还是太多。为了进一步限制出家，明太祖规定，“不许军、匠、灶、站、违碍之人出家”[2]。洪武二十年八月，对出家者又作出年龄限制，“诏民年二十以上者不许落发为僧，年二十以下来请度牒者，俱令于在京诸寺试事三年，考其廉洁无过者，始度为僧”[3]。洪武二十七年正月，明太祖又下令，僧人“不许收民儿童为僧，违者并儿童父母皆坐以罪。年二十以上愿为僧者，亦须父母具告，有司奏闻，方许”[4]。至此，明朝的给度制度基本确立。

建文年间，明惠帝令“非奉朝命，不许私窃簪剃。年未五十者，不许为尼及女冠”[5]。永乐年间，继续对度牒制度进行补充和完善。永乐十六年十月，明成祖命“榜谕天下”：

> 今后愿为僧、道者，府不过四十人，州不过三十人，县不过二十人；限年十四以上、二十以下，父母皆允，方许陈告，有司行邻里保勘无碍，然后得投寺、观，从师受业；俟五年后诸经习熟，然后赴僧录、道录司考试，果谙经典，始立法名，给与度牒，不通者罢还为民。若童子与父母不愿，及有祖父母、父母无他子孙侍养者，皆不许出家。有年三十、四十以上，先曾出家而后还俗，及亡命黥刺者，亦不许出家。若寺、观住持不检察而容留者，罪之。[6]

这一榜文，除了重申此前的一些规定以外，尤其是将三年一度改

1 《明太祖实录》卷一六七。

2 《明宣宗实录》卷一一四。

3 《明太祖实录》卷一八四。

4 《明太祖实录》卷二三一。

5 （明）徐学聚：《国朝典汇》卷二三四《礼部三二·释教》。

6 《明太宗实录》卷二〇五。

为五年一度、限定各地僧、道总额，具有相当重要意义，对后朝有深远影响。山东唐赛儿起义被镇压后，明成祖害怕脱逃的唐赛儿“削发为尼，或混处女道士中”[1]，先是尽逮出家妇女至京讯问，后来又“命尼姑皆还俗”[2]，禁止妇女出家，这也影响了有明一代。

其后，各朝多能遵循和重申明初的度牒制度，并加以调整，限制出家人数。如，宣德二年十二月，明宣宗令将“多系额外滥收、且不通经典”的行童“如例悉遣归”，“若系额内之数，亦待五年考试给与”[3]。宣德四年六月，行在礼部奏准，遵永乐时禁令，“仍严妇女出家之禁”[4]。正统五年二月，明政府规定，“僧、道依太宗钦定额数给度”[5]。正统十四年四月，明英宗又下令，僧、道凡有应给牒者，“待三年后”，“先令僧、道衙门勘试”，“仍试其精通本教经典”[6]。景泰六年六月，明代宗命以后对出家者要核查身份，“仍勘各寺、观原定额数，如有不及，给予度牒。如有数多，不与出给”[7]。天顺二年，因此前度僧、道“滥益甚”，明英宗下令“十年一度”[8]。成化五年十二月，明宪宗“仍禁绝妇女不许为尼”[9]。

与度牒制度相配合，明政府建立僧籍制度。通过登记、核对僧籍，以防冒滥。洪武五年，明太祖“命僧、道录司造《周知册》颁行天下寺、观，凡遇僧、道到处，即与对册其父母籍、告度月

1 《明太宗实录》卷二二三、卷二二五。
2 《明宣宗实录》卷五五。
3 《明宣宗实录》卷三四。
4 《明宣宗实录》卷五五。
5 《明英宗实录》卷六四。
6 《明英宗实录》卷一七七。
7 《明英宗实录》卷二五四。
8 《明孝宗实录》卷一一四。
9 《明宪宗实录》卷七四。

日。如册不同，即为伪僧［道］”[1]。洪武二十五年闰十二月，明太祖又特别命造僧人《周知册》，“颁示天下僧寺，凡游方行脚至者，以册验之”[2]。正统初年，因历时长久，变化很大，洪武年间编定的《周知册》已难反映现实情况，且原有《周知册》经周转买卖，为非法出家者提供了保护，“奸弊百端，真伪莫辨”。正统元年十月，明政府下令重造《周知册》，“自今以后给度牒者，仍造册颁行天下寺、观，以防奸诈”[3]。其后，各朝又多次造册，登记、核对僧籍。如，万历七年五月，户部奏准“申明旧制以弭后患”，其一为“立僧、道名籍”[4]。

与此同时，明政府禁止私自披度，清理非法出家者。大概是明太祖曾为僧人之故，洪武年间对私自披剃、非法出家者多有宽容，通过频繁而宽松的考试，使其大多获得度牒而变成合法出家。洪武二十年禁20岁以上者出家为僧后，私自簪剃、申领度牒者仍大有人在。次年三月，明太祖下令，“但有讨度牒的僧，二十已上的发去乌蛮、曲靖等处，每三十里造一座庵，自耕自食，就化他一境的人”[5]。可见，当时对非法出家者虽予发配，但还是承认了其为僧资格。永乐年间，对私自簪剃、非法出家者的态度开始

1 《释氏稽古略续集》卷二，《大明会典》卷一〇四《礼部六二·僧道》。按，此事可疑处有二，其一是它书多不载（而仅记有我们后面也要涉及的洪武二十五年造《周知册》之事），其二是当时僧、道录司尚未设立。但我们认为，这一事件是存在的，因为：第一，《释氏稽古略续集》作为明代僧人编写的元、明佛教史著，其记载明代佛教史实的可信性相当高，且其同时载有洪武二十五年之事，在时间上似不存在张冠李戴的嫌疑，并有《大明会典》可以为佐证；第二，也是更重要的是，洪武二十五年令造《周知册》仅针对僧人，而正统元年有“仍造《(周知）册》颁行天下寺、观”之诏（详见后文），可见此前的《周知册》也是针对僧人和道士两方面的，这也更合乎当时把僧、道共称的一般情况，而这只有洪武五年之事可为呼应。至于所提及的僧、道录司，疑为《释氏稽古略续集》、《大明会典》误记。

2 《明太祖实录》卷二二三。

3 《明英宗实录》卷二三。

4 《明神宗实录》卷八七。

5 《释氏稽古略续集》卷二。

严厉。永乐五年正月，直隶等地“私披剃为僧、赴京冒请度牒者千八百余人”，明成祖命“悉付兵部编军籍，发戍辽东、甘肃”[1]。私剃者已不能为僧，而只能为边地戍军了。次年六月，明成祖又命对各处非法出家者，“并其父、兄送京师，发五台山输作，毕日就北京为民种田，及卢龙牧马。寺主僧擅容留者，亦发北京为民种田”[2]。宣德八年三月，明宣宗令各处关津“但遇［私自］削发之人，捕送原籍，治罪如律”[3]。天顺八年，明朝政府命各处僧人年二十以上无度牒者“即便还俗”，“有隐瞒年岁者，并其师治罪”[4]。成化十年五月，明宪宗下令稽查游方僧、道，“无度牒者悉勒还俗”[5]。弘治七年六月，礼部尚书倪岳等奏准，“通行查勘［僧、道］额数，果有不足，许待丰年具奏定夺”，“无度牒之人发回原籍当差”[6]。正德十六年，有关部门奏准，以后再有私度者，“拿问治罪”[7]。万历元年，明政府下令稽查僧、道，“有私自簪剃及不穿戴本等冠服者，访拿治罪”[8]。泰昌元年八月，明光宗宣布，“僧、道无度牒者悉发原籍还俗”[9]。

(四) 禁止私创寺院，控制寺院数量

寺院作为佛教的重要载体，是僧众修习和生活的主要场所，其多少直接反映了佛教盛衰发展状况。因此，明王朝在修建、恢复一些寺院以便维护佛教发展的同时，严禁私自创建寺院，力图控制寺院数量，限制佛教势力膨胀。

---

1 《明太宗实录》卷六三。
2 《明太宗实录》卷八〇。
3 《明宣宗实录》卷一〇〇。
4 （明）申时行等：《大明会典》卷一〇四《礼部六二·僧道》。
5 《明宪宗实录》卷一二八。
6 《明孝宗实录》卷八九。
7 《大明会典》卷一〇四《礼部六二·僧道》。
8 《大明会典》卷一〇四《礼部六二·僧道》。
9 《明光宗实录》卷三。

明初，各地佛教和寺院得到迅速恢复和发展，但因政府整顿和管理尚不完备，混乱状况也十分严重。洪武六年，明太祖下令归并寺院，府、州、县“止存大寺、观一所，并其徒而处之”[1]。由于明朝开国以来所度僧人较多，如果遵行此令，大量僧人将无处安身，势不得不“杂处”民间，同时也必然要求拆毁大批已经建成的寺院，在情理上说不过去，在实践中也难以执行。然而，要抑制佛教势力膨胀，又必须禁止无限制修建寺院。因此，洪武二十四年七月，明太祖又下令，“凡僧人不许与民间杂处，务要三十人以上聚成一寺，二十人以下者听令归并成寺。其原非寺额，创立庵、堂、寺院名色，并行革去”[2]。这一诏令，承认了30人以上聚成之寺且有“旧额”者的合法性，对私自创建者则予以拆毁，更为合理，也更有可操作性。永乐年间，重申禁止私创寺院，并对“旧额”重新定义:“凡历代以来，若汉、晋、唐、宋、金、元，及本朝洪武十五年以前寺观有名额者，不必归并。其新创者，悉归并如旧”[3]。明成祖把寺院“旧额”时限放宽到了洪武十五年，承认了洪武年间部分新创寺院的合法性。

其后，明朝政府又多次严禁私自创建寺院，力图控制寺院数量。因这些诏令和事件大同小异，故列表如下。（见表一）

表一　明朝禁止私创寺院统计表

时　　间	起　　因	诏令或结果	资料来源
洪武六年十二月	佛、道教“近代崇尚太过，徒众日盛，安坐而食，蠹财耗民，莫甚于此”	令府、州、县止存大寺、观一所，“并其徒而处之”	《明太祖实录》卷八六
洪武二十四年六月	僧、道“皆不循本俗，污教败行，为害甚大”	“凡各府、州、县寺、观虽多，但存其宽大可容众者一所，并而居之”	《明太祖实录》卷二〇九

1 《明太祖实录》卷八六。

2 《金陵梵刹志》卷二《钦录集》，洪武二十四年七月。

3 《明太宗实录》卷一四。

续　表

时　间	起　因	诏令或结果	资料来源
洪武二十四年七月		“天下僧、道有创立庵、堂、寺、观非旧额者，悉皆毁之”	《明太祖实录》卷二一〇
建文四年十一月		“凡历代以来，若汉、晋、唐、宋、金、元及本朝洪武十五年以前寺、观有名额者，不必归并。其新创者，悉归并如旧”	《明太宗实录》卷一四
永乐十五年闰五月	“洪武年间天下寺院皆已归并，近有不务祖风者仍于僻处私建庵、院”	命礼部榜示天下，“禁僧、尼私建庵、院”	《明太宗实录》卷一八九
宣德四年三月	松潘藏僧绰领拾利藏奏称“有捕盗功”，“且乞创寺，赐名分”	令封其为“禅师”，“创寺劳民，不可从”	《明宣宗实录》卷五二
正统六年四月	巡按直隶监察御史彭勖疏言释、道“三害”，僧寺“所费不计”	“新创寺、观曾有赐额者，听其居住，今后再不许私自创建”	《明英宗实录》卷七八
正统十年三月	“洪武以来寺院、庵、观已有定额，近年往往私自创建，劳扰军民”	礼部“严加禁约”，“除以前盖造者，遇有损坏许令修理，今后不许创建”，违者“治以重罪”	《明英宗实录》卷一二七
正统十一年九月	有僧四人私建佛寺于彰义门外	监察御史林廷举等奏付法司，坐杖，充边卫军	《明英宗实录》卷一四五
天顺八年三月	太监陶荣“乞寺额”	明宪宗表示，“京城内外寺院已多，而内外有势力之人往往效尤，增修不已”，“今后不得妄自增修，辄求赐额”	《明宪宗实录》卷三
成化三年十二月	“京城内外居民辏集处所，多有内外官员人等增修寺、观、庙宇”	礼部揭榜禁约，“自今不许于原额外增修请额”，违者擒治，“仍行顺天府晓谕乡村，一体遵行”	《明宪宗实录》卷四九
成化五年十二月	兵科都给事中秦崇疏言“正流俗以汰异端”，“请尽毁新造寺、观”	礼部等议定，毁寺、观“有近年见行事例”，“申饬有司举行遵守，开报实迹，毋事虚文”	《明宪宗实录》卷七四

续　表

时　间	起　因	诏令或结果	资料来源
成化十三年九月	守备偏头关都指挥使戴广奏，山西岢岚州等处，“多游民私立庵、堂”	出榜禁约，“仍督守臣，凡新创寺、观拆毁入官”	《明宪宗实录》卷一七〇
成化二十一年正月	礼部尚书周洪谟等疏言，“成化十七年以前，京城内外敕赐寺、观至六百三十九所。后复增建，以至西山等处相望不绝”	“申严著令”，“敢有增修请额及妄称复兴古刹者，罪之”	《明宪宗实录》卷二六〇
成化二十三年九月	明孝宗即皇帝位，颁诏天下	内外人等“今后不许指以古迹，辄便奏讨修盖寺、观名额、护敕，因而占夺军民地土。如有已经奏准、未修盖者，即便停止，违者治以重罪”	《明孝宗实录》卷二
弘治二年四月	寿州知州刘概拆毁寺、观，左善世周吉祥等“乞治概罪，且请令天下诸僧、道司免行拆毁”。礼部覆奏，宜治周吉祥“故违禁例、阻挠新政”之罪	僧、道私创寺、观，“费耗钱粮者甚多，朝廷累有禁约”，周吉祥“奏扰”，“法当究治，姑贷之”	《明孝宗实录》卷二五
正德元年六月		议准:“天下寺、观、庵、庙旧额外，不许私创，饰以金碧。违者罪如律，仍拆毁入官”	《明武宗实录》卷一四
正德四年十二月	礼部奉旨检详累朝政令涉王府者，提出“自今各府不许修建”寺、观、庙宇，“并请额”	令各王府不得私建寺、观，“违者，承奉、长史以下俱罪不宥”	《明武宗实录》卷五八
正德十六年		奏准：今后再有私创庵、院、寺、观，拿问治罪，寺、观拆毁入官	《大明会典》卷一〇四
嘉靖六年十一月	楚王重修修静寺，疏请赐额	令各王府不许私创寺、观，拒楚王之请，“赦辅导官勿问”	《明世宗实录》卷八二
嘉靖六年十二月	礼部尚书方献夫等言，尼僧、道姑“有伤风化”，“发回改嫁”，“其庵、寺拆毁变卖”，等	“诏悉如其言”	《明世宗实录》卷八三

续　表

时　间	起　因	诏令或结果	资料来源
嘉靖六年十二月		因詹事霍韬言，令“自今永不许”私创寺、观等，“犯者罪无赦”	《明世宗实录》卷八三
嘉靖九年十月	监察御史熊荣请修天下祀典所载神庙	令巡按御史“逐一查毁”各地私创庵、院、淫祠等，“以所鬻价为修理神庙费”	《明世宗实录》卷一一八
嘉靖十一年二月		出榜禁约，金山等诸寨口“系陵京龙脉处所，毋得造坟建寺”，等	《明世宗实录》卷一三五
嘉靖二十二年七月	礼部请申明“昔年所奉禁革尼僧圣谕”	诏可，“罢毁所居浮屠、庵、院，违者重惩如令”	《明世宗实录》卷二七六
万历二年十二月	礼科右给事中梁式称，“今各处大小庵、观、寺院不可数计矣，而日鼎建日繁，募徒相望”	敕礼部下所司，“毁其太甚，罪其擅作”	《明神宗实录》卷三二
万历七年五月		户部奏准，“申明旧制”，“禁私建院、观”	《明神宗实录》卷八七
万历十三年正月	户部尚书王遴言，佛、道、白莲等教盛行，要求加以抑制	“诏毁天下私创庵院”。数日后，令停止执行，“仍禁以后不得私创，犯者重拟”	《明神宗实录》卷一五七
泰昌元年八月	明光宗即位，颁诏天下	“今后敢有私创禅林、道院，即行拆毁，仍惩首事之人”	《明光宗实录》卷三
崇祯五年二月	乌程县老妇陈氏倡众建庵，庵僧复元等“宣示讹言，科敛不已”，应天巡抚庄祖诲“毁庵惩众，具疏以闻”	明思宗表示：“邪党自须正法，以后仍当严禁”	《崇祯长编》卷五六

（五）抑制寺院经济

寺院经济是佛教的经济基础，其强弱直接决定着佛教在国家政治、经济等各方面的地位和影响。明王朝为了维护其封建统治，也采取措施抑制寺院经济。

首先，明朝政府抑制寺院农业经济。

农业是封建经济的主体，而土地又是农业经济赖以实现的最主要物质基础。吸取历史上寺院土地数量过多、寺院经济强大的教训，明朝统治者特别注意限制寺院土地，极少大量赏赐寺院以土地，努力不使寺院成为大土地所有者。元末农民战争以后，各地寺院经济残破，数量庞大的寺院土地或荒废，或流失，苟且存留的寺院多数不再是大土地所有者。明朝建国后，尽管明太祖提倡和保护佛教，但没有下令寺院恢复对原有土地的所有权，承认和默许了寺院大土地所有制崩溃的现实。对于那些存留或新建寺院，明太祖仅对极个别的赏赐过土地（主要集中于南京，详见后文），断绝了寺院发展成为大土地所有者的最主要途径。其后，各朝虽也提倡和保护佛教，甚至有些皇帝极为崇信佛教，但赏赐寺院以大量土地者微乎其微。如，明宪宗崇信大慈恩寺西天佛子札实巴，从其请，赐静海县树深庄地一段为“常住田”[1]。给事中丘弘等劾札实巴“妄请”，户部核实“田皆民间地”。明宪宗令“仍退其佃户，令民当差”[2]。明武宗最崇信藏传佛教。他自称“大庆法王”，“番僧乞田百顷为法王下院”。礼部尚书傅圭执奏，“诏勿问，田亦竟止”[3]。

尽管如此，不少寺院还是通过信众施舍、僧人募化和购买等途径，扩充土地。对于这些不算太多的寺院土地，明王朝仍不断加以限制和瓜分。洪武时期，虽然明太祖很少给寺院以大量的土地赏赐，规定寺院不许出卖土地，却没有禁止寺院买进土地。各寺院遂迅速扩充土地，寺院经济很快恢复并发展起来。建文年间，明惠帝即指责说：“近代以来，俗僧鄙士贪著自养，殖货富豪，甚至田连阡陌”[4]。政府宣布，“天下僧、道，每人止令蓄田五亩，

1 《明宪宗实录》卷五〇。
2 《明宪宗实录》卷五八。
3 《明史》卷一八四《傅圭传》。
4 《国朝典汇》卷二三四《礼部三二·释教》。

无田者官给之。余有常住田悉归官，以给无田之民”[1]，将寺院土地限制和瓜分到了极低水平。明成祖即位后，打着恢复“旧制”招牌，尽反建文之政，“僧、道限田竟罢”。此后，各寺院乘机继续扩充土地。对此，各朝又不断加以限制和瓜分。如，宣德六年九月，宛平县（治在今北京）民以果园地施崇国寺，“请蠲其税”。明宣宗斥之“甚无谓”，“令亟以还民”[2]。宣德八年三月，广东按察司佥事曾鼎奏，广东等地寺、观“田地多在邻近州县，顷亩动以千计，谓之寄庄”，“又有荒废寺、观土田，报为寄庄”[3]。明宣宗下令，“取勘僧、道寄庄之田及废寺、观田，有人耕种者，开报佃人户籍、顷亩，多则均分本处无田之民”[4]。明英宗即位后，广东按察司佥事赵礼言，各处寺、观“田粮浩大”，如，南海县（治在今广东广州）光孝寺寺田该征税粮即达三千余石，要求“依钦定额设僧人”，“就于本寺量拨田亩，听其自种自食，余田均拨有丁无田之人耕种纳粮”。明政府命“如所言行之”[5]。正统五年三月，明政府又下令没收荒废寺、观土地，“拨与佃人耕种”，“勿令别寺、观僧、道兼管”[6]。景泰年间，“令各寺、观田土每留六十亩为业，余以给民佃种”[7]。这一法令，若以以前规定的平均每僧五亩土地计算，每寺仅可容许 12 人，而一般稍大寺院的僧人都不在 10 人以下，有的甚至成百上千，可见其比起此前各朝更为严厉。但正因其与现实情况出入太大，所以很难持久执行下去。寺院也全然不顾朝廷限田令，仍继续扩充土地。成化年间，福建僧寺田“有多至万亩者”。于是，政府下令“查寺田，除五百亩以

1 《明太宗实录》卷一二下。
2 《国朝典汇》卷二三四《礼部三二·释教》。
3 《明宣宗实录》卷一〇〇。
4 《明宣宗实录》卷一〇〇。
5 《明英宗实录》卷八。
6 《明英宗实录》卷六五。
7 《明世宗实录》卷八三。

下，余取其给之贫民”[1]，给寺院重新规定了土地限额——五百亩，瓜分了其限额以外者。嘉靖年间，明世宗先后多次下令对寺田加以瓜分（详见后文）。

总的说来，虽然明代有个别寺院在个别时期能占有一定可观数量的土地，但经过历朝不断瓜分和限制，它们一般都只是拥有几十亩土地的小土地所有者，还有相当一些寺院甚至寸土全无，这确实限制了寺院农业经济的发展和膨胀。

对于寺院土地，明朝政府还严格征收赋税。前引《避趋条例》规定，寺院的“钦赐田地”税粮全免，“常住田地”虽免杂派差役，但仍有税粮。我们知道，拥有“钦赐田地”寺院百不及一，大部分寺院土地都是“常住田地”，因此都必须向国家缴纳赋税。对此，明代各朝都能严格执行。即使个别皇帝特别佞佛，也不例外。如，正统年间，弥陀寺僧请求蠲免该寺宛平县土城外田地赋税，明英宗表示，“僧既不能输税，其地令没官”[2]。嘉靖年间，南赣巡抚李显等“清查寺、观田地，还官召卖”，并追收租课等银。他们且奏准，“寺、观田过五顷以上者，每亩课纳租银一钱入官”[3]。崇祯年间，户部尚书毕自严等议准，“寺田起科”[4]。对寺院土地常加限制和瓜分，并严格征收赋税，既使寺院土地很难迅速扩充，也使其他阶层，包括地主、农民等，没有必要，同时也不可能将大批土地投献于寺院，从而使明代寺院很少可能发展成为大土地所有者，寺院农业经济得到了有效抑制。

其次，明王朝还十分注重抑制寺院金融业。佛教传入中国以后，历代封建统治者不仅赏赐寺院以大量土地，而且常常赐予大量钱钞，作为寺院借贷资本，供其经营高利贷，因此历代以长生

1 《明宪宗实录》卷二一〇。
2 《明英宗实录》卷一五〇。
3 《明世宗实录》卷二六七。
4 《崇祯长编》卷二一。

库为代表的寺院金融业十分发达，成为其寺院经济又一重要组成部分。明初，明太祖即反对向寺院大量施舍，认为寺僧“集之无穷”，“则祸增而福减”[1]，违背施舍本意。他主张，施舍的对象应是那些“力修之僧”，即一心修行之僧，而非以施舍追求享受者。因此，他绝不施舍大量钱钞给僧寺，供其经营高利贷。其后，各朝也没有向寺院大规模赏赐过钱钞。由于无法获得大量钱钞，加上土地收益极少，所以明代各寺院大多寺贫僧穷，不可能经营长生库或其他名目的金融业。

此外，明朝统治者还注重抑制寺院商业经济。从洪武年间开始，历朝统治者也极少赏赐寺院以经商场所，如廊房等。寺贫僧穷，缺乏商业资本，再加上没有经商场所，明代寺院的商业活动也就未能发展起来。

二　禁佛和排佛

(一) 明世宗禁佛

明世宗在历史上以崇信道教而著称。在崇信道教的同时，他禁绝佛教。表现有：

第一，毁刮宫中佛像，焚烧佛骨等物。佛像、佛骨等物在后世佛教中作为佛祖释迦牟尼的象征，具有相当崇高地位，为信徒们供奉礼拜。在中国，寺院之中，一般皆塑佛像，且多妆金裹银，以示虔诚。而佛骨等传为释迦牟尼遗留之物，又因流入中国极少，其出现往往召来信徒们如痴如狂的礼拜。由于明代诸帝多崇信佛教，宫中也雕塑了许多佛像，并供奉佛骨等物。明世宗禁绝佛教，首先即从毁刮宫中佛像开始。嘉靖元年三月，他下令簿录玄明宫佛像，“毁括金屑一千余［两］，悉给商以偿宿逋”[2]。

---

1 《明太祖御制文集》卷一一《明施论》。

2 《明史纪事本末》卷五二《世宗崇道教》。

毁刮佛像以后，他又焚烧禁中供奉的佛骨等物。嘉靖十五年五月，明世宗准备拆毁禁中大善佛殿，即其地建皇太后宫。殿内有金银函，贮佛骨、佛头、佛牙等。他令“议所以永除之”，“乃燔之通衢，毁金银像凡一百六十九座，头、牙、骨等凡万三千余斤”[1]。

第二，拆毁、变卖各地私创寺院及尼僧庵寺，不许修理废毁寺院，严禁私创寺庵。毁刮玄明宫佛像后，明世宗下令“遍查京师诸淫祠，悉拆毁之”[2]。私创寺院是“淫祠”的主要部分，这次行动进行得迅速而彻底，史称“毁拆京师寺院，［礼部郎中］屠应埙一夕发檄行之”[3]。嘉靖九年十二月，明世宗将拆毁、变卖私创寺院行动推及全国，下令巡按御史“逐一查毁”各地私创庵、院、淫祠[4]。

对于尼僧庵寺，明世宗一律加以拆毁、变卖。嘉靖六年十二月，礼部尚书方献夫等奏准，禁绝尼僧、道姑，“其庵、寺拆毁变卖”[5]。这次行动，共毁京师尼姑庵、寺600余所[6]。其中，只有与宫廷关系密切的皇姑寺，因两宫皇太后几次传谕保留，以及一些大臣为之说情，得以独存[7]。二十二年七月，礼部申明“昔年所奉禁革尼僧圣谕”，“罢毁所居浮屠庵院，违者重惩如令”[8]。

对于那些废毁寺院，明世宗不准修理。大兴隆寺毁，明世宗令“永不许复”[9]。嘉靖十六年，有关部门题准：“各处寺、观年久

1 《明世宗实录》卷一八七。
2 《明史纪事本末》卷五二《世宗崇道教》。
3 《释氏稽古略续集》卷三。
4 《明世宗实录》卷一一八。
5 《明世宗实录》卷八三。
6 （明）霍韬：《霍文敏公全集》附《石头录》卷三。
7 《明世宗实录》卷八三。
8 《明世宗实录》卷二七六。
9 《大明会典》卷一〇四《礼部六二·僧道》。

宫殿任其颓坏，不许修葺”[1]。与此同时，明世宗还几次颁令，严禁私创寺院（详见前表）。

第三，停止开度僧人，令尼姑还俗，清理非法出家者。嘉靖六年十二月，明世宗下令对无度牒僧、道“自今永不许开度”。以前，帝王多有表示不度僧人者，但最终多食言，再度僧人。明世宗则说到做到。嘉靖年间几次大度道童，而僧童却没有开度。

对于尼姑，明世宗令还俗。明初禁妇女出家，但至明代中期，由于管理不严，仍有不少妇女遁入空门。嘉靖六年十二月，方献夫等人奏准，将尼僧、道姑“发回改嫁，以广生聚，年老者量给养赡，依亲居住”[2]。二十二年七月，礼部又“申明昔年所奉禁革尼僧圣谕”，“凡中外一切游聚尼僧，俱勒令还俗婚配”，“违者重惩如令”[3]。

明世宗还清理寺院，严私度之禁。嘉靖六年十二月，他“戒谕勋戚之家不得私度［尼僧］”，宣布“今天下僧、道无度牒者，其令有司尽为查革”[4]。十年闰六月，他命“申明僧、道私度之禁，诸不在正额者悉汰之”[5]。四十五年九月，他又宣布，“四方游僧悉听所在有司递回籍当差”[6]。对僧人只裁汰、禁革而不开度补充，明世宗的目的是使僧人队伍逐渐凋零、佛教走向灭绝。

第四，查革在京藏僧封号，斥逐藏僧。明世宗即位初，下令对正德年间“传升”藏僧“尽为查革，各牢固枷钉，押发两广烟瘴地面卫分充军，遇赦不宥”[7]。禁苑北墙下大慈恩寺，“为西域

1 《大明会典》卷一〇四《礼部六二·僧道》。

2 《明世宗实录》卷八三。

3 《明世宗实录》卷二七六。

4 《明世宗实录》卷八三。

5 《明世宗实录》卷一二七。

6 《明世宗实录》卷五六二。

7 《明世宗实录》卷一。

群僧所居”。明世宗“诏所司毁之，驱置番僧于他所”[1]。终嘉靖一朝，基本上没有再封授藏僧，京中藏僧斥逐殆尽。史称，“世宗立，复汰番僧，法王以下悉被斥。后世宗崇道教，益黜浮屠，自是番僧鲜之中国者”[2]。

第五，严禁僧人设坛传戒说法。僧人设坛传戒说法是弘传佛教的重要手段，明初以来一直加以鼓励。嘉靖年间，则严加禁止。嘉靖五年五月，明世宗“诏严禁西山戒坛，及天宁寺受戒僧人并男女相混者”，并令都察院榜谕全国，“犯者罪无赦”[3]。但戒坛很快恢复，并以不少富民豪族为“外护”。二十五年七月，明世宗下令，在天宁寺建坛说法的通法师及寺主“俱令锦衣卫捕系鞫问，余下礼部禁治”[4]，再加禁止。然而，时间一长，管制稍松，戒坛又恢复起来。嘉靖四十五年九月，明世宗第三次令禁设坛传戒说法，“诏顺天抚、按官严禁僧尼至戒坛说法，仍令厂、卫、巡城御史通查京城内、外僧寺，有仍以受戒寄寓者，收捕下狱”[5]。

第六，严厉限制寺院经济，强令僧人“供应赋役”。经过明中期以来的不断扩张，至嘉靖初，一些寺院又占有了大量土地。如，宣府隆福等三寺有地达 1300 余顷。嘉靖二年四月，明世宗下令，“三寺田土各给寺僧三分之一，其余召佃起科”[6]。嘉靖十四年，他令大兴隆寺、大慈恩寺僧人有还俗者，“量给原寺田亩，仍免差役六年”[7]，瓜分寺田。嘉靖二十一年十月，南赣巡抚李显等奏准对寺、观土地的扩充作出限制，“自后凡投献、拨给典卖者，各以律论”，并对超过限额的土地征收赋税，“寺、观田过五顷以

1 《明世宗实录》卷二七二。
2 《明史》卷三三一《西域传三》。
3 《明世宗实录》卷六四。
4 《明世宗实录》卷三一三。
5 《明世宗实录》卷五六二。
6 《明世宗实录》卷二五。
7 《大明会典》卷一〇四《礼部六二·僧道》。

上者，每亩课纳租银一钱入官”[1]。嘉靖三十九年五月，清理畿内庄田，其中太监寺、观“自买民地”，“乞免粮差”，明世宗令“追夺”[2]。

明世宗还无视历代及本朝洪武年间“免杂派僧人差役”规定，下令将各地僧、道“有田粮者编入黄册，同里甲供应赋役，无粮者编入带管畸零”[3]。强令僧人承担徭役，在历史上还不多见。

(二) 明思宗排佛

明思宗即位之时，明王朝已经是内外交困、大厦将倾。面对恶化形势，他“忧勤惕励，殚心治理”[4]。但因主、客观条件限制，局面一直没有改观，反而更难以收拾。同时，各地自然灾害和“星变”等“天变”又不断发生。因此，他的内心分外空虚、孤独和恐慌。为了排遣烦闷，求得神明保佑，明思宗崇信所谓能带来现世利益的道教。他不停地向土地神、天神（包括日、月、星辰、风、雨、雷诸神等）、祖先神灵、关公等祈祷，频繁举行各种斋醮，乞求道教诸神和祖先神灵指示和护持，甚至寻求所谓的天兵天将下凡帮助。同时，他又求助于天主教，任用来华传教士修订历法，购买西洋大炮装备部队。崇祯五年，他擢教徒徐光启入阁，更表明他对天主教的好感。徐光启利用接近之机，极力宣传天主教义。后来，明思宗又直接召传教士汤若望进宫。

作为头脑比较清醒而又身处内外交困中的年轻皇帝，明思宗对宣扬来世解脱的佛教没有多大兴趣。他身边有颇见信任的道士和传教士，但是没有僧人，佛法对他失去吸引力。崇祯五年，在徐光启奏疏影响下，他对天主教表现出好感，并拆毁宫中的佛教

1 《明世宗实录》卷二六七。

2 《明世宗实录》卷四八四。

3 《明世宗实录》卷四八九。

4 《明史》卷二四《庄烈帝本纪赞》。

及道教神像。时人记载，“崇祯五年秋，隆德殿、英华殿诸像俱送至朝天等宫、大隆善等寺安藏”[1]，即指此事。《崇祯宫词》中的一首咏曰：“百华幡盖护金颜，灵迹独留殿陛间。争此一重门户隔，朝来香火是尘寰”。其诗注云：“[崇祯] 五年秋，帝谕隆德、英华殿诸像俱送朝天宫、隆善寺等处”，而钦安殿供奉的玄天上帝像，“以有灵迹”，得以“独存”[2]。可见，明思宗对宫中佛像是尽数拆毁，而道教神像是有所保留的。

其后，面对日益恶化的形势，明思宗也曾试图向佛教诸神乞求保佑和帮助，宫中佛像有所恢复。至崇祯十三年，为了解决军饷缺乏问题，他再次命将宫中供奉的金银佛像悉数捣毁，以充兵饷。但不久，皇五子慈焕病危，据说手指“九莲菩萨”（指明神宗生母孝定李太后，因其好佛，宫中像作九莲座，故称九莲菩萨，引者注）现形空中，历数明思宗撤佛与苛求外戚之过，言毕而死。明思宗大为诧异，于宫中大作斋醮，超度夭子。然后，他又令人把以前搬出殿外的偶像搬回宫中，重新折回到中国传统神灵崇拜上来。

明思宗一度撤毁佛像之举虽然发生于宫廷中，却反映了他对佛教的冷漠和排斥态度。这种态度，在其全国佛教政策中也有所体现。如，崇祯二年闰四月，南京右都御史陈于庭“条上台纲六事”，其中之一为“禁滥祠”，“得旨申饬”[3]。几天后，户部尚书毕自严等议准“足饷十一事”，其一为“寺田起科”[4]。五年二月，乌程县（今浙江吴兴）老妇陈氏“惑于大士灵验”，倡众建庵，庵僧复元等“宣示讹言，科敛不已”，应天巡抚庄祖诲“毁庵惩众，具疏以闻”。明思宗表示，“邪党自须正法，以后仍当

1 （明）刘若愚：《酌中志》卷一六《内府衙门职掌》。

2 （清）王誉昌：《崇祯宫词》，见《明宫词》。

3 《崇祯长编》卷二一。

4 《崇祯长编》卷二一。

严禁”[1]。这种态度，显然比万历以来各朝严厉多了。

三 保护和提倡

在整顿、限制佛教的同时，为了发挥佛教“阴翊王度”的作用，更好地维护其统治，明王朝还对佛教加以保护和提倡。同时，明代帝王大多崇信佛教，整顿和限制佛教政策常常得不到很好执行，这在客观上也对佛教起了保护和提倡作用。

(一) 洪武至宣德时期

洪武至宣德时期是明代对佛教整顿和限制政策的制定和完善时期，也是这一政策执行较好时期。但另一方面，统治者对佛教的保护和提倡也不遗余力。

明太祖曾为僧人，对佛教有割不断的情愫，保护和提倡尤其不遗余力。

首先，他大力宣扬佛教有“阴翊王度”、“暗理王纲”作用，鼓吹“三教有不可缺者”。明太祖对佛教创始人释迦牟尼予以高度评价，称其创立佛教以解脱众生，“其为慈也大，其为悲也深”，是“善无上者”[2]。他宣扬佛教使“世人良者愈多，顽恶者渐少”，“阴翊王度”[3]，“暗理王纲，于国有补无亏”[4]。他鼓吹佛教、道教与儒家学说殊途同归。对于佛教，他说:“释迦之为道也，惟心善世。其三皇五帝教治于民，不亦善乎，何又释迦而为之？盖世乖俗薄，人从实者少，尚华者众，故瞿昙氏之子异其修，异其教”[5]。他甚至说，佛教所阐述的，就是中国的“三纲五常之性理”[6]。对于道教，他也说:“其老子之道，密三皇五帝之仁，法天正已，动

1 《崇祯长编》卷五六。
2 《明太祖御制文集》卷八《建昌僧官敕》。
3 《明太祖御制文集》卷八《谕僧纯一》。
4 《明太祖御制文集补·释道论》。
5 《明太祖御制文集补·佛教利济说》。
6 《明太祖御制文集补·心经序》。

以时而举合宜，又非升霞、禅定之机，实与仲尼之志齐，言简而意深”[1]。明太祖宣布，佛教、道教与宣扬三皇五帝之教即“三纲五常之性理”的儒家学说“所济给之理一”，殊途同归，“于斯世之愚人，于斯三教有不可缺者”[2]。

其次，明太祖频繁而大量地度僧。关于这一点，前文已有详述。不过，当时我们是从明太祖如何建立度牒制度、限制出家的角度来说的。倘若换个角度来看，洪武时期（主要是后期）不断地对出家作出限制，实际上是对洪武前期和中期频繁而大量度僧政策和行为的纠改。

第三，他经常与僧人谈论佛法，并信用僧人。明太祖对僧人颇有好感，对佛教的情结也一直萦绕于心。建国以后，尽管国事繁忙，他还是经常召僧人入宫，谈论佛法。如，祖偁，“数召入禁中，奏对称允，后赐归故里”；力金，“时召入禁庭，奏对称旨”；福报，“屡入内廷，应答称旨，留三年赐还”；宗泐，“引见赐诗，有‘泐翁去此问谁禅，朝夕常思在目前’”[3]。为了保证能与天下名僧谈论佛法，明太祖以“备顾问”名义，多次征召天下名僧至南京，使他们暂住或长住南京各寺。有时，他还忙里偷闲，到寺院里游玩谈佛。

明太祖把“民业”分为六种，即士、农、工、商、僧、道，认为只要有才能，就应该加以任用。他专门撰《拔儒僧入仕论》、《宦释论》、《拔儒僧文》等文，不厌其烦地阐述这一主张。僧郭传“儒、释俱长”，天界寺住持宗泐“博通古今，儒术深明”，钟山寺僧吴印“有文学”，明太祖均下令任用。马皇后去世后，他又“选高僧侍诸王”，“为诵经荐福”[4]，并使其“辅诸王”[5]，以慈悲

1 《明太祖御制文集》卷一一《三教论》。
2 《明太祖御制文集》卷一一《三教论》。
3 《释氏稽古略续集》卷二。
4 《明史》卷一四五《姚广孝传》。
5 《释氏稽古略续集》卷二。

为怀，共同维护明王朝统治。其中，侍燕王朱棣者即释道衍。明太祖崇佛信僧，《明史》总结道："帝自践阼后，颇好释氏教，诏征东南戒德僧，数建法会于蒋山，应对称旨者，辄赐金襕袈裟衣，召入禁中，赐坐与讲论。吴印、华克勤之属，皆拔擢至大官，时时寄以耳目，由是其徒横甚，谗毁大臣，举朝莫敢言"[1]。而在象山县，僧会司甚至不服儒学官员班列其前，公开挑战[2]。这种情况，自佛教传入中国以来，还不多见。

第四，明太祖鼓励僧人游方问道，允许僧人随处结坛说法。游方问道是中国佛教的优良传统，对佛教在中国的发展曾起到积极作用。明太祖对此十分清楚。洪武十五年五月，他即劝谕僧纯一不要留恋朝堂、佛寺，而要学习佛祖苦行证道，"往寻名山，悟善己道以善人"，并命有司"资路费"[3]。洪武十八年三月，云南游方僧十人至京，明太祖命礼部"依先的僧人一般，与他文书，着他去浙江地面里游玩，所至寺院，即令随堂"[4]。洪武三十一年二月，他又令在江东驿、江淮驿盖造两座接待寺，"着南北游方僧、道往来便当"[5]。

为了在民众中弘扬佛教，洪武十年三月，明太祖下令允许持戒通经的僧俗人等"赍持戒牒，随身执照，不论山林、城郭、乡落村中，恁他结坛上座，拘集僧俗人等，日则讲经说教，化度一方，夜则取静修心"[6]。洪武二十年四月，他又下令"将戒牒颁行天下，重出晓谕"[7]，重申允许僧俗人等结坛说法。

第五，明太祖修建寺院，并对寺院加以保护。

1 《明史》卷一三九《李仕鲁传》。
2 《明太祖实录》卷二〇九。
3 《明太祖御制文集》卷八《谕僧纯一》。
4 《金陵梵刹志》卷二《钦录集》，洪武十八年乙丑。
5 《释氏稽古略续集》卷二。
6 《释氏稽古略续集》卷二。
7 《释氏稽古略续集》卷二。

为了满足其崇佛的需要，明太祖在都城南京陆续新建、修复了一批寺院（详见后文）。同时，他下令重建他原来出家的凤阳皇觉寺，改名“大龙兴寺”，并亲“为文记之”[1]。

明太祖保护寺院，严禁轻慢搅扰。洪武十九年八月，他令礼部“出榜与寺家张挂，禁治诸色人等，毋得轻慢佛教，骂詈僧人，非礼搅扰。违者，本处官司约束”[2]。在《申明佛教榜册》中，明太祖规定清理、归并寺院。但次年五月，他又令僧录司“好生省会”清理诸僧，“若要将寺宇完全有僧去处拆毁了的，着他改正了，体察出来不饶”[3]，对此前诏令予以否定，保护寺院。

对于寺院土地，明太祖规定不许俗人购买，也禁止僧人出卖，“天下僧、道的田土，法不许买。僧穷寺穷，常住田土，法不许卖”，“如有似此之人，籍没家产”[4]。武进县粮长陆衡典寺田三千亩，寺僧无力赎回，“止还一千亩”，“又要原钞”，被“连家小发去边卫充军”。明太祖还蛮横地下令，对侵占寺僧典当出去而又无力赎回土地者，“若纳官粮外，计赃坐罪，田产还他本寺”[5]。

此外，明太祖还在南京寺院频繁地举行法会，并曾亲自出席；御制大量有关佛教的诗文，下令编集、刊刻大藏经，此即明洪武本大藏经，简称初刻《南藏》；等。

明惠帝从小受到良好的儒学教育，即位后又大量任用儒臣，所以建文年间抑制佛教，限制出家，瓜分寺田，已见前述。明惠帝对佛教的保护和提倡，史籍中未见记载。传说当“靖难”兵起，左善世溥洽为其“设药师灯忏，诅长陵（即燕王朱棣，引者注）”；燕兵攻陷南京以后，溥洽又为其“削发”，助其逃出京城[6]。看来，

1 《明太祖实录》卷一五六。
2 《释氏稽古略续集》卷二。
3 《金陵梵刹志》卷二《钦录集》，洪武二十五年壬申。
4 《释氏稽古略续集》卷二。
5 《金陵梵刹志》卷二《钦录集》，洪武十五年。
6 （明）周晖：《续金陵琐事》上卷《南洲》。

明惠帝与佛教仍有联系，绝非一意“圣贤”之道的皇帝。

明成祖也崇信佛教，且极尽保护和提倡之能事。他以“恢复祖制”为名，取消建文年间的限制佛、道田地之令，已见前述。其他表现有：

第一，信用僧人道衍。道衍精通“道法”、“兵机”，洪武年间被选侍燕王朱棣，后助其谋划和实施了“靖难”之役，获得成功。朱棣即位后，授僧录司左善世。永乐二年四月，拜资善大夫、太子少师，复其姓，赐名广孝。道衍“常居僧寺，冠带而朝，退仍缁衣”，协理政事，辅佐太子。明成祖与语，“呼少师而不名”[1]。因有明成祖信用，道衍公开刊行其书，驳斥程、朱，护持佛教。他著《道余录》，自序称程颢、程颐、朱熹“因辅名教，惟以攘斥佛、老为心”，“出邪诐之辞，枉抑太过”，“二程先生《遗书》中有二十八条，晦庵朱先生《语录》中有二十一条，极为谬诞”，他“逐条据理，一一剖析”[2]。据道衍说，此书成于元末，“藏于巾笥有年”。至永乐十年冬，他“自公退，因简故纸，得此稿，即净写成帙”[3]，公开刊行。

众所周知，宋、元以来，程、朱理学已被封建统治者尊为官方哲学。永乐年间，明成祖编集三部理学大全，刊行天下，以程、朱理学统一思想，严斥非议和攻击程、朱的所谓“异端”。永乐二年，饶州儒士朱友季因著书专诋程、朱，被明成祖斥为“儒之贼”，“声罪杖遣，悉焚其所著书，曰毋语后人”[4]。对于同样是“颇毁先儒、识者鄙焉”却又位高官显、影响很大的道衍及其《道余录》，明成祖却既未焚其书，也未杖遣其人，信用如常。

其次，修建寺院，举办法会。为了把自己打扮成明太祖的合

1 《明史》卷一四五《姚广孝传》。
2 （明）姚广孝：《道余录》序。
3 《道余录》序。
4 （明）高攀龙：《高子遗书》卷七《崇正学辟异说疏》。

法继承人，明成祖一方面重申洪武年间对佛教整顿和限制等内容的法令，另一方面在南京新建、修理寺院，并在其中举办法会，祭奠明太祖和马皇后以及仁孝徐皇后等（详见后文）。

不仅如此，由于对佛教的崇信，永乐五年正月，明成祖建五台山佛殿塔。永乐十八年三月，明成祖又下令预先在北京“建两座大寺，选聪慧的僧住持”[1]。迁都北京后，明成祖仍经常召集僧人，举办法会。

第三，大量编撰佛教著作，两次编集大藏经。永乐五年二月灵谷寺法会后，明成祖“潜心释典，作为佛曲，使宫中歌舞之”[2]。他还御制经序13篇、佛菩萨赞跋12篇。他又“阅释氏书，采往昔名僧功行之超卓者，辑为一编”[3]，名《神僧传》，于永乐十五年刊行。永乐中期，明成祖重刊洪武年间编集的大藏经，而略加更改，此即后人所称明南本大藏经，亦称《南藏》。迁都北京后，他又下令重新编集大藏经。此即明北本大藏经，亦简称《北藏》。在短短十年间两次编集卷帙浩繁的大藏经，历史上只有明成祖一人。

第四，崇信藏传佛教。明代以前，在西藏、青海等地已盛行藏传佛教，上层僧人掌握着其地的行政权力。明朝建立后，明太祖“因其俗尚，用僧徒化导为善，乃遣使广行招谕”[4]。当西藏佛教上层归顺来朝时，明太祖先后封摄帝师喃加巴藏卜为炽盛佛宝国师、元帝师八思巴之后人为圆智妙觉弘教大国师、僧人答力麻八剌为灌顶国师，并按照他们的要求又封授了一些宣慰、招讨等官，使其管理西藏事务。永乐年间，明成祖大封藏僧，但已不仅仅出于政治目的，而兼有了宗教信仰的因素，即他在一定程度上对藏传佛教的崇信。尚师哈立麻“有道术”，明成祖在藩邸时闻其

1 《释氏稽古略续集》卷三。
2 《释氏稽古略续集》卷三。
3 《明太宗实录》卷一〇四。
4 《明史》卷三三一《西域传三》。

名，仰慕已久，即位后迎至京，封为大宝法王，“领天下释教”。后来，他又听说藏僧昆泽思巴“有道术”，征至京，封为大乘法王，“领天下释教”，“礼之亚于大宝法王”[1]。永乐一朝，先后封授了大批藏僧。《明史》称："初，太祖招徕番僧，本藉以化愚俗，弭边患，授国师、大国师者不过四五人。至成祖，兼崇其教，自阐化等五王及二法王外，授西天佛子者二、灌顶大国师者九、灌顶国师者十有八，其他禅师、僧官不可悉数”[2]。

此外，明成祖保护僧人传教自由，令礼部“新出榜晓谕”，“该行脚僧、道，持斋受戒，恁他结坛说法。有人阻挡，发口外为民”[3]。

明仁宗在位不足十个月，却先后多次令僧人建荐扬大斋，或三昼夜，或七昼夜，“资皇考、妣之福”。此外，他还追赠姚广孝以少师，令配享明成祖庙庭。这些，无疑对保护和发展佛教是有利的。

明宣宗执行对佛教整顿和限制政策比较严厉，但也崇信藏传佛教，大肆封授、供奉藏僧。永乐年间，明成祖虽然封授了不少藏僧，但“至者犹即遣还”。明宣宗时，不仅大量封授藏僧，而且“久留京师”，“耗费益甚”[4]。据载，宣德年间封授、供奉的藏僧有“数等”，“曰大慈法王，曰西天佛子，曰大国师，曰国师，曰禅师，曰都纲，曰剌麻，俱系光禄寺支待。有日支酒馔一次、二次、三次，又支廪饩者，有但支廪饩者”[5]。英宗即位以后，礼部等议定减去在京藏僧 691 人，“相继回还本土”。“其余未去者”，正统元年，礼部等又提出裁减 450 人[6]。二者相加，达 1141 人，

1 《明史》卷三三一《西域传三》。

2 《明史》卷三三一《西域传三》。

3 《释氏稽古略续集》卷三。

4 《明史》卷三三一《西域传三》。

5 《明英宗实录》卷一七。

6 《明英宗实录》卷一七。

而这尚非全部。显然，京师留奉如此多的藏僧，绝不是让他们饱食终日，无所事事，而是以其修设斋醮等，以满足明宣宗信奉藏传佛教的需要。此外，明宣宗也时有例外度僧、不毁私创寺院之举。如，宣德三年，曲靖僧人善清等200人诣阙请度牒，行在礼部提出按照“旧例”，待五年后考试给度。明宣宗表示，“彼来自万里外，可不拘常例与之”[1]。总兵官、都督谭广于宣府建弥陀寺、朝玄观，请度官军之家幼童为僧、道。明宣宗表示祖宗旧制不可违，不准其请，“若寺、观已完，欲僧、道守之，则于他郡邑分与之”[2]，却承认了其私创寺、观。这些，都是保护和提倡佛教之举。

(二) 正统至正德时期

正统至正德时期，最高统治者基本上都佞佛，对佛教整顿和限制的政策也常常得不到很好的执行，客观上也保护和提倡了佛教。其表现有：

第一，崇信藏传佛教，大量封授、供养藏传佛教僧人，广作斋醮。

自永乐以后，明代中期的各朝最高统治者几乎都信仰藏传佛教，“历朝因之不替”[3]。宫中英华殿设番经厂，“习念西方梵呗经咒”，“所供西番佛像皆陈设，近侍司其香火”，“凡做好事，则悬挂幡榜”，“仍立监斋神于门傍”，“本厂内官皆戴番僧帽，穿红袍黄领护腰，一永日或三昼夜圆满”[4]。宫殿之中，也多设藏传佛教塑像。不仅如此，历朝最高统治者还封授、供养大批藏传佛教僧人，广作斋醮，等。

明英宗即位初年，以“三杨”为首的重臣和太皇太后张氏及

1 《明宣宗实录》卷四五。
2 《明宣宗实录》卷一一四。
3 (明)沈德符：《万历野获编》卷二七《释教盛衰》。
4 《酌中志》卷一六《内府衙门职掌》。

英宗本人、专权的太监王振等共同组成最高统治集团。这个最高统治集团也崇信藏传佛教。英宗即位初，裁减宣德年间封授、供养藏僧近七百人，但京师仍留有四五百人，继续供奉。虽然官员们不断上疏要求裁减，但始终未产生效果。大慈恩等寺“分住”国师等藏僧达 344 人，占用会同馆馆夫 213 人，后边境少数民族及外国使臣来京，会同馆“乏人供应，不得已而雇觅市人代之”[1]。明英宗崇信藏僧，尊崇国寺杨禅师为“上师”，“仪从同于王者”[2]。

景泰、天顺年间，明代宗、明英宗又先后多次封授藏僧为西天佛子大国师、灌顶大国师、禅师、都纲等职。

成化年间，明宪宗崇信藏传佛教更甚。为了增加习学、传播藏传佛教之人，成化二年，明宪宗一次度藏僧三千四百名[3]。他大量封授藏僧为法王、国师等。成化二十一年正月，有人言，京师大慈恩等三寺供奉藏僧达千余人，并有法王七人，国师、禅师多至数十，以致“廪饩膳夫供应不足”[4]。至孝宗即位初，一次就裁汰前朝“传升”法王等职至 437 人，喇嘛人等达 789 人。由于藏僧得到朝廷厚遇，汉人也“多令子弟从学番教”[5]，甚至有不少冒充者，到京师享受供奉，希图幸进。成化四年十月，礼部要求“清理番僧及中国［人］冒充者”。明宪宗因法王札巴坚参之言，下令“中国人先习番经、有度牒者已之，无度牒者清出”[6]。大慈恩寺禅师喃渴领占等乞给银印，礼部认为，“番僧受职，不系本土管事者，不与印信”。明宪宗“有旨与之”[7]。其时，藏传佛教僧人多锦衣玉食，横行国中，“法王封号有至累数

1 《明英宗实录》卷七九。
2 《明英宗实录》卷一八三。
3 《明宪宗实录》卷二七三。
4 《明宪宗实录》卷二六〇。
5 《明孝宗实录》卷二。
6 《明宪宗实录》卷五九。
7 《明宪宗实录》卷一七九。

十字者”[1]。

明孝宗即位初，汰前朝传升藏僧，“各遣回本土本寺或边境居住”，汉人习学者，“俱发回原卫有司当差”[2]。但孝宗也崇信藏传佛教，执行不严，不少藏僧仍留在京。藏僧锁南坚参为言官所劾，“勒还本土，久而未发”，其徒“为之请留居京师大能仁寺”，明孝宗“许之”[3]。投明孝宗所好，被降遣藏僧不久又“多潜住京师”，并“转相招引”，京中“斋醮复兴，糜费渐广”。弘治四年二月，在官员们一片反对声中，明孝宗才下令，“斋醮此后俱减省，番僧留一百八十二人，余悉遣之”[4]。六年九月，明孝宗又下令行取四川光相寺国师领占竹。领占竹也是被劾奏而降遣者，因此大臣们多次上疏反对，明孝宗不得已而罢。但至弘治十五年四月，明孝宗不顾大臣们的纷纷反对，再次传旨行取领占竹，“来居于大慈恩寺”。终弘治一朝，明孝宗广作斋醮，“动经旬月，费有用之财，为无益之事”[5]。

明武宗是明代皇帝中最崇信藏传佛教者。孝宗驾崩不久，他即令灌顶大国师那卜坚参等率徒“假以绂除、荐扬，数入乾清宫几筵前”[6]，设立斋醮。在大臣抗疏下，明武宗决定，“今后僧、道敢有夤缘出入宫禁、滥设斋醮者，并引诱之人，俱罪不宥”，那卜坚参等六人革职，“带禅师衔，俱闲住”[7]。正德元年四月，明武宗又“严天下僧、道潜住京师之禁”[8]，似乎要绝意佛教。然而，不久他即迷上了佛教，尤其是藏传佛教。其表现有：

1 《明宪宗实录》卷五三。
2 《明孝宗实录》卷四。
3 《明孝宗实录》卷二二。
4 《明孝宗实录》卷四八。
5 《明孝宗实录》卷一八八。
6 《明武宗实录》卷一。
7 《明武宗实录》卷一。
8 《明武宗实录》卷一二。

1. 大量封授藏僧。正德二年三月，明武宗传升藏僧领占竹等多人为灌顶大国师等。五年六月，他又一次传升大隆善寺禅师星吉班丹等多人为国师、禅师、法王等。其时，“法王、佛子、禅师、国师之号，充满京师”[1]。

2. 建寺禁中，身着僧衣，与藏僧演法。早在正德二年传升领占竹等人时，《明武宗实录》即称，“时上颇习番教，后乃造新寺于内，群聚诵经，日与之狎昵矣”[2]。九年十月，有官员疏责明武宗“于西华门内豹房之地，建护国禅寺，延住番僧，日与亲处”[3]。次年二月，《明武宗实录》又说，“是时上诵习番经，崇尚其教，常被服如番僧，演法内厂”[4]。

3. 自封为“大庆法王”。他不满足于为世俗皇帝，又“自命”为“大庆法王”，令铸金印，“定为天字一号云”[5]。明武宗还荒唐地要建立“大庆法王下院”，“中旨下［礼］部，称大庆法王与圣旨并”[6]。

4. 大度藏传佛教僧人。明武宗“习番教，欲广度习其教者”，正德五年十月“准给番僧度牒三万”。有司“度不可净，因如数摹印”。不知何故，这些度牒最终未发[7]。八年十一月，明武宗赐大庆法王领占班丹“番行童度牒三千”，“听自收度”[8]。

5. 不惜钱财、时间，派人往西藏迎取“活佛”。正德十年十一月，明武宗听说西藏有“活佛”，“能知三生”，遣太监刘允打着“往乌思藏赍送番供等物”旗号，以十年为期，乘传往迎。大

---

1 《明史考证捃逸》卷四二。
2 《明武宗实录》卷二四。
3 《明武宗实录》卷一一七。
4 《明武宗实录》卷一二一。
5 《明武宗实录》卷六四。
6 《明史》卷一八四《傅圭传》。
7 《明武宗实录》卷六八。
8 《明武宗实录》卷一〇六。

臣们识破其意图，纷纷上疏反对，明武宗均不听。刘允等携带大量钱物，“内府黄金为之一匮”。到达成都后，“又治入番物料”，耗银十三万两。诸事齐备，刘允率士卒千余人入藏。但所谓的“活佛”因“恐中国诱害之，不肯出”。刘允部下与之发生冲突，死伤大半。刘允逃回成都，时武宗“已登遐矣”[1]。

此外，明武宗还经常违例赐藏僧土地、营葬等。

明武宗如此崇信藏传佛教，在中国古代帝王中难有相匹敌者。

第二，信奉汉地佛教，大量度僧鬻牒，容忍私度者存在。在崇信藏传佛教同时，最高统治者也大多信奉汉地佛教。皇城之内有汉经厂，“释典具宗、教两门”，“诵经持咒，劝化群生”，经厂设“内臣若干员”，“每遇收选宫人，则拨数十名习念释氏经忏”，“如遇万寿圣节、正旦、中元等节，于宫中启建道场，遣内大臣瞻礼，扬幡挂榜，如外之应付僧一般”[2]。最高统治者还大量度僧鬻牒，容忍私度者存在。

明初为了限制僧人数量，对度牒给发作出诸多规定。但这些规定在明代中期经常得不到很好的执行，违例大量度僧之事不断发生。正统元年九月，二年正月、三月、十月，统治者先后几次不合规例而度僧，少者数十人，多者至4300余人[3]。由于如此度僧，僧童等大量涌至京师，“希求请给”。正统五年二月，政府不得不下令，“僧、道依太宗钦定额数给度”。但六月度僧时，僧童至京者37000余人，朝廷令度10000人[4]。按照永乐十六年规定额数，则明朝僧人总数不过37000余人。而这一次就度僧10000人。次年闰十一月，明英宗又遵太皇太后懿旨，度僧1000名[5]。正统

1 《明武宗实录》卷一三一。

2 《酌中志》卷一六《内府衙门职掌》。

3 《明英宗实录》卷二二、卷二六、卷二八、卷三五。

4 《明英宗实录》卷六八。

5 《明英宗实录》卷八六。

中期以后，“佞佛”的专权太监王振“请帝岁一度僧”，违例度僧遂更甚，数目也更庞大。正统八年二月，明英宗命度汉、番行童14300人[1]。正统十一年二月，明英宗又出给僧、道度牒，“在外府、州、县悉遵永乐间定额，惟南京度僧五百人，北京度僧一千人”[2]。因此，后人批评说，正统时，“掌礼者屈于王振之势，今年曰度僧，明年曰度僧，百千万亿，日炽月盛”[3]。

景泰年间，明代宗及其宠信的宦官兴安也都佞佛。他们不仅在宫内频修斋醮，而且在京城各寺饭僧供佛。明代宗斋僧，“累出内藏之金，易米供给”，甚至导致京师“米价腾贵”[4]。鉴于正统年间所度太多，明代宗初即位，曾有旨停止开度。但景泰二年正月，皇后传“懿旨”，度僧30000人[5]。少保兼兵部尚书于谦上疏，反对度僧。明代宗却表示，“度僧虽无益，然业已行，其仍旧”[6]。实际上，这是兴安的主意。史称，“初，僧、道三年一度。上即位，特诏停之。至是，太监兴安以皇后旨度僧、道五万余人”[7]。至四月，度僧18902人[8]。至十一月，据《明英宗实录》记载，共度僧、道32800余人。这其中究竟有多少僧人，不得而知。景泰五年，僧行道童又群聚京师，“动以万计”。有官员提出，景泰二年已大度僧人，“若今岁复度，恐天下之民将半为僧、道矣”。疏入，明代宗“嘉纳之”[9]。但是，他并没有放弃给度决定。六月，他“诏总计天下府、州、县原额之数，悉度

1 《明英宗实录》卷一〇一。
2 《明英宗实录》卷一三八。
3 《明英宗实录》卷二四八。
4 《明英宗实录》卷二五六。
5 《明英宗实录》卷二〇〇。
6 《明英宗实录》卷二〇一。
7 （清）夏燮：《明通鉴》卷二五。
8 《明英宗实录》卷二〇三。
9 《明英宗实录》卷二三九。

之”[1]，又度了一个永乐年间所定僧人之额数。景泰六年六月，明代宗下令以后按缺额度僧、道。次年十月，他却又鬻牒度僧（详见后文）。因此，史称兴安“崇信释教，请上三年一度僧，至数万人”[2]。

天顺年间，复辟的明英宗虽然仍崇信佛教，但对度僧比较慎重。为了有效地限制出家人数，明英宗下令以后僧、道十年一度，并切实执行。

明宪宗也崇信汉地佛教。他对僧人加以保护，命“僧、道犯公罪不还俗”，“著为令”[3]。他宠信僧人，大量传升僧人为僧官。最多时，僧录司禅师兼左善世等官竟达 120 员，是额定九员的 13 倍多[4]。他信用僧人继晓。继晓以“秘术”得进，“日诱帝为佛事”[5]。继晓有所奏请，明宪宗无不听从。成化年间，度僧更多。其中，度牒鬻卖者占了大部分。关于明代的鬻牒，将在后文论述。这里先谈谈非鬻牒的给度。成化二年，是天顺年间许诺的十年以后度僧之年。继三月大量鬻牒后，闰三月，明宪宗又令额外给度僧、道 15 岁以上者 50000 名[6]。成化二年所度，计 132200 余人[7]。成化十二年，礼部统计，又度僧 13340 名[8]。从成化二年到十二年，鬻卖及非鬻卖给度僧、道达 145000 余人[9]。成化二十年七月，因“成化二十二年给度在迩”，礼部奏准将来照缺给度。但至年底，陕西、山西饥荒，明宪宗两次下令鬻牒，“预度”僧、道达

1 《明英宗实录》卷二四二。
2 （明）王圻：《续文献通考》卷二四七《仙释考·释家总纪四》。
3 《明宪宗实录》卷二三五。
4 《明孝宗实录》卷四。
5 《明史》卷三〇七《继晓传》。
6 《明宪宗实录》卷二八。
7 《明宪宗实录》卷一二〇。
8 《明宪宗实录》卷一五八。
9 《明宪宗实录》卷一九五。

70000人[1]。次年十二月，明宪宗再度僧、道行童29960名[2]。其后，加上给藏僧度牒以及各地追加鬻牒，至成化二十二年四月，礼部统计，给僧、道度牒已至110000张，明宪宗才下令“停止”[3]。总计成化二十二年份所度，达224500余人[4]。这样，成化年间所度合计370000（或说350000）余人[5]。

弘治年间，“道教置不谈，而佛氏为中宫及大珰所信向”，明孝宗“亦不能自异”[6]。由于前朝度僧太多，明孝宗即位后，大臣们纷纷要求暂停度僧。弘治元年闰正月，因左都御史马文升之言，礼部奏准“将十年一度之例停止，待额数不足之日，所在官司照额起送给度”[7]。不久，明孝宗又从礼部之请，下令“预止［僧、道］来京［求牒］”[8]。但弘治九年二月始，各地行童“妄议今年

1 《明宪宗实录》卷二五七、卷二五九。

2 《明宪宗实录》卷二七三。

3 《明宪宗实录》卷二七七。

4 《明孝宗实录》卷一一二，弘治九年四月丙申；（明）倪岳：《青溪漫稿》卷一三《止给度疏》。按，成化二十二年所度僧、道数中，包括成化二十年两次鬻牒所度僧、道七万人。原因是成化二十年非英宗确立的“十年一度”年份，而二十二年“例该度僧”，宪宗遂先以二十年鬻度七万人“准作二十二年该度之数”（《明宪宗实录》卷二五九、卷二六八、卷二六九，成化二十年十二月乙卯、成化二十一年七月辛亥、成化二十一年八月辛卯）。

5 按，成化年间所度僧、道总数，以二年、十二年、二十二年三个年份所度之和，应为三十七万余人。弘治九年五月，工科给事中柴昇即说：“祖宗朝僧、道各有额数，迩年增至三十七万有余”。（《明孝宗实录》卷一一三，弘治九年五月辛亥）但弘治年间，也有廷臣说成化时共度僧、道三十五万余，尽管他们对上述三个年份所度数目并无异议，不知何故。如，礼部尚书倪岳在《止给度疏》（《青溪漫稿》卷一三）中说：“查得成化二年给度过僧、道一十三万二千二百余名，成化十二年一万三千三百余名，成化二十二年二十二万四千五百余名”，“成化年间所度，已该三十五万有余”。弘治九年五月，礼科给事中屈伸上疏也说：“自成化二年以来三次开度，已逾三十五万有余”。（《明孝宗实录》卷一一三，弘治九年五月己酉）

6 《万历野获编》卷二七《僧道异恩》。

7 《明孝宗实录》卷一〇。

8 《明孝宗实录》卷一一四。

例该给度，俱会聚京师”[1]。一些言官纷纷上疏，要求驱遣。明孝宗却表示，“僧、道虽额数过多，但自弘治年来未尝给度。尔等其议处停当以闻，不许仍前过滥”[2]。礼科给事中屈伸、工科都给事中柴昇等先后上疏抨击，明孝宗均不理会。六月，礼部被迫讨论有关事宜，提出“仍鉴累朝禁约”，裁减所度，“自后或二十年、二十五年一次开度”，“庶僧、道可渐复额内之制”[3]。对于礼部的折中方案，明孝宗表示满意，下令“在京准度八千名，南京五千名，直隶及各布政司府、州、县原额有缺，照数保送来京”[4]。由于各布政司僧、道额数多滥，两京又不可能有13000名合格行童可度，所以至弘治十一年十二月，全国共度僧、道11360人[5]。

虽然弘治九年规定“自后或二十年、二十五年一次开度”，但明武宗并不以为然。正德二年五月，僧录司官等奏，“谓已及十年给度之期，宜如例举行”。礼部认为，“前此度僧、道，视额数已逾十倍。今止宜照缺度补，不可滥度”。明武宗拒绝礼部建议，“准度在京、在外僧三万名，道一万名”[6]。次年三月，他又下令鬻卖僧牒30000张（详见后文）。正德五年十月，明武宗令给藏僧度牒30000张，同时度汉僧、道各5000名，未果。正德八年十一月，他又下令度藏、汉僧行道士40000人，因藏行童“多中国人冒名者”，“为礼部所持”[7]。

在大量度僧的同时，统治者开始鬻卖僧牒，使僧人数量激增。如前所述，明初规定度牒免费给发。明代中期以后，随着自然灾害的频发、土木工程的繁兴以及统治阶级的奢侈浪费，明朝财政

1 《明孝宗实录》卷一一三。
2 《明孝宗实录》卷一一三。
3 《明孝宗实录》卷一一四。
4 《明孝宗实录》卷一一四。
5 《明孝宗实录》卷一四五。
6 《明武宗实录》卷二六。
7 《明武宗实录》卷一〇六。

日益吃紧，加上军、商屯的废坏带来边境军饷困难，于是，统治者改变了免费发放度牒政策，也开始从给度僧、道中搜刮钱财。当工程缺钱、边军缺饷或赈济缺粮时，政府往往令僧行道童运纳一定数量的米或银，以换取度牒，度牒总数不作控制，或者定发一定数量度牒，听任僧、道用银、米换取，发完为止。明代鬻牒始于景泰二年，起先只是偶一为之，规模不大，而以非买卖性质的给度为主流。至成化年间，统治者鬻牒逐渐频繁，人数也动辄上万，甚至一年鬻牒达70000张。嘉靖以后，度牒给发基本上都收费了，鬻牒成为正途。具体情况，可参看下表。（见表二）

表二　明朝鬻卖僧牒统计表

时　间	鬻卖度牒情况	资料来源	备　注
景泰二年七月	刑部左侍郎罗绮奉命于四川督运粮储二十万，“往贵州饷军”，见四川之民“劳瘁已极”，奏准先挽运十万，其他别为区画，包括：“僧、道赴彼（指贵州）纳米五石者给予度牒”，四川各司“起送阴阳、医生、僧、道赴部者俱令运米有差”等	《明英宗实录》卷二〇六	明朝鬻牒之始
景泰四年六月	播州用兵需饷，而四川之民“财殚力乏”，户部郎中徐敬奏请恢复所停纳米事例。户部奏准，移文四川布政司，“僧、道欲给度牒者五石”，“俱自备米，赴播州缺粮仓分交纳”	《明英宗实录》卷二三〇	七年十月，命给重庆等府僧胡德心等度牒，“以各僧遵例输米播州边仓”（《明英宗实录》卷二七一）
景泰五年四月	命礼部：凡僧、道请给度牒者，于通州运米二十石，赴口外万全等处官仓交收，以备军用	《明英宗实录》卷二四〇	不久，僧录司“奏称其艰难，致蒙免运”（《明英宗实录》卷二四三）
成化二年三月	命礼部给度牒鬻僧，赈济饥民。巡抚淮扬都御史林聪处一万，每名纳米十石；南京礼部五千，每名纳米十五石；其它各处僧在京师者，每名纳银五两	《明宪宗实录》卷二七	

续　表

时　间	鬻卖度牒情况	资料来源	备　注
成化九年八月	因山东水、蝗灾甚于往岁，公私储蓄俱竭，户部议准，从巡抚山东左佥都御史牟俸前所陈，“僧、道正当十年一度之期”，“令礼部出给空名度牒数万，令赴山东告给，每牒纳米二十石，或银二十五两”	《明宪宗实录》卷一一九	九月，礼部称，“僧、道例必十年一度”，“今若先期特度于山东”，行童“必群聚其地，反为骚扰”。诏“不必行”（《明宪宗实录》卷一二〇）
成化十三年四月	巡抚河南右副都御史张瑄以河南水灾，“奏举见行救荒十事”，其一为“各处阴阳、医生、僧、道纳米，免其考试”。户部议准，“令如例”	《明宪宗实录》卷一六五	
成化二十年十月	山西、陕西饥荒，给空名度牒一万纸，分送山西巡抚都御史叶淇、陕西巡抚都御史郑时，“募愿为僧、道者，令诣被灾处，输粟十石，以助赈济”	《明宪宗实录》卷二五七	
成化二十年十二月	陕西“饥已甚”，户部要求再度僧、道六万人，“各输银十二两”。明宪宗同意，令以前后所度七万，准作二十二年该度之数	《明宪宗实录》卷二五九	
成化二十二年二月	直隶凤阳府知府章锐因凤阳“自成化十四年以来，屡遭水旱，民困已极”，要求“仍给度牒三千，以资召募”，等。明宪宗“多从其言”	《明宪宗实录》卷二七五	
正德三年三月	户部左侍郎兼左副都御史韩福受命湖广整理粮储，建议度僧六万人，预给度牒，分派两广、福建及江南、北诸郡，“其银俱类解湖广”。命减半度之	《明武宗实录》卷三六	
正德三年四月	提督宣大等处兵部左侍郎兼左副都御史文贵经略边关诸墩，乞开僧、道给度牒纳银事例等。礼部覆议：“发僧牒二万，道牒二千，于在京及直隶、山东、山西、河南、陕西、辽东、宣府、大同地方，每名纳银十两或八两，无力者勒令还俗”，等。武宗“从之”	《明武宗实录》卷三七	

续 表

时 间	鬻卖度牒情况	资料来源	备 注
正德三年七月	礼部“以光禄寺牲口欠乏，先是借用太仓银十三万两，无可补还”，乞再鬻僧行度牒一万五千张，“酌量南北地方，多者价十三两，少者八两，取补负欠户部之数”。武宗“从之”	《明武宗实录》卷四〇	
嘉靖十八年	奏准：僧、道照明初额设定数，每僧、道一名，各于当地纳银十两，上纳类解，免其赴京	《大明会典》卷一〇四	鬻牒成为给度正途
嘉靖三十七年三月	吏部尚书吴鹏等议准：僧、道十六岁以上私自簪剃者，各追银六两	《明世宗实录》卷四五七	
隆庆六年	题准：礼部印发空头度牒，通行各处召纳。如有来京请给者，赴户部纳银五两，发号纸送礼部给牒	《大明会典》卷一〇四	
万历七年五月	户部奏准：酌停僧、道纳银事例，等	《明神宗实录》卷八七	

明代中期以后，统治者对私度者也经常是睁一只眼，闭一只眼，疏于清理。正统十四年九月，有人揭露近年出家者“累千百万”，均无合法身份，要求令其“还俗生理”。明代宗命礼部“会官议之”[1]，但最终没有实际行动。景泰四年四月，有人称，“今天下僧数十万计”，多为非法出家者，要求“再通行天下，凡无度牒者即令还俗”。明代宗“命所司详议以闻”[2]。其后，并未见行动。因此，景泰六年二月，又有人要求，“取各僧度牒审验”，将非法出家者递发边卫充军。明代宗却表示，“彼僧道寺观不必屑屑追究，如有犯者，依律治之”[3]。成化元年二月，一官员建议

1 《明英宗实录》卷一八三。

2 《明英宗实录》卷二二八。

3 《明英宗实录》卷二五〇。

"挨查僧、道"，"私自簪剃者勒令还俗，解发原籍当差"。明宪宗命"下所司议之"[1]，结果也无下文。弘治元年闰正月，因左都御史马文升之疏，礼部奏准，"无度牒僧行道童，发回当差"[2]。但清理并未进行。五月，工科给事中夏昂即疏称，近从都御史马文升奏，命"年十五以上无度牒行童、道童还俗。今既数月，未见施行"。夏昂要求，敕礼部定限，"应还俗行童、道童即令还俗"。明孝宗仍命所司"详议以闻"[3]。弘治八年十一月，礼部尚书倪岳等又要求"禁约请给"，"其潜住京师寺、观，请悉诏还原籍当差，违者发边卫充军"。明孝宗却表示"姑已之"[4]。正德年间，明武宗大肆度僧鬻牒，私度者更多，未见清理。

第三，不断建造寺院，对私创寺院予以容忍。

从明初的太祖、成祖开始，最高统治者就一方面禁止私建寺院，另一方面又带头违反制度，修建寺院。明代中期，统治者带头修建寺院之势有增无减。

正统初年，朝廷敕建了不少寺院。时人批评说，迁都以来，"所废弛者，莫甚于太学。所创新者，莫多于佛寺"[5]。尽管其时大量开度僧人，还是出现了"两京敕建寺多僧少"的奇怪现象[6]。正统中期以后，专权太监王振对兴建寺院十分"热心"。他"作智化寺于居东以祝釐"[7]，穷极土木。他指使明英宗修大兴隆寺，"壮丽甲于京都内外数百寺"，并"树牌楼，号第一丛林"[8]。正统十一年三月，明英宗还命修大觉寺。景泰年间，太监兴安"最用

1 《明宪宗实录》卷一四。
2 《明孝宗实录》卷一〇。
3 《明孝宗实录》卷一四。
4 《明孝宗实录》卷一〇六。
5 《明英宗实录》卷二三。
6 《明英宗实录》卷二八。
7 《释氏稽古略续集》卷三。
8 《明英宗实录》卷一六三。

事，佞佛甚于王振，请帝建大隆福寺”[1]。物料不足，明代宗命“拆南城翔凤等殿石栏杆用之”[2]。兴安又“擅于内府西海子边作佛庵，及西山等处作生坟、佛寺，盗用官木等料万计”[3]。天顺元年正月，明英宗在“复位改元”诏中宣布，停止修寺造塔等“一应不急之务”，“以苏民力”[4]。但至三月，他就从太监曹吉祥奏请，修彰义门广济庵[5]。凤阳大龙兴寺毁于火灾，他下令重建，“拆都督府等衙门三百余间改造”[6]。明宪宗即位初，也下令“一应不急之务悉皆停罢，与民休息”[7]。但是，成化四年八月，即有人批评说，近年以来，“浮屠不时之赏，寺塔无益之修，所费不赀”[8]。成化七年十二月，又有官员称，“京师连年创建寺宇不绝，报国寺之工甫毕，崇国寺之役又兴”[9]。此外，明宪宗还修隆善寺[10]。继晓得幸后，建大永昌寺于西市，“逼徙民居数百家，废国帑数十万”[11]。继晓以“星变”被勒为民，“寺亦随废”。后太监梁方要求择地重建，明宪宗以恢复袁氏广平侯爵位而换得其宅为寺址，“既又市其旁民居数十家，大兴工役，视旧寺益加广矣”[12]。正德年间，明武宗在禁中兴建新寺、护国禅寺，已见前述。据时人记载，明武宗在禁中还建有万寿寺[13]。他宠幸奸人钱

1 《明史》卷一六四《单宇传》。
2 《明英宗实录》卷三〇一。
3 《明英宗实录》卷二四八。
4 《明英宗实录》卷二七四。
5 《明英宗实录》卷二七六。
6 《明英宗实录》卷三一二。
7 《明宪宗实录》卷一。
8 《明宪宗实录》卷五七。
9 《明宪宗实录》卷九七。
10 《明宪宗实录》卷一〇六。
11 《明史》卷三〇七《继晓传》。
12 《明宪宗实录》卷二八三。
13 《万历野获编》卷二七《主上崇异教》。

宁，钱宁建石经山寺，“穷极壮丽”[1]。

由于最高统治者带头不断违例兴建寺院，并且大量度僧鬻牒导致僧人数量急剧膨胀，因此他们对民间私自兴建寺院也多采取容忍态度。

正统六年四月，明英宗下令“新创寺、观曾有赐额者听其居住，今后再不许私自创建”[2]。实际上，面对私建寺院不断出现的情况，这道诏令虽然规定“曾有赐额者听其居住”，但对没有赐额者却未要求予以拆毁。而且，它对私建寺院者也未起到禁止作用。正统十年三月，明英宗即抱怨说，“洪武以来，寺院、庵、观已有定额，近年往往私自创建，劳扰军民”。他下令“严加禁约”，“除以前盖造者遇有损坏，许令修理，今后不许创建”[3]。这道诏令，承认了此前私创寺、观的合法性，更助长了私创之风。正统十四年九月，有人反映，“近年以来，修盖寺、观，遍满京师”[4]。京师如此，其他地方也可想而知。明代宗即位初，因私创寺、观遍满京师，命礼部“会官议之”[5]。后来，此事不了了之。景泰元年六月，又有人疏请“辟异端”，“销天下道、佛像之铜铁者以补军器”。礼部议，“以为窒碍难行，寝之”[6]。明代宗不仅默许私创寺院的存在，有时还公开承认其合法性。如，他以故太监李德所建灵福寺并园地赐锦衣卫百户李安为香火院[7]，即是一例。天顺初年，明英宗仍然不提拆毁私创，反而钦赐一些寺院以寺额，为它们披上合法外衣。天顺元年十月、十一月间，他先后两次各赐全国40所寺院以寺额。于是，各地僧、道“请赐寺院、庵、观名

1 《释氏稽古略续集》卷三。

2 《明英宗实录》卷七八。

3 《明英宗实录》卷一二七。

4 《明英宗实录》卷一八三。

5 《明英宗实录》卷一八三。

6 《明英宗实录》卷一九三。

7 《明英宗实录》卷二七一。

额者源源不绝”，且有已有名额“又复请求”者。十二月，礼部议定，“今后除旧无名额者许请”，“其以有为无，一概奏请，并扶同保结者”，“悉治其罪”[1]。我们知道，永乐年间明令以洪武十五年以前“有名额”寺院及各朝敕赐寺院为合法，而礼部此议，也承认了“旧无名额者”的合法性，这与正统以来态度是一致的。正因如此，当时私创寺院大量出现。有人统计，正统至天顺年间，仅京城内外就建寺200余所[2]。

明宪宗即位初，因太监陶荣乞寺额，下令以后“不得妄自增修”寺院，“辄求赐额”[3]。这里，明宪宗也是承认了那些以前私创寺院的合法性，而规定以后不得再有私创。成化三年十二月，因“京城内外居民辏集处所多有内外官员人等增修寺、观、庙宇”，明宪宗又命礼部“严加禁约”[4]。但是，明宪宗也没有真正禁止私创寺院，反而大量地为私创寺院赐额。时人统计，成化十七年以前，京城内外敕赐寺、观至639所，“后复增建，以至西山等处相望不绝”[5]。明孝宗即位后，下令不准私创寺院。一些官员则先后上疏，要求拆毁私创寺院，未获采纳。弘治元年闰正月，礼部议准，“凡私创寺、观即令拆毁”。但到五月，“未见施行”。十二月，又有人疏请“拆毁天下寺、观”。礼部提出，许多寺、观为朝廷设立，“今欲一切厘正，事体重大，乞下廷臣会议”。明孝宗表示，“既系祖宗旧制，不必会议”[6]。弘治十五年六月，礼部又提出“辟异端”，“凡修建寺、观请赐额名者，即命拆毁，仍纠问如律”。明孝宗说，“辟异端朕自有处”[7]。那么，他如何“自

1 《明英宗实录》卷二八五。
2 《国朝典汇》卷二三四《礼部二三·释教》。
3 《明宪宗实录》卷三。
4 《明宪宗实录》卷四九。
5 《明宪宗实录》卷二六〇。
6 《明孝宗实录》卷二一。
7 《明孝宗实录》卷一八八。

处”呢？十天后，太监王庸于德胜门外创起寺宇，且请寺额。礼部“乞毁其所创，以为妄奏者戒”。明孝宗“诏已之”[1]。次年九月，有人疏谓“近年西山冈垅坳突之间，或辟土以建寺、观”，“乞相形势，毁寺、观之所当毁”。事下工部覆奏，“命姑置之”[2]。正德初年，明武宗也下令不准私创寺院，但他带头在禁中兴建寺院。其身边太监也多兴建香火寺院，“工部又皆窃官赀以媚悦之”[3]。对民间私创寺院，明武宗同样未加禁止。

(三) 嘉靖以后

嘉靖以后，最高统治者中佞佛者不多。不过，有的帝王仍崇信佛教，对佛教加以提倡和保护。

对于藏传佛教，最高统治者中崇信者不多，但仍时有提倡和保护之举。明世宗在嘉靖初年也曾信奉藏传佛教。嘉靖二年闰四月，大学士杨廷和等即疏称，藏僧等“无故修设斋醮，日费不赀”，明世宗“至屈万乘之尊，亲莅坛场”[4]。隆庆年间，针对北方蒙古族信奉藏传佛教，明朝政府多次赐其首领俺答汗以僧人及佛经、佛像等，对藏传佛教在蒙古的传播有推动作用。万历初年，明朝也“施同俗之治”[5]，多次赐俺答汗以佛经、佛像等物，并派遣藏僧去蒙古传教，为其所盖寺院赐额。逢神宗生日，明朝宫中还举行藏传佛教法事以庆祝，番经厂场地不足，就在隆德殿大门之内“跳步叱而诵梵呗”，跳诵者十余人，习学者数十人，“跳三四个时辰方毕”[6]。其后，诸帝因各自原因，基本不再崇信藏传佛教。明光宗在东宫期间已身染不治之症，即位后很快又阴阳俱衰[7]，

1 《明孝宗实录》卷一八八。
2 《明孝宗实录》卷二〇三。
3 《明武宗实录》卷一二七。
4 《明世宗实录》卷二六。
5 《明神宗实录》卷三〇。
6 《酌中志》卷一六《内府衙门职掌》。
7 参阅拙文：《万历年间的“国本”之争》，载《山东大学学报》1997 年第 4 期。

在位仅一个月就去世了。明熹宗沉迷于土木制作，“好亲斧锯髹漆之事，积岁不倦”[1]。明思宗崇信道教，并曾对天主教感兴趣，一度撤除宫中“皆裸佛交媾形”的藏传佛教金银佛像（详见前文）。

对于汉地佛教，最高统治者多崇信，并加以提倡和保护。明穆宗信奉佛教，汉经厂“年久颓圮”，命重修；其子翊钧（即后来的明神宗）出生，剃度童幼“替身出家”[2]。万历年间，明神宗及李太后信奉佛教更甚。明神宗即位，也度僧代替出家，“其奉养居处几同王公”[3]。时大学士张居正辅政，对明神宗及李太后的佞佛加以约束。隆庆六年六月，明政府禁止设坛说戒，“万寿、广善二坛说戒僧人，指以戒法，诱惑愚民，有伤风化，照旧禁革”[4]。万历二年十月，法司奏录囚。李太后因信佛，意欲停刑，因张居正力争作罢[5]。万历七年二月，李太后又提出恢复戒坛，终因张居正反对而寝[6]。张居正去世后，明神宗、李太后失去了约束，恣意提倡和崇信佛教。明神宗诸子出生，都“剃度童幼替身出家”。汉经厂诵经做法事，原来皆以宦官为之，明神宗又益以宫女，“行香念经，若尼姑然”[7]。万历四十五年，明神宗于五台山建龙华大会，“盛阐宗猷”，“如是三年三次”[8]。李太后崇信僧人德清，令其在五台山为神宗举办祈储法会，其后又常加赏赐。万历二十二年十月，德清入京贺李太后寿。李太后“留过岁”，“请说戒于慈寿寺”。她又欲延德清入宫，“面请法名”。德清不敢，“绘像

1 《明史》卷三〇五《魏忠贤传》。
2 《万历野获编》卷二七《京师敕建寺》。
3 《万历野获编》卷二七《主上崇异教》。
4 《明神宗实录》卷二。按，此事在《大明会典》中记于“万历元年”，实误。
5 《国榷》卷六九。
6 《明神宗实录》卷八四。
7 《酌中志》卷一六《内府衙门职掌》。
8 《释氏稽古略续集》卷三。

命名以进”。她“悬像内殿”，令神宗“侍立”，“拜受法名”[1]。僧人达观真可住石经山，得函贮佛舍利。李太后闻之，“命近侍致斋供，赐紫伽黎，大供舍利三日，重藏石窟”[2]。大藏经自明初刊刻后，至明代后期，又有不少中国“述撰诸经未入藏者”，李太后命人刻之，补入《北藏》。万历十四年，明神宗“敕颁十五藏，散施天下名山”[3]。明思宗虽然一度拆毁宫中佛像，但是不久又将佛像搬回，并在宫中举行佛事活动。

明神宗、李太后等人大肆兴建寺院，且都极其富丽。时人沈德符记载，万历初年，帝、后等出内帑兴建承恩寺、慈寿寺、万寿寺、仁寿寺诸寺，重修海会寺，“其藻绘丹雘，视金陵三大刹不啻倍蓰。盖塔庙之极盛，几同《洛阳伽蓝记》所载矣”[4]。实际上，这并不是当时所修建的全部。万历二年四月，李太后曾“发银三千两，与工部修建涿州娘娘庙”[5]。张居正去世后，明神宗、李太后等人佞佛建寺更失去了约束。万历十八年八月，有官员言，“[京] 城内、外祠庙、寺、观金碧荧煌，堂宇壮丽，询诸道路，皆曰内帑所捐金也。而远方梵刹之供奉，岁时斋醮之祷祀，亦复频仍。臣愚谓与其捐厚费于冥冥，孰若宽此一分于民命”[6]。但是，呼吁未产生任何效果。南海普陀寺毁于火，李太后、明神宗等“输诚发愿，以次助施”[7]。钱物足后，明神宗遣官督造。顺天府漷县永乐店为李太后家乡，明神宗为了“标表里闾，显扬灵瑞”，命在此兴建慈圣景命殿，并于殿东、西盖保国慈孝华严寺、护国崇宁至德真君庙，“各有室宇，以居僧众，便

---

1 （明）释福征：《憨山大师年谱疏》卷上。
2 《憨山大师年谱疏》卷上。
3 《憨山大师年谱疏》卷上。
4 《万历野获编》卷二七《京师敕建寺》。
5 《明神宗实录》卷二四。
6 《明神宗实录》卷二二六。
7 《明神宗实录》卷四二八。

焚修”[1]。明神宗又不顾礼部及地方官等反对，建镇海寺于普陀山[2]。

对于私创寺院，张居正辅政时期，严厉禁毁。张居正去世后，明神宗等人不再严禁，私创者大量出现。万历十二年十二月，有官员批评说，“乃今邪教盛行，琳宫梵宇日恢月盛”[3]。鉴此，次年正月，明神宗传旨：“着中外大小臣工严查各处寺、观、庵、院，毁新创，存旧址”。但数日后，他又谕都察院：“前有旨清寺、观、庵、院，恐奉行过严，一时军民惊扰。其令五城御史停之，仍禁以后不得私创，犯者重拟”[4]。这样，明神宗等人又容忍和保护了大量私创寺院。其后，泰昌、天启、崇祯年间，明王朝“纷纭多事”、大厦将倾，最高统治者无暇顾及禁止私创寺院，私创寺院遂以无可阻挡之势大量涌现。

明代的佛教政策在很大程度上决定了佛教的存在、发展状况。综观有明一代，尽管各朝多不同程度地提倡和保护佛教，却又始终保持着对佛教的整顿和限制，即使暂时有所放松，但很快（或在本朝，或在后朝）即有所纠改，尤以嘉靖年间禁佛和崇祯年间排佛为甚，可以说控制僧人数量、抑制寺院经济的方针一直没有改变。因此，我们认为，对佛教加以整顿和限制是明代佛教政策的主线。在整顿和限制基础上，对佛教又加提倡和保护。这两方面，共同构成了明代佛教政策的主要特点和核心内容。由于统治者的提倡和保护，明代佛教在元末残破的基础上迅速恢复、发展，甚至一度膨胀。但是，由于统治者又不断对其加以整顿和限制，所以明代佛教的规模和影响又得到了较为有效的控制。明代南京寺院正是在这个社会环境中存在和发展的，明代的佛教政策对南京寺院产生巨大影响，这在后文的论述中可以清楚地看出。

---

1 《明神宗实录》卷四五〇。
2 《明神宗实录》卷五三〇。
3 《明神宗实录》卷一五六。
4 《明神宗实录》卷一五七。

第二节 明代南京社会状况

明代南京政治地位重要，经济、文化发达，民众中佛教信仰气氛浓厚，为其中的寺院的兴建和发展提供了坚实的社会基础。

一 重要政治中心

明朝建国之初，南京作为首都，无疑是当时全国最重要的政治中心。永乐迁都以后，南京成为留都，是明朝仅次于北京的重要的政治中心。

明初定都南京，早在元末朱元璋带领红巾军未攻克南京以前已经议定。至正十四年（1354年），当他带兵向滁阳进军时，定远人冯国用等来投。朱元璋“从容询天下大计”，冯国用答道：“金陵龙蟠虎踞，帝王之都，先拔之以为根本，然后四出征伐”，“天下不足定也”。朱元璋“大悦，俾居幕府”[1]。次年，他攻克太平，儒士陶安又建议说：“金陵古帝王之都，龙蟠虎踞，限以长江之险，若取而有之，据其形胜，出兵以临四方，则何向不克”[2]。至正十六年（1356年）三月，朱元璋攻克时称集庆的南京，改称应天府，置江南行中书省，在此初步建立了自己的政权。这时，文士叶兑又提出：“金陵古称龙蟠虎踞，帝王之都，藉其兵力资财，以攻则克，以守则固”，“宜定都建康，拓地江、广，进则越两淮以北征，退则画长江而自守”[3]。这些建议，都对朱元璋产生了影响。加上他又以南京为根据地，经营多年，在此有根深蒂固的基础。因此，至正二十六年（1366年），朱元璋下令扩大应天旧城，筑新

1 《明史》卷一二九《冯胜传》。
2 《明太祖实录》卷三。
3 《明史》卷一三五《叶兑传》。

宫于钟山之阳，正式决定以南京为首都，建立朱明王朝。明代，南京作为首都共50余年。当时，封建王朝的五府、六部等国家统治机构齐集南京，南京成为全国的政治中心。

永乐十九年，明朝迁都北京，南京又一次从首都的地位上滑落下来。不过，与一般城市不同，也与以前的南京不同，这一次南京作为明王朝的留都，是仅次于北京的政治中心。万历《应天府志》称，明成祖“虽移都北平，而二京并建，比于丰、镐，其重如此”[1]。

在留都中，明王朝仍保留了五府、六部、都察院等中央军政机构，设有南京守备，官绅众多。南京五军都督府“分掌南京卫所”，有左右都督、都督同知、都督佥事等官，“其掌印、佥书皆以勋爵及三等都督为之”[2]。南京不设三司衙门，而以政事直隶南京六部。又有都察院，负责纠劾百司，辩明冤枉。南京的六部和都察院各官，在迁都以后逐渐完备，即《明史》所说：“成祖迁都，南京止设侍郎，仁宗乃有尚书，都御史而未备，备官自孝宗始”[3]。南京地位重要，所以迁都之初，明王朝均以太子坐镇。如，永乐年间太子高炽监国南京，洪熙年间太子瞻基坐镇南京。明宣宗即位以后，开始在南京设立守备，“制诏太监郑和、王瑾总下西洋及留都水陆兵马，与驸马都尉沐琮、襄城伯李隆同督守备”，于是郑和等称“内守备”，沐琮等称“外守备”。景泰初年，南京又设协同守备。协同守备与守备“皆以公、侯、伯任”[4]。此外，南京还设有通政司、大理寺、国子监等机构，也都备有官员。王世贞《弇山堂别集》第47~64卷详列诸官（缺五府官员，时间截至万历十七年），可以说明一些问题。我们据之制下表。（见表三）

1 万历《应天府志》殷迈序。

2 《明史》卷七六《职官志五》。

3 《明史》卷一一一《七卿年表一》。

4 （明）王世贞：《弇山堂别集》卷六四《南京守备协同参赞大臣年表》。

表三　明代南京六部等衙门官员统计表

部门 官名	尚书	都御史	侍郎	通政使	寺卿	副都御史	佥都御史	祭酒	守备	协同守备	合计
吏　部	59		53								112
户　部	79		74								153
礼　部	62		57								119
兵　部	75		77								152
刑　部	69		84								153
工　部	76		77								153
都察院		85				52	62				199
通政司				7							7
大理寺					81						81
国子监								72			72
守　备									21	31	52

从表三中可以看出，自永乐后期至万历十七年，南京六部等主要官员已经超过千名，如果再加上五府、应天巡抚、知府、两县知县等官，以及上述各级机构和衙门的其他官员，则各级官员之多可以想见。这是除了北京以外其他任何城市都不能比拟的。本来，南京衙门没有多少实权，履任者多养清望而已，人不乐就。但是，到了明代后期，因后金侵入，“又所在寇起，道路多梗，物力亦耗，而仕于辇毂者又多得罪”，“于是争以南秩为仙吏”[1]，南京官职反而抢手。

除了各级官吏以外，留都中还有大量的落职官吏、绅士地主、工商业者以及普通居民。明代中期以后，南京逐渐从迁都初的衰退中走了出来，利用其重要的政治地位和优越的地理位置，迅速

1 （明）吴应箕：《留都见闻录》卷下《官政》。

发展，城市人口也大量增加，万历时人甚至称南京“城内连云百万家”。至于明末，各地形势紧张，大量的落职官吏、绅士地主、工商业者流寓南京者也剧增。“自辽东破而北人始来，自奢酋难作而滇、黔之宦于南方者始不返，此天启元年后事。崇祯庚午（三年）以来，而南直有民变，于是宜兴、溧阳、通州三处之荐绅有奔徙者。甲戌（七年）桐城民变，乙亥（八年）流寇猖獗，江以北之巨富十来其九。而山东、河南、湖广之人，几于望衡对宇矣”[1]。

历史上，南京作为一个王朝的都城，无论是东吴、东晋，还是南朝、南唐，都不过是偏安一隅的局部性割据政权。至于明初，南京作为统一的明王朝的首都，第一次成为全国的政治、经济、文化中心，这为南京佛教和寺院的振兴、发展无疑提供了新的契机。永乐迁都以后，南京作为留都仍有较高的政治地位，这对南京佛教和寺院的发展仍有很大的促进作用。大体说来，明代南京的政治地位，对其中的寺院的影响主要表现在以下几个方面：第一，为南京寺院提供了前所未有的众多的檀越，使寺院的经济实力大增，寺院的数目、规模也有新的突破；第二，对南京寺院进行直接而严格的管理、保护；第三，提高南京的佛学水平和寺院地位；第四，贵族、官吏等倚势侵欺寺院，等等。从南京寺院的建设和发展的角度来说，明代实为六朝以来所仅见。这些，后文将陆续论述，兹不赘言。

二　发达的经济

明代南京的农业、手工业和商业都得到了空前的发展，经济发达，是全国重要的经济中心。

首先，南京农业迅速发展。明朝建立之初，针对各地土地荒

1 《留都见闻录》卷下《时事》。

芜、农业凋敝的现实，明太祖实行重视农业、奖励垦荒政策，明确宣布，“各处荒闲田地，许令诸人开垦，永为已业”[1]。他十分重视水利建设，多次令各地兴修水利。洪武二十六年，他派崇山侯李新主持开通溧水胭脂河工程。河道的开通，既方便了两浙粮食和货物运来京师，又有利于附近农田的灌溉，促进了农业生产的不断恢复和发展。同时，明初鼓励种植桑、棉等农作物，有司“督民种植桑、枣，且授之种植之法，又令益种棉花，率蠲其税”[2]，发展多种经营。在统治者发展农业的政策和广大农民的辛勤耕作下，南京地区也和全国其他地区一样，农业得到迅速恢复和发展，南京以及苏、松等地成为明代农业最发达的区域。

其次，城市手工业空前发展。明代前期，南京城市手工业以官营手工业为主。洪武十年开始，明太祖为发展南京经济，满足官僚贵族及宫廷的需要，陆续从各地调集工匠，建立了规模庞大的官营手工业。永乐年间，明成祖继续扩大官营手工业的规模，如龙江船厂即从浙、赣、闽等地征调造船工匠四百余户。他们按行业不同，编入城内外坊厢户籍中。此外，明政府还通过轮班征发，集中了大批轮班匠到京服役。官营手工业分为隶属内官监为皇室服务和隶属工部为朝廷服务两个系统，部门很多，计有一百多个行业。其中，又以丝织业、造船业、印刷业、建筑业的发展最为突出。永乐迁都以后，带走大批南京原有工匠，新征调至南京者也大为减少，同时一些工匠怠工、逃亡，南京官营手工业走向衰落。成化年间，南京工匠开始实行输银代役，规定“轮班工匠有愿出银价者，每名每月南匠出银九钱，免赴［南］京”[3]。从此，官府对工匠的人身控制大为减弱，手工业者取得独立经营的自由，民营手工业获得迅速发展。同时，农业生产的发展以及社

1 《皇明诏令》卷一。

2 （清）顾炎武：《日知录之余》卷四《栽桑枣》，见《日知录集释》。

3 《大明会典》卷一八九《工部九·工匠二》。

会风气的由俭入奢，也使南京民营手工业取得长足进步。因此，明代中期以后，民营手工业逐渐成为南京城市手工业的主流。民营手工业者的居住地点仍多在城南人匠各坊，并保留按行业集中居住的习惯，但是身份已经改变，成为独立的私人手工业者，即所谓“赋役若颜料、毡匠等坊，以居肆名，非隶官籍”[1]。民营手工业各部门中，仍以原来技术基础较为雄厚的丝织、雕板印刷、工艺品制造业最为发达。据正德《江宁县志》记载，当时南京城内有许多丝织机户，产品有缎、纱、罗、绢等，各类产品又有许多不同品种，分工越来越细，织技越来越高。1977 年在南京出土的魏国公、南京守备徐俌墓中，有织麒麟勋爵服一件，以南京生产云锦制作，除前后补织麒麟外，尚织有缠枝莲、牡丹及朵云等图案，纹饰丰富多彩，织造精致，是明代中期以后南京丝织业的重要代表作。民营雕板印刷业有坊刻和家刻两种。明代后期，南京唐氏富春堂、世德堂、陈氏继志斋、汪氏环翠堂等皆为海内知名的刻书坊，著名藏书家焦竑、黄虞稷等也招工刻印家藏善本。当时，南京刻坊林立，刻印的书籍数量多、质量好、技术先进。特别是明末胡正言首创“饾板”、“拱花”技术，对雕板印刷业作出巨大贡献。民间工艺品制造业在原针工局、银作局传统技术的基础上发展起来，产品有折扇、皮灯、乐器、粉笔、木雕、竹雕等物。在这些行业中，有不少是称绝一时的高手名家[2]。

第三，城市商业发达。明初，南京作为首都，集中了封建国家的中央军政机构及大部分的物质财富，并集中了数量众多的城市人口，尤其是官僚士绅猥集于此，从而造成了城市商业发达的物质基础和庞大的消费市场。同时，明政府通过郑和下西洋及开凿连接江南运河与秦淮河的胭脂河，使经长江与秦淮河的水上航

1　正德《江宁县志》卷五《坊乡》。

2　参阅陈忠平：《明代南京城市手工业的发展》，载《南京史志》1989 年第 1 期；管玉春：《南京繁盛甲天下（下）》，载《南京史志》1984 年第 6 期。

运更为畅达，从而吸引和便利了全国各地甚至海外国家的商人来此从事贸易活动，造成了明初南京城市商业的勃兴。据洪武《京城图志》记载，明初政府就在南京设有 13 个大型市场。这些市场，或者以市集贸易为主，或者以铺户贸易为主，或者以贩运贸易为主，反映了明初南京城市商业多种形态的发展。为了便利商人的贸易，明政府还在城内建立了客店四处，“以待四方客旅”[1]，并在三山门外等处建立了招接商人及安顿商货的塌房，规定“塌房许停积各处客商货物”，只要分别缴纳“官收税钱”、“免牙钱”、“房钱”各三十分之一，“货物听客商自卖”[2]。各地商人纷纷汇聚京师，进行商业贸易。此外，明初的南京还吸引了海外许多国家使臣、商人进行“朝贡”贸易。因此，明初的南京既是全国的政治中心，也是全国的经济中心。

永乐迁都以后，南京城市商业贸易一度有所衰落。但是，正统以后，由于明朝国家，特别是江南地区商品经济迅速发展，南京与各地的经济交流不断扩大，商业迅速走向复兴与繁荣。商业贸易场所不断增加，正德时，仅江宁一县已经有大型市场 14 个。当时，城市商业以铺户贸易最为发达。据正德《江宁县志》统计，铺户按经营商品的内容可分为 104 行，每行有铺户数十个，甚至上百个。徽州商人、闽粤商人、山西商人活跃于南京市场，挟资大者巨万，少者千百，在此经商贸利。同时，南京本地人也将南京的商品贩运至全国各地。嘉靖《河间府志》即有“贩缯者至自南京”的记载。万历以后，南京城市商业进入鼎盛时期。其时，明朝整个国家，尤其是江南地区的商品生产、商品流通都空前发达，为南京商业的发展注入了强大的经济活力。同时，大量工商业人口涌入南京，时人称南京“为五方所聚，要皆贸易、迁徙之

1 洪武《京城图志·客店》。

2 《大明会典》卷四二《南京户部》。

民及在监游学之士”[1]。而由于后金侵入以及各地“流寇”、民变不断，大量官绅也从四面八方迁居南京。这些，也对南京商业发展起了推动和刺激作用。明代后期，南京铺户贸易发达，甚至“侵官道以为廛肆”，使原来宽阔的大街日形狭窄。贩运贸易进一步发展，人称“北跨中原，瓜连数省，五方辐辏，万国灌输”[2]。如，南京所产绸缎，不仅盛销内地城镇，而且远销至塞北市场，连宣府、大同等边镇也专门设有南京罗缎铺[3]。与此相适应，茶馆、酒楼、妓院等饮食服务业、娱乐业也十分兴旺。秦淮河两岸店铺林立，河上画舫穿梭，也从一个侧面反映了明代后期南京商业的繁荣。

明代南京经济的发达，为其中的寺院提供了坚实的经济基础。从农业方面来说，南京各寺院的公田，都坐落于南京及其周围各县，其农业收益是寺院经济的重要组成部分。以三大寺为例，其明初所得公田，均已经由当地佃户开垦出来，后来被明太祖以没官田的名义赏赐给三大寺。而三大寺得以维持高额地租，一定程度上也是南京农业发展的结果。从手工业和商业方面来说，寺院中无论是殿堂建筑，还是僧人的吃、穿、用、行等，都不能一日空缺，这些都必须依赖城市手工业和商业的保证。而手工业和商业的发达，对寺院的发展无疑也大有裨益。如，万历年间，栖霞寺圆通禅院观音殿“不戒于火”，“巨商某某俱感异梦，载其材甓与资来”，“不弥岁而殿成”[4]。因此，南京经济的发达，为寺院的存在和发展提供了坚实的经济基础。

1 《留都见闻录》卷下《时事》。

2 《松窗梦语》卷四。

3 参阅陈忠平：《明代南京城市商业贸易的发展》，载《南京师大学报》1986年第4期。

4 《金陵梵刹志》卷四，王世贞《圆通精舍灵应圣殿记》。

三　繁荣的文化

明代南京文化繁荣，人文荟萃，也对其中的寺院有重要的影响。

在城市政治地位空前提高、经济迅速发展的前提下，明代南京文化也出现了繁荣。在文学方面，要求民主、平等和个性解放思想的小说、戏剧、民歌等都很盛行。著名作曲家有陈沂、陈铎、徐霖、谷子敬、胡汝嘉等人，尤以陈铎通音律，善制曲，有乐王之称。许仲琳著小说《封神演义》，幻想丰富，为中国神魔小说的重要代表。在经学、史学、舆地学、考据学等方面，南京也名家辈出。顾璘、顾起元、陈沂、盛时泰、周晖、焦竑等人均有很大影响。《元史》、《永乐大典》等，也都编修于南京。在艺术方面，著名书法家有顾璘、顾起元、姜浚、刘彦等，著名画家有陈遇、吴伟、史忠、曾琼等。曾琼曾从利玛窦学习西洋肖像画法，创造"江南派写照"，打破常规，自辟蹊径。此外，在天文历算、医学、建筑学等方面，明代南京也都有突出的成就[1]。

明代南京人文荟萃。自东汉以后，北方战乱不已，士家大族多往南迁，南京逐渐发展成为中国重要的文化中心，人文荟萃。杜佑称，"永嘉之后，帝室东迁，衣冠避难，多所萃止。艺文儒术，斯之为盛"[2]。杨演称，"建业襟江淮，带湖海，自六代为都邑，民物浩繁，人才辈出，实士林之渊薮也"[3]。明代，南京先后作为首都和留都，更是百官汇聚，这些人本身就是封建教育制度下培养出来的人才。而且，南京还设有国子监，各地士子前来游学者也相当之多。南京本地之人，也因这一地区"山水之钟毓，与夫历代师儒之传述"，"家弦户诵"[4]，文风兴盛，人才辈出。

1　参阅管玉春：《南京繁盛甲天下（下）》。

2（唐）杜佑：《通典》卷一八二《州郡十二·古扬州下·风俗》。

3　至正《金陵新志》卷九《崇学校·路学》。

4（清）陈夔龙：《梦蕉亭杂记》卷二。

这些文人学士多数崇信佛教，出入佛寺，与寺僧交往酬唱。有的甚至专门撰有寺院志，如陈沂有《献花岩志》，盛时泰有《栖霞小志》、《牛首山志》、《祈泽寺志》，葛寅亮有《金陵梵刹志》，文伯仁有《栖霞寺志》，黄河有《灵谷寺志》[1]，无名氏有《天界寺志》。这些，对寺院也有相当大的影响。

四　民众浓厚的佛教信仰

明代南京民众中有浓厚的佛教信仰，对其中的寺院影响也很大。

明初定都于南京，皇室、贵族、官僚等群集南京，因此这些人也是南京的居民。明太祖崇信佛教，在南京兴建诸多寺院，尤其是国家五大寺的兴建，对南京寺院有很大影响。明成祖也崇信佛教。这位自称“敬佛”的皇帝在南京大建寺院，并最终确立了南京八大寺，在明代南京寺院史上有举足轻重的地位。其时，后妃、王公、太监、官员及官员家属也无不信仰佛教，甚至有出家者。南京寺院，也不断得到这些人的布施。

明初大臣中，信仰佛教最著名者当推学士宋濂。宋濂为明朝“开国文臣之首”，也是著名的思想家、文学家，在当时有很大影响。他精通佛理，沉溺于佛教，称无相居士。他“自幼至壮，饱阅三藏诸文，粗识世雄氏所以见性明心之旨。及游仕中外，颇以文辞为佛事”。因此，当时“南北大浮屠，其顺世而去者，多以塔上之铭为嘱”。他“衰迟之余，夙习皆空，凡他有所请，辄峻拒而不为。独于铺叙悟缘，评陟梵行，每若不敢后者，盖欲表般若之胜因，启众生之正信也”[2]。宋濂的佛学文字较多，明代后期有人辑为《宋文宪护法录》，共计10卷。其中包括为元末明初高僧撰

1 《四库全书总目》卷七七《史部地理类存目六·〈灵谷寺志〉提要》。
2 （明）宋濂：《护法录》卷一《佛性圆辨禅师净慈顺公逆川瘗塔碑铭》。

写的塔铭30余篇，另有为寺院及殿堂所作碑记，为佛经以及僧人语录所作序跋，以及为佛像、僧人所作像赞等，各若干篇。

在社会上层提倡和佞佛影响下，在苦难生活逼迫和佛教宣传、诱惑下，一般民众也多信仰佛教。如，班的答禅师在南京传法，“从受戒者八万余众”[1]。显然，“从受戒者”不可能都是僧人。再如，观音岩得到明太祖允许保留后，“香火滋盛”[2]，百姓都到此礼佛。信教民众不仅到寺院中礼佛听法，而且往往进行布施，参与寺院的兴建、修理等。如，洪武初期，神泉乡多福寺遗址发现元代翰林学士赵孟頫所书寺额，“乡之父老视之”，以为“寺之当兴也”，“因延僧永定即旧基重建寺宇，揭旧额于门”。永乐年间，僧人惠果“复出己帑，并募檀信谷玉等，集材度木兴工”[3]，加以增建。再如，洪武年间，工部侍郎黄立恭修天禧寺塔、殿，“京之军民闻立恭作佛之善事，有施财以阿之者，有诚然为生死而布德者，一时从者如流之趋下”[4]。再如，明太祖下令重建般若寺，“远近四众闻上意所向，莫不随喜，输财助力”[5]。再如，永乐年间，佛窟寺住持因宝兴建殿宇，“佑力者不呼而争至”[6]。对此，明成祖即抱怨说，“世人于佛、老竭力崇奉，而于奉先之礼简略”，为“近俗之弊”[7]。

永乐迁都以后，随着明朝政治中心的北移，南京失去了崇信佛教的皇室和大部分贵族、官僚，佛教信仰之风稍受影响。但是，由于南京仍是明王朝的留都，其中还住有相当多的贵族、官僚、太监等。这些人也多信仰佛教，并加入兴建、修理寺院的檀越行

1 《金陵梵刹志》卷三七，智光《西天班的答禅师志略》。
2 《金陵梵刹志》卷二九，吕柟《弘济寺碑记略》。
3 《金陵梵刹志》卷一四，倪谦《多福寺重兴记》。
4 《金陵梵刹志》卷三一，明太祖《御制黄侍郎立恭完塔记》。
5 《金陵梵刹志》卷四七，邹济《般若禅院记略》。
6 《金陵梵刹志》卷三三，姚广孝《牛首山佛窟寺建佛殿记略》。
7 《明太宗实录》卷六七。

列中。贵族信佛建寺者，如，成化年间，清凉寺“殿宇脱落漫漶”，宣城伯卫颖同主僧德广“捐赀重建”[1]。官员信佛建寺者，如正统年间，三山寺年久圮坏，寺僧“谒缘修理”，驸马都尉赵辉、工部尚书周忱、太仆寺少卿邓浩“皆发信心及劝募”[2]；成化年间，“黔国之宰”何某“饭僧于祖堂之山”，又见僧古道危坐献花岩下，“即捐金为佛宫，别治堂与之居”[3]。这些贵族、官僚的家属，也多崇信佛教，有的甚至出家为尼。嘉靖初，南京礼部尚书霍韬经过清查，共得南京尼僧计 481 名，其中指挥等官家属妻女投庵为尼者 33 名，竟占尼僧总数的 7%。太监是虔信佛教的另一重要队伍。《酌中志》称：“中官最信因果，好佛者众”[4]。明代南京住有守备太监、守孝陵太监、织造太监、报恩寺管理“燃点长明塔灯”太监等。这些太监也多崇信佛教，并参与兴建、修理了永泰寺、宁海寺、金陵寺、永宁寺、外承恩寺、观音阁等寺院。如，正德初年，观音阁毁于火，太监萧通“图嗣兴之”，“谋之诸同官，所助金总千有余两”[5]。有的太监死后，也葬于寺院之中。如，太监郑强死后，葬于永宁寺。

这些太监中，最值得一提的是郑和，他对明代南京寺院的贡献尤大。郑和，本姓马，小字三保，回族，云南人。洪武时入宫，初侍燕王朱棣，后随起兵有功，擢升太监，赐姓郑。永乐至宣德年间，他受命率领明王朝庞大的船队七下西洋，远航亚、非各国。宣德初年，他任南京内守备，后来死于出使西洋的途中。郑和是一位穆斯林，但是也崇信佛教，是虔诚的佛门弟子。永乐元年八月，郑和曾捐钱命工部刊印流通《佛说摩利支天经》，姚广孝所作

---

1 《金陵梵刹志》卷一九，钱溥《重建清凉寺碑略》。

2 《金陵梵刹志》卷三三，昙昕《三山讲寺实录》。

3 （明）陈沂：《献花岩志》。

4 《酌中志》卷二二《见闻琐事杂记》。

5 《金陵梵刹志》卷七，乔宇《重修观音阁记略》。

题记，称郑和受过菩萨戒，法名“福善”。在刊刻《优婆塞戒经》后，附有郑和于宣德四年所写的《印造大藏尊经题记》，其中又自称“大明国奉佛信官内官太监郑和，法名速南吒释，即福吉祥”。郑和对明代南京寺院的贡献，主要表现在：第一，兴建寺院。永乐年间，他先后奏建静海寺、吉祥寺。宣德年间，因大报恩寺监工太监汪福等办事不力，工程一拖再拖，明宣宗遂敕郑和“用心提督”，尽快完成。大报恩寺的最终完工，与郑和的主持是分不开的。尤其是其中琉璃塔的建造，耗费大量金钱，郑和自西洋回，“余金钱数百万，亦用于是”[1]。第二，刊印大量佛经，广泛施舍流通。郑和于永乐至宣德年间，“陆续成造大藏尊经计十一藏”，分别奉施给灵谷寺、天界寺、静海寺、鸡鸣寺、佛窟寺以及外地的一些寺院，流通供奉。第三，向寺院布施佛像等物。南京碧峰寺中，有《非幻庵香火圣像记》石刻一篇，内中记有郑和遗嘱。郑和自称“感戴皇上、佛天之诃护”，几下西洋，因此于宣德初“出己缗，命工铸金、铜像一十二躯，雕妆罗汉一十八位”，以及铜炉等物，安于宅，准备“逮候西洋回还，俱送小碧峰［寺］退居供奉”。但是，他后来在出使西洋的途中去世，其后人“不违先太监公日前遗嘱之言”，将佛像诸物“尽皆送付碧峰［寺］之退居供奉”[2]。从西洋带回来的奇珍异物，郑和也多施舍给各寺院（详见后文）。

一般民众也崇信佛教。正统年间，僧法通挂锡铁石山西椒石佛庵，“访者来，［法］通为说法，皈依者众，区隘莫能容”[3]。弘治年间，僧照堂在高座寺“倡鸣宗教，修习净业，道化所敷，缁白响敬，云拥川会，势莫可禁”[4]。僧净俊结草庵于月印庵遗

1　张惠衣：《金陵大报恩寺塔志》卷首《大报恩寺塔》。

2 《非幻庵香火圣像记》，转引自葛晓康：《南京牛首山弘觉寺塔地宫初探》，载《东南文化》1996 年第 2 期。

3 《金陵梵刹志》卷二七，郑宣化《重修嘉善寺记略》。

4 《金陵梵刹志》卷三四，陈寿《重修高座寺纪略》。

址，“道化所敷，缁白响教”[1]。对寺僧募缘兴建、修理寺院，民众多慷慨解囊，布施捐舍。如，正统年间，观音岩“金像剥落，殿宇倾颓”，寺僧“劝于众”，“乐善好施者闻风而来”[2]。法通在石佛庵，“捐赀兼募”，施者众多，使其得以“买山为住锡”[3]，并新建各殿堂。有的信众甚至罄其所有捐舍，用于修建寺院。如，天顺年间，定林寺住持道泰“遍叩诸檀越，建大佛殿、四天王殿”，居士朱福珍“慨然罄其所积之赀而一新之，其所建者若毗卢殿、大士殿、金刚殿、轮藏殿，与夫大藏尊经及诸供器之类，罔不周备”。后来，其诸子又先后对斋堂、禅室、廊庑、方丈、山门加以修理，“皆次第而一新之”[4]。

明代后期，随着士大夫中禅悦之风的兴起，僧人的大力提倡，以及各地形势紧张，官吏、士绅等群集南京，南京人的佛教信仰气氛更加浓厚。

明代后期，士大夫“多崇释氏教”，甚至“士子作文每窃其绪言，鄙弃传注”[5]，禅悦之风盛行。南京士大夫中的禅悦之风尤为浓厚，不少官吏、士人出入佛寺，与僧人谈禅说法，评诗论文。如，名僧法会在天界寺“习禅持戒”，一时宰官居士多造岩参请一见，归依者日众。名僧真节主栖霞寺，“于时公卿大夫响西极圣人之教者，建业则殷宗伯［迈］，吴兴则陆司空［光祖］，豫章则罗参知，并善真节。句曲李相公以封树至，为方外游，衡州廖度支瞠乎诸大夫后”[6]。南京刑部尚书顾璘在给好友陈沂的信中，谈到他家居的生活：“今春屏居墓田，前通古道，可步寻诸寺，有福

1 《金陵梵刹志》卷三四，黄谦《重修月印庵记略》。
2 《金陵梵刹志》卷二九，吕柟《弘济寺碑记略》。
3 《金陵梵刹志》卷二七，郑宣化《重修嘉善寺记略》。
4 《金陵梵刹志》卷一〇，翟瑛《重建方山定林寺记略》。
5 《明史》卷二一六《冯琦传》。
6 《金陵梵刹志》卷四，汪道昆《摄山圆通精舍记》。

全、古昙、果斌诸僧，谈禅和诗，皆有能事”[1]。《牛首山志》则记载了嘉靖年间士人出入弘觉寺的盛况：

> 嘉靖初，则顾司寇［璘］、陈侍讲［沂］致政家居，数来牛［首］山。于时，祝禧寺僧福全、崇明寺僧寄芜每随之。一时乡中后辈，若许太常仲贻、谢布政应午、陈参议羽伯、张侍御鸣治，及诸名公，皆以文章供几杖间。以四方词客，若山阴陈鹤、杭州沈仕、姑苏王宠、黄省曾、华亭何良俊、良傅。陈侍讲有云:“相随一童子，作伴两山僧”。[2]

一些僧人不仅精通佛学和诗文，满足士大夫谈禅论文的需要，还能言善辩，出语新奇，甚至阿谀奉承，尤其博得士大夫的欢心。《二续金陵琐事》记载：

> 大宗伯赵大周公过天界寺半峰庵谈禅，偶倒念《金刚经》文。僧官兴善从旁证之曰:“老爷倒念经文了”。半峰果斌斥兴善曰:“《金刚经》道理圆融通透，顺说也是，倒说也是。老爷不错，兴善错了”。赵大周公喜果斌之说。[3]

不少士大夫甚至成为虔诚的佛教信徒，在家出家。著名者如焦竑。焦竑，字若侯，南京人。万历十七年进士，官翰林修撰，后因遭政敌排挤而归。他“博极群书，自经史至稗官、杂说，无不淹贯，善为古文，典正驯雅，卓然名家”[4]。他归心佛教，与李贽等往来论学，出入佛寺，并“结莲社于栖霞［寺］，延学士、高

1 （清）钱谦益：《列朝诗集小传》闰集《半峰斌公》。
2 （明）盛时泰：《牛首山志》卷下。
3 （明）周晖：《二续金陵琐事》卷上《倒念经文》。
4 《明史》卷二八八《焦竑传》。

僧共谈名理，有陶、谢、宗、雷之韵”[1]。再如，殷迈，字时训，南京人。嘉靖二十年进士，官至礼部右侍郎。他“少求格致之义，不得其说，参证内典，澄思静照，久之忽有省”，即探求儒家理学而不能解决心中的困惑，遂从佛教经典和修习方法中找到答案。致仕以后，他“皈心佛学，栖息天界寺，灰心缚禅，精持戒律，虽老禅和不能及也”[2]。再如，顾源，字清甫，号宝幢居士，南京大族。他少负俊才，“高自位置”，非胜流名僧不与梯接。他能书善画，“落笔无尘俗气”。年近四十时，断荤酒，独处一室，“禅榻净瓶，萧然壁观，宛然一老烂头陀也”[3]。一些人还对佛学有精深研究，并取得成绩。如，焦竑著有《楞伽》、《法华》、《圆觉》等经的《精解评林》各两卷，为明代居士佛学的重要代表。

针对南京佛教衰微、名僧罕见的情况，一些官员、士大夫积极奔走，延请名僧。如，嘉靖年间，名僧法会至栖霞寺，鸿胪卿郑晓、礼部郎中刘起宗等以“兹寺消歇若此”问计，法会遂推荐僧兴善，“二公转言祠部，遂使之住持兹寺”[4]。嘉靖后期，“具得贤首、慈恩法相宗旨”的僧人无极至南京，“魏国公子见而悦之，遂为檀越，请讲《圆觉经》”。但是，无极“唱而不和，听者寥寥”。时任南京礼部祠祭司主事的陆光祖遂对报恩寺住持永宁说:“顷见北来高僧无极，真人天师也。聆其讲说妙义，深契佛心。吾念报恩［寺］乃圣所设之，讲教僧徒居此，安可绝无闻乎？公为住持，诚能礼请归寺，大演法道，开诱群蒙，法门之幸也”。永宁“唯唯”，“即尽礼致币敦请”[5]。万历后期，葛寅亮为南京礼

1 （清）陈毅：《摄山志》卷三《人物·焦竑》。

2 《列朝诗集小传》闰集《秋溟先生殷侍郎迈》。

3 《列朝诗集小传》闰集《宝幢居士顾源》。

4 （明）盛时泰：《栖霞小志·南京僧录司右觉义兼住大天界寺前栖霞寺住持嵩山禅善公碑铭》。

5 《金陵大报恩寺塔志》卷六，释德清《雪浪法师恩公中兴法道传》。

部祠祭司郎中，又为各寺院的官住、住持等僧的选任订出详细制度（详见后文）。

官员、士大夫对寺院大加施舍。如，陆光祖得浙僧进献的所谓“佛牙”，“惊叹不已”，以天界寺为“留都丛林之胜”，“于是捐赀，命工雕紫檀小浮图一具贮之，外加文龛崇护，卜吉斋沐，导以幡幢鼓乐，躬自送于寺之毗卢阁中安奉”[1]。陆光祖的做法，招致一些人的批评。如，名士周晖指出：“此举在林下佞佛者则可，若大臣行之，非礼也”[2]。不过，它却反映了陆光祖的浓厚佛教信仰。僧真节在栖霞寺拟置“常稔之田”千亩，“岁以余租供往来僧众”，陆光祖等人“共从臾之”[3]。

与此同时，这些官员、士大夫积极参与寺院的兴建和修理。首先，他们直接捐资，用于寺院建设。如，魏国公徐达的后代，明代中期以后多担任南京守备或统领南京军队，即在南京新建、修复了数所寺院；魏国公徐鹏举私建积庆庵，嘉靖初，“诏毁私刹”，徐鹏举竟以“古瓦官寺”匾其庵，使之得以保留；国子监祭酒余某，万历后期先后重建华光庵，重修五云庵、一苇庵；焦竑“于馆侧别为庵院”，建立定林庵；等等。其次，他们为寺院募缘撰写疏文，劝人布施。如，焦竑有《重修嘉善寺募缘疏》、《嘉善寺苍云崖修葺疏》，兵部主事袁黄有《[栖霞寺] 圆通精舍募田碑记》，南京吏科给事中祝世禄有《修栖霞寺法堂短引》、南京国子监博士臧懋循有《建立［佑国庵］潮音阁疏》、苏州进士俞彦有《静海寺重修疏序》，等。这些疏文多以佛教的福田之说相鼓动，且有一定的文采，加上这些人的影响和威望，所以能给寺院募得不少钱物。第三，他们为寺院修建撰写碑记等。这些殿堂碑记，仅《金陵梵刹志》各卷所载，如陆光祖有《重修栖霞寺天王殿

1 《金陵梵刹志》卷一六，姚汝循《天界寺佛牙碑略》。

2 （明）周晖：《续金陵琐事》卷下《佛牙》。

3 《金陵梵刹志》卷四，袁黄《圆通精舍募田碑记》。

记》，汪道昆有《栖霞寺般若堂记》、《摄山多宝塔铭》、《摄山圆通精舍记》、《瓦官寺碑》，王世贞有《[栖霞寺]圆通精舍灵应殿记》、《瓦官寺青莲阁记》、焦竑有《重修吉祥寺碑》、《幕府寺修造记》、《三塔寺新修记》、《牛首山禅堂华严阁碑》，等。这些官员、士绅对寺院的新建和修理投入了巨大的热情和精力，而国库空虚，衙门颓废，他们却无一人捐资修理。《留都见闻录》记载：明末，“南京各衙门已大非国初之旧”，“六部司属公署零星狭隘，若刑部诸司几不蔽风雨矣”，“五府最宽敞，门堂不改，而墙垣多圮矣”，“宗人府则荡然，仅存门柱”[1]。官员、士绅们如此厚寺院、薄公署，也从侧面反映了他们浓厚的佛教信仰。

与此同时，一般民众中的佛教信仰更加浓厚。前述陆光祖送所谓的“佛牙”至天界寺毗卢阁供奉，“士庶观者填溢衢路，无不赞叹顶礼，若崩厥角者”[2]。洪恩在南京讲法，“每当敷演，闻声向化，日盈万指”[3]。崇祯四年十一月，南京吏部尚书谢陛疏称，南京“风俗奢侈”，“迎仙醮佛”，以致“物力告竭，市价腾贵”[4]，也反映了这种情况。民众对修建寺院的布施更加积极。如，万历年间，僧济安谋修三塔寺，“于时，闻声喜舍、依法愿助者，莫不负财麇至，以乐厥成”[5]。僧圆受新建弘觉寺弥勒阁，“愿海立则幽冥咸助其诚，胜事兴则人天共成其果。鸣钟注刹，如趋摩竭之宫；效伎呈材，似向毗耶之国”[6]。僧静洁重修观音寺，里人陈陟“协力赞助，爰计累储之数，衍溢十千”[7]。

明代后期是南京寺院兴建和修理最多的时期，这不能不说与

1 《留都见闻录》卷下《公署》。
2 《金陵梵刹志》卷一六，姚汝循《天界寺佛牙碑略》。
3 喻谦：《新续高僧传四集》卷七《明金陵宝华山释洪恩传》。
4 《崇祯长编》卷五二。
5 《金陵梵刹志》卷二七，焦竑《三塔寺新修记》。
6 《金陵梵刹志》卷三三，顾起元《牛首山禅堂弥勒阁碑》。
7 《金陵梵刹志》卷二九，许谷《重修观音寺碑略》。

官吏、士大夫以及一般民众浓厚的佛教信仰有直接的关系。

第三节　东吴至元代的南京佛教和寺院

明代南京的佛教和寺院，在一定程度上也是对前代佛教和寺院的继承。因此，该地区东吴至元代的佛教和寺院对其明代佛教和寺院同样有较大的影响。

一　东汉至三国时期

东汉至三国时期，是南京佛教初传、寺院始兴时期。

佛教于两汉之际传入中国以后，最初只在宫廷、王室等少数人中奉行，被当做祠祀的一种，并未引起一般中国人的注意和信仰。至东汉桓、灵二帝时代，西域的佛教学者安世高、安玄、支娄迦谶（简称支谶）、支曜、竺佛朔、康孟祥等相继来到中国，翻译出大批佛典，佛教才逐渐在中国为人们所了解而流传。

佛教最初传入南京，当在东汉末年。其时，北方战乱不已，社会动荡，民不聊生，民众大批南迁，徙往江、淮等地，其中应不乏佛教信徒。东吴时期，佛教翻译家支谦来到时称建业的南京，开始翻译佛典，这是南京明确的有佛教的最早记载。支谦，字恭明，一名越，其先人为汉灵帝时来华的月支人。他从小受到汉族文化的影响，精通汉文，后又兼学梵书，受业于同族学者支谶之徒支亮，“博览经籍，莫不精究”[1]，通达大乘佛教理论。汉献帝末年，洛阳一带发生战乱，他随族人南渡到东吴，孙权拜为博士，使辅导太子。鉴于当时“大教虽行，而经多梵文，未尽翻译”，支谦“收集众本，译为汉语”[2]。对此前支谶等的一些过分质朴而义

1 （梁）释慧皎：《高僧传》卷一《康僧会六》。

2 《高僧传》卷一《康僧会六》。

理隐晦的译本，他也进行重译。根据统计，从黄武元年（222 年）开始的三十年间，支谦在东吴先后共翻译出《阿弥陀经》、《维摩诘经》、《大般泥洹经》等佛经二十九部，还作了合译和译注的功夫，并创作了《赞菩萨连句梵呗》三契，在中国佛教史上有重要影响。支谦的南下译经，是南京有佛教的最早记载。

而真正使佛教在南京得以流传的，则是稍后而来的康僧会。康僧会，其先康居人，世居印度，后移居交趾（今越南北部一带）。他“笃志好学，明解三藏”。当时，因支谦南下译经，吴地“初染大法”，但是佛教尚未流传开来，“风化未全”。康僧会“欲使道振江左，兴立图寺”，遂于吴赤乌十年（247 年），经广州来到建业，“营立茅茨，设像行道”。据说，他以神通请得如来遗骨舍利，吴大帝孙权“大嗟服”，即为建塔造寺，“以始有佛寺，故号建初寺”[1]，塔即称阿育王塔。建初寺和阿育王塔成为南京最早的佛寺和江南最早的佛塔。康僧会在此翻译了《六度集经》九卷和《吴品经》（《般若》五卷），又注《安般守意》、《法镜》、《道树》三经，并且都作了序文。

支谦、康僧会先后来住于建业，“由是江左大法遂兴”，佛教从此在南京得到迅速流传和发展。此后，不断有高僧大德来此传教译经，南京佛教盛极一时，遂与洛阳并称三国时佛教两大重地。

二　东晋、南朝时期

东晋南朝时期，是南京佛教和寺院大发展时期。

自东吴以后，东晋以及南朝宋、齐、梁、陈均以南京（时称建康）为首都。当时，正值南北对峙，战乱不已，社会剧烈动荡，各种社会矛盾十分尖锐，上自最高统治者，下至广大百姓，无不

1 《高僧传》卷一《康僧会六》。

盼望从求神拜佛中解除苦难烦恼，得到解脱。

东晋、南朝的统治者都崇信佛教。晋元帝、明帝皆以宾友礼敬沙门，元帝造瓦官、龙宫二寺，“度丹阳、建业千僧”，明帝造皇兴、道场二寺，“集义学、名称百僧”[1]。习凿齿《与释道安书》中称明帝“手画如来之容，口味三昧之旨”。那些官员士人，也与僧人相往来，谈玄说佛，关系十分密切。南京佛教，乃盛极一时。南朝各代对于佛教的态度，大略与东晋相同，统治阶级及一般文人学士也大都崇信佛教。宋文帝致意佛经，常和慧严、慧观等论究佛理，又先后令僧申述道生的顿悟义。宋孝武帝造药王、新安二寺，先后令道猷、法瑶住新安，“使顿渐二悟义各有宗”，并往新安听讲。他还以僧人慧琳参与政事，人称“黑衣宰相”。萧齐帝室也崇信佛教。齐武帝子竟陵王萧子良，从事佛教教理研究，著有《净住子净行法门》、《维摩义略》等，并招请精研佛理的荆州名士刘虬，共同讲论法义。

南朝统治者对佛教的崇信，至梁武帝为极。梁武帝初奉道教，即位的第三年（504 年）四月八日，率僧俗两万人，在重云殿重阁亲制文发愿，舍道归佛。他建爱敬、光宅、开善、同泰等诸大寺，造光宅寺丈八弥陀铜像、爱敬寺丈八旃檀像及铜像、同泰寺十方佛银像等，举办水陆大斋、盂兰盆斋等法会，以僧旻为家僧，并四次舍身同泰寺为寺奴，由群臣以一亿万钱赎出，充实了寺院经济。他还著有《大涅槃》、《大品》、《净名》、《大集》诸经的疏记及问答等数百卷，在重云殿、同泰寺讲说《涅槃》、《般若》。他还命僧纂集佛教经典，令广流布。此外，梁武帝极力倡导《涅槃》等大乘经的断禁肉食，影响及于后世者很大。在梁武帝的影响下，其长子昭明太子萧统、第三子简文帝、第七子元帝也都好佛。但是，由此滋生的流弊也不一而足。不久，即有侯景之变，

1 《辩正论》卷三。

寺塔被毁，僧徒被杀，建康佛教顿告衰微。

此后，陈代诸帝仍多效梁武帝，被毁寺院陆续修复。陈武帝曾设四部无遮大会，到大庄严寺舍身，由群臣表请回宫。陈文帝任宝琼为京邑大僧正，也在太极殿设无遮大会并舍身，召集僧众举行《法华》、《金光明》、《大通方广》、《虚空藏》等忏，并别制《愿辞》，自称菩萨戒弟子。宣帝命国内初受戒的沙门习律五年。陈后主也在太极殿设无遮大会，舍身大赦。

由于统治阶级的推崇、倡导，建康佛教在东吴建业佛教的基础上迅速发展，形成南方的佛教中心。当时，名僧大德云集南京，从事佛教经典翻译，佛学研究也精深有成。东晋初年，西域帛尸梨密多罗至南京建初寺，于晋元帝时译出《大孔雀王神咒经》、《孔雀王杂神咒经》、《大灌顶经》等密教经典。后来，名僧佛陀跋陀罗、法显、慧观、慧严等先后集南京道场寺，译出一些大乘重要经论和律典等，对后世影响很大。佛陀跋陀罗于禅法、律藏皆有心得，后住南京道场寺。义熙十四年（418 年），他和慧义、慧严等百余人，传译支法领在于田获得的《华严经》梵本，成五十卷。他又和法显译出《摩诃僧祇律》等。慧观，先曾师事慧远，后从学鸠摩罗什，随佛陀跋陀罗至南京道场寺，参与慧严、谢灵运等修订昙无谶所译大本《涅槃》，所著有《辩宗论》、《论顿悟渐悟义》等。他又立“二教五时”的教判，成为中国判教的嚆矢。慧严，先于长安师从鸠摩罗什，为什门八俊之一，后住建康东安寺，所著有《无生灭论》、《老子略注》等。法显，东晋隆安三年（399 年）往天竺寻求戒律，历尽艰险，获得《摩诃僧祇律》、《方等般泥洹经》、《弥沙塞律》、《长阿含》、《杂阿含》和《杂藏》的梵本。后归国，来到南京，就佛陀跋陀罗于道场寺，共同译出《大般泥洹经》六卷等。他又自撰《佛游天竺记》一卷，即《法显传》。

南朝宋、齐、梁、陈各代统治者崇佛更甚，名僧至南京者也更多，南京的佛学研究之风达到高潮，成绩卓著。刘宋时期，佛陀什、疆良耶舍、求那跋摩、求那跋陀罗等先后来到南京，翻译佛经。佛陀什于景平元年（423 年）来到南京，在龙光寺译出弥沙塞部的《五分律》三十卷，汉地流传的四部广律（《十诵》、《四分》、《僧祇》、《五分》）至此传译完成。疆良耶舍于元嘉元年（424 年）到建康，在钟山道林寺译出《观无量寿佛经》、《观药王药上二菩萨经》，颇利于净土教的传播。求那跋摩于元嘉八年到建康，在祇洹寺译出《菩萨善戒经》共三十品，为大乘戒法和瑜伽系学说传于南方之始。求那跋陀罗于宋文帝时住南京祇洹寺，译出《杂阿含经》五十卷。萧齐时期，达摩摩提于永明八年（490 年）在南京瓦官寺译出《妙法莲华经·提婆达多品第十二》等二部二卷，求那毗地于建元年间在南京毗耶离寺译出其师僧伽斯那抄集的《百喻经》二卷。

在大量翻译佛经的同时，许多义学沙门还在南京分别就《毗昙》、《成实》、诸律、三论、《涅槃》、《摄论》等从事专研弘传，使佛教内部学术思想也得以发展，开始变过去的笃守师承之风为各抒己见，形成许多的学系，具备了宗派的雏形。毗昙师中，梁代南京招提寺慧集为最著名。慧集于《杂心》之外广究《八犍度》、《毗婆沙》等，独步当时。每一升讲，学者至千人。一代名僧僧旻、法云也列席听讲，所撰《毗昙大义疏》十余万言行世。成实师中，道猛精研独步，于刘宋时在南京东安、兴黄二寺先后开讲，梁代名僧法云、僧旻等也盛弘《成实》。十诵律师中，则有僧业、慧询、智称等先后在南京讲论《十诵》。涅槃师中，前述慧观最有成绩，法瑶、道猷、宝亮等也是重要的涅槃学者。在诸派学系中，南京僧人对三论学的贡献最大。三论学起于鸠摩罗什，曾盛行于北方，后因战乱而衰落。三论学的重兴，始于梁代的僧朗。僧朗先从学鸠摩罗什、僧肇，后至南京，住摄山栖霞寺，开讲《华严》及《中论》、《十二门论》和《百论》三论。天监十一年（512年），梁武帝特遣僧怀等十人入山，咨受三论大义。其中，以僧诠习学最有成就。僧诠后住摄山止观寺，盛弘三论，称为新说。其门下有兴皇寺法朗、长干寺智辩、禅众寺慧勇、栖霞寺慧布四人，皆长于三论。继承其学统的，是法朗。法朗弟子知名者有罗云等25人，分布在长江上下乃至关中各地。后至隋代的嘉祥吉藏而形成宗派。栖霞寺因此也被称为三论宗的中兴道场，甚至被奉为江南三论宗的祖庭。

由于深受崇尚老庄哲学和清谈的南迁贵族、士大夫的扶持和影响，建康佛教呈现出较重义理的特点，所谓“江东佛法，弘重义门”[1]。但是，在实修方面，也曾有盛传禅法的风气。刘宋时，慧览在南京以传授禅法著名。齐、梁间，有宝志修习禅业，受到梁武帝的崇敬。同时有傅翕，日间佣作，夜间修禅，为梁武帝请至建康，世称为傅大士。

东晋、南朝时期，尤其是南朝宋、齐、梁、陈时期，南京作为南方佛教中心，在中国佛教史上起着举足轻重的作用。后来创立的中国佛教大小乘各宗派，无一不和南京有关。因此，赵朴初先生称之为“佛教学术的中心”[2]。

在举国上下崇信佛教的背景下，尤其是在统治阶级的带动下，东晋、南朝时期，南京的寺院建造也十分繁兴。其时，各代帝王所造寺塔甚多，极其奢丽。其中，又尤以梁武帝为最。其所建同泰寺，“楼阁殿台，房廊绮饰，凌云九级，俪魏永宁”[3]。大爱敬寺，“经营雕丽，奄若天宫”[4]。大智度寺，“殿堂宏敞，宝塔七层”[5]。此外，皇基、光宅、开善等寺也都是著名大寺。在帝王的

1 （唐）释道宣：《续高僧传》卷一七《慧思传》。
2 杨荣良、高树森：《金陵佛寺揽胜》，第6页，南京出版社，1992年。
3 《历代三宝记》卷一一。
4 《续高僧传》卷一《梁杨都庄严寺金陵沙门释宝唱传二》。
5 《续高僧传》卷一《梁杨都庄严寺金陵沙门释宝唱传二》。

带动下，达官文人乃至民间清信士女也靡然从风，大肆修建佛寺，营立佛塔，于是梵宫琳宇遍布江东。后人称，“自南朝诸帝崇尚浮屠，臣民波靡，习成风俗，故金陵塔庙甲于天下”[1]。“南朝四百八十寺，多少楼台烟雨中”，唐朝诗人杜牧的千古名句写出了东晋、南朝时期南京的佛教寺塔之盛，广为流传。

而实际上，当时建康佛寺远远超过诗人笔下的 480 所。唐初李延寿《南史》即记载:“都下（指建康，引者注）佛寺五百余所，穷极宏丽”[2]。唐朝法琳《辩正论》卷三引《舆地图》则称:“都下旧有七百余寺”。唐朝道宣《续高僧传》也称，南朝时期，“天下无事，家国会昌，风化所覃，被于荒服，钟山帝里，宝刹相临，都邑名寺七百余所”[3]。因此，可以推断，南朝时期南京的佛寺最多达 700 余所，即使保守估计也应有 500 余所。这些寺院，后虽经历代毁损，清末有名可考者尚有 220 余所。

三 隋唐宋元时期

隋、唐、宋、元时期，南京基本上不再是首都，南京佛教和寺院也失去了最高统治者强有力的提倡和支持。而且，开皇九年（589 年），隋军攻克建康后，隋文帝曾下令将城邑宫室荡平耕垦，南京诸寺多毁于战火，南朝以来盛极一时的建康佛教顿告衰微。但是，由于历代都奉行提倡和保护佛教的政策，加上南京仍是重要的政治中心，经济、文化发达，佛学基础较好，所以南京佛教和寺院仍然时有兴盛，断续发展。

隋、唐、宋、元各朝基本上都奉行提倡和保护佛教的政策。隋文帝继承了北周的统治，但改变周武帝毁灭佛法的政策，而以佛教作为巩固其统治的重要工具。他下令修复毁废寺院，又在各

1 （清）陈作霖：《凤麓小志》卷一《考古刹第二》，载陈作霖：光绪《金陵琐志》。
2 《南史》卷七〇《郭祖深传》。
3 《续高僧传》卷一五《义解篇论》。

地新建大批寺院，并在各州建塔以安置其所得舍利，允许人们自愿出家，令每户出钱营造经像。他还选聘佛教各学派的著名学者集中于都邑，分为五众，建立了以长安为中心的传教系统，并在长安设官办讲席“二十五众”，提倡佛教义学。隋炀帝在各地大造寺院，又在洛阳设无遮大会，度僧尼 120 人，令天下州郡行道千日，总度千僧。他还亲制愿文，自称菩萨戒弟子。

唐代帝王除唐武宗以外，对佛教均加提倡和支持。唐高祖在建国前就笃信佛教，即位后更是建寺造像，设斋行道。唐太宗对佛教也进行扶植和提倡。他曾舍宫为寺，自称菩萨戒弟子。他重兴译经事业，使波罗颇迦罗密多罗主持，后又为取经归来的玄奘组织大规模译场。他还度僧 3000 人，并在各地旧战场建造寺院，促进了当时佛教的发展。武则天伪造《大云经》为其夺取政权服务，令在各州兴建大云寺，又令佛教位在道教之上。她还常请华严宗创始人法藏、禅宗高僧神秀进宫入朝，咨问佛法。她请慧能不得，就将其得法袈裟请至长安，供奉于内道场。唐玄宗虽曾一度沙汰僧尼，但也对善无畏、金刚智、不空等梵僧极为优礼，促使了密宗的形成。他又敕天下诸郡立龙兴、开元二寺，并亲注《金刚般若经》颁行全国。其后诸帝，除唐武宗废佛外，基本上也都信奉佛教。

唐朝灭亡后，长江流域及其以南地区由吴越、南汉、南唐等十国分别统治。南京先属杨吴，后来成为南唐小朝廷的首都，称江宁府。南唐统治者也都崇信佛教。开国之君李璟少时曾为小沙弥，即位后提倡佛教。后主李煜“好之弥笃，辄于禁中崇建寺宇，延集僧尼”[1]。他与皇后“顶僧伽帽，衣袈裟，诵佛经，拜跪顿颡，至为瘤赘”。当时，南京城中“僧徒殆至数千”，他“给廪米缗帛以供之”[2]。他又在牛头山“广聚僧徒，日设斋供”[3]。南唐时

1 （宋）马令：《南唐书》卷二六《浮屠传》。
2 （宋）马令：《南唐书》卷五《后主书》。
3 （宋）马令：《南唐书》卷二六《浮屠传》。

期统治者的好佛、建寺、斋僧，后人称为“犹六朝之余习也”[1]。

宋朝建立后，一反北方五代的限制佛教政策，对佛教加以适当保护。建隆元年（960年），宋太祖度童行8000人，停止了对寺院的毁废。他又派僧人150余人去印度取经，使内官往益州雕刻大藏经板。太平兴国元年（976年），宋太宗度童行达170000人。宋太宗又下令设立译经院，恢复中断已久的译事，并亲作《新译三藏圣教序》。宋真宗在京城和各路设立戒坛72所，放宽度僧名额，寺院、僧尼均比以前有较大增加。宋徽宗笃信道教，一度命令佛、道合流，改寺院为道观，并使佛号、僧尼名称都道教化，给佛教以很大打击，但不久即恢复原状。宋室南迁后，政府着意限制佛教。但是，因江南地区原来佛教基础雄厚，而国家又从僧、寺中征收赋税等，所以对佛教尚多维护。

元代诸帝大都崇佛，求佛保佑。他们广作佛事，念经、祈祷、印经、斋僧、受戒、受法等经年累月，几无虚日。元代统治者尤其崇奉藏传佛教。元世祖忽必烈在即位前，即邀请西藏名僧八思巴东来，即位后又奉为帝师，命掌理全国佛教兼统领藏族地区政教。其后，终元之世，每帝必先就帝师受戒，然后登位。凡举行法会、修建佛寺、雕刻藏经等佛事费用，多由国库支出，并常给寺院大量田地以为供养。

在历代统治者多提倡和扶持佛教的情况下，南京佛教也从隋初的休克中逐渐苏醒，并发展起来。其后，一些名僧陆续住坐南京寺院，弘扬佛教，研求佛法，并创立了一些佛教宗派，在中国佛教史上有一定影响。如前所述，隋文帝在攻克南京后，曾将其中寺院等毁废无遗，使南京佛教荡然无存。但是，他又提倡佛教，下令各地建寺度僧等。隋文帝对南京佛教尤为关心。仁寿元年（601年），他诏令全国各州建塔安置其所得舍利，并指名将舍利

---

1 民国《首都志》卷一四《释教》。

送往南京栖霞寺。

唐初，南京佛教十分兴盛繁荣。法融禅师在牛首山开演宗教，创立了“牛头禅”。法融，俗姓韦，润州延陵（今江苏丹阳延陵镇）人。少习儒术，19岁时“翰林坟典探索将尽”，入茅山，依三论宗僧炅法师剃度出家。经过一段时间学习后，他认识到，“慧发乱纵，定开心府，如不凝思，妄虑难摧”，乃“凝心宴默于空静林，二十年中专精匪懈，遂大入妙门百八总持，乐说无尽”[1]。贞观十七年（643年），他到南京牛头山幽栖寺北岩下，“别立茅茨禅室，日夕思择，无缺寸阴”[2]。据说，他在牛首山得自然智慧，创立牛头禅，居于蕲州双峰山的禅宗四祖道信亲自过江，“密付真印，揭立江左”[3]，法融也就成为牛头宗初祖。牛头禅是从道信门下傍出的一支，其特色在于排遣多言，而着眼于空寂。其后，他两次应请至建初寺，说法住坐，并终于该寺。法融弟子众多，初入牛头山，已从者纷至，“数年之中，息心之众，百有余人”[4]。牛头禅后由日僧最澄从天台山学得，传入日本。唐武宗灭佛，使南京佛教元气大伤，日趋衰落。

至五代时，文益禅师在南京大弘佛法，创立法眼宗。文益，俗姓鲁氏，余杭（今杭州市）人。七岁依新定智通院全伟禅师出家，历参慧棱、桂琛等僧，得悟，为禅宗青原下第八世。后住临川崇寿院，开堂接众。南唐始祖李璟“迎住报恩禅院，署号净慧”[5]。既而移住清凉寺，前后三坐道场，诸方丛林皆遵其风化，仰慕者甚至从异域跋涉而来，从学僧人不下千人。交泰元年（958年）闰七月，文益示灭，南唐朝廷谥为“大法眼禅师”，后世遂称

1 《续高僧传》卷二一《唐润州牛头沙门释法融传十六》。

2 《续高僧传》卷二一《唐润州牛头沙门释法融传十六》。

3 《全唐文》卷六〇六，刘禹锡《牛头山第一祖融大师新塔记》。

4 《续高僧传》卷二一《唐润州牛头沙门释法融传十六》。

5 （宋）释赞宁：《宋高僧传》卷一三《周金陵清凉院文益传十四》。

其所创宗派为“法眼宗”。法眼宗强调理事不二，贵在圆融，并主张不著他求，尽由心造。文益有法嗣 63 人，均接众甚广，大扬一家禅风。法眼宗是南禅五家中出现最晚的宗派，在宋初曾盛极一时，并传播到朝鲜等地。

宋代，南京佛教未受大的损毁，但在法眼宗后并无大的建树，未能恢复以往的鼎盛。元朝与宋相若，南京佛教仍无太大起色。稍稍知名的僧人，宋时有佛果，赐紫住蒋山，“法席之盛，学者至不能容”，建炎初赐号“圆悟禅师”；慧新，绍兴初止普光庵，“皈依辐辏”；清述，住蒋山东堂，幼读《法华》，“了然悟会”，“严正寡言”[1]。元时有大䜣，字笑隐，“博学多通，于《涅槃》、《法华》、《大品般若》靡不穷究”，“三谛圆融，观法入妙，尤擅词翰”[2]，受命住持南京大龙翔集庆寺，官大中大夫，赐使衣黄，元末明初的许多名僧均曾游于其门下。他还受命校正《敕修百丈清规》，对后世丛林规范有很大影响。但是，这些僧人在佛学理论和实践上均无多少创新，南京佛教也未能恢复到以前之盛。因此，后人评论说：“宋、元时，金陵佛法寝衰，名僧亦少”[3]。这实际上也是当时中国佛教的缩影。

这一时期，南京新建寺院不是很多，存者基本上是东晋、南朝原有寺院的修复。但是，由于南京佛教的断续发展，也不可避免地新建了一些寺院，一些原有寺院也得到新的发展。隋初，南京寺院被毁废殆尽，“钟梵响辍，鸡犬不闻”，因此奉诚寺慧文等曾转书坐镇扬州的晋王杨广，请求护持。由于隋朝提倡佛教，因此南京寺院修复者不少。尤其是栖霞寺，因得隋文帝的特别关照，寺内增修木塔，并逐渐发展。唐朝新建寺院不多，但是栖霞寺、牛首山佛窟寺得到发展，至于全盛。唐高祖李渊对栖霞寺进行大

1　同治《上江两县志》卷二六《方外》。
2 《新续高僧传四集》卷五《明钱塘灵隐寺沙门释大䜣传》。
3　民国《首都志》卷一四《释教》。

规模扩建，增建琳宫梵宇达49所，佛像高达四丈余。唐高宗时，又亲书“明征君”碑赐寺。其时，该寺宫室壮丽，楼阁延袤，规制宏敞，与山东临清灵岩寺、湖北江陵玉泉寺、浙江天台国清寺并称为天下“四大丛林”，规模影响达到全盛。牛头山佛窟寺因为牛头禅的祖庭，在当时名声大噪。唐代宗时，僧人在峰顶修造了祖师塔，凡七层八面，完全用砖砌成，著名文学家刘禹锡为撰《牛头山第一祖融大师新塔记》。

南唐以南京为首都，统治者皆好佛教，这给衰落中的南京佛教和寺院不啻打了一剂强心针，南京佛教和寺院又找回一些东晋、南朝时的感觉。后主尤好佛教，建隆三年（962年），“命境内崇修佛寺，又于禁中广署僧尼精舍，多聚徒众”[1]。后主又在牛头山“大起兰若千余间，广聚僧徒，日设斋供”。史称，“南唐有国，兰若精舍，渐盛于列祖元宗之世”[2]。南唐时期，清凉寺得到发展，也至于全盛。清凉寺，杨吴时建于清凉山，名兴教寺。南唐时建为清凉大道场，延请名师讲法，文益在此创立法眼宗，门徒众多。该寺还是南唐的避暑宫，有后主亲题“德庆堂”。因此，清凉寺也成为当时最著名的佛寺之一。两宋时期，南京在修复一些原有寺院的同时，新建寺院也稍多。其中，比较著名者有王安石所建半山报宁禅寺。王安石变法遭挫后，卜居南京城东白塘。元丰七年（1084年），王安石病，宋神宗遣国医诊视。王安石乃请以宅为寺，赐额“报宁禅寺”。寺距城与钟山各七里，“由城东门至钟山，此半道也”，因此又名“半山寺”[3]。

元代南京新建寺院不多。但是，元文宗所建大龙翔集庆寺却颇为宏敞。大龙翔集庆寺在南京城正北隅闪驾桥北，为元文宗的

1 （宋）马令：《南唐书》卷五《后主书》。
2 （宋）马令：《南唐书》卷二六《浮屠传》。
3 景定《建康志》卷四六《祠祀志三·寺院》。

"潜宫"。天历元年（1328年），元文宗在北京即位，改南京为集庆路，传旨以"潜宫之旧作大龙翔集庆寺"。次年，又召中天竺住持大䜣于杭州，授大中大夫，主寺事，设官隶之。元文宗"画宫为图，授工部尚书王弘往董其役，斥广其地，为民居者悉出金购之"。建成后的大龙翔集庆寺殿堂众多，规制宏敞，壮丽无比，有"大觉之殿"、"五方调御之殿"、"禅宗海会之堂"、"传法正宗之堂"、"雷音之堂"、"龙藏"、"香积"等殿堂，"鼓钟之宣，金谷之委，各有其所"，"缭以垣庑，辟之三门，而佛菩萨天人之像设、缨盖床座严饰之具、华灯音乐之奉，与凡所宜有者，皆致精备，以称上意焉"。元文宗又赐寺以"姑苏腴田"，"以饭其众"[1]。大龙翔集庆寺一跃成为元代后期南京首刹，是明代南京三大寺之一的天界寺的前身。

综上所述，自东吴直到元代，南京一直是一个重要的政治中心，有时还成为王朝的首都。由于统治者多崇信和提倡佛教，因此南京佛教在南朝达到全盛，唐、五代时期也有相当规模，历代所建造、修理寺院众多。东吴以来，南京浓厚的佛学传统，对明代南京的佛教仍有很大影响。而前代所建的众多寺院，至明代存者自不用说，废者也有许多得以重建，断而复续，传承未绝，因此这些寺院是明代南京寺院兴盛的重要基础。

兹以《南朝佛寺志》、《六朝事迹编类》、景定《建康志》、至正《金陵新志》的有关记载为基础，参以民国《首都志》、《金陵古迹图考》，制成东吴至元代南京寺院统计表。（见表四）

1 《金陵梵刹志》卷一六，虞集《龙翔集庆寺碑》。

表四　东吴至元代南京寺院统计表

吴	晋	宋	齐	梁	陈	隋	唐	五代	宋	元
建初寺	建初寺	建初寺	建初寺	建初寺	建初寺	建初寺	建初寺	建初寺	法性寺、前法性寺、后法性寺、石佛院	前法性寺、后法性寺、石佛院
	长干寺	长干寺	长干寺	长干寺	长干寺	长干寺	长干寺	长干寺	天禧寺	慈恩旌忠寺
	高座寺(尸黎密寺、甘露寺)	高座寺	高座寺	高座寺	高座寺	高座寺	高座寺	高座寺	高座寺	高座寺
	白马寺	白马寺	白马寺	白马寺						
	延兴寺	延兴寺	延兴寺	延兴寺	延兴寺	废				
	建福寺	建福寺	建福寺	建福寺	建福寺	废				
	庄严寺(塔寺)	谢镇西寺	谢镇西寺	谢镇西寺	兴严寺	兴严寺	兴严寺	兴严寺	兴严寺	兴严寺
	栖禅寺	栖禅寺	栖禅寺	栖禅寺						
	何皇后寺									
	建兴寺									
	彭城寺	彭城寺	彭城寺							
	东安寺	东安寺	东安寺	东安寺						
	祇洹寺	祇洹寺	白塔寺	白塔寺	白塔寺	白塔寺	长庆寺	奉先寺	保宁寺	保宁寺
	瓦官寺(瓦棺寺)	瓦官寺	瓦官寺	瓦官寺	瓦官寺	瓦官寺	瓦官寺	吴兴寺、昇元寺	崇胜戒坛院	崇胜戒坛院
	波提寺	波提寺	波提寺	波提寺	波提寺	废				
	临秦寺									
	安乐寺	安乐寺	安乐寺							
	新亭寺	中兴寺	中兴寺	中兴寺						
	中寺	中寺	中寺	中寺						
	冶城寺	冶城寺	冶城寺	冶城寺	冶城寺					
	太后寺									
	法王寺									法王寺
	枳园寺	枳园寺	枳园寺							
	越城寺									

续表

吴	晋	宋	齐	梁	陈	隋	唐	五代	宋	元
	开福寺	景福尼寺	景福尼寺	景福尼寺	景福尼寺	景福尼寺	景福尼寺	永福寺	永福寺	永福寺
	归善寺									
	斗场寺（道场寺）	斗场寺	明安寺							
	崇明寺	崇明寺								
	延贤寺	延贤寺	延贤寺	延贤寺						
	青园寺	龙光寺	龙光寺	龙光寺	龙光寺	龙光寺	月灯禅院	月灯禅院		
	禅众寺									
	护身寺									
	耆阇寺	耆阇寺	耆阇寺	耆阇寺	耆阇寺	废				普缘寺
	招提寺	招提寺	招提寺	招提寺						
	简靖寺									
	天宝寺	天宝寺	天宝寺	天宝寺	天宝寺	天宝寺	天保寺	天保寺	均庆院	均庆院
	长寿寺	长寿寺	长寿寺	长寿寺	长寿寺	长寿寺	长寿寺			
		祈泽寺	祈泽寺	祈泽寺	祈泽寺	祈泽寺	祈泽寺	祈泽寺	祈泽治平寺	祈泽治平寺
		平陆寺（奉诚寺）								
		高台寺	高台寺	高台寺	高台寺	高台寺	高台寺	高台寺	高台寺	高台寺
		罽宾寺	罽宾寺	罽宾寺						
		道林寺	道林寺	道林寺						
		竹林寺								
		迦毗罗寺	迦毗罗寺	迦毗罗寺	迦毗罗寺	迦毗罗寺	迦毗罗寺	真际寺	宝戒寺	
		定林寺	废						定林庵	
		严林寺								
		宋兴寺（兴教寺）								
		报恩寺	报恩寺	报恩寺	报恩寺	报恩寺	报恩寺	奉先寺、报慈院	能仁寺	能仁寺
		青园尼寺	青园尼寺							

续　表

吴	晋	宋	齐	梁	陈	隋	唐	五代	宋	元
		南园寺	南园寺							
		龙华寺	龙华寺							
		南林寺	南林寺	南林寺	南林寺	废				
		永丰寺	永丰寺	永丰寺	永丰寺	永丰寺	永丰寺	永丰寺	永丰寺	永丰寺
		崇福寺	崇福寺	崇福寺	崇福寺	崇福寺	崇福寺	崇福寺	崇福寺	崇福寺
		宋熙寺	宋熙寺	宋熙寺						
		善居寺								下云居院
		竹园寺								
		铁索罗寺	翠灵寺、妙果寺	妙果寺	妙果寺	妙果寺	妙果寺	妙果寺	瑞相院	瑞相院
		上定林寺	上定林寺	上定林寺	上定林寺	上定林寺	上定林寺	上定林寺	定林寺	定林寺
		灵鹫寺	灵鹫寺							
		王国寺								
		延寿寺	延寿寺	延寿寺	延寿寺	废	延熙寺			
		乌衣寺	乌衣寺							
		齐福寺								
		天竺寺	天竺寺							
		禅冈寺	禅冈寺							
		司徒寺	司徒寺	司徒寺	司徒寺					
		法轮寺	法轮寺							
		南涧寺	南涧寺							
		大庄严寺	大庄严寺	大庄严寺	大庄严寺	大庄严寺	大庄严寺			
		幽栖寺	幽栖寺	幽栖寺	幽栖寺	幽栖寺	祖堂寺	延寿院	幽栖寺	幽栖寺
		何园寺	何园寺							
		灵曜寺	灵曜寺	灵曜寺	灵曜寺	灵曜寺	灵曜寺	灵曜寺	灵曜寺	
		多宝寺	多宝寺	多宝寺						
		北多宝寺	北多宝寺							
		长乐寺	长乐寺	长乐寺	长乐寺	废				
		药王寺								
		栖元寺	栖元寺							
		新安寺	新安寺	新安寺	新安寺					
		外国寺	外国寺							

续　表

吴	晋	宋	齐	梁	陈	隋	唐	五代	宋	元
		禅林寺	禅林寺	禅林寺	禅林寺	废	惠日寺			
		湘宫寺	湘宫寺	湘宫寺	湘宫寺	湘宫寺	湘宫寺	湘宫寺	湘宫寺	
		兴业寺	兴业寺	兴业寺						
		永安寺	永安寺	永安寺	永安寺	永安寺	永安寺	归寂塔院	归寂塔院	归寂塔院
		天保寺	天保寺							
		正胜寺								
		兴皇寺	兴皇寺	兴皇寺	兴皇寺					
		灵根寺	灵根寺	灵根寺						
		灵基寺	灵基寺	灵基寺						
		延祚寺	延祚寺	延祚寺	延祚寺	延祚寺	天保寺	天保寺	正觉寺	正觉寺
		闲心寺	闲心寺							
		正觉寺	正觉寺						正觉寺	正觉寺
		龙渊寺	龙渊寺							
		灵味寺	灵味寺	灵味寺						
		天王寺	天王寺	废				奉先院（宝光塔院）	宝光塔院	普光寺
		旷野寺	废	旷野寺	旷野寺	旷野寺	禅居院	崇果院	崇因寺	崇因寺
		隐静寺	隐静寺	隐静寺	隐静寺	隐静寺	隐静寺	隐静寺	隐静寺	隐静寺
			建元寺	建元寺						
			毗耶离寺							
			正观寺	正观寺						
			齐众造寺							
			崇圣寺							
			孔子寺							
			大仁寺							
			兴福寺							
			洞玄寺							
			山茨寺							
			太昌寺							
			隐灵寺							
			齐安寺	齐安寺	齐安寺	齐安寺	齐安寺	齐安寺	妙净寺	妙净寺
			普宏寺							
			禅灵寺	禅灵寺						

续 表

吴	晋	宋	齐	梁	陈	隋	唐	五代	宋	元
			集善寺	集善寺	集善寺	集善寺	义章院（法云寺）	法云寺	废	
			法云寺	法云寺	法云寺					
			石室寺							
			栖霞寺	栖霞寺	栖霞寺	栖霞寺	功德寺	妙因寺	普云寺（栖霞禅寺、严因崇报寺、虎穴寺）	虎穴寺
			草堂寺	草堂寺	草堂寺	草堂寺	草堂寺		宝乘寺（隆报宝乘禅寺）	隆报宝乘禅寺
			齐隆寺	宣武寺						
			齐熙寺	齐熙寺						
			齐占寺	齐占寺	齐占寺	齐占寺	齐占寺	齐占寺	乐林院	
			胜善寺	上云居寺	上云居寺	上云居寺	上云居寺	上云居寺		
			法音寺							
			慧眼寺							
				智度寺						
				新林法王寺						
				永建寺	永建寺	永建寺		隐静院	隐静院	
				无垢寺	无垢寺	无垢寺	无垢寺	无垢寺	无垢寺	无垢寺
				佛窟寺	佛窟寺	佛窟寺	佛窟寺	佛窟寺	崇教寺	崇教寺
				仙窟寺						
				虎窟寺						
				常乐寺	常乐寺	常乐寺	资善院	福昌院		
				敬业寺						
				净居寺	净居寺	净居寺	天福寺	净住院	静居寺	静居寺
				小庄严寺						
				光宅寺					光宅寺	光宅寺
				萧帝寺	萧帝寺	萧帝寺	法光寺	法光寺	鹿苑寺	鹿苑寺
				明庆寺						
				涅槃寺						

续　表

吴	晋	宋	齐	梁	陈	隋	唐	五代	宋	元
				翠微寺						
				皇宅寺						
				本业寺	本业寺	本业寺	本业寺	本业寺	本业寺	本业寺
				吉山寺	吉山寺	吉山寺	吉山寺	吉山寺	吉山寺	吉山寺
				解脱寺	解脱寺	解脱寺	解脱寺	寂乐院	寂乐院	百福院
				资福院(净名寺)	净名寺	净名寺	净名寺	净名寺	净名寺	净名寺
				幕府寺	幕府寺	幕府寺	幕府寺	幕府寺	幕府寺	幕府寺
				同行寺(圣游寺)	同行寺	同行寺	同行寺	秀峰院	宝林寺	
				法清寺	法清寺	法清寺	法清寺	法清寺	昭文精舍	
				永庆寺(白塔寺)						
				劝善寺						
				开善寺	开善寺	开善寺	宝公院(开善道场)	开善道场	太平兴国寺	太平兴国寺
				庆云寺	庆云寺					
				杜桂寺	杜桂寺	杜桂寺	杜桂寺	杜桂寺	香林寺	香林寺
				观音寺	观音寺	观音寺	观音寺	观音寺	废	
				资圣寺	资圣寺	资圣寺	资圣寺	资圣寺	资圣寺	资圣寺(白都院)
				佛坛寺					佛龛院(慈相院)	佛龛院(慈相院)
				永泰寺	永泰寺	永泰寺	永泰寺	净果寺	净果寺	净果寺
				天光寺						
				建陵寺						
				栖隐寺						
				惠日寺	惠日寺					
				大爱敬寺	大爱敬寺	大爱敬寺	爱敬禅院	广孝禅院	寿宁寺	
				神山寺						

续表

吴	晋	宋	齐	梁	陈	隋	唐	五代	宋	元
				永明寺	永明寺	永明寺	废			
				果愿尼寺						
				须陀寺						
				头陀寺	头陀寺	头陀寺	头陀寺	头陀寺	天王院	天王院
				猛信尼寺			猛信尼寺			
				福静寺	福静寺	福静寺	福静寺	了缘塔院		
				静福寺	静福寺	静福寺	静福寺	延福禅院		
				梁众造寺						
				建业寺						
				慈觉寺						
				善觉寺						
				同泰寺				千佛院(净居寺、圆寂寺)	法宝寺	
				北寺						
				清玄寺			清玄寺	清真寺	清真寺	清真寺
				园居尼寺						
				禅岩寺						
				法苑寺(广化寺)						
				大心寺						
				华严寺						
				方乐寺				方乐寺	方乐寺	常乐院
				东林寺						
				蒋山头陀寺	蒋山头陀寺	蒋山头陀寺	蒋山头陀寺	蒋山头陀寺	普济寺	普济寺
				万福尼寺						

续　表

吴	晋	宋	齐	梁	陈	隋	唐	五代	宋	元
				本愿尼寺						
				平等寺						
				普光寺						
				化成寺						
				慈恩寺						
				善业尼寺						
				寒林寺						
				金口寺	金口寺	金口寺	金口寺	灵鹫院	隆教院	
				福兴寺	福兴寺	福兴寺	福兴寺	福兴塔院	殊胜寺	殊胜寺
				天中寺						
				一乘寺	一乘寺(凹凸寺)	一乘寺	一乘寺			
				归来寺						
				飞流寺						
				甘露鼓寺						
				梁安寺						
				宣业寺						
				福成寺						
				定果寺						
				灵光寺						
				履道寺						
				渴寒寺						
				山齐寺						
				到公寺						
				景公寺						
				幽岩寺						
				青山幽岩寺						
				仪香尼寺						
				灵隐寺						
				宣明寺						

续 表

吴	晋	宋	齐	梁	陈	隋	唐	五代	宋	元
				天皇寺	天皇寺	天皇寺	天皇寺			
					怀安寺					
					慧福尼寺					
					国胜寺	国胜寺	国胜寺	国胜寺	国胜寺	国胜寺
					杨都寺					
					栖灵寺					
					大皇寺					
					宝田寺					
					证圣寺	证圣寺	证圣寺	证圣寺	证圣寺（木平寺）	
					宝城寺	宝城寺	衡阳寺	衡阳寺	衡阳寺	衡阳寺
					义和寺					
					四无畏寺					
							多福寺	多福寺	多福寺	多福寺
							山海院	山海院	山海院	山海院
							延祥寺	延祥寺	延祥寺	延祥寺
							永泰寺	永泰寺	同泰寺	永泰寺
							净相院	泗州塔院	净相院（后黎寺）	后黎寺
							紫草寺	紫草寺	紫草寺	紫草寺
							龙泉寺	龙泉寺	龙泉寺	龙泉寺
							妙意庵			
								兴教寺（石头清凉大道场）	清凉广惠禅寺	清凉广惠禅寺
								崇孝寺	景德寺	景德寺
								玉泉院	玉泉院	
								无相塔院	无相塔院	无相塔院
								仁王院	大仁院	
									看经院	
									后阳寺	后阳寺

续　表

吴	晋	宋	齐	梁	陈	隋	唐	五代	宋	元
									天宁寺	天宁寺
									吉祥寺	吉祥寺
									清修寺	清修寺
									半山报宁寺	半山报宁寺
									护烈庵	广惠院
									普济寺	
									光相院	
									英台寺	英台寺
									建昌院	建昌院
									慈光院	慈光院
									安平院	安平院
									西林寺	西林寺
									封崇寺	封崇寺
									秀峰院	秀峰院
									法济寺	法济寺
									治平寺	治平寺
									大悲寺	大悲寺
									报恩光孝禅寺	报恩光孝禅寺
									乾明尼寺	乾明尼寺
									澄心院	
									净隐院	
									梵惠院	
									清果院	
									永庆院	
									定明院	
									解空院	
									庄严院	
									漆阁院	
									永福院	
									登台院	
									净土院	
									保福院	
									妙明院	

续 表

吴	晋	宋	齐	梁	陈	隋	唐	五代	宋	元
									崇胜院	
									净严院	
									无垢院	
									阳城院	
									安隐院	
									明觉寺	
									福安院（祝英台寺）	
									高公台院	
									永庆禅院	
									秦申王坟寺	旌忠禅院
									移忠报慈禅院	
									广教院	
									隆福院	
									何城寺	
									清福寺	
									兴善院	
									真如院	
									栖隐院	
									慈证寺	
									广觉院（北汤寺）	
									明性院（董青院）	
										月印庵
										普照庵
										大龙翔集庆寺
										帝师寺
										大崇禧万寿寺
										龙泉寺

第二章　兴废和分布

寺院作为佛教的公开性屋化建筑，是僧众供奉佛像和居住修行的处所，是佛教活动中心、偶像崇拜和弘法布道的堂奥。寺，在汉语中最早指奄人。自秦以宦者任外廷之职，而官舍通谓之寺。东汉许慎《说文解字》称，“寺，廷也，有法度也”。据传，汉明帝时遣使西行求法，请得两位印度高僧摄摩腾、竺法兰至洛阳，居于掌管朝祭礼仪的鸿胪寺内，为佛教传入中国内地之始。其后，汉明帝在洛阳城外为他们建立佛教建筑，取名白马寺。人称，“寺，嗣也。治事者相续于其内，本是司名。西僧乍来，权止公司，移入别居，不忘其本，还标寺号”[1]。白马寺是中国内地有史可考的第一座佛教建筑，后世遂相沿以“寺”为佛教建筑的通称。院，原是唐朝的官署名，如唐御史台属有台院、殿院、察院等三院。贞观年间，玄奘取经回国，政府特设翻经院于寺中。于是，“院”遂逐渐成为继寺之后中国内地佛教建筑的又一泛称。此外，佛教建筑在中国古代还曾有浮屠祠、招提、兰若、精舍、道场、禅林、梵刹、神庙、塔庙、庵、庙等称谓。不过，“寺院”一直是最为常见的名称。

有明一代，南京[2]寺院兴建和修理频繁，毁废者也不在少数。

1 《古今图书集成》博物汇编神异典卷一〇七《僧寺部汇考一·释名·寺》。

2 本书所述的南京，指明代南京城区（即京城、都城）及附郭的上元、江宁两县地，也就是一般意义上的南京，狭义的南京，历史上先后称为金陵、秣陵、丹阳、建业、建康、江宁、白下、集庆、应天等，而非明代包括十四府、四州的作为南畿的南京。

五城之中，寺院密集分布，有名可称的寺院近 210 所，总数起码有 300 所，最多可能超过 600 所。

第一节　兴建和修理

明代，南京起初被定为首都，永乐以后又一直作为留都，政治地位提高，加上统治阶级对佛教在整顿、限制中又有保护和提倡，南京佛教再次出现一个鼎盛时期，新建、重修了一大批寺院。

一　明初的敕建寺院与南京寺院的恢复

在经历了元末农民战争之后，大江南北的佛教受到了重创，所谓“海内兵变，三教之厄，浮屠氏为甚，坛塔资为烽燎，幸存者宿为戍舍。沙门之桀，至有易庐改服以从，山台野色毁去，几与会昌之厄等”[1]。寺院残破废坏，名蓝望刹“多化为煨烬之区，而狐兔之迹交道”[2]。南京佛教和寺院也不例外，“兵燹圮毁之余，原野寥廓，钟声罕闻”[3]。明初定都于南京，明太祖、明成祖等人一方面本人即崇信佛教，另一方面也重视佛教有“阴翊王度”的作用，因而运用国家的力量，在南京新建、重修了一批寺院，从而有力地带动了南京寺院的恢复和修建。

明太祖崇信佛教，与僧人来往密切，因此洪武年间敕建寺院首先从为其宠信的僧人建立寺院开始。早在明太祖渡江进入南京之时，就曾访问居于城南天王山的法秀禅师，“与语相契”，敕建寺院，赐额曰般若寺。禅师宝金“得禅家玄窍，尤精阴阳术数”[4]。明太祖闻其名，建国后从北平招至南京，与语甚合。洪武五年，

1 （明）杨维桢：《东维子文集》卷一〇《送仪沙弥还山序》。

2 《护法录》卷四《句容奉圣禅寺兴造碑铭》。

3 《金陵梵刹志》凡例。

4 《金陵梵刹志》卷三九《碧峰寺起止记略》。

明太祖令官在元铁索寺的基础上重建寺院，以居宝金。寺成，命名为碧峰寺。其后，明太祖又陆续敕建了一些寺院，以居僧人，或作为僧人塔院，或为亲王香火院。明太祖渡江进入南京之时，曾驻跸南京城南光泽乡东之三山。洪武十三年，明太祖命建寺于三山之阳，赐额曰“三山讲寺”。洪武十四年五月，大受明太祖宠信的印度迦维罗卫国僧人班的答示寂。明太祖命在城南聚宝门外重译街（又名驯象街）建塔，藏其舍利，“且建祠宇，车驾临视，赐名西天寺，盖表师之所自出也”[1]。明太祖第二十子朱松，封韩王而未之国，明太祖在江东门外典牧所新河岸建立积善庵，为其香火院。洪武中，滨临长江建有接待寺，“以寓过江僧”，后“寺蚀于江”[2]。洪武三十一年二月，明太祖遂命改建江东门外济川卫。此外，明太祖还在石灰山东南建有百福寺[3]。

与此同时，明太祖还通过征用寺基的办法，将钟山周围一些本已残破的寺院徙建鼎新。明太祖即位初，即与近臣刘基、徐达、常遇春等选定钟山南麓独龙阜玩珠峰下为陵寝之地。为了让功臣们死后坟茔也护卫着孝陵，明太祖将原在钟山的一些寺院迁徙，用以建功臣墓。洪武七年，原在钟山的草堂寺被迁往南京城东慈仁乡唐家渡，而以其地为开平王常遇春墓。草堂寺元末已毁于兵燹，经此徙建，不仅寺院得以恢复，而且规模大增。梵惠寺原在钟山白水洼，明太祖卜葬中山王徐达墓，而将其徙置于北城姚坊门外。

对明代南京乃至全国佛教和寺院的恢复和发展有着重要影响的则是国家五大寺的兴建。从洪武中期开始，明太祖通过修理、徙建、新建、赐额等方法，建立了以灵谷寺、天界寺、天禧寺、

1 《金陵梵刹志》卷三七，释智光《西天班的答禅师志略》。

2 万历《上元县志》卷五《祠宇志·寺观》。

3 （明）王俊华：洪武《京城图志·寺观》。按，佚名：《皇明寺观志》称该寺为南朝梁时建，洪武中重建。但《南朝佛寺志》等书中无此寺。

能仁寺、鸡鸣寺为代表的国家五大寺。天禧寺即晋初所建长干寺，在城南聚宝门外古长干里。洪武十三年胡惟庸事件后，明太祖认为，“七朝居是土者，皆臣愚君者多矣”，而其原因，则是南京“虎方坤位，浮图太耸”，因此下令将其中的阿育王塔移置钟山之左。不料，工将完，塔将毁，有工人坠于塔下而死，明太祖以为神异，遂令停止移塔。未几，有官员黄立恭要求修塔，得到明太祖的同意。黄立恭“诣所在，经方定向，若山则高益下损，故基则增微壮广，施财劭工以营缮”。三年后，阿育王塔修缮完成，天禧寺也得增建，“大雄之殿、僧房、两庑、重门楼观亦皆备矣”[1]。

灵谷寺原名蒋山寺，在钟山玩珠峰之阳。据说该寺住持因其中有梁僧宝志大师塔，“前瞻宫阙，仅一里许”[2]，颇为不便，奏请迁之，明太祖立即同意。实际上，蒋山寺迁徙的真正原因，是明太祖看中了寺基，欲在其地建设陵寝。寺先徙建于钟山左胁朱湖洞南，明太祖以旧太庙所遗材木施之，又遣亲军50000余人徙塔附于寺。功将就绪，有相者言其地“湫隘”，非京刹所宜。洪武十四年九月，明太祖遂命弃之，重新择地于京城东南独龙冈之左，“拓大其规制，令可容千僧”[3]。一年以后，寺成，明太祖赐额“灵谷禅寺”，“为天下丛林之首”[4]。

天界寺原名龙翔集庆寺，为元文宗“潜宫”改建，在南京城中闪驾桥北龙河。朱元璋攻克南京之初，改额“大天界寺”。明朝建国后，即寺开设善世院，明太祖御书“第一禅林”赐寺。其后，该寺又先后改额“天界善世禅寺”、“善世法门”，继善世院的最高僧司衙门——僧录司仍设于寺内[5]。洪武二十一年，寺灾，明太

1 《金陵梵刹志》卷三一，明太祖《御制黄侍郎立恭完塔记》。
2 （明）徐一夔：《始丰稿》卷一一《敕赐灵谷寺碑》。
3 《始丰稿》卷一一《敕赐灵谷寺碑》。
4 《金陵梵刹志》卷三，释可浩《重修宝公塔记》。
5 《明太祖实录》卷一八八。

祖谕曰："佛氏以清净寂灭为教，建立佛刹，不宜于城市阛阓中，与民居混，秽浊喧嚣，佛灵虽无有碍，僧徒禅诵有妨。宜徙于虚旷闲寂之地，僧得安于禅诵，而无延燎之患，庶乎称其教也"。于是，议定迁往城南聚宝门外二里之凤山。明太祖敕锦衣卫官督役，"一切材料、工佣之费，尽出公帑"，"寺宇之清洒开廓，比旧倍焉"[1]。寺成，仍名"天界善世禅寺"，成为又一国家大刹。

能仁寺原在南京古城西门，建于刘宋元嘉中。明初寺灾，洪武二十一年，明太祖下令将其徙建于城南聚宝门外二里之地。

与此同时，明太祖在城内鸡鸣山新建鸡鸣寺。鸡鸣山在西晋永康年间建有寺院，历经隋、唐、宋、元，"虽钟鼓香灯不乏声焰，而规模卑隘，未入丛林之列"[2]。明初建筑京城，将鸡鸣山等圈入城内。明太祖见其山势秀丽，乃于洪武二十年下令在其山之阳建鸡鸣寺。寺虽阻于城地，"不广数亩"，但明太祖令巧为构思，大加建筑，"入寺曲廊迤逦，经数门至佛宇，皆从复道陟降而进，若行数里"[3]。明太祖又令在其中建塔五级，迁灵谷寺宝志大师法函供奉，每岁遣官谕祭。

至此，洪武年间的国家五大寺——灵谷寺、天界寺、天禧寺、能仁寺、鸡鸣寺先后建立。五大寺不仅皆由国家所修建，规模巨大，僧人众多，而且得到明太祖赏赐的大量土地以供养僧众。洪武年间，政府举办法会主要在五大寺中，其"大住持"也由政府选任。

除了新建五大寺以外，明太祖还给栖霞寺赐额、赐田。栖霞寺在南京太平门外四十里的栖霞山，始建于南朝永明年间，历经隋、唐、宋、元，数废数建，历代曾多次改赐寺名，是南京一座古老的名寺。洪武二十五年，明太祖令其仍名"栖霞寺"，"诏赐

1 《金陵梵刹志》卷一六，姚广孝《天界寺毗卢阁碑》。

2 《金陵梵刹志》卷一七，王僎《重修鸡鸣寺记略》。

3 《金陵梵刹志》卷一七《鸡笼山鸡鸣寺》。

赡僧田、山一千三百余亩，视天界、灵谷为比翼焉”[1]，成为与五大寺并列的又一国家大寺。

在明太祖的带动下，一些僧人也新建、重建了一大批寺院。根据《金陵梵刹志》及其他有关史籍记载，当时新建寺院有：

1. 兴善寺，在太平门内北安门后，洪武初年建；

2. 千佛寺，在都城聚宝门内水军所地，洪武初年建；

3. 观音阁，在郭城观音门外燕子矶，洪武初年，僧久远建（正统年间，改建为弘济寺）；

4. 真如寺，在郭外南城葛仙乡昝巷；

5. 苜蓿庵，在都城外东城留守卫；

6. 栖隐寺，在郭外南城泰南乡；

7. 慧照院，在通济门内百川桥[2]。

重建的寺院有：

1. 多福寺，在都城东神泉乡，唐天宝年间建，元末罹于兵燹，“鞠为荆莽”。洪武初，得赵孟頫书寺匾于寺基旁，僧永定即废址重建；

2. 慧光寺，在郭外南城新宁乡，本梁武帝舍故宅所建，名光宅寺。北宋治平中，重建，赐名古光宅寺。洪武初，僧无隐重建，赐此额；

3. 庄严寺，在郭城高桥门外凤城乡，东晋永和年间建。洪武十一年，僧真常重建，永乐后期成；

4. 紫草寺，在郭城夹冈门外东城道德乡，唐古刹，至此重建；

5. 山海院，在郭城沧波门外丁墅地，唐天宝年间建，至此重建；

6. 后黎寺，在郭外南城铜山乡，唐天佑中建，名净相院，俗

1 《金陵梵刹志》卷四，陆光祖《重建栖霞寺天王殿记》。

2 嘉庆《新修江宁府志》卷一〇《古迹》。

呼后黎寺，至此重建；

7. 普济庵，在郭城麒麟门外东城黄龙，北宋政和年间建，至此僧正映重建。

一些僧人还对倾圮寺院加以重修：

高座寺，在都门外南城聚宝门附近，西晋永嘉中名甘露寺，后名高座寺。洪武初，僧瑄白石奉檄来住，重修。

建文年间，明惠帝对佛教采取了较为严厉的限制政策，没有动用国家力量修建南京寺院。永庆寺在都城内北门桥虎贲右卫地，为梁天监年间永庆公主香火院，“代远颓圮”，惟其中白塔独存。建文四年四月，徐达四子、左都督徐增寿曾与僧人清古涧具本奏准重建。但徐增寿私通燕王朱棣，“数以京师虚实输于燕”[1]，不久为明惠帝手斩，因此永庆寺重建未果。对于僧人修建寺院，明惠帝也严加控制，仅有铁塔寺的募修[2]。

永乐年间，明成祖在南京继续致力于国家寺院的建设。其中，规模最大、影响最深的当数大报恩寺的新建。如前所述，天禧寺在洪武年间曾“略为修葺”。永乐初年，明成祖敕工部又加修理，“比旧加新”。但不久有僧人放火，将天禧寺焚毁无余。永乐十年，明成祖为了所谓的报答父母即明太祖和马皇后的恩德，又念天禧寺“灵迹”不可“终废”，乃令在原址重新建寺，并赐名“大报恩寺”[3]。明成祖对大报恩寺的修建十分重视，令“梵宇皆准大内式”，并在其中造九级琉璃塔，规模也大大增加。正如他所说：“弘拓故址，加于旧规，像貌尊严，三宝完具，殿堂廊庑，辉焕一新，重造浮图，高壮坚丽，度越前代”[4]。由于新建大报恩寺的工程太

1 《明史》卷一二五《徐增寿传》。

2 康熙《江宁府志》卷三一《寺观志上》。

3 《金陵梵刹志》卷三一，明成祖《重修报恩寺敕》。一说明成祖建大报恩寺实为纪念其生母碽妃，报恩寺的大雄宝殿即俗称碽妃殿。

4 《金陵梵刹志》卷三一，明成祖《御制大报恩寺左碑》。

大，直到永乐二十二年七月，明成祖去世时，还未建成。至宣德年间，大报恩寺修建才完工。大报恩寺对明代南京佛教和寺院有举足轻重的影响，是永乐以后南京三大寺之一。

永乐年间新建的另一有影响的国家寺院是静海寺。明成祖即位后，派遣太监郑和等出使“西洋”，以宣扬国威，与各国进行朝贡贸易。郑和等航行海上，“风波无警”，明成祖遂命在都城外西城卢龙山麓兴建静海寺以纪念。静海寺气势恢宏，殿宇林立，“精含制作之妙”，其中多有郑和等人从“西洋”带回之物，“即他崇刹不得与论珍”[1]，是明代南京又一名刹。

这样，由洪武时期的国家五大寺以及栖霞寺，加上永乐年间在天禧寺废址上新建的报恩寺、新建的静海寺，以及名刹弘觉寺，共同组成为明代南京的国家寺院，合称南京八大寺。八大寺以后由南京僧录司直接管理和领导，僧众田多，规模巨大，对明代南京乃至全国佛教和寺院都有着重要影响。

因郑和等人之奏，明成祖还将建于都城定淮门内北城左卫地的元天妃庙改建为吉祥寺。在明孝陵东南，明成祖又新建了观音阁。明成祖拜谒明孝陵，见山麓有气“轮菌芬郁，良久不散”，异之，遂命工在朝阳门东三里处“琢石肖形，构阁以纪其处”，命名观音阁，“召方外之有戒行者特虔焚修，以仰答圣祖在天之灵”[2]。此外，明成祖还重修回光寺。回光寺在都城南隅教坊内，始创于梁天监年间，名萧帝寺，后来又曾名鹿苑寺等。永乐初年，有回光禅师自西域来，止于该寺，深得宠信。大报恩寺将告成，明成祖令以“羡余”重建此寺，改称“回光寺”。

在明成祖的带动下，永乐年间，后妃、王公等也纷纷新建或重建寺院。仁孝皇后徐氏在都城内北门桥建唱经楼，“唱念佛曲，

1 《金陵梵刹志》卷一八，俞彦《静海寺重修疏序》。
2 《金陵梵刹志》卷七，乔宇《重修观音阁记略》。

化导愚氓”[1]；在驯象门内建经厂庵[2]。清凉寺在都城西清江门内清凉山之阳，始建于五代顺义年间，先后名兴教寺、石头清凉大道场、清凉广惠禅寺，几度兴废。明成祖即位初，周王重建，改名“清凉陟寺”，成为南京又一较大寺院。在聚宝门外，中山王家建王姑庵[3]。都城内淮清桥有明初逍遥楼故址，明成祖以赐永康侯，永康侯即其地建寺，名佑国庵。一些太监也加入兴建寺院的行列。史称，明成祖大肆渲染佛教的所谓“灵验”，势力开始逐渐上升的宦官们在他渲染的“灵验”下“益重佛僧，建立梵刹以祈福者，遍两京城内外云”[4]。如，刘瑞在鼓楼西北建普光庵（万历中僧真洪易名为菩提道场）[5]。

在皇帝、后妃等特权阶层影响下，永乐年间，僧人也纷纷修建寺院。其中，新建寺院有：

1. 三塔寺，在都城北沈阳左卫地，鸡鸣寺住持德琮奏请为鸡鸣寺塔院；

2. 唱经楼，在都城外三山门西半里（天顺年间赐额普惠寺）；

重建寺院有：

1. 永庆寺，建文年间重建未果，永乐六年正月，南京僧录司右觉义妙乘奏请重修，“与古涧养老”。永乐十年，住持宗海移基重建；

2. 华严寺，在负郭小安德门外，古迹，久废。永乐十九年，僧佛妙建塔院，后奏赐如额；

3. 光相寺，在郭城高桥门外，南宋名光相院。至此僧行滋重建。

---

1 《金陵梵刹志》卷二四《唱经楼》。

2 康熙《江宁府志》卷三一《寺观志上》。

3 （明）郑晓：《今言》卷二。

4 《释氏稽古略续集》卷三，《国朝典汇》卷二三四《礼部三二·释教》。

5 乾隆《上元县志》卷一二《祠祀志下·寺观》。

一些僧人还对寺院加以修理和增建。其中，规模较大者为天界寺的增建。天界寺于洪武后期建成为国家大寺，永乐六年四月，该寺住持道成首建旃檀林若干间，永乐八年又募缘建毗卢阁若干间。

此外，史籍中尚载有修建时代不完全清楚的寺院：

1. 极乐庵，在郭外南城安德乡，建于明初[1]（宣德年间改天隆极乐寺）；

2. 五云庵，在都城聚宝门内，建于明初。

洪武、永乐年间对寺院的上述修建活动，使得元末毁废的南京寺院逐渐恢复起来，并有所发展。

二　明代中期僧人修建寺院与南京寺院的发展

永乐后期，明朝迁都北京，南京成为了所谓的留都。由于统治中心的迁移，南京佛教和寺院无法再得到明朝最高统治者的特别恩宠，其发展无疑失去了强大的推动力。尽管如此，由于明朝中期以后的最高统治者多崇信佛教，而南京又有较好的佛教基础，加上南京作为留都有较高的政治地位，且经济、文化发达等，寺院仍大量修建。

明代中期南京寺院的修建，从人员上来看，南京的僧人成为主角，一些官员、太监也发挥了一定的作用。从时间上来看，呈现出阶段性，即成化以前为第一阶段，南京僧人等修建寺院较多，且这些寺院的修建虽然是私人行为，但是又致力于得到国家的承认，多请求皇帝赐额，是南京寺院迅速发展的阶段；弘治到正德年间为第二阶段，除正德年间以外，南京僧人等修建寺院较前减少，其间所建寺院也很少寻求皇帝赐额，不再致力于得到国家的承认，是南京寺院缓慢发展的阶段。

明代中期南京寺院修建的第一阶段包括洪熙到成化年间的六

1　此据杨新华、郭金海：《天隆寺塔林》，载《南京史志》1987 年第 2 期。

十余年。其间，由于英宗、代宗、宪宗皆崇信佛教，且大量度僧，尤其是无节制鬻卖度牒，致使出家者泛滥，佛寺因此而不断修建。当时，南京新建佛寺有：

1. 凤岭寺，在郭外南城凤西乡，宣德元年，右善世溥洽示寂，龛于凤岭之阳，建塔院，赐额凤岭寺；

2. 外鹫峰寺，在负郭小安德门外，宣德年间，为善世鹫峰禅师塔院，明宣宗遣祭，因以题寺；

3. 华藏庵，在石城门古城隍庙之北，宣德间建，“为接众丛林”[1]；

4. 普宁禅寺，在江宁之凤翔山，宣德后期，右善世祖渊以皇帝所赐物建，赐额[2]；

5. 弘济寺，在郭城观音门外燕子矶，正统元年闰六月，僧久远在洪武年间所建观音阁基础上始建寺，明英宗赐名弘济寺；

6. 宁海寺，在郭外南城，正统间，太监出使西洋，船回，“遇海风作，念佛号解脱”[3]，奏闻，赐建此寺；

7. 嘉善寺，在郭外北城牧马所铁石山，相传是达摩渡江处，山椒有石佛阁。正统间，僧法通见而挂锡，因建寺，奏赐此额；

8. 静明寺，在郭外南城安德乡，正统间，南京守备内官监太监罗智建[4]；

9. 普德寺，在都门外南城雨花台旁，正统间，太监刘某建[5]；

---

1 （清）甘熙：《白下琐言》卷八，胡祥翰：《金陵胜迹志》卷七《寺观》。

2 （明）释明河：《补续高僧传》卷一八《天泉渊公传》。

3 《金陵梵刹志》卷四四《宁海寺》。

4 《金陵梵刹志》卷三三《静明寺》；南京市博物馆发掘的罗智墓志铭，墓志铭见周裕兴：《明代宦官与南京寺观》，载《南京史志》1991 年第 1～2 期。

5 万历《江宁县志》卷四《祠宇志·寺观》，《金陵梵刹志》卷三八《普德寺》。按，《金陵胜迹志》卷七《寺观》称该寺由僧月潭“创建”。

10. 智安寺，在郭外南城新亭乡，僧昙周塔院[1]；

11. 广兴寺，在郭外安德乡，景泰二年，僧惠兴建，奏请赐额；

12. 普利寺，在三山门内，景泰间建，天顺间赐额；

13. 承恩寺，在都城内针功坊旧内旁，原为御用监太监王瑾故宅，景泰间，改为寺，又加缮治，敕赐此额；

14. 鹫峰寺，在都城内钞库街南青溪地。唐乾元中，颜真卿建放生池于青溪西。宋淳熙间，待制史正志移于青溪之曲，建阁其上。岁久湮没。天顺间，即其地建寺，赐额鹫峰寺；

15. 花岩寺，在郭外南城皈善乡，唐高僧法融曾居此，有献花岩，旧唯庵居。成化间，僧古道建寺，请此额；

16. 华光庵，在都城内陡门桥南，成化间建；

17. 妙泰寺，在都城外北城龙江右卫地，成化间建；

18. 普应寺，在都城南安德乡瑞云山之麓，太监扬某建，赐额[2]。

重建寺院有：

1. 慈仁寺，在郭城姚坊门外，古戒坛庵。宣德二年，僧智亨重建，请额；

2. 通善寺，在郭外南城，旧名龙泉寺，唐鹤林素禅师说法处。后废。永乐中，镜中圆禅师募缘众信。宣德八年春，重建。正统八年秋，告成，赐额通善寺；

3. 崇善寺，在郭城沧波门外，为梁僧宝志行化之地，旧名城

---

1 《金陵梵刹志》卷四一《智安寺》称，该寺为“国初僧昙周塔院”。据《明英宗实录》卷四七：僧昙周为天界寺僧、左觉义，正统三年十月曾上疏，请求“修寺宇及自造佛像”等（详见后文）。则昙周当化于此后，塔院之建当在明代中期，故寺院置于此。

2 该寺不见于有关书籍，此据南京博物馆 1986 年 8 月发掘的明代南京内官监太监扬某寿藏铭。扬某于永乐时期选入内廷，历任内承运库右副使、左副使、大使，正统时任南京内官监太监兼掌库事，卒于成化九年。寺院之建，当在正统至成化间。扬某寿藏铭见周裕兴：《明代宦官与南京寺观》。

头庵。宣德间，僧文瑞募十方信施营造。景泰年间，请额，赐名崇善寺；

4. 安隐寺，在都门外南城雨花台，古安隐院，原在钟山，宋绍兴间徙建。永乐初，姚广孝荐僧开俊住院。正统元年，开俊即旧基重建，赐额安隐讲寺；

5. 宝善寺，在郭城沧波门外，旧名解脱庵，元泰定年间建。正统初，为灵谷寺僧、左讲经正映塔院，明英宗遣礼官谕祭，增葺殿宇，奏赐此额；

6. 翼善寺，在郭城东南东山（一名土山），始建于南朝梁时，名资福院，梁武帝改额净名寺。正统十年，袁智海等募缘重建，赐额翼善禅寺；

7. 永泰寺，在南城安德乡韩府山阳，唐时建。正统十三年，内府酒醋局太监喜住重建；[1]

8. 天宁寺，在郭城高桥门外，宋治平年间建，正统年间重建；

9. 崇化寺，在都城外西北李子冈，相传古刹，名高峰院，正统间重建，赐额；

10. 德恩寺，在都门外南城驯象街，古刹普光寺基。正统间，重建，奏请赐额；

11. 佛国寺，在都城外钟山西畔，古华藏庵。景泰间，僧妙庆募建，奏赐此额；

12. 高座寺，在聚宝门附近，西晋永嘉中名甘露寺，后名高座寺。洪武初，重修。后悉毁于火。景泰年间，僧古溪澄“往主其席”，“规模草具”[2]；

13. 永福寺，在都门外南城安德街天竺山前，原为晋开福寺，在冶城东南，后徙此地，历名景福寺、永福尼寺等。天顺间，诂

1 正德《江宁县志》卷六《寺观》，《金陵梵刹志》卷四一《永泰寺》。

2 《金陵梵刹志》卷三四，陈寿《重修高座寺纪略》。

庵禅师重建，名永福寺[1]；

14. 定林寺，在郭城高桥门外天印山后，南宋乾道末年，僧善鉴创。天顺间，居士朱福珍及其诸子重建，至成化间完工[2]；

15. 永宁寺，在都门外南城聚宝山之麓，古名刹。成化二十一年秋，僧古渊重建，明宪宗“赐敕以护之”，“名仍其旧”[3]；

16. 清真寺，在郭城观音门外钟山乡，梁大通间建，名清玄寺，南宋名清真寺。明初有僧溥洽塔，成化间重建；

17. 普照庵，在都门外南城下梅冈西，古刹，元至大间僧无尽重建。成化间，僧定瑀重建（正德年间升为寺）。

这一阶段，僧人等不仅新建、重建了大批寺院，而且对一些寺院加以修理和增建。其中规模较大者有：

1. 弘觉寺，在都城外南城建业乡牛首山，梁天监间建，名佛窟寺。永乐间，住持因宝曾“稍事缮修”。宣德七年至十年，住持宗谦“复募赀金”，对寺院大加修建，“拓故址而广其缔构”[4]；

2. 吉祥寺，永乐初建，正统六年，住持智能修葺[5]；

3. 金陵寺，在都城定淮门内北城天策卫地，梁天监年间建。正统中，太监金普英重修，赐额[6]；

4. 三山寺，洪武年间建，正统、景泰间，僧昙昕等重修；

---

1 《金陵梵刹志》卷三九《永福寺》。按，嘉靖《南畿志》卷七《郡县志四·方外》、万历《应天府志》卷二三《杂志下·寺观》均称该寺为正统年间建，赐额，与《金陵梵刹志》记载不同。然《金陵梵刹志》有关记载更为详细，可信度亦高，故从之。

2 《金陵梵刹志》卷一〇，翟瑛《重建方山定林寺记略》。

3 《金陵梵刹志》卷三五，黄谦《重开山碑记略》。按，《金陵琐事》卷一《秦将白起》条载：“正德年间，守备太监富紫泉建永宁寺于安德门外坌山口”；《詹葡花》条又载：“白云寺，一名永宁寺，在凤台门外，与牛首山近，太监郑强葬地”。《金陵琐事》与《金陵梵刹志》所载永宁寺位置相去甚远，所建时间及建者亦不同，存此待考。

4 《金陵梵刹志》卷三三，释道暹《牛首山佛窟寺兴造记略》。

5 （明）焦竑：《焦氏澹园集》卷一九《敕赐吉祥寺重修碑》。

6 乾隆《上元县志》卷一二《祠祀志下·寺观》，《金陵梵刹志》卷二六《金陵寺》。

5. 宝光寺，在都门外南城梅冈，刘宋时名天王寺，寻废，南唐更建奉先禅院，后又名宝光塔院，元名普光寺。明正统间，赐额宝光寺，士人姜觉真等捐金修葺。成化初年，寺遭回禄，住持通辨又募士人袁庆等重修；

6. 承恩寺，景泰间改太监王瑾故宅而成，赐额，“复裒其余资，加缮治焉”；

7. 普惠寺，永乐间唱经楼，天顺间重修，赐额；

8. 天界寺，永乐年间曾大加增建，永乐二十一年，寺复灾，止存大殿。天顺间，觉义道香募缘重建观音、轮藏、天王等殿，其徒戒谦继之，成化间益廊庑百余楹；

9. 兴善寺，洪武初年创，成化十五年重修；

10. 普缘寺，在都城西北神策门内，晋名耆阇寺。成化十九年，僧能智重修，赐此额。

僧人等除了给新建、重建大批寺院奏讨赐额以外，还给那些已有名额的寺院重新奏讨名额，以求最高统治者的荣宠和保护。这种类型的寺院有：

1. 天隆极乐寺，即明初极乐庵，宣德年间，建为天然和尚塔院，僧弘昇奏请赐额；

2. 弘觉寺，在都城外南城建业乡牛首山，梁天监间建，名佛窟寺，南唐改弘觉寺，明初仍名佛窟寺。正统间，敕赐弘觉寺；

3. 三塔寺，永乐年间，被奏讨为鸡鸣寺塔院。正统年间，僧智源启奏，“赐额如旧”；

4. 宝光寺，在都门外南城梅冈，正统年间，赐额宝光寺；

5. 普惠寺，在三山门西半里，永乐间为唱经楼。天顺年间重修，赐额；

6. 永兴寺，在都门外南城下梅冈西南，成化初年赐额。

弘治到正德年间的三十余年为明代中期南京寺院修建的第二阶段。其间，孝宗对度僧和建寺控制稍严。而武宗则不仅大量度僧鬻牒，而且建寺禁中，自封为“大庆法王”，身着僧衣，与僧人演法。南京佛寺修建，在一定程度上也受此影响。当时，新建佛寺有：

1. 外承恩寺，在郭外南城泰北乡，正德间建[1]；

2. 惠应寺，在都门外南城梅冈，正德间建；

3. 安隐院，在都门外南城聚宝山之阳，正德间建；

4. 外永宁寺，在郭外南城安德乡，正德间建，赐额；

5. 祝禧寺，在郭外南城安德乡，正德间，南京内官监太监余俊建，奏请赐额[2]；

6. 积庆庵，在都城内中城凤凰台冈下，正德间，魏国公徐鹏举为僧觉恒建（嘉靖年间，“诏毁私刹，僧以瓦官匾其庐，得免”[3]，遂称瓦官寺）。

重建寺院有：

1. 广惠院，在都城外东城蒲塘地。元延祐间创，名护烈庵。元至正间，改广惠院。弘治四年重建；

2. 月印庵，在城南雨花台下，元大德年间创，岁久荒颓。弘治间，僧净俊重建；

3. 观音阁，在明孝陵东南，永乐间建。正德五年毁。九年，太监萧通重建，次年成；

4. 法清院，在郭城东湖塾，梁天监间建，后改为书院，元时

---

1 《金陵梵刹志》卷三三《外承恩寺》，原文作“太北乡”。正德《江宁县志》卷六《寺观》作“成恩寺”、“泰北乡”，为正德三年守备南京司礼监太监郑强建，赐额。查正德《江宁县志》卷五《坊乡》，亦仅有“泰北乡”，而无“太北乡”。另，其后《金陵梵刹志》卷四四《吉山寺》亦作“泰北乡”。兹据以改，而“成恩寺”一名则存而待考。

2 《金陵梵刹志》卷四二《祝禧寺》；南京市博物馆 1985 年 11 月发掘的余俊墓志铭，墓志铭见周裕兴：《明代宦官与南京寺观》。按，万历《江宁县志》卷四将“余俊”作“俞俊”，“正德”作“正统”，实误。

3 （清）陈作霖：《凤麓小志》卷一《志地》。

废。正德间，上元县令程栟重建；

5. 天保寺，在都门外南城雨花台下，原在金陵坊，晋名天宝寺，唐开元间改天保寺，宋绍兴初移其额于此。正德间重建（嘉靖年间改称均庆院）。

这一阶段，僧人对已有寺院加以增建和修理的也不多。其中，规模较大者有：

1. 鸡鸣寺，洪武间建，弘治元年春，寺僧德旻募缘重修，成于六年夏；

2. 高座寺，洪武中重修，后毁于火，弘治元年，僧照堂“复加恢拓”，至九年成；

3. 永福寺，天顺间重建。寺中有孔雀坛，成化中毁，弘治十四年重建[1]；

4. 永泰寺，正统末年建，弘治十七年，僧智泰重修[2]；

5. 静海寺，永乐间建，正德间，募缘重修；

6. 永庆寺，永乐间重建，正德间重修。

三　明代后期士、僧修建寺院与南京寺院的繁盛

嘉靖年间以后，尽管明世宗奉行禁佛政策，明思宗也一度排佛，但是随着士大夫禅悦之风的兴盛和佛教的复兴，南京佛教得到很大发展，寺院的新建、修理特别频繁。其中，万历后期，葛寅亮任南京礼部郎中，将南京寺院分为大、次大、中、小几类，确定统属，“先朝之赐田以赡缁流而久夺于豪右者，皆悉力复之”[3]，并定制使有寺租的寺院以其中的一部分修理寺院，从而为南京寺院的修建提供了坚实的经济保障。

1　正德《江宁县志》卷六《寺观》。

2　正德《江宁县志》卷六《寺观》。

3（明）叶向高：《苍霞余草》卷一《宪使屺瞻葛公颂德碑》。

在明代后期的南京寺院修建中，士人（包括官吏和普通文人）开始扮演重要角色。他们与僧人一起，是当时南京寺院修建的最重要力量，其作用甚至超过僧人。当时，新建寺院有：

1. 常平茶庵，在都城内上浮桥，万历初年建（后易名一苇庵）；

2. 慈云庵，在朝阳门外东流镇，万历初年建[1]；

3. 定林庵，在斗门桥西，万历前期，焦竑等建；

4. 石洞庵，在上元门，万历后期，魏国公徐弘基建[2]；

5. 狮子窟，在都城内鹰扬仓后，万历间，僧瑞麟建；

6. 圆觉庵，在驯象街，万历间建[3]；

7. 水草庵，在通济门外，万历间建，“为放生接众之所”[4]；

8. 镇远庵，在木屐巷（一名朱状元巷），明代后期，侍郎朱之蕃出使朝鲜，“渡海平安，筑龛以酬谢神佑”[5]；

9. 药师庵，在复成桥北，崇祯间，御史郭维经、胡接辉建[6]；

10. 祗陀林，在城南隅凤凰台之南，崇祯间，巡抚余大成建[7]；

11. 济生庵，在石头城西隅乌龙潭之南，余大成建[8]；

12. 紫竹林，在城北耆阇山麓，崇祯间，僧观衡建[9]；

13. 栖贤庵，在谢公墩，明末，庐山高僧性洁结茅于此[10]；

---

1 《金陵胜迹志》卷七《寺观》。

2 道光《上元县志》卷一二《祠祀志下·寺观》。

3 康熙《江宁府志》卷三一《寺观志上》。

4 康熙《江宁府志》卷三一《寺观志上》。

5 （清）陈作霖：《炳烛里谈》卷上《明代寺庵》，陈作霖：《运渎桥小志》，载光绪《金陵琐志》。

6 康熙《江宁府志》卷三一《寺观志上》。

7 康熙《江宁府志》卷三一《寺观志上》。

8 康熙《江宁府志》卷三一《寺观志上》。

9 康熙《江宁府志》卷三一《寺观志上》；《新续高僧传四集》卷八《明宝庆五台庵释观衡传》。

10 《新续高僧传四集》卷六二《明金陵栖贤庵沙门释性洁传》，康熙《江宁府志》卷三一《寺观志上》。

14. 香眼禅寺，在方山左，明末建[1]；

重建寺院有：

1. 观音寺，在郭城观音门外寒桥，旧在鹰扬卫地，因江流喷荡，嘉靖末，移置于此，因旧额；

2. 凤游寺，在都城内中城凤凰台，晋兴宁间建，名瓦官寺。明初寺废，半入魏国公徐氏园，半入骁骑卫仓。后凤凰台右建一小庵，名丛桂庵。万历十九年，徐氏以园地售闾左。庵僧圆梓、明澄等在魏国公徐维志等人的帮助下，尽赎凤凰台地，“大建刹宇”。南京礼部郎中葛寅亮等考其地实为古瓦官寺址，遂名之瓦官寺。因山下有积庆庵改名瓦官寺，遂将前者称为下瓦官寺，此名上瓦官寺[2]。万历二十三年，焦竑易其额为凤游寺，“立石为记”[3]。

3. 华光庵，成化间建，万历三十三年，国子监祭酒余某重建。

增建、修理的寺院有：

1. 唱经楼，永乐间徐皇后建，嘉靖九年，僧惠晓募缘重葺；

2. 祈泽寺，在郭城高桥门外祈泽山，刘宋景平间建，名祈泽治平寺，宋治平间改额祈泽寺。嘉靖十二年修葺；

3. 普照寺，正德间由普照庵升为寺，嘉靖十二年，重建前殿，至十四年十月成；

4. 弘觉寺，在都城外南城建业乡。寺中有宋建辟支佛方塔将圮，嘉靖三十二年，僧明通重修；

5. 紫草寺，明初重建，嘉靖间募修；

6. 接待寺，洪武末年建，嘉靖间重修；

7. 崇因寺，在郭外南城安德乡，刘宋时名旷野寺，后几易名，宋称崇因寺。嘉靖间重修；

8. 回光寺，明初重建，嘉、隆间，主僧方祥募缘重修；

1 《金陵胜迹志》卷七《寺观》。

2 《金陵梵刹志》卷二一，葛寅亮《凤凰台上瓦官寺记》。

3 康熙《江宁府志》卷三一《寺观志》上。

9. 真如寺，洪武间创，隆庆间重修；

10. 吉祥寺，永乐初建，万历初，住持真庆募修；

11. 宝光寺，正统间赐额，后几次修理，万历十一年冬，住持宗洪等募缘重修；

12. 古林寺，在定淮门内笃义里西，梁僧宝志创，名观音庵，南宋淳熙中改称古林庵。万历十二年，僧古心改庵为寺，拓基增建。万历四十一年，赐额“振古香林寺”[1]；

13. 天界寺，洪武间徙建，万历二十四年，觉义定椿等募修毗卢阁。万历三十年，南京礼部檄诸山修僧录司。万历三十五年，征寺租粮修金刚殿、左右画廊百间，兴复公塾，禅堂中增建华严阁；

14. 幕府寺，在都城西北幕府山，始建于梁天监间，名同行寺，后历称秀岩院、宝林寺，明改幕府寺。万历二十八年，僧如方、如觉重修；

15. 报恩寺，永乐年间重建，嘉靖末经火荡然，惟塔及禅殿、香积厨仅存。万历间，塔顶斜空欲坠，僧洪恩募修。万历三十四年至三十五年间，又用寺租及檀施重修殿宇；

16. 五云庵，明初建，万历三十三年，国子监祭酒余某重修；

17. 一苇庵，即万历初年所建常平茶庵，万历后期，国子监祭酒余某重修，易名；

18. 鸡鸣寺，洪武间建，万历后期厘整，立山门亭，葺廊墙，改建禅院于塔下；

19. 佑国庵，永乐间建，万历后期，募建潮音阁于其中，“渐拓旧宇”；

20. 崇化寺，正统间重建，万历后期重修；

1 《金陵胜迹志》卷七《寺观》，释仁友：《金陵马鞍山古林律寺祖庭汇志·古祖事迹》。

21. 普惠寺，天顺间重修、赐额，万历后期，重建禅院；

22. 永福寺，天顺间重建，万历后期，居士张应文募缘重修，“度越前刹”；

23. 能仁寺，洪武间改建，万历间，重修山门、金刚殿，大雄殿亦增丹彩；

24. 千佛寺，洪武初建，万历间重修；

25. 永庆寺，洪武中重建赐额，万历间修[1]；

26. 碧峰寺，洪武中敕建，万历间，禅僧大方募建千佛阁；

27. 三塔寺，永乐间建，万历间，募缘重修；

28. 弘觉寺，万历间，僧定林增建华严阁，后僧圆受又增建弥勒阁；

29. 栖霞寺，成化间，因有司借税寺田，寺僧逋逃者众，田亦为势豪所侵，“寺几丘墟”。嘉靖后期，住持兴善、僧法会着力恢复，“梵刹之大都具矣”。万历二十四年，南吏科给事祝世禄发起修理定慧禅堂。万历二十八年至三十四年，太监客仲等重镌千佛岩诸像，另建栖霞寺山门、天王殿、大雄宝殿、祖师殿、伽蓝殿、藏经殿、韦驮殿、接引殿、三圣殿、地藏殿、碧霞元君庙等[2]。

需要指出，这里所列举的明代后期修理的寺院仅止于万历三十三年前后，资料来源于葛寅亮《金陵梵刹志》。后来的有关著作，主要是清代以后的著作，对此后明人新建或重建寺院多有记载，而对那些增建、修理则基本上略而不述，这就使我们难以全面地了解这一问题。不过，有一点是可以肯定，即明代后期修建的寺院绝不会是我们上面所列举的这些。即使是这些，也已经大大超过此前。

另外，史籍中还记载有一部分明代修建的南京寺院，但具体

1　万历《上元县志》卷五《祠宇志·寺观》。

2（明）祝世禄：《重修栖霞寺记》，转引自陈邦贤：《栖霞新志》第四章《古迹》。

时间不是十分清楚。其中，新建、重建的寺院有：

1. 妙悟律院，在凤游寺旁，建于明代，“开山何人，已不可考”[1]；

2. 四松庵，在龙蟠里，旧有古松四，明代建[2]；

3. 宝林庵，在都门外南城，魏国公徐氏建；

4. 云居寺，古刹，本在钟山，明代移旧额建于淳化镇北之许垆[3]。

增建、修理的寺院有：

1. 福兴寺，在郭外南城天竺山下，梁大同间建。唐上元间，僧道融移旧额改创天竺山。明代重修；

2. 幽栖寺，在牛首山南祖堂山，祖堂山原名幽栖山，刘宋孝武帝时，建寺于此，故名幽栖寺。唐贞观间，法融禅师居此，更名祖堂。明代屡经修建；

3. 无垢寺，在郭城外道德乡，梁天监间建，后名无垢院。明代重修，如原额[4]。

第二节　毁废

有明一代，南京寺院一方面在大量地兴建和修理，另一方面也在不断地拆毁和废止，其中有自然的原因，也有人为的因素。在人为因素中，以嘉靖年间南京礼部尚书霍韬拆毁南京尼寺规模和影响最大。

1 《金陵胜迹志》卷七《寺观》。

2 道光《上元县志》卷一二《祠祀志下·寺观》。

3 （清）金鳌：《金陵待征录》卷四《志地》。

4 嘉庆《新修江宁府志》卷一〇《古迹》。

一　霍韬拆毁尼寺

霍韬，字渭先，南海（今广东广州）人。正德九年，会试第一。明世宗即位，除职方主事，疏请大臣参与章奏讨论和处理，限制“近习”之权等，明世宗“嘉纳之”。及“大礼”议起，他与张璁等人竭力为考兴献王提供理论和现实依据，支持明世宗，大得宠信，历官少詹事兼侍讲学士、詹事兼翰林学士。他也曾多次上疏，陈时弊，荐王守仁、王琼诸人。后因反对分祀天地而得罪下狱，明世宗“念其议礼功，令输赎还职”[1]，寻以事归。嘉靖十二年，他又被起用，历官吏部左、右侍郎，守法执争。嘉靖十五年六月，出为南京礼部尚书。

霍韬不仅在议礼中与明世宗保持一致，也是明世宗禁绝佛教政策和措施的参与制定者和积极推行者。嘉靖初年，他在京为詹事兼翰林学士时，就提出过严厉限制佛教的建议。嘉靖六年十二月，他上疏说，“臣闻嗣世贤君恒法式祖宗，辅世大臣率由旧典”，因“录太祖旧章一、二切于时政者，及近年行令有合于太祖者，条具以闻，乞敕下所司举行”。在他列举的“旧章”中，限制佛教的条款有：

> 一、言永乐初命宝源局铸农器，给山东被兵之民，今沿边抚巡官诚能查退私役军伴，召集游民游僧，给以农器，使耕边地，则数年之后，边地可以尽辟而耕也。
>
> 一、言洪武中给僧、道度牒，令僧、道录司造《周知册》，颁行天下寺、观，凡遇僧、道，即与对册。如有不同，即为伪冒。又令各府、州、县寺、观但存宽大一所，并居其众，毋容散处，盖作奸倡乱自易觉察也，宜遵行之。至所谓僧、道赴京考试，方与度牒，恐贫者无以资给，第令巡按御

1 《明史》卷一九七《霍韬传》。

史及提督学校官考试经典足矣。

一、言永乐中令军民子弟私自削发为僧者，并其父、兄发北京为民种田，盖以奸人避罪及惰民不力田者俱欲为僧。故僧、道盛者，王政之衰也，太宗皇帝诚见之审矣。今诚以南方废寺、观僧、道，俱发北京种田，则不惟边方可固，而贫民亦得其所。

一、言景泰中令各寺、观田土每留六十亩为业，余以给民佃种。此令一行，则不惟奸民不利田土，而不为僧、道，虽小民亦得田土，而不为僧、道所兼并矣。夫僧、道在祖宗时防之极周，故处之极善。今法禁废弛，僧、道渐众，蛊惑愚俗，惟圣明加意，令所司详议，务绝乱源，为久远计。[1]

霍韬的这些建议，如发僧、道至边地耕种，每府、州、县仅保留一所大寺、观等，更多的是理想化，在现实中执行的难度相当大。即使是颁布这些诏令的洪武、永乐年间，也未真正严格执行过。尽管明世宗对佛教没有什么好感，即位后曾毁刮禁中佛像、焚毁佛骨、拆毁京师私创寺院等，但对霍韬的这些建议，却不愿采纳。霍韬“疏入”，“诏下所司知之”[2]。不过，此疏还是给明世宗留下了深刻印象。四天后，当礼部尚书方献夫等又要求禁尼僧、道姑时，明世宗说：“昨霍韬言，僧、道盛者，王道之衰也，所言良是。今天下僧、道无度牒者，其令有司尽为查革，自今永不许开度，及私创寺、观、庵、院。犯者，罪无赦”[3]。

时江西提学副使徐一鸣“毁寺散僧”，镇守内官黎鉴诬其“激变”[4]，明世宗听信黎鉴之言，令将徐一鸣逮下诏狱。霍韬又与礼

1 《明世宗实录》卷八三。
2 《明世宗实录》卷八三。
3 《明世宗实录》卷八三。
4 《霍文敏公全集》附《石头录》卷首。

部尚书方献夫等上《乞宥宪臣疏》，指出：

……谨按洪武六年，令各府、州、县止存大寺、观一所，亦犹府、州、县只一孔庙也。太祖圣制也，不亵不滥，万世之中极也。此令二十四年一申敕焉，二十八年再申敕焉，永乐六年、宣德元年、景泰三年屡申敕焉，皆列圣之远虑也。盖僧、道不孝父母，不顾妻、子，不事农业，异姓相聚，游手游食，又善为诱惑愚民，是故愚民信从，以千万计，最易诳诱，以作祸乱。……徐一鸣折毁额外寺、观，乃其职也，其举正也。若僧、道因拆寺、观，遂敢为变，则其素蓄不轨之谋，亦可觇矣。宜下抚按勘处，即今为变的何地方，何寺、观，僧、道几何，聚众几何。先严兵备，以防奔突，然后喻以祸福，只诛首恶，胁从不问，使自解散。仍以废寺田土，给使归农，使各有父母，各有室家，长享太平之福。如其冥顽不醒，小则行有司捕获，大则请兵剿灭，预绝祸根，为万世鉴戒。则徐一鸣毁寺、观之举，尤不失先机之谋。……徐一鸣之罪，宜暂宽宥，仍行审核有无过当，乃缓治之。僧、道为变的，何主名？果有实迹，宜预遏绝。仍查洪武、永乐、宣德等年处置僧、道事例，渐防祸乱，为久远计。若曰江西僧、道实不为变，亦须查究太监黎鉴得谁虚传、听谁主使，以致妄奏，宜提主文人等问拟主使罪名，庶几公道别白，奸人相警，藩臬有司亦知激劝，以宣昭圣化，绥恤小民，图新至治，天下幸甚。[1]

明世宗接疏，表示："徐一鸣未奉明旨，尽毁古建寺、观，并逐僧、道，为地方扰，故逮问之"。明世宗并将此事与方献夫等要

1 《霍文敏公全集》卷二下《乞宥宪臣疏》。

求保留皇姑寺联系起来，指斥他们“前后相背”，下令谕救徐一鸣之言“不可从”[1]。不过，后来徐一鸣终未受到惩处。因此，人称因为霍韬等“力救”，徐一鸣“获免”[2]。

出任南京礼部尚书，霍韬有了较大的自主权，因而得以积极地推行明世宗禁绝佛教的政策。此前，南京尼僧较多，尼寺林立，其中藏污纳垢、污教败行的现象十分严重。如前所述，明世宗即位初，即下令禁绝尼僧，毁私创寺院及尼僧所居庵寺等。尽管这些诏令在京师得到了执行，在京师以外却并未得到很好的实施。因为佛教存在的社会基础和现实原因并未消除，出家为尼者在所难免，寺院包括尼寺的建立也就是必然的，绝不是几道诏令就能禁止的。而那些众多的官员也大多崇信佛教，建盖尼寺，有的甚至缘以为奸。即以南京为例，按理其作为明朝的留都，是仅次于北京的政治中心，对朝廷政令应该模范地执行。正如霍韬所说，“南都，我皇祖所以肇基也，典礼宜天下先焉”[3]。但是，事实恰恰相反。对此，霍韬反映说，“南京尼僧视别省为尤盛，淫污之俗视别省为尤剧。尼僧外假清修，内实淫恣，有暗宿奸僧、袈裟莫辨、诱拐女妇入庵礼佛、恣肆奸淫者，有群诸恶少窃伏庵院、诱妇女礼佛、潜通奸宿者。武臣、民庶愚而无知，谓妻女入庵礼佛修善也，不知群淫潜恣也。勋戚贵势利有尼僧，易恣情欲，争为庇护，故于往年钦奉敕旨化正僧徒全不奉行”[4]。

霍韬于九月到任以后，首先清查南京尼僧和尼寺数目。在他的主持下，南京礼部行文五城地方，令“尽数查出庵院若干，尼僧若干，限十日内呈报，以凭酌处”[5]。经过清查，得知南京内外

1 《明世宗实录》卷八三。

2 《霍文敏公全集》附《石头录》卷首。

3 （明）霍韬：《渭崖文集》卷四《申明礼制疏》。

4 《霍文敏公全集》卷四上《正风俗疏》。

5 《霍文敏公全集》卷九下《南京礼部公行》。

地方共有私创尼寺68所，“诡名土地祠、内窝尼姑与人奸淫”的变相尼寺共71所，两项相加，计有近140所；尼姑年五十以上者238名，年五十以下者210名，指挥等官家属妻女投庵为尼者33名，计481名。

其次，霍韬向与这些尼姑和尼寺有很大关系的南京官员宣传容留尼姑及尼寺的坏处，争取他们的支持，以便减少将来遣散尼姑、拆毁尼寺的阻力。他说：

> 男女有别，古之制也。尼僧内无夫家，上无父母，下无嗣育，不亦可悯乎？名为修行，实则败伦，自污己身，复污人妻女，不亦可恶乎？圣天子在上，拳拳化正僧徒，所以明人伦也。南都尼僧之弊如此，何以奉扬圣化乎？[1]

在做好清查和宣传工作以后，霍韬的第三步是行文五城地方，遣散尼僧，拆毁尼寺，并做好善后。《霍文敏公全集》卷九下载有霍韬先后拟定的有关于此的《南京礼部公行》三篇，兹录于下：

> 一、为化邪归正事。访得京城（指南京，下段同，引者注）内外，尼僧、庵院数多。查先年奉旨，僧徒化正还俗。伏睹圣上德意，盖厚伦理、敦风化首务也。所司全不奉行，至今庵院如故。……（合行五城地方清查尼僧、庵院，限十日内呈报）各庵铜像，该城收送工部销毁，以备铸造别用，具数呈部查考。其供佛物器，及各家前后舍施财物，尽听尼僧各自均分。庵院地基田土，尽数报部，召人承买取价，均给尼僧还俗，以资养赡。各尼年五十以下俱令出嫁，五十以上不愿嫁者，着亲属领回，相依居住。敢有容匿尼僧、漏报

1 《霍文敏公全集》卷四上《正风俗疏》。

庵院，先将地方人等拿问。尼僧听令一月内归还本家，该得地基田土价银，听赴部告领。地方人等不许吓诈尼僧，骗取财物。敢有光棍乘机扰害，及强窃庵院物件，以致各尼失所，许赴部禀告，追治。

一、为遵圣制化邪归正事。访得京城内外地方尼僧、庵院数多……（所有查出尼僧、庵院等）俱合遵奉先年敕旨，化正还俗，土地祠原有佛像、窝住尼姑者，俱合拆毁，改作社坛，或作社学。又该守备衙门会议，奏请要将尼姑发充军妻。看得尼姑年五十以下，或欲自配良人，若不预出告示，遽发各尼，配作军妻，或非情愿。为此，合先示谕各尼，年五十以上不能配人者，听各依亲居住，无亲可依者赴部报名，送养济院存恤；五十以下听自择配，为良人妻妾，如三个月后不肯择配，及无人肯取者，发为军妻，庶几情法两尽，而人无怨悔。各庵铜铁什物及尼姑衣箱、家火，搬移之际，或虑光棍抢夺，许赴部告批执照。有抢夺尼姑财物者，照律例重治。各尼自择配偶既定，许同亲夫或父母到部告明批照，免地方扰害。相应改作社学庵院，许地方呈报，以凭酌处定夺。再照指挥等官家属妻女投为尼姑，及侯、伯、士夫之家窝宿尼姑，皆干碍法例，且玷行检。各尼有系职官亲属，及系勋戚、侯、伯、士夫家庇护者，地方人等登门礼劝。各官自行分付各尼，尚早还俗，依亲居住，为地方表率，毋恃势挠法，以坏圣上德化。敢有隐匿尼、庵，被人首出，该城地方官吏、邻右人等通行参治。

一、为禁约事。照得本部近奉钦依毁拆各尼庵院及土地庙一切淫祠，无非欲民化邪归正，亦欲使各尼得所。近据各衙门官员及生员人等呈请，欲将前项庵院改作公馆、社学，候本部议处停当，准改明文至日，方许改正，毋得假公营私，因而逼扰，取罪不饶。其物料应该给尼者，该城查报，至日

> 审实准给。或本部批行兵马司量给数间者，各尼照依批词，前去拆卸、搬运，以为养赡所资。如五城官吏人等吓要财物，不与查报，及地方光棍挟诈抢夺各尼财物，并拦阻不许拆运者，许地方总、小甲人等拿获前来，或各尼赴部口告，以凭参问重治，决不轻贷。其各尼亲属或哄骗财物，以致各尼失所者，亦许赴告，究治不恕。

这些措施，霍韬后来在给明世宗的奏疏中有较为简捷的表述，有些地方还可作前引三篇公行的补充：

> 乃行五城示谕地方，凡尼僧、庵院尽籍于官。尼僧年五十以下，听择配偶；五十以上，还俗依亲，自相胥居焉。无亲可归者，天下之穷妇人也，送养济院收恤焉。庵院铜像送工部销毁焉，木像、泥像悉从毁撤，庵院铜、铁物器听尼自利，庵院木料、地基召民承买，价银给尼僧还俗，资衣食焉。仍宽二月之期，俾地方敦谕切诲，庶几彼知天伦之正，自乐于从也。仍禁邻里，毋因机为暴，驱之速急，抢尼僧物器，致失所而无于归也，所以奉扬化正之德意也。[1]

霍韬的努力，很快即见成效，“三月之间，毁寺观庵院数百所”[2]，南京尼寺大多被拆毁。嘉靖十六年正月，他不无得意地向明世宗汇报说，“今女尼年五十而下者，悉返父母之家矣，淫风自是革化矣，人家妻女无庵院潜行矣”[3]。

但是，他所能拆毁的，还只是一般的尼寺，而勋戚势家所创

1 《霍文敏公全集》卷四上《正风俗疏》。

2 《霍文敏公全集》附《石头录》卷七。

3 《霍文敏公全集》卷四上《正风俗疏》。

庵院“尚多庇护”，与其相抗。霍韬不得已，而寻求明世宗的支持，上《正风俗疏》，“乞敕礼部会同都察院申明禁例，凡尼僧私创庵院尽行拆毁，勋戚势要潜庇尼僧，听科道纠治，庶淫风永息，俗化永清”。在明世宗的支持下，至十二月，霍韬将南京“额外庵院寺观田土拆卖几尽”[1]。

明世宗禁绝佛教，和霍韬拆毁尼寺的行动，触犯了一些权贵的利益，也引起那些崇信佛教者的恐慌。他们的代表，立即在朝中要求保护历代为所谓“祝圣护国”而建的寺院。当时，“言官承权臣风旨，谓万寿、庆寿、保国、延寿等寺皆为祝圣护国而设，不宜并毁”，侍郎吕柟“亦右其说”[2]。霍韬加入了这场争论，上《黜异端诈术以杜奸欺疏》，指出“佛教难黜，皆唐、宋流弊也。欲黜佛教，不革唐、宋流弊，佛教不可黜也。何也？唐、宋之时，僧以小术耸动世主”，诈言佛法可“保国”、“护国”，名其寺曰“保国寺”、“护国寺”，“唐、宋人主误听其诈而崇尚焉，佛法所由行也”，而毁寺者则被诬以不肯“保国”、“护国”而得罪，“佛寺遂得不毁”；僧人又诈言佛法可以“祝寿”，名其寺曰“万寿寺”、“万岁寺”、“庆寿寺”、“寿昌寺”，“唐、宋人主误听其诈也，亦崇信焉，佛法所由传也”，而毁寺者则被诬以“不愿祝寿”而得罪，“佛寺遂得不毁”；僧人还诈言佛法可以“资国福”，名其寺曰“资福寺”、“延福寺”、“崇福寺”，“唐、宋人主误听其诈也，亦崇重焉，佛法所由肆也”，而毁寺者则被诬以“不愿资福”而得罪，“佛寺遂得不毁”，此皆“僧徒保寺奸术也”，“是故唐、宋佛寺保全至今，僧用诈术诱惑当世所致也，千年锢弊也”。霍韬指出，“保国”、“护国”、“庆寿”、“万寿”、“资福”等寺“遍满天下，致人避忌”，“有司且或畏僧而阿纵之矣，

1 《霍文敏公全集》附《石头录》卷七。
2 《霍文敏公全集》附《石头录》卷七。

安能化正之也？安能禁幼童不入寺为僧也”？因此，他要求，“敕礼部通行天下，凡僧寺有前项名额，悉令改正，不许避忌，庶僧徒不得假名济奸，而佛法可以渐黜，童僧可以渐革，异端诈术可以渐斥也”[1]。其疏上后，“群议始息”，于是他又“将废寺地建岳武穆［飞］等祠，士夫清苦者给寺观田赡之”[2]。

霍韬参与这场争论并取得胜利，既保护了他在南京禁毁尼寺已取得的成果，又打碎了原来笼罩在保国等寺顶上的神圣光环，为嘉靖年间明世宗在全国继续奉行禁绝佛教政策，尤其是霍韬在南京继续遣散尼僧、拆毁尼寺等提供了保障。终霍韬在南京之任，南京尼寺毁拆无余。时人沈德符说，“丁亥（指嘉靖六年，引者注）后又十年，而霍文敏韬为南礼卿，首逐尼僧，尽毁其庵，金陵一片地顿尔清净”[3]。《续比丘尼传》也载，霍韬等“命士卒拆毁庵观，破损佛像，境内大小伽蓝皆不能免”[4]。嘉靖年间霍韬拆毁南京尼寺，是明代南京寺院最大规模的毁废。

霍韬所拆毁的南京尼寺的名称和位置，史籍中缺乏记载，难以搞清。《续比丘尼传》记载有法华庵，尼僧觉清出家于此。霍韬等毁尼寺前，觉清“知厄运当前，无法挽回，乃率徒众远避”[5]。《今言》记有“王姑庵”，也可作些微补充，兹引于下：

永乐丁亥（五年），仁孝皇后崩，长陵（即明成祖，引者注）谕［中山王徐达继室］谢夫人：“朕欲得夫人季女继中宫”。夫人曰：“妾女不堪上配圣躬”。长陵曰：“夫人女不归朕，更择何等婿耶”？季女竟不敢受人聘，从佛氏为尼于南

1 《霍文敏公全集》卷四上《黜异端诈术以杜奸欺疏》。

2 《霍文敏公全集》附《石头录》卷七。

3 《万历野获编》卷二七《毁皇姑寺》。

4 释震华：《续比丘尼传》卷三《明南都法华庵尼觉清传》。

5 《续比丘尼传》卷三《明南都法华庵尼觉清传》。

京聚宝门外，所谓王姑庵者是也。嘉靖中，霍文敏公［韬］为［南京］礼［部尚］书，毁之。[1]

但是，当霍韬于嘉靖十八年离南京礼部之任以后，南京尼寺渐次恢复。至明末，则比比皆是。《万历野获编》称，“霍［韬］去，而尼复集，庵复兴，更倍往日矣”[2]。《客座赘语》也说：

嘉靖间，霍文敏公［韬］为南大宗伯，檄毁城内外诸淫祠，一时尼庵之折毁者亡算。顾当时只行汰除，而不计尼之无所归者，是以久而渐复营建，至今日而私创者闾闬间且比矣。尼之富者，衣服绮罗，且盛饰香缨、麝带之属。淫秽之声，尤腥人耳。而祠祭之法，独无以及之。[3]

这里，顾起元认为霍韬在南京的遣散尼僧、拆毁尼寺的善后工作没有做好，是其离任后南京尼寺又得恢复、发展的最主要原因，虽然可能有一些道理，但是总体上说失于偏颇。从前面所引《南京礼部公行》及《正风俗疏》来看，霍韬的善后工作还是比较细致的，没有太多漏洞。而且，霍韬在任时，也未有尼寺恢复。我们认为，霍韬的继任者们以及后来的明朝最高统治者不再奉行严禁尼僧、尼寺之令，即顾起元接着所说的“祠祭之法，独无以及之”，才是其后南京尼寺又得恢复、发展的最主要原因。

二　其他人为原因的毁废

明代南京寺院的毁废，除了前面介绍的嘉靖年间霍韬拆毁尼寺以外，还有其他一些人为因素。

1 《今言》卷二。
2 《万历野获编》卷二七《毁皇姑寺》。
3 （明）顾起元：《客座赘语》卷二《尼庵》。

（一）政府的拆毁和废止

在明代南京寺院的毁废中，政府的拆毁和废止无疑占有最重要的地位。这里面又有几种不同类型。

第一类是政府拆毁私创寺院。早在洪武六年十二月，明太祖即因“释、老二教，近代崇尚太过，徒众日盛，安坐而食，蠹财耗民，莫甚于此”，令府、州、县“止存大寺、观一所，并其徒而处之”[1]。这道诏令，规定每府、州、县仅保留一所大寺、观，其余的则为不合法，或归并，或拆毁。不久，明太祖又规定寺院有“旧额”者为合法，禁止私创寺院。洪武二十四年七月，明太祖“诏天下僧、道有创立庵、堂、寺、观非旧额者，悉皆毁之”[2]。其后，各朝也多禁止私创寺院，尤其是尼寺，对私创者则多次下令拆毁。这些诏令不一定都能得到坚决地落实，但是肯定会有所贯彻执行。如，嘉靖年间的霍韬拆毁尼寺。再如，嘉靖十九年四月，南京兵部尚书湛若水又主持拆毁南京“淫祠”，以建漏泽园，“凡有穷民死无所归者，悉令于此葬埋”[3]。时有三塔庵僧明瓒等“私创淫祠”，“又创有化人厅，违例招人焚尸取财，宴饮于此”，湛若水令将僧“送应天府问罪，追牒还俗”，“即将本庵及化人厅拆毁，基地作为义阡漏泽园”[4]。当然，湛若水所毁绝不止三塔庵一所私创寺院。《续比丘尼传》称：“嘉靖中，有湛甘泉［若水］、霍渭崖［韬］者，不信三宝，蔑视僧尼，命士卒拆毁庵、观，破损佛像，境内大小伽蓝皆不能免”[5]。

第二类是寺僧违法而寺院被政府废止。明代南京寺院的废毁

1 《明太祖实录》卷八六。

2 《明太祖实录》卷二一〇。

3 （明）湛若水：《湛甘泉先生文集》卷三一《奉诏新建南京漏泽园西城一等号碑文》。

4 《湛甘泉先生文集》卷三一《奉诏新建南京漏泽园西城一等号碑文》。

5 《续比丘尼传》卷三《明南都法华庵尼觉清传》。

中，也有合法寺院因寺僧违法，而被政府废止者。洪武前期，由于明太祖崇信佛教，大量度僧，广建寺院，因此佛教在全国得到迅速恢复和发展。但是，由于相应的法令、制度没有跟上，明朝政府对佛教的管理尚不完备，因此佛教内部仍很混乱，寺院中藏污纳垢。洪武二十四年六月，明太祖因僧、道“皆不循本俗，污教败行，为害甚大”，下令“凡各府、州、县寺观虽多，但存其宽大可容众者一所，并而居之”[1]，又一次对各地寺院加以归并及拆毁。与此同时，明朝的社会矛盾仍很尖锐，寺院成为逃军、逃囚等“违法”之人藏身匿影的极好处所。洪武二十五年闰十二月，明太祖即指责说，“各处僧寺多隐逃军、逃囚，好生不停当”[2]。明代见于记载的因寺僧违法而被政府最早废止的南京寺院为百福寺。百福寺有僧四人，但是“隐囚徒逋卒，往往易名姓为僧，游食四方，无以验其真伪”[3]，洪武二十五年，明太祖命废之，以儆天下僧寺。为了从制度上杜绝僧寺藏匿违法之人，明太祖还令僧录司造《周知册》，颁行天下僧寺。明代中期，政府对南京寺院疏于管理，南京寺院因寺僧违法而被政府废止者极为少见。至万历后期，叶向高、葛寅亮等人为官南京礼部，复寺租，严管理，南京寺院又有因寺僧违法而被政府废止者。如，万历三十三年十一月，慈相寺寺僧性杰、性晓、如山盗卖该寺全部田地山塘。事觉，南京礼部祠祭清吏司令将三人逐出，该寺“殿宇颓废，僧众已绝”，令充为弘觉寺下院，由弘觉寺代管[4]。万历三十五年正月，南京礼部祠祭清吏司又查得衡阳寺寺僧如升、兴楷、真晓盗卖荫寺古木，侵吞所收租粮，藏匿荤酒、妇女，而对寺院并不修理，令将三僧追牒逐出。衡阳寺“僧众一空”，令为栖霞寺下院，以栖

1 《明太祖实录》卷二〇九。

2 《金陵梵刹志》卷二《钦录集》，洪武二十五年壬申。

3 《明太祖实录》卷二二三。

4 《金陵梵刹志》卷五〇《各寺租额条例·条约》附新卷《本部札管绝僧寺产帖文》。

霞寺住持代管[1]。

第三类是政府占用寺基而使寺院毁废。如瓦官寺，明初“就圮”，后半入骁骑卫仓，半为魏国公族圃。再如前述蒋山寺、草堂寺、梵惠寺等，实际上也都是政府占用了寺基，而使原寺毁废。

（二）僧人的破坏

僧人的破坏是明代南京寺院人为毁废中另一重要部分。它又主要包括两种情况，一种是僧人失火烧毁寺院，另一种情况是僧人拆毁、盗卖寺院。

僧人失火烧毁南京寺院，有的是故意而为，也有的是无意引起。故意放火而将寺院焚毁者，如永乐年间天禧寺的火灾。天禧寺，洪武间修葺，永乐初又加修理，寻有无籍僧本性“以其私愤，怀杀人之心，潜于僧室放火”。这次火灾将天禧寺焚毁无余，“崇殿修廊，寸木不存，黄金之地，悉为瓦砾，浮图煨尽，颓裂倾敝，周览顾望，丘墟草野”[2]。明成祖遂在寺基上重建寺院，即报恩寺。无意引起火灾而将寺院焚毁者，如永乐年间天界寺的火灾。天界寺重建于洪武年间，永乐二十一年，廊僧“不谨于火”，寺“遂荡然一空，所存者惟大雄殿耳”[3]。此外，明代南京寺院因火而毁废者还有不少，如：

1. 能仁寺，原在古城西门，洪武二十一年，毁于火；

2. 高座寺，洪武中重修，后悉毁于火；

3. 灵谷寺，宣德年间，毁于火，“虽有岁入钱粮，缺人收积修理”[4]，日益颓废；

4. 天宁寺，正统间重建，复毁于火。万历时，仅僧舍数椽，人迹鲜至；

---

1 《金陵梵刹志》卷五〇《各寺租额条例·条约》附新卷《本部札管绝僧寺产帖文》。

2 《金陵梵刹志》卷三一，明成祖《重修报恩寺敕》。

3 《金陵梵刹志》卷一六，林瀚《重修天界寺记略》。

4 《金陵梵刹志》卷三，明宪宗《灵谷寺护敕》。

5. 智安寺，景泰间毁于火，万历时仅存僧院；

6. 宝光寺，成化初，寺遭火灾，“惟后殿仅存，僧舍寥鲜”[1]；

7. 观音阁，正德五年，毁于火；

8. 德恩寺，嘉靖间，遭火灾，仅存前殿；

9. 普利寺，万历二十六年火灾，“寺遂荒圮”[2]；

10. 紫草寺，殿宇多次遭火灾。

史籍中对这些火灾的具体原因缺乏记载。众所周知，寺院作为土木建筑，其中又多有香火，极易发生火灾。僧人日日生活于其中，引起寺院火灾的可能性自然比其他任何人都大。当然，寺院火灾也可能是香客焚香、其他人放火、雷火等引起。但这些原因引起火灾，史籍中一般都会指出来，下文也有例证。不过，不管怎么说，导致明代南京寺院毁废的上列火灾中，肯定有僧人放火引起的，或有意的，或无意的。

僧人拆毁、盗卖寺院主要发生在明代中期以后，因为当时南京寺院多颓废不堪，而政府又疏于管理，一些心存杂念的僧人遂趁机损公肥私，拆毁、盗卖寺院。如，嘉靖二十年，宝光寺住持妙玺引“无籍”（即无赖汉）唐景升拆毁钟楼，盗卖祠宇田亩等。事觉，礼部以法遣之，“而寺则愈废矣，仅存后殿，亦日就倾圮”[3]。前述慈相寺、衡阳寺的毁废，很大程度上也是因为寺僧的盗卖。

（三）势豪侵占

寺院有一定的殿堂房产、寺基地产，一些寺院还有多少不等的公田等财产，往往引来俗人垂涎，蚕食鲸吞，从而导致寺院毁废。由于寺院一般地都受到政府的保护，所以能够侵占寺院而使其毁废的俗人多是那些有一定政治、经济实力的势豪。如古刹瓦官寺，明初“就圮”，“有待而兴”，而魏国公徐氏“为园凤凰台

1 《金陵梵刹志》卷三四《宝光寺》。

2 《白下琐言》卷三。

3 《金陵梵刹志》卷三四，何思登《重修宝光寺记略》。

西”[1]，侵占寺地，加上骁骑卫仓的瓜分，瓦官寺遂不复存在。

(四) 僧人奔走

一些寺院，由于僧人奔走，修理无人，也就自然地毁废了。如，安德门外华严寺，本为古刹，“年深废弛”，永乐年间，僧佛妙至此，“遂倾己橐，并化众缘”[2]，重兴寺院；北城铁石山西椒，相传为达摩渡江处，有石佛庵，“幽深秀阻”，“不知其何自始”[3]，因久无僧人，已经毁废，至正统年间，僧法通挂锡于此，始重加修葺；吉祥寺，正统年间修葺以后，即“纽业承基，久难其续”，“寻至榱椽渐毁，经像无依”[4]等。至于那些因僧人奔走而毁废，其后又无人修理，因此在史籍中未留下记载的寺院当更多。

三　自然原因的毁废

导致明代南京寺院毁废的自然原因，主要有自然灾害、年久朽圮两类。前者一般地表现为瞬间的毁废，后者则是长期的风吹雨打、土木自然朽圮的结果。

(一) 自然灾害

在导致明代南京寺院毁废的自然灾害中，主要有火灾和水灾。其中的火灾，如，嘉靖四十五年二月十六日，南京异常风雨，“雷火”焚报恩寺，“不两、三时而尽”[5]。水灾毁废南京寺院者，如，草堂寺，洪武间徙建于唐家渡，“田啮于江”，日损月亏。万历时，“寺亦几废”[6]；观音寺，原在鹰扬卫，“江潮泛涨，既荡

1 《金陵梵刹志》卷二一，汪道昆《瓦官寺碑》。
2 《金陵梵刹志》卷三二，胡濙《华严寺碑略》。
3 《金陵梵刹志》卷二七，郑宣化《重修嘉善寺记略》。
4 《焦氏澹园集》卷一九《敕赐吉祥寺重修碑》。
5 《金陵琐事》卷三《报恩寺回禄》。
6 《金陵梵刹志》卷一五《草堂寺》。

于水，而故寺弗存久矣”[1]。嘉靖末，遂移建新址。

（二）年久朽圮

在明代南京寺院自然原因的毁废中，年久朽圮占有较大的比重。梁思成先生在论述中国古代建筑的缺陷时指出，“中国［建筑］结构既以木材为主，宫室之寿命固乃限于木质结构之未能耐久”[2]。寺院作为中国古代建筑的一部分，也以木结构为主，每天经历风吹雨打、日晒月照、虫蛀蚁啮等自然侵蚀。同时，木构建筑本身也有一定的使用寿命，时间一长，殿堂也会朽圮颓敝，若不修理，也会毁废。如，崇善寺，宣德间重建，万历时佛殿“仅存”，“钟梵消歇，遗址在荒榛断岸间”[3]；翼善寺，“殿庑僧舍年深，已毁及半，惟佛殿一所独存”[4]，正统间重建；月印庵，元朝建，“岁久寝废，没于荆榛”[5]，弘治间重建；华光庵，成化间建，“年久颓废”，万历间重建；等等。

第三节　分布及总数统计

在探讨了明代南京寺院的兴建和毁废之后，我们来研究它们的分布，并对其总数试作统计。

一　空间分布

明代南京从地理上又被分为中城、东城、南城、西城、北城五个部分加以管理，即“畿内外俱以五城画疆而治”[6]。其中，中

1 《金陵梵刹志》卷二九，许谷《重修观音寺碑略》。

2 梁思成：《中国建筑史》，第18页，百花文艺出版社，1998年。

3 《金陵梵刹志》卷一三《崇善寺》。

4 《金陵梵刹志》卷九，陈琏《翼善寺碑记略》。

5 《金陵梵刹志》卷三四，黄谦《重修月印庵记略》。

6 《金陵梵刹志》凡例。

城指南京京城（或称都城）以内地区，而东城、南城、西城、北城则是相对于中城而言，指京城以外的东、南、西、北四个方向的南京地区。下面，我们将以《金陵梵刹志》所载寺院及其位置为主，辅以其他各种文献的有关记载，揭示这些寺院的空间分布情况。

（一）中城

中城是寺院最密集的地区之一，有明确记载的寺院近 50 所。中城之中，又以皇城周围和聚宝门内寺院最多。明代南京城从里到外分宫城、皇城、京城、外郭城四层，宫城位于皇城之中，皇城又位于京城东部，京城则在外郭城的西部。皇城周围，大、小寺院有铜井院、十方律院、吉祥庵、回龙庵、兴善寺、观音庵、慧照院、药师庵等多所。这些寺院，大多为古刹，早在明代以前就已建立。都城南部聚宝门一带，历史上就是南京的佛教胜地，其内有著名的瓦官（棺）寺。明代，在古瓦官寺基址周围陆续新建了下瓦官寺、华光庵、一苇庵、五云庵、普利寺、鹫峰寺、回光寺、千佛寺、承恩寺、佑国庵等寺院。在都城的中部，则有紫竹林、鸡鸣寺、永庆寺、狮子窟、定林庵、净乐庵、虎贲左卫正觉庵、净土庵、唱经楼、普光庵等寺院。在都城的西部，经过新建和重修，寺院也大量增加，从北到南有金陵寺、吉祥寺、古林寺、清凉寺、伽蓝庵、济生庵、栖贤庵等。

这些寺院，一般相距只有一二里左右。如，华光庵、一苇庵、骁骑卫千佛庵、普利寺、封崇寺等距瓦官寺均为二里，十方律院、吉祥庵、回龙庵与铜井院亦相距二里，观音庵距兴善寺二里，定林庵距永庆寺二里，狮子窟距永庆寺一里，净乐庵、虎贲左卫正觉庵距永庆寺仅半里，而吉祥庵、回龙庵以及瓦官寺、凤游寺等则比邻而立，距离更短。中城寺院如此密集，恰是明代南京佛教盛行、寺院林立状况的最好反映。

（二）东城

东城的寺院也较多，有明确记载者 50 余所。在东城，又以都城外正东的钟山周围和郭城上方门、高桥门、沧波门、麒麟门外的东南部地区的寺院最为集中。钟山周围原来就是寺院比较集中的地区，南朝以来，最多时达到 70 所。至宋王安石并诸小寺于太平兴国寺，“而绀园金界，半为丘墟矣”。明初，虽然为建造孝陵及诸功臣墓，而迁徙了草堂寺、梵惠寺、蒋山寺，但蒋山寺被改建为规模巨大的灵谷寺，置于钟山东麓，以后又成为孝陵的香火院，这更加强了钟山周围佛教气氛。其后，又在钟山周围陆续新建了苜蓿庵、观音阁、佛国寺等，加上原有的普济庵、清果寺、梵惠院、茶亭庵、地藏庵等，使这一地区的寺院达到近 10 所。寺院之多虽然不比当初，但是仍相当可观。寺院之间的距离，一般是三五里。如，观音阁东去灵谷寺五里，苜蓿庵东去观音阁二里，普济庵西北去佛国寺二里，清果寺、梵惠院、茶亭庵分别南去太平门十六里、十三里、十里，南去佛国寺十三里、十一里、八里，则它们之间也就是相距三四里，而地藏庵距佛国寺仅一里。

此外，除了栖霞寺、衡阳寺、草堂寺、慈仁寺等个别寺院在东城的东北部以外，东城的其他寺院基本上都分布于东南部，包括龙华庵、双桥门圆通庵、慈悯庵、翼善寺、广惠寺、祈泽寺、天宁寺、云居寺、庄严寺、定林寺、东霞寺、外永福寺、光相寺、天隆寺、淳化镇积善庵、三禅寺、安平寺、登台寺、慈光寺、无垢寺、紫草寺、华严庵、广惠院、崇善寺、宝善寺、龙泉庵、隐静寺、本业寺、普济庵、普济寺、山海院、法清院、香林寺、吴读庵、许村庵、多福寺、桂阳寺。其中，仅有龙华庵、双桥门圆通庵、慈悯庵在郭城之内的通济门内，其他寺院基本上都分布在郭城上方门、高桥门、沧波门、麒麟门外地区。这些寺院，多是前代所建，或明代在原寺基址上重建，很少有明代新建寺院，这也反映出该地区原来的寺院就相当多。寺院之间的距离，一般在五里左右，近者也有比邻而立者。

（三）南城

南城是明代南京寺院最为集中的地区，共有寺院70余所。首先，我们以这些寺院北距聚宝门的里程，来说明它们的分布情况：北去聚宝门半里的寺院，有大慧庵；一里的寺院，有报恩寺、德恩寺、到彼庵；一里半的寺院，有高座寺、安隐寺、普德寺；二里的寺院，有天界寺、能仁寺、宝光寺、均庆院、月印庵、永宁寺、永宁院、普照寺、碧峰寺、永福寺；三里的寺院，有圆通庵、宝林庵、瑞相院、永兴寺、惠应寺、安隐院、西天寺；五里的寺院，有华严寺、外鹫峰寺；十里的寺院，有崇因寺、外永宁寺、广兴寺、德寿寺、祝禧寺、天隆极乐寺；十三里的寺院，有凤岭寺、永泰寺；十五里的寺院，有英台寺、慈善寺；二十里的寺院，有永泰讲寺；二十五里的寺院，有兴福寺；三十里的寺院，有外承恩寺、静明寺、德胜寺、花岩寺、慧光寺、祖堂寺、宁海寺；三十五里的寺院，有弘觉寺、通善寺、广缘寺、圆通寺、佑圣庵、吉山寺；四十里的寺院，有资福寺、懋德庵、葛塘庵；五十里的寺院，有三山寺；六十里的寺院，有静居寺、清福寺、真如寺、妙明寺、清修院、后黎寺、西林寺；六十五里的寺院，有栖隐寺；七十里的寺院，有后阳寺；八十里的寺院，有福兴寺；九十里的寺院，有建昌寺、般若寺、明性寺、衲头庵、高台寺。另有里程记载不详的寺院，包括永福寺、圆觉庵、智安寺、水草庵。我们知道，明代南京京城是在南唐江宁府城的基础上扩建而成的，整个京城呈现出南北狭长、东西略窄的不规则形状。由于紧依长江，所以京城之外，除东城较大外，北城、西城、南城范围均很狭小。南城的寺院，基本上都在京城聚宝门之南的狭长地带，其位置均以与聚宝门的距离为准。从我们上面所列各寺与聚宝门的距离来看，南城的寺院实在是太密集了。

其次，如果说从南城各寺与聚宝门的距离还不能完全看出其分布情况的话，那么我们再从它们之间的距离来探讨这一问题。明代南京三大寺中，有两座在南城，即天界寺、报恩寺。报恩寺在聚宝门南的聚宝山，离聚宝门一里，天界寺在聚宝门外“西行不四、三里”的凤山，离聚宝门二里，根据三角形两边之和大于第三边的原理，则天界寺与报恩寺之间的距离不会超过三里。这两座规模巨大的寺院相隔如此之近，本身就反映了南城寺院的密集程度。因为天界寺统辖的寺院在中、西、北城，南城寺院皆由报恩寺统辖，所以南城各寺院之间的距离主要以报恩寺及其所统各次大寺、中寺为准。如，寺院之间相距不超过半里者，有般若寺与明性寺、衲头庵、高台寺，报恩寺与高座寺、西天寺，西天寺与德恩寺、大慧庵，华严寺与外鹫峰寺，安隐寺与高座寺，永宁寺与永宁院，碧峰寺与永福院，宁海寺与祖堂寺，等；相距半里者，有高座寺与月印庵，永兴寺与普照寺、惠应寺、安隐院，外永宁寺与广兴寺，等；相距一里者，有能仁寺与圆通庵，高座寺与均庆院，报恩寺与永宁寺，永宁寺与宝林庵，西天寺与到彼庵，报恩寺与普德寺，等；相距二里者，有能仁寺与报恩寺，广缘寺与弘觉寺，瑞相院与永宁寺，碧峰寺与报恩寺，等；相距三里者，有华严寺、外鹫峰寺与能仁寺，永兴寺与报恩寺，天隆极乐寺与祝禧寺，等；相距四里者，有慈善寺与崇因寺，等；相距五里者，有弘觉寺与外承恩寺、通善寺、静明寺，崇因寺与英台寺，花岩寺与慧光寺，祖堂寺与吉山寺，等。根据我们的统计，南城寺院，《金陵梵刹志》中明确记载有大寺与次大寺、中寺与小寺间距者 68 所，而在五里以内者达 35 所，占二分之一还强。如果我们再把天界寺考虑进来，把各中寺之间、各小寺之间以及没有统属关系的中寺与小寺之间的距离也计算出来一并考察，那么南城各寺院之间距离在五里之内的比例自应更大。南城寺院之间鳞次栉比的分布情况，明人记载中屡见不鲜。如，《金陵梵刹志》在介绍安隐寺时说，“兹寺北接高座［寺］，南连宝光［寺］，东对永宁［寺］，皆冈陇之间，林木森郁，楼宇掩映，南朝旧迹，依稀可见”[1]。

第三，我们再从地域的角度来探讨南城的寺院分布。南城之中，以聚宝门以南到郭城之间以及郭城外牛首山、幽栖山一带寺院最为集中。聚宝门以南到郭城之间，自古就是南京名蓝汇聚的地区之一，南京的第一座寺院建初寺就建在这里，瑞相院（即明代碧峰寺）、天王寺（即明代宝光寺）、甘露寺（即后来高座寺）等也陆续建于该地，在南京佛教史上有重要的地位。从明初开始，明朝统治者也有意在这里大建寺院，使其成为南京寺院区。洪武年间，明太祖不仅修复这一地区的原有寺院，如碧峰寺等，而且将一些寺院，如天界寺、能仁寺等，徙建于此，并又新建一些寺院，如西天寺等。永乐年间，明成祖又扩建成报恩寺。在明代统治者的提倡和带领下，这一地区新建、重建了大批寺院，形成寺院林立的状况。据我们的统计，在这一狭小的地域内，仅是有明确记载的寺院即达近 30 所，这在南京、甚至全国恐怕都是罕见的。因此，人称这一地区的雨花台为“登览最胜处，自此琳宫栉比，名胜所萃”[2]。郭城外牛首山、幽栖山一带，也是历史上的佛教胜地。牛首山在都城南三十里，因山“状如牛头”而得名，一名牛头山、大阙山，“北与献花岩、祖堂山（即幽栖山）相连”[3]。牛首山在南朝梁时建立寺院，名佛窟寺。幽栖山则在南朝宋时已建有幽栖寺，唐贞观初，僧法融“得道于此，为［禅宗］南宗第一［禅师］”[4]，改山名为祖堂山，寺名随改。献花岩在幽栖山阴，传说当年法融栖岩下修定。南朝以来，尤其是唐朝以后，这一地区佛教气氛浓厚，寺院不断新建，成为南京又一佛教胜地。明朝

1 《金陵梵刹志》卷三四《安隐寺》。
2 《金陵梵刹志》卷三一《聚宝山报恩寺》。
3 嘉靖《南畿志》卷四《牛头山》。
4 嘉靖《南畿志》卷四《祖堂山》。

时期，在这一地区及附近又新建了三山寺、宁海寺、静明寺、花岩寺、外承恩寺等寺院，重建了慧光寺、通善寺等寺院，使该地区成为南京又一寺院集中的地区。

综上所述，南城地区是明代南京寺院最为集中的地区。明人感叹道："都城以南，花宫兰若，芙蓉相衔，呗声连起，晨夕铃鼓相闻数十里，此何减天竺招提也"[1]。

(四) 西城

西城紧依长江，为历代江防重地，驻军较多，居民较少。加上其地地域狭小，地多浮沙，所以明代以前所建寺院极少。明人即称，秦淮河以西的西城地区，"为江涯聚沙浮渚一瓯脱，不任化城，故六朝无遗刹"[2]。明初，明太祖在江东门外新建积善庵，为韩宪王香火院；新建接待寺，为接待十方处所。永乐年间，明朝政府又在卢龙山麓新建静海寺，徐皇后在驯象门内新建经厂庵。宣德年间，石城门附近又新建了华藏庵。据统计，明代南京西城有明确记载寺院共有 10 所，其中新建者 5 所。西城寺院，主要集中在北端卢龙山附近和南部三山门外。卢龙山麓新建静海寺，静海寺周围有一真庵、金川门积善庵，它们与静海寺的距离分别是一里、三里，可谓相当近密。三山门西半里、六里、七里、十里处，分别有普惠寺、接待寺、报国庵、江东门积善庵等四所寺院。另外，石城门外有 2 所，即中和庵、华藏庵，驯象门内有 1 所，即经厂庵。而其他地区，如西城的北部以及西南部，则基本上没有寺院。总的来看，西城是南京寺院较少的地区之一。

(五) 北城

北城在明代以前远离京城，狮子山、幕府山、观音山等山又自西向东绵延于江边，崎岖荒芜，仅有高峰院（即明代崇化寺）、

---

1 《金陵梵刹志》卷一八，俞彦《静海寺重修疏序》。

2 《金陵梵刹志》卷一八，俞彦《静海寺重修疏序》。

宝林寺（即后来幕府寺）等为数极少的寺院。明初，明太祖在南唐江宁府城的基础上，向西、北扩建南京京城，紧依长江，以适应江防的需要，因此北城与京城的距离大大缩短，且多驻军，生齿也日繁。明代，在幕府山和观音山至京城之间，陆续建立了一些寺院。幕府山至京城之间，先后新建了百福寺、三塔寺、嘉善寺、妙泰寺、石洞庵，重修了高峰院（赐额崇化寺），加上原有的幕府寺，该地寺院达到 7 所，占有明确记载的明代北城 12 所寺院的一半以上。这些寺院之间的距离，也十分近密，如崇化寺距嘉善寺仅半里，幕府寺距嘉善寺仅二里，吉祥庵距幕府寺四里，妙泰寺、三塔寺距嘉善寺也只有五里。如果再计算一下，则崇化寺与幕府寺之间，以及吉祥庵、妙泰寺、三塔寺之间的距离，一般也相当近密。北城另一寺院集中的地区，为观音山至京城之间。这一地区远离京城，南朝梁时建有清玄寺，但早已毁于兵燹。洪武年间，有僧开始在观音山燕子矶建立观音阁，并得到明太祖的承认，于是“沙弥云集，香火滋盛”[1]。至正统间，遂扩建为弘济寺，成为明代该地出现的第一座寺院。成化年间，又在原清玄寺废址上重建了清真寺；嘉靖年间，又移置观音寺于此，使这一地区也有了几座寺院，成为北城寺院较为集中的两个地区之一。至于北城的其他地区，则基本上还是没有寺院。

总的来看，明代南京寺院众多，梵宫林立，所谓“京城内外，星散绮错”[2]，“名蓝森列，灿然重辉”[3]。五城之中，中城、东城地区寺院较多，南城地区最为集中，而西城、北城地区寺院则相对较少。寺院之间的距离，一般不超过十里，有很多寺院甚至前后相邻，左右相接。详细情况，参看本节所附明代南京寺院分布统计表。

---

1 《金陵梵刹志》卷二九，吕柟《弘济寺碑略》。

2 《金陵梵刹志》凡例。

3 《金陵梵刹志》序。

二　总数统计

由于资料缺乏，对明代南京寺院作一精确统计显然是不可能的。这里，我们只能根据现有资料，对明代南京寺院作一粗略统计。

第一，明代南京有名称记载的寺院数目。对明代南京寺院作最详细记载的是葛寅亮《金陵梵刹志》，该书作于明代万历后期，是作者任南京礼部祠祭清吏司郎中时对南京寺院的登录。明制，礼部“掌天下礼仪、祭祀、宴飨、贡举”，祠祭司“分掌诸祀典及天文、国恤、庙讳之事”，“凡天文、地理、医药、卜筮、师巫、音乐、僧道人，并籍领之”[1]。因此，南京佛教、寺院之事正是葛寅亮主管诸务中的一项。其时，南京佛寺中制度涣散，寺田流失，寺院萧条，颇不利于佛教的维持和发展，也影响了封建制度的巩固。葛寅亮“莅事”，“日夕循令甲，以率其职”[2]。他将具备规模的佛寺，按照“就近”原则，分为大、次大、中、小几种类型，以大寺统次大寺、中寺，次大寺、中寺统小寺，实行严格统属管理。他清田定租，“先朝之赐田以赡缁流，而久夺于豪右者，皆悉力復之”[3]，并拘集佃户，确定寺田租额。他主持订立佛寺各项制度，包括行政管理制度、经济管理制度、教育制度等（详见后文）。为了巩固改革成果，他编集《金陵梵刹志》，详载各寺院类型、位置、沿革、殿堂、公产、艺文、制度等。因此，《金陵梵刹志》成为登载明代南京佛寺最多、最详细者，其权威性、可信度也相当高。

《金陵梵刹志》凡例称共收录、介绍大寺 3 所、次大寺 5 所、中寺 32 所、小寺 120 所，计 160 所。但是，根据我们的统计，该

---

1 《明史》卷七二《职官一》。

2 《金陵梵刹志》后序。

3 《苍霞余草》卷一《宪使屺瞻葛公颂德碑》。

书实际上收录、介绍了大寺3所、次大寺5所、中寺38所（上、下瓦官寺，原文作1所，实为2所）、小寺130所，计176所。该书卷五三在介绍各寺公产时，又补充了有寺田的4所寺院，即窑墩庵、西坟庵、清溪庵、万松庵[1]。这样，《金陵梵刹志》登录寺院共为180所。

另外，《金陵梵刹志》卷二记载在江宁县安德乡有罗汉寺[2]，卷三三记载在凤台门外、祝禧寺附近有万岁寺[3]。加上我们前面提到的百福寺、普宁禅寺、慧照院、铁塔寺、法华庵、王姑庵、经厂庵、普光庵、华藏庵、普应寺、慈云庵、石洞庵、圆觉庵、水草庵、紫竹林、药师庵、祗陀林、济生庵、栖贤庵、香眼禅寺、镇远庵、古林寺、妙悟律院、四松庵、三塔庵等20余所（其中，除百福寺、慧照院、法华庵、王姑庵、三塔庵等个别寺院被废毁以外，绝大部分是存在的），则明代南京有名称可数的寺院近210所（参见明代南京寺院分布统计表）。

第二，明代南京寺院的总数。明代南京究竟有多少寺院，这一问题恐怕谁也无法回答。但是，我们还是想从以下两个方面对它作一估计。其一，《金陵梵刹志》中记载有万历后期南京大、次大、中、小寺院约180所，另有"最小不入志者百余"[4]，再加

1 《金陵梵刹志》卷五三《各寺公产条例》载，窑墩庵有田被占于一里长，经南京礼部干涉而收回；西坟庵、清溪庵、万松庵分别为栖霞寺、鹫峰寺、碧峰寺所统小寺，也皆有公产。

2 《金陵梵刹志》卷二《钦录集》，洪武二十一年。按，原文为："七月二十一日，僧录司据应天府江宁县安德乡里长曹善庆同凤台门旗军王谷成解送到僧人智能，招系常州府宜兴县法藏寺僧，洪武二十一年到于应天府罗汉寺住坐。本年七月二十日夜至更初时分，倚酒大醉，在于本寺门首撒泼，叫骂本处里长，当被凤台门把截旗军王谷成一同里长拿住"，是罗汉寺起码明初存在于安德乡。

3 《金陵梵刹志》卷三三，罗洪先《冬游记节文》。按，原文为："三十日，余与南山及卢子同游牛首。自凤台门出，西皋使人邀至万岁寺午饭。饭罢，同步至祝禧寺"，罗洪先活动于明代中后期，是当时南京有万岁寺，在祝禧寺附近。

4 《金陵梵刹志》凡例。

上其后所建，则至明末南京寺院起码应有300所。

其二，《金陵梵刹志》所载及其所谓的“最小不入志”的寺院中不知是否包括那些私创寺院。如前所述，万历初年，大学士张居正辅政，严禁私创寺院。但张居正去世后，明神宗及慈圣李太后佞佛更甚，不再严禁私创寺院。万历十三年正月，明神宗先是“诏毁天下私创庵院”，数日后又令停止执行，“仍禁以后不得私创，犯者重拟”[1]。这样，明朝政府事实上就默许了那些私创寺院的存在，也为私创寺院的进一步出现提供了条件。葛寅亮作为万历后期南京礼部官员，其对私创寺院的态度很有可能与明政府保持一致，即承认它们。如果所谓的“最小不入志”寺院即是这些私创寺院，则明代南京寺院总数也就是300所左右。

当然，所谓的“最小不入志”寺院也可能不包括那些私创寺院，因为毕竟它们没有明确的合法身份，私创寺院也一直为一般的封建士大夫所抨击，必欲毁之而后快。作为南京礼部官员的葛寅亮，从封建礼法和国家利益考虑，也很有可能否定那些私创寺院，《金陵梵刹志》中也不会提及它们。如果是这样的话，那么明代南京寺院数目还应更多，问题也更复杂。对私创尼寺，时人有一些模糊的记载。前述嘉靖年间霍韬拆毁南京尼寺及变相尼寺140余所后，迨其离任，人称“尼复集，庵复兴，更倍往日矣”[2]。“更倍往日”等记载虽然还很模糊，但是还是能给我们一些提示。明代后期的私创尼寺，即使是以同于霍韬所拆毁的尼寺计算，也应有150所左右。私创尼寺有150所左右，则即使按保守估计，整个的私创寺院起码应有300所。这样，明代后期南京寺院总数应在600所以上。

明代后期南京寺院总数可能超过600所，听起来似乎令人难

1 《明神宗实录》卷一五七。

2 《万历野获编》卷二七《毁皇姑寺》。

以置信。但是，根据记载，万历时期，南京“私创［尼寺］者闾闬间且比矣”[1]。私创尼寺尚且如此密集，则明代后期南京有600所以上寺院是可能的。如果我们再联系北京的情况，这个数字或许更好接受。万历年间，曾任宛平知县的沈榜说，“今天下二氏之居莫盛于两都，莫极盛于北都”[2]。可见，南京、北京的寺院皆“盛”于国中，可相提并论。如前所述，成化十七年以前，北京仅是敕赐寺、观就达到639所，“后复增建，以至西山等处相望不绝”[3]。沈榜《宛署杂记》中，仅附郭的宛平一县就搜罗寺211所，庵140所，堂13所，计有寺院364所。而据后人统计，从明成祖迁都到明朝灭亡的220余年中，北京地区共建佛寺1000余所[4]。这1000余所寺院，大部分在北京的五城地区。作为明朝永乐以后首都的北京，有如此之多的寺院，而作为初期首都和其后留都、经济文化一直比较发达、佛学气氛也相当浓厚的南京，其中的寺院数目似乎与北京不会相差过大。因此，我们认为，明代后期南京寺院总数超过600所是极有可能的。（见下表）

明代南京寺院分布统计表

城别	寺　名	寺院位置	寺院间距
中城	铜井院	在朝阳门内柳树湾，背城面河	东去灵谷寺十二里
	十方律院	在朝阳门里相望	南去铜井院二里
	吉祥庵	在朝阳门内柳树湾	北去铜井院二里
	回龙庵	在朝阳门内柳树湾	北去铜井院二里
	兴善寺	在太平门内北安门后	东去灵谷寺十五里
	观音庵	在太平门内东城八府桥	东去兴善寺二里
	鸡鸣寺	在都城内金吾后卫鸡笼山	南去天界寺十三里
	紫竹林	在城北鸡笼山西耆阇山麓	
	清凉寺	在都城西清江门内清凉山	南去天界寺十二里

1 《客座赘语》卷二《尼庵》。

2 （明）沈榜：《宛署杂记》卷一九《言字·寺观》。

3 《明宪宗实录》卷二六〇。

4 参阅丁守和、劳允兴：《北京文化综览》，第293页，北京师范学院出版社，1990年。

续 表

城别	寺 名	寺院位置	寺院间距
	伽蓝庵	在都城内中城留守右卫	北去清凉寺半里
	永庆寺	在都城内北门桥虎贲右卫	南去天界寺十二里
	狮子窟	在都城内鹰扬仓后	南去永庆寺一里
	定林庵	在斗门桥西	西南去永庆寺二里
	净乐庵	在都城内北门桥虎贲右卫	西去永庆寺半里
	正觉庵	在都城内西城虎贲左卫	西南去永庆寺半里
	净土庵	在都城内府军卫	西去永庆寺四里
	瓦官寺	在都城内中城凤凰台	南去天界寺五里
	凤游寺	在都城内中城凤凰台	南去天界寺五里
	妙悟律院	在凤游寺旁	
	祇陀林	在城南隅凤凰台南	
	华光庵	在都城内陡门桥南	去凤游寺二里
	一苇庵	在都城内上浮桥	去凤游寺二里
	五云庵	在都城聚宝门内	去凤游寺一里
	千佛庵	在都城内骁骑右卫左所	东去凤游寺二里
	普利寺	在三山门内	西去凤游寺二里
	封崇寺	在三山门内	西去凤游寺二里
	正定庵	在都城内留守右卫	去瓦官寺□里
	回光寺	在都城南隅	东北去鹫峰寺一里
	鹫峰寺	在都城内中城钞库街南青溪	西南去天界寺五里
	千佛寺	在都城聚宝门内中城水军所	东北去鹫峰寺二里
	正觉庵	在都城内中城大中桥	南去鹫峰寺二里
	承恩寺	在都城内针功坊	西南去天界寺四里
	观音庵	在都城内中城	西去承恩寺一里
	佑国庵	在都城内淮清桥	南去承恩寺一里
	普缘寺	在都城西北神策门内	南去天界寺十五里
	观音庵	在都城内锦衣卫	东南去承恩寺二里
	唱经楼	在都城内北门桥	北去普缘寺□里
	普贤庵	在都城内北城通贤桥	西北去普缘寺□里
	吉祥寺	在都城西北定淮门内水军左卫[1]	南去天界寺十三里

1 《金陵梵刹志》卷二五《吉祥寺》。按，原文作“在郭城东北定淮门内”，实误。定淮门在都城西北，兹改正。下列金陵寺原文作“在都城定淮门内”，则是。

续　表

城别	寺名	寺院位置	寺院间距
	金陵寺	在都城定淮门内天策卫	南去天界寺十五里
	古林寺	在定淮门内笃义里西	
	慧照院	在通济门内百川桥	
	普光庵	在鼓楼西北	
	药师庵	在复成桥北	
	济生庵	在石头城西隅乌龙潭之南	
	栖贤庵	在冶城之西谢公墩	
	镇远庵	在木屐巷	
	四松庵	在龙蟠里	
东城	灵谷寺	在都城东钟山左独龙冈麓，西离朝阳门十里	
	栖霞寺	在都城东北摄山，南去太平门四十里	南去灵谷寺三十里
	衡阳寺	在郭城外清风乡，西离太平门三十里	西去栖霞寺五里
	龙华庵	在都城外东城水关地，北去通济门半里	东北去铜井院五里
	圆通庵	在郭城双桥门外东城锦衣卫地，北去通济门二里	东北去铜井院七里
	慈悯庵	在都城外东城锦衣卫曾湾地，北去通济门二里	东北去铜井院七里
	观音阁	在都城外明孝陵东南，西去朝阳门三里	东去灵谷寺五里
	苜蓿庵	在都城外东城留守卫地,西去朝阳门一里	东去观音阁二里
	佛国寺	在都城外钟山西畔，南去太平门二里	东南去灵谷寺十八里
	普济庵	在都城外东城牧马所地，在太平门外半里	西北去佛国寺二里
	清果寺	在都城外东城牧马所红沙群地，南去太平门十六里	南去佛国寺十三里
	梵惠院	在都城外东城兴武卫赤马群地，南去太平门十三里	南去佛国寺十一里
	茶亭庵	在都城外东城牧马所玉脸群地，南去太平门十里	南去佛国寺八里
	地藏庵	在都城外东城牧马所凉马群地，南去太平门二里	西北去佛国寺一里
	翼善寺	在郭城东南东山，北去正阳门十七里	北去灵谷寺三十里
	广惠寺	在郭城上方门外，西北去通济门二十五里	西北去翼善寺一里

续表

城别	寺名	寺院位置	寺院间距
	祈泽寺	在郭城高桥门外祈泽山，西去正阳门三十里	南去翼善寺十里
	天宁寺	在郭城高桥门外，北去通济门三十七里	西南去翼善寺十五里
	云居寺	在郭城高桥门外，西北去正阳门四十里	西南去翼善寺三十里
	庄严寺	在郭城高桥门外凤城乡，西去正阳门四十七里	西南去翼善寺二十五里
	定林寺	在郭城高桥门外天印山后，北去正阳门三十里	北去灵谷寺四十里
	香眼禅寺	在方山左	
	东霞寺	在郭城上方门外崇礼乡，北去正阳门三十二里	西去定林寺二里
	外永福寺	在郭城上方门外泉水乡，北去正阳门四十里	西去定林寺十里
	光相寺	在郭城高桥门外，北去通济门五十八里	北去灵谷寺五十里
	天隆寺	在郭城高桥门外丹阳乡，北去正阳门五十里	西去光相寺五里
	积善庵	在郭城高桥门外清风乡，西去正阳门四十里	南去光相寺三十里
	三禅寺	在郭城凤台门外[1]尽节乡，北去聚宝门一百二十里	北去灵谷寺百二十里
	安平寺	在郭城外尽节乡，北去聚宝门一百零五里	南去三禅寺十五里
	登台寺	在郭城外尽节乡，北去聚宝门一百里	南去三禅寺十里
	慈光寺	在郭城凤台门外尽节乡，北去聚宝门一百一十里	南去三禅寺二十里
	无垢寺	在郭城凤台门外道德乡，北去聚宝门一百二十五里	北去三禅寺五里
	紫草寺	在郭城夹冈门外道德乡，北去聚宝门一百二十里	北去三禅寺十里

1 《金陵梵刹志》卷一一《三禅寺》。按，“凤台门外”可能有误。凤台门为南京郭城南门之一，其门外不可能是城东。然从该寺与聚宝门、灵谷寺的距离来看，该寺应在城东。其下列慈光寺、无垢寺亦同。而安平寺、登台寺则没有“凤台门外”字样，似较合适。

续　表

城别	寺名	寺院位置	寺院间距
	华严庵	在郭城外道德乡，北去聚宝门一百二十里	北去三禅寺十里
	广惠院	在郭城外蒲塘地，西去朝阳门三十里	西去灵谷寺二十五里
	崇善寺	在郭城[1]沧波门外，西去朝阳门二十二里	北去广惠院五里
	宝善寺	在郭城沧波门外，西去朝阳门二十二里	北去广惠院八里
	龙泉庵	在郭城沧波门外白岩嶂地，西去正阳门三十五里	北去广惠院三十里
	隐静寺	在郭城沧波门外，西去正阳门三十里	北去广惠院二十五里
	本业寺	在郭城麒麟门外，西去朝阳门二十五里	西去广惠院七里
	普济庵	在郭城麒麟门外，西去朝阳门三十里	西北去广惠院十五里
	普济寺	在郭城麒麟门外，西去朝阳门三十里	西去广惠院五里
	山海院	在郭城沧波门外丁墅地，西去朝阳门五十里	西北去广惠院二十五里
	法清院	在郭城东湖塾地，西去正阳门七十里	西去灵谷寺七十里
	香林寺	在郭城高桥门外丹阳乡湖塾镇，西去正阳门八十里	北去法清院十五里
	吴读庵	在郭城高桥门外土桥地，西去正阳门七十里	北去法清院五里
	许村庵	在郭城高桥门外清化乡，西去通济门七十里	南去法清院五里
	多福寺	在都城东神泉乡，西去朝阳门七十里	南去法清院十五里
	桂阳寺	在郭城沧波门外神泉乡，西去正阳门九十里	南去法清院十四里
	草堂寺	在都城外慈仁乡唐家渡，南去太平门二十七里	南去灵谷寺三十里
	慈仁寺	在郭城姚坊门外，南去太平门三十里	西去草堂寺五里
	慈云庵	在朝阳门内东流镇	

1 《金陵梵刹志》卷一三《崇善寺》作“都城”，然沧波门为郭城门之一，故改之。下列“宝善寺”、“龙泉庵”亦同，皆改。隐静寺、山海院原文均作“郭城沧波门外”，则是。

续 表

城别	寺名	寺院位置	寺院间距
南城	天界寺	在都城外南城凤山，离聚宝门二里	
	报恩寺	在都城外南城聚宝山，离聚宝门一里	
	王姑庵	在聚宝门外	
	能仁寺	在都城外南城天竺山，东去聚宝门二里	东去报恩寺二里
	华严寺	在负郭小安德门外安德乡，北去聚宝门五里	北去能仁寺三里
	外鹫峰寺	在负郭小安德门外，北去聚宝门五里	北去能仁寺三里
	圆通庵	在都城外安德街，北去聚宝门三里	北去能仁寺一里
	弘觉寺	在都城外南城建业乡牛首山，北去聚宝门三十五里	北去报恩寺三十三里
	外承恩寺	在郭外南城泰北乡，北去聚宝门三十里	南去弘觉寺五里
	通善寺	在郭外南城，北去聚宝门三十五里	东去弘觉寺五里
	广缘寺	在郭外南城建业乡，北去聚宝门三十五里	东去弘觉寺二里
	三山寺	在郭外南城光泽乡三山之麓，北去聚宝门五十里	东北去弘觉寺三十里
	圆通寺	在郭外南城光泽乡，北去聚宝门三十五里	东去弘觉寺二十里
	佑圣庵	在郭外南城孝义村，北去聚宝门三十五里	东去弘觉寺七里
	资福寺	在郭外南城建义乡，北去聚宝门四十里	西北去弘觉寺十五里
	静明寺	在郭外南城安德乡，西北去聚宝门三十里	西去弘觉寺五里
	高座寺	在都门外南城雨花台，离聚宝门一里半	与报恩寺相望
	安隐寺	在都门外南城雨花台，离聚宝门一里半	与高座寺相邻
	宝光寺	在都门外南城梅冈，北去聚宝门二里	北去高座寺半里
	均庆院	在都门外南城，北去聚宝门二里	北去高座寺一里
	月印庵	在城南雨花台趾，北去聚宝门二里	西北去高座寺半里
	永宁寺	在都门外南城聚宝山之麓，北去聚宝门二里[1]	南去报恩寺一里
	永宁院	在都门外[2]南城，北去聚宝门二里	东与永宁寺相对
	宝林庵	在都门外南城，北去聚宝门三里	北去永宁寺一里
	瑞相院	在都门外南城羽林二郎冈，西北去聚宝门三里	西北去永宁寺二里

1 《金陵梵刹志》卷三五《梅冈永宁寺》。原文作“聚宝门二里”，前缺“北去”二字，兹补之。

2 《金陵梵刹志》卷三五《永宁院》。按，原文作“郭城”，然其位置应为都城，兹改之。

续　表

城别	寺名	寺院位置	寺院间距
	永兴寺	在都门外南城下梅冈西南，北去聚宝门三里	北去报恩寺三里
	普照寺	在都门外南城，北去聚宝门二里	西去永兴寺半里
	惠应寺	在都门外南城梅冈，北去聚宝门三里	北去永兴寺半里
	安隐院	在都门外南城聚宝山之阳，西北去聚宝门三里	东去永兴寺半里
	西天寺	在都门外南城驯象街，西北去聚宝门三里	即近报恩寺后垣
	德恩寺	在都门外南城驯象街，西北去聚宝门一里	即在西天寺东
	大慧庵	在都门外南城驯象街，西北去聚宝门半里	西与西天寺相近
	圆觉庵	在驯象街	
	到彼庵	在都门外南城河畔通济街，西北去聚宝门一里	西去西天寺一里
	水草庵	在通济门外	
	普德寺	在都门外南城，东北去聚宝门一里半	东去报恩寺一里
	碧峰寺	在都门外南城安德街，东北去聚宝门二里	东去报恩寺二里
	永福寺	在都门外南城安德街天竺山前，东北去聚宝门二里	北与碧峰寺相邻
	崇因寺	在都门外南城安德乡新亭，北去聚宝门十里	北去报恩寺十里
	英台寺	在都门外南城安德乡西善桥，北去聚宝门十五里	东去崇因寺五里
	慈善寺	在都门外南城安德乡，北去聚宝门十五里	东去崇因寺四里
	兴福寺	在郭外南城安德乡，北去聚宝门二十五里	东去崇因寺七里
	凤岭寺	在郭外南城凤西乡，西北去聚宝门十二里	西去崇因寺十里
	外永宁寺	在郭外南城安德乡，北去聚宝门十里	北去报恩寺十里
	德胜寺	在都门外南城安德街，西北去聚宝门三十里	西去外永宁寺十里
	广兴寺	在郭外南城安德乡，西北去聚宝门十里	北去外永宁寺半里
	智安寺	在郭外南城新亭乡，北去聚宝门□里	外永宁寺□里
	德寿寺	在都门外南城安德乡，西北去聚宝门十里	西去外永宁寺十里
	永泰寺	在都门外南城安德乡，西北去聚宝门十三里	西去外永宁寺十里
	祝禧寺	在郭外南城安德乡，北去聚宝门十里	北去报恩寺十里
	普应寺	在郭外南城安德乡瑞云山麓	
	天隆极乐寺	在郭外南城安德乡，西北去聚宝门十里	西去祝禧寺三里
	花岩寺	在郭外南城皈善乡献花岩，北去聚宝门三十里	北去报恩寺三十里

续　表

城别	寺名	寺院位置	寺院间距
	慧光寺	在郭外南城新宁乡，北去聚宝门三十里	南去花岩寺五里
	祖堂寺	在郭外南城建业乡幽栖山，北去聚宝门三十里	北去报恩寺三十里
	吉山寺	在京郭凤台门外南城泰北乡，北去聚宝门三十五里	北去祖堂寺五里
	永泰讲寺	在郭外南城地吉山，北去聚宝门二十里	北去祖堂寺□里
	宁海寺	在郭外南城地，北去聚宝门三十里	西与祖堂寺相望
	静居寺	在郭外南城江宁镇，北去聚宝门六十里	东北去祖堂寺三十五里
	懋德庵	在郭外南城左墅村，北去聚宝门四十里	南去祖堂寺十里
	清福寺	在郭城安德门外南城秣陵镇，北去聚宝门六十里	北去报恩寺六十里
	栖隐寺	在郭外南城泰南乡，北去聚宝门六十五里	东去清福寺十五里
	葛塘寺	在郭外南城泰南乡，北去聚宝门四十里	东去清福寺七里
	真如寺	在郭外南城葛仙乡昝巷，北去聚宝门六十里	北去清福寺十五里
	妙明寺	在郭外南城葛仙乡，北去聚宝门六十里	北去清福寺二十里
	福兴寺	在郭外南城天竺山下，北去聚宝门八十里	北去报恩寺八十里
	后阳寺	在郭外南城祁门乡，北去聚宝门七十里	西去福兴寺二十里
	清修院	在郭外南城皈善乡，北去聚宝门六十里	西去福兴寺二十里
	后黎寺	在郭外南城铜山乡，北去聚宝门六十里	西去福兴寺二十里
	建昌寺	在郭外南城山南乡[1]，北去聚宝门九十里	北去报恩寺九十里
	西林寺	在郭外南城山北乡，北去聚宝门六十里	西南去建昌寺二十里
	般若寺	在郭外南城天王山，北去聚宝门九十里	南去建昌寺十五里
	明性寺	在郭外南城山南乡，北去聚宝门九十里	南去建昌寺十五里
	衲头庵	在郭外南城山南乡，北去聚宝门九十里	南去建昌寺十五里
	高台寺	在郭外南城山南乡，北去聚宝门九十里	南去建昌寺十五里
西 城	普惠寺	在都城外，东去三山门半里	东南去天界寺七里
	接待寺	在郭城江东门外西城济川卫，东去三山门六里	东南去天界寺十二里
	积善庵	在郭城江东门外典牧所新河岸，东去三山门十里	东去接待寺□里

1 《金陵梵刹志》卷四七《建昌寺》。按，原文“山南乡”缺“山”字，兹据正德《江宁县志》卷四《坊乡》补之。

续　表

城别	寺名	寺院位置	寺院间距
	中和庵	在都门外西城地，东去石城门二里	东去接待寺□里
	报国庵	在郭外西城典牧所小圩地，东去三山门七里	东去接待寺□里
	经厂庵	在驯象门内	
	华藏庵	在莫愁湖石城门古城隍庙之北	
	静海寺	在都城外西城卢龙山之麓，南去仪凤门半里	南去天界寺二十里
	一真庵	在都门外西城地，南去仪凤门一里	南去静海寺一里
	积善庵	在都门外西城锦衣水军三所，南去金川门三里	南去静海寺三里
北城	嘉善寺	在郭外北城牧马所铁石山，南去神策门五里	南去天界寺三十五里
	崇化寺	在都城外西北北城李子冈，南去神策门五里	南去嘉善寺半里
	幕府寺	在都城西北幕府山，南去神策门五里	南去嘉善寺二里
	吉祥庵	在都门外白土山，南去神策门二里	东北去嘉善寺四里
	妙泰寺	在都城外北城龙江右卫，南去神策门四里	东去嘉善寺五里
	三塔寺	在都城北沈阳左卫，南去神策门一里	东北去嘉善寺五里
	弘济寺	在郭城观音门外燕子矶，南去神策门十里	南去天界寺四十里
	观音寺	在郭城观音门外北城寒桥，南去神策门十五里	南去弘济寺三里
	清真寺	在郭城观音门外北城钟山乡，南去神策门十五里	南去弘济寺五里
	梵惠寺	在郭城姚坊门外，南去太平门三十里	西去弘济寺十里
	百福寺	在都城西北二十里之幕府山东南	
	石洞庵	在上元门	

第三章　建筑

研究明代南京寺院，寺院建筑是不可忽视的。这里，我们主要从寺院布局、殿堂配置、殿宇结构以及寺塔建筑几个方面，对明代南京寺院建筑作一探讨。

第一节　寺院布局

佛教传入中国以后，佛寺建筑在中国也大量兴建。中国内地最初的佛寺，受印度影响较大，布局以主塔为中心，四周用堂、阁围成方形的庭院。但是，它们仍采取中国的院落形式，中国传统的建筑特点体现在其中。魏晋南北朝时期，由于佛教的深入传播和王侯贵族等舍宅为寺，中国建筑形式进一步融合到佛寺建筑中，佛寺的平面布局以间为单位构成单座建筑，再以多座建筑构成庭院，进而以庭院为单元构成各种形式的组群。它们大多采用纵轴为主、横轴为辅的均衡对称方式，主要佛殿都布于主轴线上，再以主要建筑的两侧和对面布置若干座次要建筑，组成封闭性的院落。隋、唐是中国佛教自我觉醒和宗派产生的年代，中国佛寺的建筑形制随之开始了转换。佛寺的平面布局仍以殿堂门廊等组成以庭院为单元的组群方式，但其建筑已井然有序，分区明确。供奉佛像的佛殿开始成为佛寺的主体，佛塔移到佛殿的旁边，有的在寺旁建塔，另成塔院。寺院多有明显的纵中轴线，即从三门

(亦作山门）开始，沿轴线纵列数重楼阁，中间连以横廊，分成几进院落，构成寺院的主体。佛寺中较大的寺院分布在主殿两侧，呈廊院式布局，即对称排列若干较小的院。主院和各小院之间均绕以回廊，连接小殿、东西殿、讲堂和钟楼等，廊内有壁画。寺中还有供僧众生活的僧舍、斋堂、库厨等。宋、元时期，由于佛教禅宗的广泛传播，汉地佛教各宗派的寺院也深受禅宗“伽蓝七堂制”的影响而规范化，佛寺中宗教空间和生活空间严格分开，中轴线上依次排列山门、佛殿、讲堂、方丈等主体宗教设施，两侧分别设置斋堂、浴室、库司等起居生活设施，佛塔则被请出了寺院，中国佛寺在宏观空间上由过去的向心上升变为平坦舒展。

南京寺院的建筑形制，基本遵循中国佛寺的这一变化规律。尽管史籍中对明代以前的南京寺院的建筑形制记载相当缺乏，但我们还是能从那些零星的记载中看出这一点。如，东吴时，康僧会初到南京传教，“营立茅茨，设像行道”，后据说以神通请得舍利，吴大帝孙权“即为建塔，以始有佛寺，故号建初寺”[1]。可见，寺院的成立是以塔的建筑为标志的。再如，梁时所建开善寺，原为梁武帝葬僧宝志之处，永定公主“以汤沐之资，造浮图五级于其上”，后“即塔前建开善寺”[2]。显然，这也是以塔作为佛寺的中心。而元代所建大龙翔集庆寺，由元文宗“潜宫”改、扩建而成，“其大殿曰大觉之殿，后殿曰五方调御之殿，居僧以致其道者曰禅宗海会之堂，居其师以尊其道者曰传法正宗之堂，师、弟子之所警发辩证者曰雷音之堂，法宝之储曰龙藏，治食之处曰香积。鼓钟之宣、金谷之委，各有其所。缭以垣庑，辟之三门，而佛菩萨天人之像设，缨盖床座严饰之具，华灯音乐之奉，与凡所宜有者，皆致精备”[3]。不用说，这是按照“伽蓝七堂”制而建

1 《高僧传》卷一《康僧会六》。
2 （宋）张敦颐：《六朝事迹编类》卷一一《寺院门·蒋山太平兴国禅寺》。
3 至正《金陵新志》卷一一下《祠祀志二·寺院》。

造的。

明代南京寺院的布局，在宋、元以来“伽蓝七堂”制的基础上又有所变化，主体建筑中增加了金刚殿、天王殿以及毗卢阁等，辅助建筑及配殿更加规范，佛寺的布局走向定型。根据我们对《金陵梵刹志》所载各寺院殿堂的统计和归纳，明代南京寺院的标准布局是：在南、北走向的中轴线上，依次有山门或金刚殿（或二者兼有）、天王殿、大雄宝殿、法堂、毗卢阁或藏经殿、方丈；天王殿前，往往左有钟楼，右有鼓楼；天王殿后，大雄宝殿前，往往左有伽蓝殿，右有祖师殿，或左有观音殿，右有轮藏殿（或地藏殿）；大雄宝殿后，往往左有观音殿，右有轮藏殿（或地藏殿），或左有伽蓝殿，右有祖师殿；寺院的后部，有的还有禅堂、律堂；僧人生活区，包括僧院、库司等，则也分列于中轴线上的主体建筑的左右；寺院殿堂以长廊连接，四周封闭。需要指出的是，这个殿堂布局是明代南京佛寺的标准布局，一般地说，只有那些大寺、次大寺、中寺方能具备这样完备的规模。而且，即使是这些寺院，也会在这个基础上有些小的变化和损益，如有的建有两座佛殿，有的少建一些殿堂，有的还建有其他一些殿堂或寺塔等，情况并不完全一致。为了说明这一标准布局，我们引述几段有关记载：

灵谷寺：洪武十五年九月建成时，其布局为，“中作大殿，殿之前，东为大悲殿，西为经藏殿，食堂在东，库院附焉，禅堂在西，方丈近焉。而大殿之后，则为演法之堂，志公之塔则树于法堂之阴。……翼以两庑……屏以重门，缭周垣，而养老宿与待云水之暂到者亦各有其所。至于井、灶、湢、庾之类，凡禅林所宜有者，无一不备”[1]。

凤游寺：魏国公徐维志等助建，“为金刚殿，为天王殿，为

1 《始丰稿》卷一一《敕赐灵谷寺碑》。

大佛殿，为左、右殿，为藏经阁。暨夫庖、湢、管库、客寮、僧室，莫不精饰。［凤凰］台之下，池十余亩为放生池。筑墙数百堵，以固其藩”，“顷者更加募造，为左、右禅堂，为钟、鼓楼”[1]。

鹫峰寺：天顺间，进保“开拓旧址，重新构造”，“佛殿三间，翼然严正，檐牙栋宇，远近相望。殿之前四天王殿，殿之后有毗卢阁。左庑之半建观音殿，簇以画廊二十余间。右庑之半建藏经殿，亦簇以画廊二十余间。……东廊之前为钟楼，西廊之前为鼓楼，树以碑铭。又于正殿之东，辟地数亩，建佛堂、方丈，以为讲经之所。饭僧有堂，庖、湢有所，栖僧有寮，退居有舍”[2]。

承恩寺：景泰间改太监王瑾故宅而建，“南辟山门……由山门入，施重门，以次为殿者六，位置中严，而翼以钟楼，缭以廊庑。他凡禅堂、丈室、僧庐，以至斋、庖、库、庾之所，又百二十有四楹”[3]。

弘觉寺：王世贞游记云，“抵山门，日已下舂。缘坡而上，至金刚殿。殿后有石阶，数之正得百级，曰白云梯。梯尽则为四天王殿，殿后级如前而杀其半，梯尽为大雄殿，殿后为毗卢殿。毗卢者，释迦千丈报身也。大雄［殿］之左方室曰观音，右曰轮藏”[4]。

花岩寺：“入山麓微径，有石额曰‘出尘胜境’。乃缘崖而上，约三、四里至佛宫，盖山之半处也，规制仅辟一山门，朱其垣，北向。山门内之左、右建楼二，置钟、鼓中。石甃数级，上有天王殿四楹，殿之后有大悲殿，皆不甚崇广”，“殿之右有堂曰选佛场，岁有僧禅定于此。殿之左曰香积厨，诸僧会食处。殿之后石级数仞，上有堂曰白云。方丈栏槛出殿之上，僧领寺者居之。东

1 康熙《江宁府志》卷三一，焦竑《重建凤游寺碑记》。

2 《金陵梵刹志》卷二二，邹干《鹫峰寺碑记略》。

3 《金陵梵刹志》卷二三，王舆《承恩寺记略》。

4 （明）王世贞：《弇州续稿》卷六四《游牛首诸山记》。

有堂一区曰东退居，盖方丈之别院也。方丈之左、右各十数楹，以栖众僧。屋皆负山。右庐之前若干间，以储僧粟”[1]。

高座寺：弘治间僧照堂“合相时度地，广而更新之”，“据中两殿，前曰药师，后曰净业。翻教相于东室，颜曰天花。演宗旨于西堂，颜曰直指。钟、鼓有楼，庖、廪有厨，澡浴有池”[2]。

为了更好地说明这一布局，我们对《金陵梵刹志》明确记载的三大寺、五次大寺、三十八中寺所有的佛教殿堂等作一统计，列表如下。（见表一）

表一　明代南京大寺、次大寺、中寺殿堂统计表

寺别	山门	金刚殿	钟楼	鼓楼	天王殿	伽蓝殿	祖师殿	大雄宝殿	观音殿	轮藏殿	法堂	毗卢阁	藏经殿	方丈	禅堂
大寺	1	3	2	0	3	3	2	3+1[3]	2	1	1	1	1	3	5
次大寺	4	2	2	1	4	5	4	5+1[4]	2	3	2	0	2	4	5
中寺	18	18	13	9	25	20	16	37	18	5+2[5]	3	6	3	10	16

1 《献花岩志·志宫宇第五》。

2 《金陵梵刹志》卷三四，陈寿《重修高座寺纪略》。

3 “+1”为五方殿1所。

4 “+1”为五方殿1所。

5 “+2”为地藏殿2所。

对于众多的小寺来说，上面提到的布局更多的是提供参照和标准。由于财力有限、寺基狭小、僧人稀少等原因，明代南京小寺的布局也就相应地简单多了。大体说来，它们最常见的主体建筑只有山门（或者金刚殿）以及大雄宝殿。尽管在南北走向的基本框架上不会有太大的变化，但是这些小寺南北中轴线上的佛教主体建筑已大为减少，主体建筑两边的辅助建筑如钟楼、鼓楼以及伽蓝殿、祖师殿、观音殿、轮藏殿等配殿更是稀见。有些小寺建有伽蓝殿或者观音殿或者韦驮殿等配殿，但是也置于南北中轴线上大雄宝殿的前面或者后面，仍是南北走向的格局，而东西对称的色彩已经大大淡化。还有些小寺甚至没有大雄宝殿，如地藏庵只有伽蓝殿、地藏殿，云居寺只有山门、观音殿、伽蓝殿，东霞寺只有山门、观音殿，华严庵只有山门、地藏殿、观音殿，布局更为简单。为了说明这些小寺的布局，我们对《金陵梵刹志》明确记载的130所小寺所有的佛教殿堂等作一统计，列表如下。（见表二）

表二　明代小寺殿堂统计表

山门	金刚殿	钟楼	鼓楼	天王殿	伽蓝殿	祖师殿	大雄宝殿	观音殿	轮藏殿	法堂	毗卢阁	藏经殿	方丈	禅堂
56	11+7+4[1]	4	0	18	22	7	121	37	3+9[2]	12	3	1	3	12

1 “＋7＋4”为韦驮殿7所、关圣殿4所。

2 “＋9”为地藏殿9所。

第二节　殿堂配置

殿堂是寺院中重要屋宇的总称。一般说来，殿是供奉佛像以供礼拜祈祷的处所，堂是僧众说法行道和日常生活起居的地方。殿的名称，或依所供神佛而定，如大雄宝殿、天王殿、毗卢殿(阁)、观音殿、韦驮殿、关圣殿、地藏殿、伽蓝殿等，或依其用途而定，如藏经殿、轮藏殿等。至于堂，有供讲经集会及修道等用者，如法堂、禅堂等，有供日常生活、接待者，如斋堂、客堂、寝堂（方丈）等。

史籍中对明代南京寺院的殿堂配置情况记载不多。我们根据这些有限的记载，结合当时的一般情况，试作描述。

山门。寺院的大门称为“山门”。山门一般为三门并立，象征“三解脱门”，即空门、无相门、无作门，所以常称为三门。又因这三座门常盖成殿堂式，或至少将中间的一座盖成殿堂，故而叫做山门殿或三门殿。三门殿内塑两大金刚力士像。金刚力士是手执金刚杵守护佛法的护法神。当然，也有一些山门为三座。如鸡鸣寺，“秘密关”为“第一门”，“观由所”为“第二门”，“出尘径”为“第三门”[1]。明代南京寺院，一般都建有山门。

金刚殿。这是明代寺院常设的殿堂，塑二密迹金刚力士像，称为二王（后来即塑于山门内，不另设殿）。此二力士手执金刚杵分立左右，守护佛刹。其缘起见于《大宝积经》卷八《密迹金刚力士会》，其中称勇郡王二太子各言所志，法意太子誓谓，诸人成佛时，当做金刚力士，常亲近佛，普闻一切诸佛秘要密迹之事。法念太子誓言，诸人成佛道，身常劝助，使转法轮。经中金刚力士原止一人即法意太子，中国隋代以后已塑两像。明代南京寺院

1 《金陵梵刹志》卷一七《鸡笼山鸡鸣寺·殿堂》。

中，建有金刚殿的寺院，有灵谷寺、观音阁、祈泽寺、定林寺、普济寺、天界寺、静海寺、瓦官寺、普利寺、鹫峰寺、回光寺、承恩寺、普缘寺、吉祥寺、金陵寺、普惠寺、弘济寺、报恩寺、华严寺、弘觉寺、三山寺、永兴寺、惠应寺、西天寺、德恩寺、普德寺、碧峰寺、英台寺、祝禧寺、天隆极乐寺、花岩寺、祖堂寺、永泰讲寺、福兴寺。其中，只有下列诸寺既有山门，又有金刚殿：灵谷寺、回光寺、承恩寺、华严寺、弘觉寺、永兴寺、惠应寺、德恩寺、祝禧寺。可见，金刚殿在一定意义上也是山门。

韦驮殿。有的寺院在山门后建韦驮殿，或者没有山门，起始即是韦驮殿。韦驮又称"韦驮菩萨"，是古代印度婆罗门教所尊奉的天神。据说，唐代高僧道宣梦见一位韦将军，"拥护三洲之佛法"。后来，《法苑珠林》卷一〇又称有韦琨，为南天王八大将军之一，"清净梵行，修童真业，面受佛嘱，弘护在怀，周统三洲，住持为最"。由于他以护法为事，所以从宋代开始，中国佛寺又将其供奉为守护神。韦驮也手执金刚杵，一般供奉于天王殿弥勒佛背后，但是也有专门立殿者。明代南京寺院中，建有韦驮殿的寺院有十方律院、法清院、金川门积善庵、伽蓝庵、一苇庵、千佛庵、观音庵、报国庵。其中，金川门积善庵、伽蓝庵、千佛庵、观音庵均无山门，而以韦驮殿为始。

关圣殿。个别寺院，或者在山门后兴建关圣殿，或者没有山门，首先就是关圣殿。关圣殿供奉关羽。关羽是中国三国时蜀国大将，以忠义名世。据《佛祖统记》卷六记载，隋代名僧智顗白日见关羽显圣而建立玉泉寺。唐代以后，中国佛寺遂把关羽请入其中，作为护法神。关羽一般供奉于伽蓝殿或大雄宝殿的小龛中，有的则专门立殿供奉。明代南京寺院设立关圣殿的寺院，有回龙庵、一真庵、回光寺、佑国庵。其中，一真庵、佑国庵均无山门，而以关圣殿为始。

钟、鼓楼。一些大的寺院，在山门或金刚殿之后，有钟、鼓楼。钟楼在左，鼓楼在右。钟楼一般为飞檐歇山式，或三檐庑殿式，上挂洪钟。鼓楼建筑造型与钟楼相同，中置法鼓。寺院中以晨钟暮鼓报时，即早晨先击钟，以鼓应之，晚上先击鼓，以钟应之。破晓、黄昏时，各连击三通，每通紧缓各十八椎，三通共计百八钟声。据说，可以消除人间百八种烦恼。当然，有些寺院并非钟、鼓楼皆具，有的只有钟楼而没有鼓楼。明代南京寺院中，钟、鼓楼皆具者，有鸡鸣寺、永庆寺、鹫峰寺、金陵寺、弘济寺、高座寺、永兴寺、普德寺、外永宁寺、花岩寺；仅有钟楼者，有灵谷寺、佛国寺、清果寺、梵惠院、祈泽寺、崇善寺、天界寺、静海寺、清凉寺、吉祥寺、安隐寺、永宁寺。当然，钟、鼓楼位置也并非一成不变，有的寺院即将其置于天王殿或大雄宝殿或诸殿之后。

天王殿。由山门进寺，第一重佛殿是天王殿。殿内供奉六尊佛像。殿中间有的供奉弥勒真身，弥勒是梵语 Maitreya 的音译，意为“慈氏”。按正规佛教说法，他还是一位菩萨，但是未来必定成佛，而且是佛祖释迦牟尼的既定接班人。有的供奉弥勒化身，即布袋和尚。布袋和尚名契此，为中国五代时僧人，临终自称弥勒化身。北宋时不少寺院开始以之代替弥勒，形象为抚膝袒胸，开口而笑，荷布袋于身旁。弥勒的背后，供奉韦驮菩萨。殿的东西两侧，分别供奉四大天王。四天王为印度十六善神之属，其名常见于大小乘经论。最知名者为毗沙门天，意为多闻，是北方守护神，与持国、增长、广目共称四天王。四天王手各持物，视察众生善恶，保护佛、法、僧三宝。明代南京寺院中，建有天王殿者较多。明代寺院以禅院布局为基本空间构架，又为净土宗的弥勒佛增设天王殿，反映出中国佛教的禅、净一体化，也是以后中国内地佛寺的典型样式。

大雄宝殿。天王殿再往北，就是大雄宝殿，《金陵梵刹志》称为“正殿”或“正佛殿”。大雄，即筏驮摩耶，是对佛祖释迦牟尼的尊称，意谓佛有大智力，一切无畏，能降伏“五阴魔”、“烦恼魔”、“死魔”、“天子魔”等“四魔”。殿内正中一般供奉释迦牟尼像。佛像有各种不同姿势，主要有成道相和说法相两种。宋代以后，一些寺院也有供奉三佛、五佛乃至七佛者。三佛主要有横三世佛和竖三世佛两种。横三世佛的中间为娑婆世界的教主释迦牟尼佛，左边为东方净琉璃世界的教主药师琉璃光佛，右边是西方极乐世界的教主弥陀佛，有的还各有两位菩萨胁侍。竖三世佛的中间为现在佛释迦牟尼，左边为过去佛燃灯佛，右边为未来佛弥勒佛。也有的大殿供奉释迦牟尼的三身佛，即中间为法身佛毗卢遮那佛，左边为报身佛卢舍那佛，右边为应身佛释迦牟尼。五佛通称东、西、南、北、中五方佛，又名五智如来，大致属于密宗系统。七佛为过去诸佛，供奉者极少。佛殿两侧多塑十八罗汉（或十六罗汉）之像，佛坛背后常塑观音大士。由于大雄宝殿是寺院最重要的佛殿，所以明代南京寺院基本上都建有此殿。殿中也有供奉三世佛者，如灵谷寺，“于正殿则奉去、见、未来之像，其他侍卫天神不与焉”[1]。如栖霞寺正殿，“释迦三身及十六应真位，咸庄严壮丽，其背则大士三身，端靓烁目”[2]。也有供奉五方佛者，如灵谷寺、鸡鸣寺在正殿之外，皆有五方殿，某种意义上可视为第二大殿。

伽蓝殿。大雄宝殿前，往往左有伽监殿，右有祖师殿。伽蓝是僧伽蓝摩，意译为众园，原指修建僧舍的基地，延伸为寺院的总称。此处的伽蓝，特指祇树给孤独园。伽蓝殿正中供波斯匿王，左方是祇陀太子，右方是给孤独长者，这三位是最早护持佛法建立伽蓝的善士，供奉他们以示后人对其功德的崇敬。明代南京寺院中，稍有规模者，均建有伽蓝殿。

祖师殿。以禅宗寺院最为常见，为纪念该宗祖师而建。中间

1 《始丰稿》卷一一《敕赐灵谷寺碑》。

2 《金陵梵刹志》卷四，冯时可《再游摄山记略》。

供奉南朝来华的禅宗初祖达摩，他是禅宗理论的输入者。左侧供六祖慧能，他是禅宗的实际创立者。右侧供百丈怀海，他是禅宗清规的制定者。明代南京寺院中，建有祖师殿的寺院，有灵谷寺、栖霞寺、兴善寺、佛国寺、翼善寺、外永福寺、天界寺、鸡鸣寺、静海寺、一真庵、清凉寺、永庆寺、鹫峰寺、回光寺、承恩寺、金陵寺、弘济寺、弘觉寺、外承恩寺、静明寺、宝光寺、永宁寺、永兴寺、惠应寺、普德寺、崇因寺、德胜寺、祝禧寺、花岩寺、栖隐寺，基本上是大寺、次大寺（缺能仁寺）和一些中寺、个别小寺。

观音殿。大雄宝殿之后，往往左有观音殿，右有轮藏殿（或地藏殿）。观音殿又称“大士殿”，俗称“菩萨殿”，常为观音居中，文殊在左，普贤在右。也有专供观音的，称圆通殿，因为观音曾有“圆通”美名。观音是观世音的略称，从梵文意译而来。据《妙法莲华经》中的“普门品”称，观世音菩萨大慈大悲，能现三十三化身，救十二种大难。遇难众生只要念诵他的名号，“菩萨即时观其音声”，前往拯救解脱。南北朝时，观音已逐渐获得社会上的普遍信仰，唐代以后更为盛行，且形象逐渐变为女相。明代，南京的观音信仰很盛。王世贞在给栖霞寺圆通精舍所作碑记中说：“今自学语儿以至笃老残聋，无不知诵阿弥陀。而大士之像，并尊则为寺，单供则为庵，于名山大川，处处靡所不有”[1]。南京寺院中，建有观音殿者也很普遍。从前文的统计看，观音殿在诸殿中总数仅少于大雄宝殿，位居第二。栖霞寺还专门建有圆通精舍，“盖尸大士云”[2]。

轮藏殿。创始于梁代，用以贮经。一般是一座两、三层高的殿阁，通贯其中，在地下设一大转轴，轴上安装一个八面或六面大龛，龛上每面安抽屉储经。因大龛可以推着转，所以此殿称转

1 《金陵梵刹志》卷四，王世贞《圆通精舍灵应圣殿记》。

2 《金陵梵刹志》卷四，汪道昆《摄山圆通精舍记》。

轮藏殿，省称轮藏殿。以其费工，只有少数寺院才有。明代南京寺院中，建有轮藏殿的寺院，有定林寺、三禅寺、无垢寺、天界寺、鸡鸣寺、静海寺、鹫峰寺、承恩寺、弘觉寺、惠应寺、普德寺、后阳寺。

地藏殿。有些寺院，建有地藏殿，供地藏菩萨。据佛经称，在忉利天受释迦牟尼嘱咐，地藏菩萨在释迦牟尼入定之后，弥勒佛未出世之前，发誓尽度六道众生，拯救诸苦，始愿成佛。明代南京寺院中建有地藏殿的寺院有翼善寺、祈泽寺、淳化镇积善庵、华严庵、华光庵、正定庵、回光寺、接待寺、宝光寺、静居寺、西林寺，基本上是一些小寺、小庵。

法堂。大殿之后为法堂，亦称讲堂，是演说佛法皈戒集会之所，在佛寺中为仅次于大殿的主要建筑。平时，法堂常作佛事用。法堂正中，设法座（高台上置座椅，又称狮子座），法座后挂象征释迦牟尼说法传道的图像，法座之前置讲台，台上供小佛坐像，下设香案，两侧列置听法席，左钟右鼓，上堂说法时鸣之。《金陵梵刹志》所载明代南京各寺院中，灵谷寺、栖霞寺、清果寺、登台寺、慈光寺、本业寺、无读庵、能仁寺、圆通寺、佑圣庵、静明寺、高座寺、月印庵、惠应寺、外永宁寺、祝禧寺、妙明寺、后阳寺诸寺建有法堂。

毗卢阁。这是明代佛寺常见的殿堂，用于供奉万佛之像和庋置大藏，又称为万佛楼及藏经阁。其上、下层像设略有不同，天界寺毗卢阁的规制是："上供法、报、化三佛及设万佛之像，左右庋以大藏诸经法匦，后建观音大士，示十普门。下奉毗卢遮那如来，中座千叶摩尼宝莲华座，一一叶上有一如来，周匝围绕。旁列十八应真罗汉，二十威德诸天。珠缨宝幢，幡盖帷帐，香灯瓜华之供，靡不毕备"[1]。明代南京寺院中，建有毗卢阁的寺院，有

1 《金陵梵刹志》卷一六，姚广孝《天界寺毗卢阁碑》。

观音阁、定林寺、天界寺、清凉寺、鹫峰寺、普缘寺、中和庵、永宁寺、普照寺、天隆极乐寺。

藏经殿。也有一些寺院的庋置藏经处所称为藏经殿。藏经殿的像设布置等与毗卢阁差不多。明代南京寺院中，建有藏经殿的寺院，有兴善寺、瓦官寺、凤游寺、回光寺、弘济寺、报恩寺、弘觉寺。一般寺院中，藏经殿、轮藏殿、毗卢阁不重复设置，仅弘觉寺既有藏经殿，又有轮藏殿。

禅堂。古称僧堂或云堂，禅僧昼夜于此行道，与佛殿、法堂同为禅宗丛林的主要堂宇。百丈立制，裒所学众，无论多少高下，尽入僧堂，依夏次（受戒前后）安排。设长连床，施椸架以挂道具。堂中设一圆龛，正中安奉圣僧像。古时禅堂本兼食堂，后世于禅堂外另设斋堂（食堂）。明代南京寺院即是如此。如，灵谷寺，“食堂在东，库院附焉，禅堂在西，方丈近焉”，“以禅与食不可混于一也”[1]。洪武三十年，明太祖曾规定，“凡有寺院处所，俱建禅堂，安禅集众”[2]。因此，明初南京各寺院应皆建有禅堂。但是，明代中期以后，“禅道不彰”，“江南法道日渐靡无闻焉”[3]，而僧人又“各立门户，梵呗稀闻，触蛮时竞”，“即有数椽仅存遗制，而主者非人，檀施不继”[4]，也渐渐废圮。万历后期，葛寅亮为南京礼部祠祭司郎中，在各大寺、次大寺（缺能仁寺）及其他一些寺院陆续修复禅堂。根据记载，明代后期南京寺院中，有禅堂的寺院，有灵谷寺、栖霞寺（包括禅堂、圆通禅院）、十方律院、兴善寺、法清院、天界寺、鸡鸣寺、静海寺、永庆寺、狮子窟、瓦官寺、凤游寺、千佛庵、封崇寺、鹫峰寺、回光寺、千佛寺、承恩寺、吉祥寺、金陵寺、普惠寺、弘济寺、报

1 《始丰稿》卷一一《敕赐灵谷寺碑》。
2 《金陵梵刹志》卷二《钦录集》，洪武三十年丙午。
3 《金陵大报恩寺塔志》卷六，释德清《雪浪法师恩公中兴法道传》。
4 《金陵梵刹志》卷一六，葛寅亮《八大寺重修禅、律堂及赡田碑记》。

国庵、报恩寺（包括左大禅殿、后禅殿、禅堂）、能仁寺（禅院止存基址）、弘觉寺、静明寺、高座寺、瑞相院、普照寺、普德寺、碧峰寺、慈善寺、花岩寺、祖堂寺、宁海寺。

此外，一些寺院还建有弥勒殿、文殊殿、普贤殿等，分别供奉弥勒佛、文殊菩萨、普贤菩萨。

个别寺院还建有玄帝殿、真武殿等，供奉道教的玄天上帝、真武大帝诸神。有的寺院甚至还供奉孔子等儒家人物。如，正统初年，四川重庆府永川县儒学训导诸华反映说："孔子祀于学，佛氏祀于寺，老氏祀于观，俱有定制。有等无知僧辈，往往欲假孔子，以取敬信于人，乃绘肖三像，并列供奉。如永川县旧有寺曰三圣，坐佛氏于殿中，老子居左，孔子居右。其亵侮不经，莫此为甚"。对此，明朝廷表示，"愚僧无知妄作，命行在礼部通行天下禁革"[1]。实际上，三教合一、寺院和宫观中并供佛、道、儒人物神佛的现象自唐代以来就已经出现，明代以后尤甚，是统治者的一纸禁令难以制止住的。

至于寺院中的方丈、僧院、斋堂、库房等僧人生活用房，没有多少特别之处，不再一一介绍。

第二节　殿宇结构

梁思成先生论述中国古代建筑结构说："中国建筑乃一独立之结构系统，历史悠长，散布区域辽阔。在军事、政治及思想方面，中国虽常与他族接触，但建筑之基本结构及部署之原则，仅有和缓之变迁，顺序之进展，直至最近半世纪，未受其他建筑之影响。数千年来无遽变之迹，掺杂之象，一贯以其独特纯粹之木构系统，随我民族足迹所至，树立文化表志"，"中国始终保持木材为主要

1 《明英宗实录》卷四〇。

建筑材料，故其形式为木造结构之直接表现”，“此结构原则乃为‘梁柱式建筑’之‘构架制’”[1]。中国的木构建筑，具有台基、间、木构架、斗拱、屋顶、脊兽等的主要组成部分。

明代南京寺院建筑作为中国古代建筑的一部分，也仍采用了中国传统的木结构系统方式，没有太大的变化。如，灵谷寺“缔构之法，则以梁架桁，不施叠拱，以枅承榱，不出重檐，凡交椽接溜，盘结攒辏，如蜂房蚁穴之状者悉不用”[2]。由于建筑材料没有太多的改变，因此明代南京寺院的殿宇结构仍是重复中国传统的木结构系统方式，具有台基、间、木构架、斗拱、屋顶、脊兽等的主要组成部分。当然，在这固定结构中，南京寺院的殿宇也会通过台基的高低、间的多少、构件的大小等的变化，在结构比例上做文章，来显示寺院的尊卑，其中主要是通过扩大寺院殿宇的规模来抬高寺院的地位。如，前面提到，为所谓的报答明太祖、马皇后之恩（或者纪念其母碽妃），明成祖于永乐十年敕工部在毁废的天禧寺基址上重建报恩寺。因报恩寺之建有特殊的目的，明成祖即令其殿宇“皆准大内式”[3]，规模远过一般寺院。

如果说明代南京寺院的建筑结构中没有一点进步也是不对的。实际上，进步是有的，其首先表现为砖拱券技术的成熟运用。众所周知，中国始终以木结构为建筑体系的主流，砖石技术虽然在汉代已相当发达，但如拱券穹隆技术，除了北方塔上的窗户之外，都用于修建坟墓。到了明初修建南京城，设计者和建造者也许是受北方石拱建筑、窑洞建筑的启发，在城门建筑中大胆地运用大跨度砖拱技术，并获得了成功。随之，大跨度砖拱技术被运用于灵谷寺无量殿的建设。灵谷寺无量殿建于洪武十四年，因其中供奉无量寿佛得名。该殿从殿基到屋顶全部采用大砖砌成，不施寸

1　梁思成：《中国建筑史》，第 11～13 页，百花文艺出版社，1998 年。
2 《始丰稿》卷一一《敕赐灵谷寺碑》。
3 《金陵梵刹志》卷三一《聚宝山报恩寺》。

木，也无梁椽，因此又俗称无梁殿。它五楹三进，宽 50.4 米，纵深 37.8 米，呈穹隆状。中进顶高达 22 米，前后各有三拱门，四面有窗。其内墙东西两壁从 14 米以上，砖朵砌叠向外成抛物线形，突出达 1 米多，尤为人所惊叹。中国现存的无梁殿皆为明代以后所造，而其中最早者即为灵谷寺无量殿。明代中叶以后，各地佛寺大量营造无梁殿，多从灵谷寺无量殿获得启发[1]。由于材质坚固，结构科学，灵谷寺无量（梁）殿历时 600 多年，至今仍然巍然屹立于钟山之麓。

其次是殿宇脊上兽吻的变化。由于明代南京寺院建筑的木制构件已经无存，有关的记载又相当缺乏，所以我们只能从遗存的琉璃等构件中窥见一斑。东南大学建筑系朱光亚先生经过考察研究，指出："明报恩寺塔遗址出土的琉璃龙吻与江南流行的鳌鱼吻不同，也与苏州、绍兴等处可以找到的明代柔曲硕长的龙吻也不相同，相反，它与现代可以大量看到的北京清官式龙吻几无二致，可见官式龙吻源出南京"[2]。朱光亚先生认为，这种龙吻可能是在宋、元时期各地兽吻基础上发展、演变、综合而成，它在南京一经形成，即随明成祖迁都而被带到北京，成为以后明、清官式兽吻的模式。

谈到佛寺建筑，我们不能不提及草庵。草庵以草、泥等为之，其中不塑佛像，简陋狭小，一般是僧人个人所建，仅供一人修行和生活。如，城南雨花台趾有月印庵故址，弘治间，僧净俊"结草庵于上，日以禅诵为事，一瓶一钵，绝无外慕"[3]。草庵之建，尤以山野之间为多。盛时泰《栖霞小志》记载，在栖霞寺中即有般若庵、可容庵、文殊庵、缘萝庵等许多草庵。如，僧慧光"游

1　参阅朱光亚：《南京建筑文化源流简析》，载《东南文化》1990 年第 4 期；郭常柏：《宏伟的无梁殿》，载《南京史志》1985 年第 5 期。

2　朱光亚：《南京建筑文化源流简析》。

3《金陵梵刹志》卷三四，黄谦《重修月印庵记略》。

自新安，至栖霞，爱白鹿泉之胜，结茅而处”，为般若庵；“由般若庵下，出珍珠泉，缘石磴而上，可至观音庵。而磴旁松篁中，有小庵曰可容者，乃僧行简所建也”；文殊庵“在可容庵之左，门外有径，可下至古佛庵，上达法华庵，以陟山之颠。径皆因山势曲折而成，内种蔬，外植桃，编而为篱，松栗杂树，离立于上”；缘萝庵“在可容［庵］、文殊［庵］之上，观音［庵］之下，今僧无学名法通者居之。……茅檐席壁，杞丛药径，修修可意”。尽管草庵在建筑史上意义不大，几乎无一例外地被建筑史和佛教史研究者所忽视，但是它无疑是佛教建筑的一种，而且可随处搭建，数目众多，值得一提。

第四节　佛塔建筑

佛塔是中国建筑中的一个特殊类型，其高耸突兀、直插云天的艺术形象与序列整齐的传统木构建筑群体形成鲜明对照。“塔”原为梵文 Stupa 的音译，意为坟冢，本为保存或埋葬佛祖释迦牟尼舍利（即遗骨）或遗物的建筑，后来也用来埋葬佛徒的骨灰、保存高僧的遗物等。明人说：“塔者，梵语窣堵波，此云方坟，以之藏舍利，标记古师灵迹，示法不灭也”[1]。众所周知，佛教初传入中国时，中国佛寺平面布局也和印度一样，以佛塔为中心。隋、唐时期，寺院中塔、殿并重，佛殿逐渐成为寺院的主体。宋代以后，佛塔的重要性更加减小，有些寺院甚至不再建筑佛塔。到了明代，这种情况更甚。

尽管明代南京寺院中佛塔的建筑不是很多，但是它们作为寺院建筑的一个部分，仍应列入我们的探讨范围。而且，有些佛塔建筑颇具特色，在中国建筑史上有其地位。这些佛塔，按其性质

1 《金陵梵刹志》卷三，释可浩《重修宝公塔记》。

来分，有供膜拜的藏舍利、佛物的佛塔和僧人墓塔；按其平面形状来分，有四方形塔、其他多边形塔等；按其立体层次来分，有单层塔、多层塔等；按其所用材质来分，有木塔、砖塔、石塔、金属塔、琉璃塔等；按其结构和造型来分，有楼阁式塔、单层塔、喇嘛塔等多种。

明代南京建筑的供膜拜的藏舍利、佛物的佛塔较少。其中，最著名者当推报恩寺琉璃塔。其建筑规模最大，在建筑学上意义也最大。

聚宝门外古长干里，先有一塔，“不知所始”。吴时，有尼居其地，“构小精舍”，寻皆毁除。晋初，有僧“复于旧处立寺”，即长干寺，简文帝又“就造三层塔”[1]。宁康年间，僧竺慧达（刘萨阿）于塔下掘得舍利等物，“乃于旧塔之西更树一刹，施安舍利”。晋太元年间，“加为三层”[2]，后名阿育王塔。其后，寺、塔数次兴废，几度易名。明初，该塔在“经兵被火”之后，“周回栏楯并九层图画仙灵俱各颓坏”[3]，工部侍郎黄立恭奏修，并及寺院。永乐初年，再加修理。但不久，有僧人放火，将寺、塔焚毁。于是，明成祖下令在原址重建寺院，名报恩寺，并建九级琉璃塔（详见前文）。

报恩寺琉璃塔的平面为八角形，高九层，底层为副阶周匝，周长四十寻（合三十二丈）。塔的高度，从地面至宝珠顶为二十四丈六尺一寸九分。塔的结构设计，塔身为砖砌承重，内有塔心室，“悬梯百磴，旋转而上”，体积越往上越小。塔的各层“布地以金”，四壁皆方尺小佛像，内部有青绿藻井，“布砌周遍，井拱叠起，皆青碧穹覆如华盖”。塔的外表为八面开门，四实四虚，隔层错开。底层为五色莲台座，“高拥寻丈”，四周镌四天王、金刚护

1 （清）孙文川撰、陈作霖编：《南朝佛寺志》卷上《晋长干寺》。

2 《高僧传》卷一三《晋竺慧达》。

3 《金陵梵刹志》卷三一，明太祖《御制黄侍郎立恭完塔记》。

法神像，披甲挂胄，持戈执剑，形象各异。门两边开窗，绕以曼陀优钵昙花。二层至九层，“不设琐闼，惟楹槛皆朱，壁皆黝，至榱拱则间以玄、朱”。屋顶为绿色琉璃瓦顶，檐下为青绿斗拱，层层叠起。九级之上为塔刹，下部为铁轮盘，“盘上轮相叠起数仞，冠以黄金宝珠，顶维以铁纤，坠以金铃”，各层的角梁下悬鸣铎，门内有篝灯一百四十四盏，昼则金碧照耀云际，夜则火龙腾焰数十里，“风铎相闻数里，响振雨夜”[1]。塔的表面甃以白色琉璃砖，用黄、绿、红、白、黑五色琉璃贴面，全身上下有金刚佛像万千，“一金身，琉璃砖十数块凑砌成之，其衣折不爽分，其面目不爽毫，其须眉不爽忽，斗榫合缝，信属鬼工”[2]。拱门边有狮子、白象、飞天、飞羊等造型，姿态优美，色彩绚丽，为前代所不见。塔的地基为巨石，有杉木桩基排列密集，桩基很深。与一般佛塔建筑不同，报恩寺琉璃塔建筑之时不用脚手架，“造一层，四周壅土一层，随建随壅，至九层则亦堆壅九层，始终在平地建造”。工竣以后，匠人将所壅土除去，“塔身始现”[3]。而造琉璃砖时，“具三塔相，成其一，埋其二，编号识之”，“塔上损砖一块，以字号报工部，发一砖补之，如生成焉”[4]。

报恩寺琉璃塔“规模雄丽，得未曾有”，开创了中国琉璃塔的先河，是我国古代建筑琉璃艺术的最高成就。永乐时，海外使臣“至者百有余国，见报恩塔，必顶礼赞叹而去，谓四大部洲所无也”[5]，成为“中古时期世界七大奇观之一”[6]。至 18 世纪，西方人游南京，仍称之为“南京之表征”（Wahrzeichen von

1 《金陵梵刹志》卷三一，陈沂《琉璃塔记》。另参阅汪永平：《世界七大奇迹之一的南京大报恩寺琉璃塔》，载《南京史志》1987 年第 5 期。

2 （明）张岱：《陶庵梦忆》卷一《报恩塔》。

3 《金陵大报恩寺塔志》卷首《大报恩寺塔》。

4 《陶庵梦忆》卷一《报恩塔》。

5 《陶庵梦忆》卷一《报恩塔》。

6 《金陵大报恩寺塔志》卷首《大报恩寺塔》。

Nanking)[1]。

此外，见于记载的佛塔还有万历年间僧真节所建栖霞寺多宝塔。据说，当初佛祖释迦牟尼于灵鹫山说《法华经》，至其流通分，忽然地下有安置多宝如来全身舍利的宝塔出现于空中，塔中发声赞叹佛祖，证明《法华经》。释迦牟尼对弟子说："此宝塔中有如来全身，乃往过去东方无量千万亿阿僧祇世界国名宝净，彼中有佛号曰多宝。其佛行菩萨道时作大誓愿，若我成佛灭度之后，于十方国土有说《法华经》处，我之塔庙为听是经，故涌现其前，为作证明"。这是多宝塔的典故。万历年间，僧真节在栖霞寺开讲《法华经》，至多宝佛塔品，"则宝塔光相俨然见空中"，"于是复凭一众力，建多宝塔"[2]。关于该塔，《释氏稽古略续集》也记载说，真节"尝讲《法华［经］》宝塔品"，"空忽现宝塔于座前，一如经言"，"即于讲堂之西建一浮屠，以征神化"[3]。该佛塔的其他情况，不甚明了，难以详述。

明代南京寺院中，僧人墓塔建筑得比较多，其中最大、最著名者为重建的两座宝公塔。宝志（一作保志），南京人，据说刘宋元嘉十三年（436 年）示迹于东阳镇一古木鹰巢中，为民人朱氏抱归，"举以为子，就指为姓"[4]。七岁时依钟山道林寺大沙门僧俭出家，"修习禅业"。宋、齐之交，稍显灵迹。其居止无定，常披发跣足，或数日不食，然所言多验，能分身数处，"京土士庶皆敬事之"。梁武帝即位后，"甚见崇礼"，出入禁内，为讲法、求雨。他曾"现真形"，"光相如菩萨像焉"。史称其"知名显奇四十余载，士女恭事者数不可称"[5]。天监十三年（514 年）冬圆寂，

1　参阅朱偰：《金陵古迹图考》，第 259 页，商务印书馆，1936 年。
2 《金陵梵刹志》卷四，王世贞《圆通精舍灵应圣殿记》。
3 《释氏稽古略续集》卷三。
4 《金陵梵刹志》卷三《宝志公行赞》。
5 《高僧传》卷一〇《释保志十六》。

梁武帝葬之于钟山南玩珠峰前。永定公主“造浮图五级于其上”[1]，为宝公塔之始。后因塔建寺，名开善寺（明初名蒋山寺）。明初，明太祖令将蒋山寺迁至钟山左独龙冈麓，赐额灵谷寺，“徙塔附于寺”。重建后的宝公塔位于灵谷寺后部法堂之阴，共五级，“崇丽可登览”[2]，应是楼阁式塔。

洪武十八年，明太祖又于在都城之内“敕建鸡鸣寺”，并“造浮图五级，祠宝公”[3]。鸡鸣寺宝公塔供奉宝志法函，即所谓“迁灵谷寺宝公大师法函瘗于山茔，建塔五级，每岁遣官谕祭”[4]。此塔当是灵谷寺宝公塔的翻版，亦可登览，明王履吉即有《登鸡鸣寺塔望后湖》诗。时人赞其“尤出新制，自远望之，俨然一祇园鹫岭”[5]。

明代南京僧人的墓塔，有国家所建者，也有僧人自建者，数量最多。如明初班的答禅师示寂后，明太祖命“收敛设利于聚宝门外而塔藏之”[6]；永乐年间，释佛妙在后来华严寺的地方建塔院，不久他“端坐而逝，其徒葬入前所自造石塔内”[7]；永乐年间，鸡鸣寺住持德琮将后来三塔寺的地方奏讨为鸡鸣寺塔院；宣德年间，释道成示寂，宣宗“遣官谕祭，赐塔所曰鹫峰禅寺”，因为道成字鹫峰[8]。此外，如智安寺、天隆极乐寺、清真寺等寺院，起先也都是明僧塔院。这些墓塔规模较小，多为实心石塔，与历代僧人墓塔一脉相承，但是在建筑上更加精细，比前代有所进步。其中，典型者如天隆极乐寺塔林。天隆极乐寺，明初建，宣德间

1 《六朝事迹编类》卷一一《寺院门·蒋山太平兴国禅寺》。
2 《金陵梵刹志》卷三《灵谷寺·古迹》。
3 《金陵梵刹志》卷二《钦录集》，洪武十八年乙丑。
4 《金陵梵刹志》卷一七《鸡笼山鸡鸣寺》。
5 《金陵梵刹志》卷一七，王俱《重修鸡鸣寺记略》。
6 《金陵梵刹志》卷三七，释智光《西天班的答禅师志略》。
7 《金陵梵刹志》卷三二，胡濙《华严寺碑略》。
8 《金陵梵刹志》卷一六，李震《雪轩成禅师志略》。

赐额。万历年间，名僧如馨涅槃后，“全身塔于天隆［极乐］寺后之玉环山”[1]。其后，如馨的弟子也先后建塔于此，明、清两代共建有大小墓塔50余座，形成塔林。这些墓塔，根据今人的考察，多为四面或六面形实心石塔（部分塔身为腰鼓形），分塔基、塔座、塔身及塔顶数段，表面精雕细刻，投榫堆砌而成。其石刻纹饰、花卉、动物等浮雕精美，线条活泼自然，风格细腻洒脱，具有很高的艺术性[2]。

1　释仁友：《金陵马鞍山中兴律祖事迹考》。

2　参阅杨新华、郭金海：《天隆寺塔林》，载《南京史志》1987年第2期。

第四章　僧人

寺院之中，僧人是主人。因此，研究寺院，就不能不研究僧人。下面，我们将通过考察僧人来源及等级结构、佛学水平、儒学修养及文学艺术等才能，并搜罗名僧事迹，对明代南京寺院僧人作一较为全面的介绍和研究。

由于僧人需要游历参访，流动性比较大，所以他们一般地都不会一生停留于某一固定寺院。这里所说的明代南京僧人，也就是指曾于明代在南京寺院滞留过的僧人，不管他在此前出家于何地，也不管他在此后又趋向哪里。因为，只要其在南京寺院作过一天僧人，就应是明代南京的僧人，就应在我们的考察范围之内。

第一节　来源、等级结构

所谓僧人来源，主要包括僧人出家以前的家庭出身、本人身份以及出家原因，这是探讨他们出家之前的社会地位和为什么出家。所谓僧人等级结构，则是要考察他们出家以后在寺院社会中的地位。

一　僧人来源

僧人的家庭出身和出家之前本人身份，有时是一致的，有时则不一致，有时前者对研究僧人来源更重要，有时则是后者。另外，史籍之中对二者的记载也不那么明确、全面。因此，这里将它们放在一起考察。

明代南京寺院僧人的来源相当广泛，几乎囊括了社会的各个阶层。他们之中，有的曾为官吏，甚至是高级官吏，有的是官吏眷属。由于南京在明代先后作为首都和留都，政治地位高，文官、武将集中，且其作为江南名都，自古经济、文化发达，人文荟萃，佛教兴盛，名僧云集，寺院众多，著名者不在少数。因此，一方面南京官吏有的退职后就地出家，另一方面一些外地退职官吏出家后也慕名而来，住于南京寺院。如崇祯年间来止于大报恩寺的僧人浮休，有人识其为濮州（治在今山东范县西南）周雪台，曾任总河尚书[1]。至于官吏眷属出家为僧者，则尤其多。如，昙噩，慈溪王氏子，祖父申“举进士于宋”，父禄“任于元”[2]；大同，上虞王氏子，“世推簪缨之族”[3]；善启，长洲（今江苏苏州）杨氏子，“世为宦族”[4]；能义，象山高氏子，“本世家子”[5]；元亮，信阳萧氏子，“父携之宦游棠（指应天府六合县，引者注）”[6]，后出家；法祥，嵊县周氏子，曾“随季父宦游入京”[7]；读体，姓许氏，楚雄人，其远祖于明初“从军开滇、黔，以功世袭指挥”[8]。南京尼僧中，官吏女眷出家者也特别的多。早在洪武年间，工部侍郎黄立恭修理天禧寺塔毕，“其妻与闺内者尽皆为尼”[9]，曾受到明太祖的表彰。永乐年间，又有中山王徐达季女“从佛氏为尼

1 《金陵大报恩寺塔志》卷六《寺僧》。
2 《补续高僧传》卷一四《梦堂噩公传》。
3 《补续高僧传》卷四《大同师传》。
4 （明）释如惺：《大明高僧传》卷三《苏州延庆寺沙门释善启传》。
5 《新续高僧传四集》卷一九《明金陵灵谷寺沙门释能义传》。
6 《补续高僧传》卷二五《晓山亮传》。
7 《补续高僧传》卷二六《南岳豆儿佛传》。
8 《新续高僧传四集》卷二九《清江宁宝华山隆昌寺沙门释读体传》。
9 《金陵梵刹志》卷三一，明太祖《御制黄侍郎立恭完塔记》。

于南京聚宝门外”[1]，已见前述。嘉靖初年，根据霍韬的调查，南京尼姑计481名，其中指挥等官家属妻女投庵为尼者33名[2]，占到南京尼姑总数的近百分之七，比例不可谓不高。

明代南京僧人中的绝大部分，还是出身于普通家庭，出家之前业儒、商、农等，处于社会的中、下层。出身于普通家庭、出家前业儒者，如，梵琦，象山朱氏子，幼颖悟，“读书即了大义”，远近号为“奇童”[3]；道孚，江浦刘氏子，7岁入学堂，读书学习[4]；真节，襄阳钟氏子，“少为郡弟子”，壮岁弃儒入释[5]；观衡，姓赵氏，霸人，7岁入乡塾，“能通字义，质迈凡侪”，后出家[6]；书祯，禄丰王氏子，“家世儒素”，“少习帖括，颇赡文思”，后“忽绝尘想”，祝发出家[7]。

明代南京僧人的大部分出身于贫苦家庭，出家前难以有闲、有力习儒，而不得不从事农业生产劳动。如，慧进，山西霍州灵石人，姓宋氏，年幼失恃怙，编荆孝养祖父、母，祖父、母“复没于草莽”，遂出家[8]；天隐，荆溪闵氏子，“早岁失怙，奉母，居贫不能力学，种圃以养”[9]；性相，江宁高氏子，生于贫民家庭，“父贫，樵薪自给，无以为家”[10]。有的则是破产的工商业者。如，万历十七年正月，工部反映，“畿民铺商之役，困累至极。查本部各役，万历十三年原佥四十余名，曾未三年，有削发

1 《今言》卷二。

2 《霍文敏公全集》卷九下《南京礼部公行》。

3 《补续高僧传》卷一四《楚石奇禅师传》。

4 《补续高僧传》卷五《凤头祖师传》。

5 《大明高僧传》卷四《南京应天栖霞寺沙门释真节传》。

6 《新续高僧传四集》卷八《明宝庆五台庵释观衡传》。

7 《新续高僧传四集》卷二九《清广陵五台律院沙门释书祯传》。

8 《补续高僧传》卷四《慧进传》。

9 《新续高僧传四集》卷二一《明湖州上柏山报恩禅院沙门释天隐传》。

10 《新续高僧传四集》卷二八《明金陵极乐寺沙门释性相传》。

为僧，弃家远遁者”[1]。北京如此，南京也难说没有。这些商人出家者，大多因为生意经营惨淡，难以为继，所以他们也应在社会的下层。还有的出家之前相当贫困，不得不为人作佣。如，了悟，安岳莫氏子，家贫，幼为人佣作[2]；福登，平阳（今山西临汾）续氏子，家贫，7岁失恃怙，“无依倚，为里中富人牧羊”[3]；定林，南京人，因家庭贫穷，不得已而为人书童，先后服侍周生、杨道南读书讲学，后出家[4]。贫苦家庭出身、处于社会最底层的穷人出家而为僧人，无疑是明代南京僧人的主力，这也是中国古代僧人来源的共同之处。

另外，明代南京僧人中也有一些来源于军、匠、灶等禁止出家之人以及囚徒、逋卒等封建国家所谓的“罪犯”。如前所述，军、匠、灶等籍之人，明朝政府规定禁止出家。但是，这些诏令并不能得到很好的执行，有时甚至是皇帝带头破坏这一制度。如，明初太监洪保出使西洋，船在海上失事，府军卫卒赵旺等逃生，为僧于海外，正统十三年八月，回到国内。照理，赵旺等人应该恢复府军卫卒的身份。但是，明英宗“赐之衣、钞，令为僧于南京报恩寺”[5]。囚徒、逋卒等封建国家所谓的“罪犯”，也是禁止出家之人。如，洪武年间，南京百福寺“隐囚徒逋卒，往往易名姓为僧，游食四方”[6]，明朝政府下令废止，并编定僧人《周知册》，核对僧籍，规定“容隐者罪如之”。但是，这一诏令也未能很好执行。终明一朝，不断有人指斥各地寺院隐匿军、匠、灶等人以及囚徒、逋卒等封建国家所谓的“罪犯”。如，景泰六年二

1 《明神宗实录》卷二〇七。
2 《补续高僧传》卷一九《安岳了悟传》。
3 《补续高僧传》卷二二《真来佛子传》。
4 《金陵梵刹志》卷二〇，李贽《定林庵记》。
5 《明英宗实录》卷一六九。
6 《明太祖实录》卷二二三。

月，巡按湖广监察御史叶峦上疏，指出“天下僧徒冗滥，败俗伤化，其间有因户内丁多求避差役者，有因为盗事发、更名换姓者，有系灶丁、灶户负盐课而偷生苟免者，有系逃军、逃匠惧捕而私自削发者”[1]。叶峦说的是全国的一般情况，南京不会例外。另外，南京寺院中还有封建政府安置、管束的犯罪僧人。如，正统年间，藏僧加失领真“因漏泄虏情”，被明朝政府“安置南京，以杜奸谋”。后该僧“趁夜逃遁”，明英宗令甘肃总兵官“严饬关隘，尽心巡捕，毋纵出境”[2]。当然，这只是个别情况。

研究僧人的出家原因，则是要揭示僧人为什么脱离俗世、遁入空门，这对研究僧人来源无疑也有非常重要的意义。从有限的记载来看，明代南京僧人的出家，有的是因为对佛教的虔诚信仰，如前述黄立恭的女眷。一些名僧，据说也多是如此。如，力金，7岁颖悟异常，一日以“世相起灭不常”请求出家，父母不同意，“自后请之不已”，父母“知志不可夺”[3]，始许之；真节，少为郡诸生，“忽宿根内萌，辞割亲爱，礼明休和尚祝发”[4]。有的是因为感情、婚姻受到挫折，或不得已，或万念俱灰，遁入空门。典型者如前述中山王徐达季女，拒绝明成祖之选后，“竟不敢受人聘”，不得已出家。有的是因为生病等原因，求佛保佑，许愿出家。如宝金，“幼多疾，因归释氏”[5]；崇裕，“年十六，即解通儒家言”，然生而体弱，“十日而九疾”，父母“冀徼灵释氏愈之”，命为沙弥[6]；德清，周岁时，“风疾作，几死”，其母“祷大士，遂许舍出家”，嘉靖三十六年，入南京报恩寺，时年十

1 《明英宗实录》卷二五〇。
2 《明英宗实录》卷一七二。
3 《护法录》卷一《大天界寺住持白庵禅师行业碑铭》。
4 《释氏稽古略续集》卷三。
5 《新续高僧传四集》卷一八《明五台山灵鹫庵沙门释宝金传》。
6 《补续高僧传》卷一四《约之裕公传》。

二[1]；法会，幼年即“屡有出尘之想”，后产痘，“危甚”，父母许舍为僧，“痘旋愈”[2]，遂于9岁出家。有的则是贫苦之民因为无以为生，或农、商、军、匠、灶等籍人为了逃避繁重的赋税、差役负担，以及囚徒、逋卒等封建国家所谓的“罪犯”为了逃脱惩罚等，寄迹寺院，已见前述。贫苦之民因为无以为生，以及农、军、匠、灶等籍人为了逃避繁重的赋税、差役负担而出家，是僧人出家原因的主流。洪武十七年闰十月，礼部尚书赵瑁指出，来京请求度牒者“益多”，“其实假此以避有司差役”[3]；宣德十年四月，行在刑科掌科事给事中年富指出，“近年军民之家逋逃规免税徭，冒为僧、道，累以万计”[4]；景泰四年四月，十三道监察御史左鼎等指出，“今天下僧数十万计”，“或因躲避粮差，或逃脱军、囚”[5]，等。这些反映的是全国的一般情况，也是南京寺僧的真实写照。

明代南京僧人中，也有一部分是僧人在俗之子，或者其亲属，受他们的影响而出家。如，怀渭，元末南京大龙翔集庆寺住持全悟大䜣俗姓之甥，“诵书攻文，不待师授，而知解日甚”，大䜣“喜之甚亟，挽至座下”[6]；如慧，僧真节在俗子，3岁时，见父归省，求同出家，后真节“集讲”南京，“因来省，遂祝发座下”[7]；本智，其父白斋出家于城南朗目山，本智12岁时往依之，“遂剃发为驱鸟”[8]。

从上文分析来看，明代的生产力发展水平还很低，各种社会

1 《憨山大师年谱疏》卷上。
2 《摄山志》卷三《云谷禅师》。
3 《明太祖实录》卷一六七。
4 《明英宗实录》卷四。
5 《明英宗实录》卷二二八。
6 《补续高僧传》卷一五《清远渭公传》。
7 《补续高僧传》卷五《素庵法师传附兀斋传》。
8 《新续高僧传四集》卷五四《明皖中浮山华严寺沙门释本智传》。

矛盾仍很尖锐，人们对佛教本质也缺乏正确认识，因此各阶层的人因为各自的原因遁入佛门。特别是广大下层群众成为出家者的主体，他们因为生计维艰而出家是僧人出家的主要原因。

二　等级结构

明代南京寺院中的僧人并非全部地位平等，而是有着上层、中层和下层的分别，等级结构明显。

佛教史家一般地将历史上全由国家供养、职责为封建政治服务的僧人称为官僧。官僧同那些依靠信徒布施和游行乞食之僧相比，带有浓厚的贵族色彩。明代，南京的灵谷寺、天界寺、报恩寺三大寺以及鸡鸣寺、能仁寺、栖霞寺、弘觉寺、静海寺五次大寺为国家寺院，寺僧皆由所谓“钦赐田地”供养，享受封建国家给发的薪俸、口粮，也是南京的官僧。这些官僧虽然并非人人皆具贵族色彩，但其整体上与其他寺院之僧相比，可以说一个是国家工作人员，一个是普通民众，或者更确切地说，一个是官僧，一个是民僧，其间存在着差别。

八大寺内部，官僧们也并非人人平等，其等级差别相当明显。《金陵梵刹志》对明代后期南京三大寺、五次大寺中僧人的名目、职掌、经济待遇有详细的记载，反映出明显的等级结构。根据记载，八大寺官僧主要有以下诸类：僧官、大住持、堂札住持、教学僧、通经优给僧、前堂僧、维那僧、书记僧、管事僧、直库僧、直日僧、管殿僧、堂司僧、管塔僧、净发僧、施茶僧、音乐僧、管山门僧、管庄管洲僧（催租管洲僧）、牒僧、学僧、禅僧、校经僧、管板僧、律僧。其中僧官即南京僧录司官员，左觉义专住僧录司，“管衙门印务，总理诸山”[1]，右觉义分住灵谷寺、天界寺、报恩寺，“各辖一寺”，管理各寺钱粮、词讼等事务。大住持

1 《金陵梵刹志》卷五二《各寺僧规条例》。

专指灵谷寺、天界寺、报恩寺、鸡鸣寺、能仁寺五寺住持，来源于洪武年间明太祖的钦定。堂札住持专指栖霞寺、弘觉寺、静海寺三寺住持，因须南京礼部堂札任命而得名。教学僧是寺院中负责教育的僧人。通经优给僧，又称通经僧，为寺中设立的“能作解义、精通经典”的僧人，是官住、教学僧的候选者。前堂僧、维那僧“专领众焚修，每月朔具结”[1]。书记僧负责寺院的文秘工作，专管填写逐年租单、告示、月报、岁报，及一应册籍疏结。管事僧专管常住一应事务。直库僧专管收放银米。直日僧专答应上司，及巡察寺内一应违禁事举报。管殿僧、堂司僧、管塔僧专管殿堂、佛塔香、灯。净发僧、施茶僧、音乐僧分别负责寺院的净发、施茶、音乐等事宜。管山门僧，不言而喻。管庄管洲僧（催租管洲僧）为寺院管理所属庄田洲地僧人。牒僧是拥有度牒、在寺焚修的常住僧人。学僧是公塾中学习的僧人。禅僧是寺院中的坐禅之僧。此外，报恩寺禅堂还有负责大藏经板的校经僧、管板僧。律僧是学习和弘持戒律之僧。

这些名目繁多的官僧，按其执掌分为上层领导僧人、中层管理僧人和下层普通官僧三个阶层。其中，上层领导僧人指官住、教学等僧，包括僧官、大住持、堂札住持、教学僧等；中层管理僧人指通经执事等僧，包括通经优给僧、前堂僧、维那僧、书记僧、管事僧、直库僧、直日僧、管殿僧、堂司僧、管塔僧、净发僧、施茶僧、音乐僧、管山门僧、管庄管洲僧（催租管洲僧）；普通官僧包括常住的牒僧、学僧以及禅僧、律僧等。

官僧的等级结构不仅表现在执掌的不同，还表现在经济待遇的差别。不同的等级，享有的俸银、口粮也有所差别。《金陵梵刹志》卷五一开列了明代后期南京三大寺及五次大寺租粮出入数目，兹据之制成有关僧人俸薪、口粮统计表如下。（见表一）表

1 《金陵梵刹志》卷五一《条约》。

中，“合计（银)”一栏是根据当时石米五钱的银米比价，将各类官僧一年从寺院支取的俸薪、口粮，均用银两来换算累加而成。

表一　明代南京僧录司及三大寺、五次大寺僧人俸薪、口粮统计表

僧　人	单　位	俸　薪	口　粮	合　计（银）
左觉义（印官）	僧录司	银 24 两	折米银 18 两	42两
右觉义（僧官）	僧录司	银 24 两	米 36 石	42两
僧吏	僧录司	银 4 两 8 钱		4两 8 钱
大住持	大寺	银 16 两	米 24 石	28两
大住持	次大寺		银 25 两	25两
堂札住持	次大寺		银 16 两，弘觉寺折米 28 石	16两，弘觉寺 14 两
教学僧	大寺		银 15 两	15两
教学僧	次大寺		银 8 两，弘觉寺折米 14 石	8两，弘觉寺 7 两
通经优给僧	灵谷寺		银 1 两 5 钱 2 分，米 7 石 6 斗	5两 3 钱 2 分
通经优给僧	天界寺		银 6 钱 8 分，米 5 石 2 斗	3两 2 钱 8 分
通经优给僧	报恩寺		米 7 石	3两 5 钱
通经优给僧	鸡鸣寺		米 7 石 6 斗	3两 8 钱
通经优给僧	能仁寺		银 7 钱 2 分，米 2 石 4 斗	1两 9 钱 2 分
通经优给僧	栖霞寺		米 4 石	2两
通经优给僧	弘觉寺		米 1 石 2 斗	6钱
通经优给僧	静海寺		米 8 斗	4钱
前堂僧	灵谷寺		银 7 钱 6 分，米 3 石 8 斗	2两 6 钱 6 分
前堂僧	天界寺		银 3 钱 4 分，米 2 石 6 斗	1两 6 钱 4 分
前堂僧	报恩寺		米 3 石 5 斗	1两 7 钱 5 分
维那僧	灵谷寺		银 7 钱 6 分，米 3 石 8 斗	2两 6 钱 6 分
维那僧	天界寺		银 3 钱 4 分，米 2 石 6 斗	1两 6 钱 4 分
维那僧	报恩寺		米 3 石 5 斗	1两 7 钱 5 分

续　表

僧　人	单　位	俸　薪	口　粮	合　计（银）
	鸡鸣寺		米3石8斗	1两9钱
	能仁寺		银3钱6分，米1石2斗	9钱6分
	栖霞寺		米2石	1两
	弘觉寺		米6斗	3钱
	静海寺		米4斗	2钱
书记僧	灵谷寺		银1两5钱2分，米7石6斗	5两3钱2分
	天界寺		银6钱8分，米5石2斗	3两2钱8分
	报恩寺		米7石	3两5钱
	鸡鸣寺		米7石6斗	3两8钱
	能仁寺		银7钱2分，米2石4斗	1两9钱2分
	栖霞寺		米4石	2两
	弘觉寺		米1石2斗	6钱
	静海寺		米8斗	4钱
管事僧	灵谷寺		银7钱6分，米3石8斗	2两6钱6分
	天界寺		银3钱4分，米2石6斗	1两6钱4分
	报恩寺		米3石5斗	1两7钱5分
	鸡鸣寺		米3石8斗	1两9钱
	能仁寺		银3钱6分，米1石2斗	9钱6分
	栖霞寺		米2石	1两
	弘觉寺		米6斗	3钱
	静海寺		米4斗	2钱
直库僧	灵谷寺		银7钱6分，米3石8斗	2两6钱6分
	天界寺		银3钱4分，米2石6斗	1两6钱4分
	报恩寺		米3石5斗	1两7钱5分
	鸡鸣寺		米3石8斗	1两9钱
	能仁寺		银3钱6分，米1石2斗	9钱6分
	栖霞寺		米2石	1两

续 表

僧　人	单　位	俸　薪	口　粮	合　计（银）
	弘觉寺		米6斗	3钱
	静海寺		米4斗	2钱
直日僧	灵谷寺		银7钱6分，米3石8斗	2两6钱6分
	天界寺		银3钱4分，米2石6斗	1两6钱4分
	报恩寺		米3石5斗	1两7钱5分
管殿僧	灵谷寺		银7钱6分，米3石8斗	2两6钱6分
	天界寺		银3钱4分，米2石6斗	1两6钱4分
	报恩寺		米3石5斗	1两7钱5分
	鸡鸣寺		米3石8斗	1两9钱
	能仁寺		银3钱6分，米1石2斗	9钱6分
	栖霞寺		米2石	1两
	弘觉寺		米6斗	3钱
	静海寺		米4斗	2钱
管塔僧	报恩寺		米3石5斗	1两7钱5分
堂司僧	灵谷寺		银7钱6分，米3石8斗	2两6钱6分
	天界寺		银3钱4分，米2石6斗	1两6钱4分
	报恩寺		米3石5斗	1两7钱5分
净发僧	灵谷寺		银7钱6分，米3石8斗	2两6钱6分
	天界寺		银3钱4分，米2石6斗	1两6钱4分
	报恩寺		米3石5斗	1两7钱5分
施茶僧	灵谷寺		银7钱6分，米3石8斗	2两6钱6分
	天界寺		银3钱4分，米2石6斗	1两6钱4分
	报恩寺		米3石5斗	1两7钱5分
音乐僧	灵谷寺		银7钱6分，米3石8斗	2两6钱6分

续　表

僧　人	单　位	俸　薪	口　粮	合　计（银）
	天界寺		银 3 钱 4 分，米 2 石 6 斗	1两 6 钱 4 分
	报恩寺		米 3 石 5 斗	1两 7 钱 5 分
管山门僧	灵谷寺		银 7 钱 6 分，米 3 石 8 斗	2两 6 钱 6 分
管庄管洲僧、催租管洲僧	大寺、次大寺		各庄俱有耗银、耗米，常住不必再给	
牒僧	灵谷寺		银 7 钱 6 分，米 3 石 8 斗	2两 6 钱 6 分
	天界寺		银 3 钱 4 分，米 2 石 6 斗	1两 6 钱 4 分
	报恩寺		米 3 石 5 斗	1两 7 钱 5 分
	鸡鸣寺		米 3 石 8 斗	1两 9 钱
	能仁寺		银 3 钱 6 分，米 1 石 2 斗	9钱 6 分
	栖霞寺		米 2 石	1两
	弘觉寺		米 6 斗	3钱
	静海寺		米 4 斗	2钱
学僧	灵谷寺		银 7 钱 6 分，米 3 石 8 斗	2两 6 钱 6 分
	天界寺		银 3 钱 4 分，米 2 石 6 斗	1两 6 钱 4 分
	报恩寺		米 3 石 5 斗	1两 7 钱 5 分
	鸡鸣寺		米 3 石 8 斗	1两 9 钱
	能仁寺		银 3 钱 6 分，米 1 石 2 斗	9钱 6 分
	栖霞寺		米 2 石	1两
	弘觉寺		米 6 斗	3钱
	静海寺		米 4 斗	2钱
禅僧	灵谷寺		每日银 1 分或米 2 升	
	天界寺		同上	
	报恩寺		每日银 1 分	
			校经僧银 2 两	
			管板僧银 1 两 5 钱	
	鸡鸣寺		《金陵梵刹志》卷五一未载	
	栖霞寺			

续 表

僧 人	单 位	俸 薪	口 粮	合 计(银)
	弘觉寺			
	静海寺			
律僧	灵谷寺		每日银1分或米2升	

从上表中可以看出，从寺院支取最多者为僧录司左觉义、右觉义，达到银42两，其次是大寺、次大寺的大住持，分别是银28两、25两，再次是次大寺的堂札住持，为银16两（弘觉寺为银14两），最后是各寺的教学僧，大寺银15两，次大寺银8两（弘觉寺为银7两）。这几类僧人中，左觉义、右觉义每人从寺院支取的竟是下层官僧中支取最多者（2两6钱6分）的近16倍，最少者（2钱）的210倍。即使是其中支取最少的弘觉寺教学僧，也是下层官僧中支取最多者（2两6钱6分）的2.6倍，最少者（2钱）的35倍。这几类僧人额定26员，占三大寺、五次大寺近3000僧人的不到百分之一，无疑是僧人的最上层。

通经执事等僧，表面上看，只有通经僧、书记僧“每名支僧粮二分”，而前堂等僧则“每名各支僧粮一分”[1]，似乎与普通僧众并没有多大区别。但是，这些僧人往往还有牒补之粮。南京礼部规定，通经执事等僧“如有牒补粮，仍本分兼支”[2]。他们从寺院中所支取的，虽然比不上僧录司官员及寺中大住持、堂札住持、教学僧，但是仍然高出普通僧众。因此，我们把他们和僧录司的僧吏划为僧人的中层。

至于常住的牒僧、学僧，口粮额定，不会有所增加。而且，牒僧出寺外住、“不实在寺”，即“除名革粮”，三次不上殿及告假满三月“停粮”，学僧假满一月者也“革粮”[3]，因此很难有空头

1 《金陵梵刹志》卷五一《条约》。

2 《金陵梵刹志》卷五一《条约》。

3 《金陵梵刹志》卷五一《条约》。

之粮可供分补。至于禅堂中的禅僧和律堂中的律僧，每日银 1 分或米 2 升，则其口粮稍多。因为，政府优待禅僧，以其“参学持斋，僧规不失”，明初“拨田赡僧，原为此辈”[1]。但是，根据丛林清规，云游禅僧到某一寺院挂单后，如果留住较长时间，可成为该寺的常住僧人，而一般云游禅僧的停留，不会多过几天，或几个星期。因此，“禅堂多系行僧”，某一禅僧在某一寺院禅堂中停留时间不会太长，支取的口粮也不会太多。律堂仅灵谷寺有设，其中的律僧口粮稍多，大概也是鼓励他们修持和弘扬戒律。而且，即使他们住满一年，口粮也仅有银三两五钱左右，仍无法与通经优给僧、书记僧等相比。正是这些原因，我们将他们作为明代南京官僧的下层。

以上就明代南京三大寺、五次大寺官僧的执掌和俸薪、口粮两个方面，将这些僧人分为三个等级。当然，对某一僧人来说，其地位也不是固定不变的。有时，由于执掌的变化，也会带来僧人地位的变化。如，僧德清在报恩寺出家后，精心修行，隆庆元年部檄报恩寺“设义学，教僧徒”，即请其为“教师”[2]，则其地位已升为教学僧，进入上层领导僧人等级。一些僧人，也会因为各种原因，与皇帝或者贵族、官僚等关系密切，所得赏赐、施舍等较多，政治地位高。他们或者虽非寺院领导，但也应属于上层官僧。

在八大寺以外的非官寺中，民僧之间也同样存在着等级差别。那些中寺和小寺中田地较多者，住持（中寺）、首僧（小寺）为寺院的上层，执事等僧为寺院的中层，下层则为普通僧众。寺院虽无土地，但是能得到大量赏赐或施舍的僧人也应属于上层僧人。如，僧佛妙，洪武年间至京，明太祖赐钵盂、锡杖、僧衣、道具，并赐敕谕，“俾游两浙名山”，回京后持旨送天界寺。永

1 《金陵梵刹志》卷五一《条约》。
2 《憨山大师年谱疏》卷上。

乐十六年，奉旨住持碧峰寺。十九年，“倾已橐，并化众缘，盖造佛殿、廊庑、石塔”[1]，重建华严寺；福州儒僧开俊，“才行果富”，永乐初年，以姚广孝荐，来南京安隐院焚修，明成祖“优赍斋粮、金币、钞锭甚夥”，开俊“悉皆蓄之，未尝私费”。正统年间，创建殿宇，赐额“安隐讲寺”[2]；祖堂僧法通，正统年间，游铁石山，挂锡山西椒之石佛庵，并“捐赀兼募，买山为住锡”，“以次修举”无量殿、天王殿、观音殿、法堂等，后赐额“嘉善寺”[3]；多福寺僧惠果，永乐年间，“复出己帑”，“并募檀信谷玉等集材度木”[4]，天顺、成化年间继葺寺院；幕府寺僧如方、如觉，万历年间，“抽衣钵之余积，合檀施之净赀，凡几百缗”，将成化以后倾圮不堪的寺院“撤而新之”[5]。佛妙、开俊、法通、惠果、如方、如觉等能以己资重建或修葺寺院，其所有财富可以想见，绝非一般僧人可以比拟。可见，这些中寺和小寺中的上层、中层民僧虽然没有官僧名号，但地位却并不比八大寺官僧低。

那些既无多少土地，也没有大量赏赐、施舍的寺院中的民僧，寺穷僧贫，只有一起出去乞食了。如，正德年间，有一官员游天宁寺，“徐步入寺，寺僧多出乞食，独老僧惠禧者见客至，似喜，延入室，焚香供茗甚肃”[6]。在这里，恐怕难以找出等级之别，所有僧人一律地位平等，尽属僧人社会的下层。

综上所述，明代南京僧人社会呈金字塔形结构，处于上层的是极少数的僧录司官员，大寺、次大寺的住持、堂札住持、教学僧，以及一些拥有大量土地的中寺住持、小寺首僧，加上一些得

1 《金陵梵刹志》卷三二，胡濙《华严寺碑略》。
2 《金陵梵刹志》卷三四，乔宇《重修安隐寺碑记略》。
3 《金陵梵刹志》卷二七，郑宣化《重修嘉善寺记略》。
4 《金陵梵刹志》卷一四，倪谦《多福寺重兴记》。
5 《焦氏澹园集》卷二一《幕府寺修造记》。
6 《金陵梵刹志》卷九，顾璘《天宁寺游记略》。

到大量赏赐或施舍的“名僧“等。处于中层的是寺院的执事等僧，这一阶层人数稍多。处于金字塔下层的是那些大寺、次大寺的普通官僧，以及既无大量土地、又得不到大量赏赐、施舍的寺院所有僧人。下层最为庞大，人数最多。明代南京僧人社会的这个等级结构，实际上是中国封建等级结构的缩影。其中的上层僧人，等同于中国封建等级结构中的大官僚、大贵族、大地主等级，其中层僧人则相当于一般的官吏和中、小地主等级，其众多的下层僧人则和占中国封建社会人口绝大多数的贫苦民众没有什么两样。明代南京僧人社会的等级结构，也是中国封建社会等级结构不可分割的一部分。

第二节　佛学水平

总的来说，明代南京僧人的佛学水平是比较高的，与其城市地位也是相适应的。

明代初期，南京是全国的佛学中心。洪武初年，明太祖大量征召全国名僧至南京各寺院，住坐修行，或举办法会。如，士璋曾侍我庵本无法师，本无“刮目视之”，“凡天台教观、一家章义，以次授师”，后住持栖真寺，又日往相邻的南竺、演福二刹，扣大用必才、绝宗善继二僧，“凡教观之奥、偏圆本迹之微，一一无不条析所以”[1]，洪武元年，召至南京；大同，先后从学“皆南山大弟子、深于华严之学者”的春谷、古怀二僧，“凡清凉一家疏章，悉摄其会通，而领其枢要，义趣消融，智光发现，识者心服之”[2]，洪武元年，诏赴蒋山法会；力金，“精研三观十乘之旨，领其枢要”，后弃教入禅，谒古鼎祖铭禅师于双径，有契，

1 《大明高僧传》卷三《杭州集庆寺沙门释士璋传》。

2 《补续高僧传》卷四《大同师传》。

“敷宣大法”，“四众信服”，“声光烨烨起丛林间”[1]，洪武元年，诏住持天界寺；梵琦，“学行高一世，宗说兼通，禅寂之外，专志净土”[2]，被称为明代的“国初第一宗师”，洪武元年，诏赴蒋山法会；昙噩，先“游心于教”，后“弃教而即禅”，时人称其“仪观伟而重，戒行严而洁，文章简而古，禅海尊宿，今一人耳”[3]，洪武二年，“就有道征”，馆于天界寺；慧日，从僧柏子庭“讲台教于赤城”，“能领大义”，其学“沉浸浓郁”，“名重一时”[4]，洪武二年，诏赴蒋山法会；宝金，“游讲肆”，“穷性相之学”，寻习禅，参晋云山如海真，后悟，如海反复相辩而许，元末顺帝曾赐号、赐物，“自丞相而下，以至武夫、悍将无不以为依皈”[5]，洪武三年，召至南京，留于天界寺；宗泐，从学净慈寺笑隐大䜣，“博咨经典，精求义蕴，律论梵藏，备尽厥旨”，又与怀渭等“互相参究，时有启迪，奥理深疑，一致推寻，莫不悦怿以解”，后又息影潜声数年，“静性弥坚，道行益励”[6]，洪武四年，征至南京，住天界寺；元瀞，先从天岸济法师习天台教，“尽得其学”，“台宗诸老竟以书聘之，欲令出门下”[7]，但他却往双径从人尊“当代妙喜”的元叟端、南京大龙翔集庆寺的全悟大䜣二禅师，弃教习禅，宋濂称“世之学浮屠者不为不多，习教者不必修禅，修禅者未尝闻教。师则兼而有之，具通儒家言文，又足以达其意，敷阐大论，发挥先哲，释门每于师是赖，千百人中不能一二见焉”[8]，明初，诏赴蒋山法会；弘道，先习天台宗，“台宗疏钞诸书罔不

1 《新续高僧传四集》卷五一《明金陵大天界寺沙门释力金传》。

2 《列朝诗集小传》闰集《西斋和尚琦公传》。

3 《补续高僧传》卷一四《梦堂昙公传》。

4 《大明高僧传》卷三《杭州上天竺寺沙门释慧日传》。

5 《补续高僧传》卷一四《金碧峰传》。

6 《新续高僧传四集》卷二《明临安净慈寺沙门释宗泐传》。

7 《补续高僧传》卷一四《天镜瀞禅师传》。

8 《护法录》卷一《故灵隐住持朴隐禅师瀞公塔铭》。

通贯”，后退隐，“六时礼大悲像，期生净土”[1]，明初，数入南京，后为僧录司左善世。

洪武中期以后，明太祖仍不断招请名僧至南京，住坐修行，补充僧官。溥洽，元末出家，先后从学名僧慧日、如玘，“博究教典”，“讲求旨要”，“凡诸经籍精粗小大之义，靡不贯串”，洪武初，住苏州北禅寺，“学徒云集”，一时宗门耆硕“咸共嗟赏，谓吴中法席第一”[2]，洪武后期，诏掌僧录司，兼主天禧寺。洪武二十五年十二月，明太祖传旨僧录司官员：“各处有通佛法性理高僧，访问得几人，取将来［天界］善世寺住”[3]。二十七年，明太祖又“命僧录司行十三布政司选僧补官”，于是名僧居顶、道成、净戒等“应召除授”[4]。

永乐前期，明朝首都仍在南京，明成祖不仅继承了洪武年间明太祖在南京的佛教措施，而且下令编修《永乐大典》，编集、刊刻大藏经，一些名僧又陆续被征召至南京。如，慧进，“究通华严宗旨，旁达唯识百法诸论，意解心融，众所钦服”，时称“法主”，明成祖知之，遣中官驰驿召至南京，“备问《楞严》大义，应对称旨”，赐紫衣，“命住天界寺”[5]；哈立麻，“道怀冲漠，神用叵测，声闻于中国”，明成祖遣使迎至南京，封“如来大宝法王西天大善自在佛”，“领天下释教”[6]；了悟，从学僧幽谷，“获证心要”，“因而发通，大著灵异”，“四方无贤愚，咸归向之，登座说法，天花如雨”，“所至腾沸”，永乐中，召诣京师，“命为宗主，登坛说戒，赐号大善知识”[7]；释迦也失，为藏传佛教格

1 《新续高僧传四集》卷五《明杭州上天竺讲寺沙门释弘道传》。

2 《补续高僧传》卷二五《南洲溥洽法师传》。

3 《释氏稽古略续集》卷二。

4 《释氏稽古略续集》卷二。

5 《补续高僧传》卷四《慧进传》。

6 《补续高僧传》卷一九《乌斯法王传》。

7 《补续高僧传》卷一九《安岳了悟传》。

鲁派创始人宗喀巴大弟子，“道行非凡，神通难测”，来游中原，永乐十二年，召至京师，“奏对称旨”[1]，敕主能仁寺方丈。《永乐大典》由学士解缙等初修成后，明成祖因其未能兼收百家而很不满意，下令重修，以太子少师姚广孝（道衍）、刑部侍郎刘季篪、及解缙等总其事。《永乐大典》的重修，不仅有僧人道衍参与总其事，还有许多名僧加入其中。如，师颐，洪武年间扣灵隐时敷庵，有省，后至南京礼雪轩道成，“义学复深”，永乐四年，“以高僧征修《[永乐]大典》”，“总持释宗”[2]；慧心，曾问道于名僧智顺，永乐初就征，入文渊阁，与修《永乐大典》[3]。其后，明成祖下令校、刊大藏经，又征召不少名僧至京。如，居敬，“学通内外”，“精严律部”[4]，永乐初，奉诏校大藏经；善启，“研穷大藏，百氏、诸史无不精究”[5]，永乐七年，应召校大藏经。

明初先后征召至南京的僧人（详见后文），多是全国有名者，可谓极一时之选。当时，中国佛教各宗派的名僧几乎齐集南京。其时，各宗派传承有人者，主要是禅宗、天台宗、净土宗。禅宗是明初最盛行的佛教宗派，以临济宗和曹洞宗为主流，知名的禅僧有梵琦、昙噩、智及、宗泐、无愠、普庄、来复、道衍、道成、溥洽等。这些禅僧，除普庄以外，几乎都被召至南京。而《补续高僧传》收入《习禅篇》的明初禅僧，有智及、宗琏、福报、梵琦、慧明、元瀞、昙噩、宗泐、明德、辅良、文琇、力金、慧昙、永宁、崇裕、宝金、怀信、怀渭、慧照、德始、道永、可授、普仁、智度、世愚、时蔚、德馨、法秀、本来、如皎、无念、一觉、祖灯、自缘、道成等。其中，除宗琏、明德、辅良、永宁、可授、

1 《新续高僧传四集》卷一九《明五台山显通寺沙门释释迦也失传》。
2 《新续高僧传四集》卷五二《明杭州净慈寺沙门释师颐传》。
3 《补续高僧传》卷二六《逆川禅师传附慧心》。
4 《大明高僧传》卷三《松江普照寺沙门释居敬传》。
5 《大明高僧传》卷三《苏州延庆寺沙门释善启传》。

普仁、世愚、时蔚、德馨、本来、祖灯、自缘等以外，绝大多数都到了南京，且多数住于南京各寺。天台宗，明初只有慧日、士璋、力金等数家。而慧日、士璋、力金三人，明初均被召至南京。其中，除士璋早逝外，慧日、力金都住于天界寺。净土宗，明初弘赞者有梵琦、大佑、慧日、妙叶、普智、道衍等。其中，梵琦、慧日、道衍也都住于南京。因此，直到永乐前期，明代的南京一直是全国的佛教中心，僧人的佛学水平在全国保持领先地位。

明代中期，政治中心北移，南京佛教虽然有明初建立的极好基础，寺院也在不停地新建、修理，但是由于缺少统治阶级强有力的支持，尤其是南京寺院原有的一些名僧也随明王朝统治机构移到北京，加上寺贫僧穷，多数寺院难以为继，而寺僧又多不求上进，“各立门户，梵呗稀闻，触蛮时竞”[1]，南京佛教实际上也陷于衰微的境地，罕见名僧。其中，稍足称道者有临济宗僧觉澄。觉澄，礼投子山楚山绍琦，获印记，“以衣拂、法卷付之”[2]，“为临济二十四世之灯”[3]，天顺五年，应请住南京高座寺，“闻风者从化”。又有古渊清，成化后期，重兴南京永宁寺，“朝夕称佛名号拜礼，求速超脱”[4]，后掩关于弘济寺，提无字话，心念相依，胁不沾席者三年，得悟，是兼习净土的禅僧。其后，南京再未见有名僧，即使禅宗也不例外。明代“佛教四大家”之一的德清回忆其嘉靖末年在南京为僧时情况说：“江南开创禅道，自［嘉靖末年］云谷［法会］大师始盛，然住寺僧习禅者独予一人”[5]。佛教史也称，“时江南佛法、禅道绝然无闻”[6]。

---

1 《金陵梵刹志》卷一六，葛寅亮《八大寺重修禅、律堂及赡田碑记》。
2 《列朝诗集小传》闰集《香岩和尚古溪澄公》。
3 《释氏稽古略续集》卷三。
4 《补续高僧传》卷一六《古渊清公传》。
5 《憨山大师年谱疏》卷上。
6 《新续高僧传四集》卷二〇《明摄山栖霞寺沙门释法会传》。

实际上，佛教各宗衰微也是明代中期全国的普遍情况。即以禅宗为例，《补续高僧传》的《习禅篇》收录的明代中期的禅僧也仅有十位左右，而南京就占了两位（觉澄、古渊清）。因此，明代中期南京僧人的佛学水平在全国仍有一定地位。

明代后期，政治日益黑暗腐朽，仕途不畅，南京衙门也成为安置政治上不得意士大夫的大本营。这些失意士大夫无所事事，在南京多流连山水，出入佛寺，与僧人相唱酬。同时，由于心学的流行，士大夫中禅悦之风日盛，士、僧关系又密切起来。而一些著名僧人也来到南京，提倡佛教，讲演佛法。在南京佛教、恢复发展的同时，南京僧人的佛学水平大大提高。

对明代后期南京佛教的恢复和发展以及僧人佛学水平的提高有开创之功者，是僧永宁。永宁，嘉靖初年为大报恩寺住持，后升任南京僧录司左觉义。时“江南佛法未大行”，永宁居僧秩，“切以法门为忧”，乃请法会住三藏殿，“教诸习禅者，始知有禅宗”，又延致守愚，“选僧众数十人，日开讲席，亲领听受，从此始知向佛法”[1]。永宁还兴办寺院教育，对僧众进行常规化的教育，对南京佛教的恢复和发展以及僧人佛学水平的提高有重要贡献。振兴南京禅宗的是僧法会。他初至南京，应请住报恩寺三藏殿，教诸习禅者，后往摄山栖霞寺，恢复有力，又“悯禅道绝响”[2]，于嘉靖末年集众“结坐禅期于天界寺”，人推“中兴禅道之祖”[3]。明代“佛教四大家”之一的德清正是由于法会的“力拔”，得预坐禅之会，“入众同参，指示向上一路”[4]，而深入于禅宗。在南京大力弘扬讲宗的是僧真节。他曾“北游京师，遍参讲席，居秀法师座下，餍餐法喜，深得贤首之印”。久之，负锡至南京，出主摄

1 《新续高僧传四集》卷一九《明金陵大报恩寺沙门释永宁传》。
2 《补续高僧传》卷一六《云谷会师传》。
3 《新续高僧传四集》卷二〇《明摄山栖霞寺沙门释法会传》。
4 《新续高僧传四集》卷二〇《明摄山栖霞寺沙门释法会传》。

山栖霞寺，“众逾三百，教备五乘，居狮子座，挝大法鼓三十余年”[1]，培育出大批僧人，也使南京僧人的佛学水平大大提高。另一位对明代后期南京乃至全国佛教都有重要影响的僧人是如馨。中国佛教南山律宗自道宣开创后，经过十三传，至元、明之际，“律仪中废，戒法失传”[2]，法系传承几于无闻。如馨尽得律学之奥，嘉、隆间至南京古林庵，“登坛说戒”，“遂称天下第一戒坛”[3]。其后，他又先后至灵谷寺、栖霞寺以及江、浙地区的其他一些寺院、五台山等地说戒，被称为“中兴律祖”。他坐南北道场40余会，徒众累万，嗣法12人，各住一方，“接席分灯，相继宏扬，律学所以遍行天下也”[4]。明代后期在南京大力弘扬佛法的名僧是洪恩。洪恩，出家于报恩寺，“于佛书无所不读”，“每当敷演，闻声向化，日盈万指”，“东南法席之盛，无出其右”[5]。崇祯年间，曹洞宗名僧元来至南京天界寺，“高提祖印，广度群品”[6]，缙绅、先生“云集景附”，影响极大。此外，明河等在南京弘传佛法，也都是一时名僧。

另一方面，明代后期在南京各大寺、次大寺先后设立的义学及公塾，则使对僧人的教育制度化，这对广大僧众佛学水平的提高也有很大的影响。关于这一点，将在以后寺院教育一节作详细探讨。

由于一些名僧的住坐和提倡，明代后期，南京是全国重要的佛学中心，僧人的佛学水平又在全国处于领先地位，佛教各宗派的知名僧人不少即在南京。有明一代的禅宗名僧中，临济宗有德

1 《大明高僧传》卷四《南京应天栖霞寺沙门释真节传》。
2 《金陵马鞍山古林律寺祖庭汇志》自序。
3 《金陵马鞍山中兴律祖事迹考》。
4 《金陵马鞍山中兴律祖事迹考》。
5 《新续高僧传四集》卷七《明金陵宝华山释洪恩传》。
6 嘉庆《新修江宁府志》卷五一《仙释》。

宝、圆悟、法藏等，曹洞宗有慧经、元来、元贤等。元来，崇祯年间即住于南京天界寺。道盛曾从元贤、东苑、慧经等学，“嗣法［曹］洞宗”，“五宗并举”[1]，崇祯年间来南京，是明末清初最有名的禅僧之一。《补续高僧传》的《习禅篇》收录明代后期的禅僧也有十位左右，南京也有两位，即道济、法会。华严宗，知名僧人有普泰、无极、洪恩、明河等人。无极于嘉靖年间来南京，住于报恩寺，洪恩正是从学者。明河则是洪恩的再传弟子，崇祯年间也在南京报恩寺弘扬华严大钞。慈恩宗，知名僧人有普泰、无极、洪恩、明昱等。无极、洪恩均主弘华严，旁及唯识。明昱也曾讲唯识于南京，被称为明代唯识宗的一大家。律宗，全国知名僧人基本上出于如馨及其弟子寂光等门下。净土宗，知名僧人有宗本、传灯、袾宏、成时、慧经、元来、元贤、圆澄等。其中，元来住于南京天界寺，已见前述。天台宗，知名僧人有传灯、智旭等[2]。可见，明代后期，南京除天台宗以外，其他各宗均有在全国知名的僧人。其中，华严宗、慈恩宗的知名僧人基本都在南京。而律宗，则以南京古林寺为重兴基地。因此，我们说，明代后期，南京僧人的佛学水平在全国保持着领先地位。

当然，也需要指出，明代佛教在教义和理论方面并没有什么新的突破和发展，各宗基本上都是述而不作，陈陈相因，佛教只是维持着表面的繁盛。就是在这种背景下，南京僧人的佛学水平在全国保持着领先地位，成为传承和维持明代佛教表面繁盛的重要力量。

---

1 《摄山志》卷三，纪映钟《国朝觉浪盛禅师传》。

2 本节明代佛教各宗知名僧人，参阅《中国佛教》（一），第 114～118 页；郭朋：《明清佛教》，第 41～176 页，福建人民出版社，1982 年。

第三节　儒学修养及文学、艺术等才能

对于僧人来说，佛学是其本业，他们的任务就是修持和传承佛法。但是，他们既然生活于社会中，又必须与现实达成一定程度的一致，服膺封建统治思想——儒家思想。同时，他们要更好地修持和传承佛法，也必须学习儒学，并掌握一定的文学、艺术等才能。当然，有些僧人在出家前就习儒工文，有一定的儒学和文学、艺术等功底。因此，明代南京寺院中，有许多僧人有很高的儒学修养，并能诗善文，多才多艺。

一　儒学修养

明代南京僧人的儒学修养，从时间上来说，以明代初期和后期为高；从寺院的角度来说，以几个大寺、次大寺为高。明代初期和后期，在南京的一些大寺、次大寺中，聚集着一大批名僧。他们不仅精通佛学，而且儒学修养也相当高。

如前所述，明初，明太祖、明成祖征召了大批名僧至南京。这些僧人多出生、出家于江、浙地区，或者虽非生于斯，而后来出家、长期参访修行于斯。众所周知，江、浙地区自南北朝以后经济、文化取得很大发展，宋、元以来更是在全国处于领先地位。这里不但经济发达，而且文化繁荣，儒学兴盛，通过考试儒学而进入仕途者在全国占有的比例也最高。这些僧人出生、出家、修行于这种文化氛围中，自然比其他地区的僧人更有可能和条件学习、研究儒家经典，其儒学修养之高也就可想而知。他们有的出家前已经接受了儒学，或得自名儒，或得自家传，或得自学校。如，崇裕，毗陵（今江苏常州）陈氏子，7 岁入小学，“资识明敏，迥超群童”，16 岁“解通儒家言”，然生而体弱，从寿昌院东

林晓为沙弥[1]；道衍，长洲（今江苏苏州）相城里人，本医家子，"顾不肯学医"，"喜为儒者博贯该通之学"[2]；道联，鄞（今浙江宁波）人，幼读儒书，"穷理命之学"，后依荐严羲修沙门行[3]；溥洽，余干人，幼颖异，父"教之诗书，悟解日益进"[4]。有的出家后在寺院中得到很好的儒学教育，或有名儒指点，或受寺院教育。如，士璋，海宁王氏子，幼喜读佛书，舍入传法寺，受五戒，翰林侍制柳贯"授以经、史，亲为敷绎奥义"[5]；如玘，得法于文明海慧继绝宗，"学冠群英，才逸三教，非但十乘、三观、九经、七史，凡世间所有名言秘典无不博综"[6]；怀渭，南昌人，元末为南京大龙翔集庆寺住持全悟大䜣挽至座下，"四方名荐绅无不与全悟游"，"四、三君子，或发天人性命之秘，或谈古今治忽之几，或论文辞开阖之法"，怀渭"咸得与闻之，反复参求，益探其阃奥，其学于是大进"[7]；元瀞，出家后先习教，后入禅，参访咨扣，久之，来游南京大龙翔集庆寺，见大䜣，"精贯儒、释二家之学"[8]；守仁，富阳人，元末与释如兰师事于名儒杨维桢，杨维桢"授以《春秋》、经、史学"[9]。

还有的僧人儒、释兼通，见明太祖、明成祖崇信佛教，征召名僧，而自己未能预其列，就主动来到南京，通过各种途径表现自己，以期得到最高统治者的注意和信用。而且，南京在明初作为首都，名僧云集，寺院壮观，也吸引着大批僧人来参访游学，

1 《新续高僧传四集》卷三七《明四明阿育王山广利寺沙门释崇裕传》。
2 《列朝诗集小传》闰集《少师独庵衍公》。
3 《补续高僧传》卷二五《季芳联传》。
4 《补续高僧传》卷二五《南洲溥洽法师传》。
5 《大明高僧传》卷三《杭州集庆寺沙门释士璋传》。
6 《大明高僧传》卷三《杭州演福寺沙门释如玘传》。
7 《护法录》卷二《净慈禅师竹庵渭公白塔碑铭》。
8 《释氏稽古略续集》卷二。
9 《列朝诗集小传》闰集《梦观法师仁公》。

其中不乏儒、释兼通者。如，愿证，苏州人，幼学佛于城南顿觉兰若，祝发受具，后杖锡来南京，谒净觉于天界寺，“独坐一室，竺坟鲁典无不研穷之”，后退居武康山中，著《观幻子内外篇》，“以合儒、释一贯之妙”，洪武六年冬，还天界寺，与太常丞张丁“往复论性”[1]，又以其文传于学士宋濂，后由宋濂推荐给明太祖；郭传，会稽（今浙江绍兴）人，“儒、释俱长”，以文求侍讲学士宋濂“改益”，明太祖知其用意是“特求名儒以改益之，由此而扬名，欲出为我用”[2]，因而“与愿证同召”[3]；居敬，“学通内外”[4]，明初来南京，礼天禧寺溥洽，职知客。

谈到明初南京僧人的儒学修养，不能不涉及道衍。道衍著《道余录》，即刊刻于南京。其书“专诋程、朱，尤无忌惮”[5]，为一般儒者所鄙视。不过，它却也反映出道衍对儒学作过精深的研究。道衍在《道余录》自序中也称，“余曩为僧时，值元季兵乱，年近三十，从愚庵及和尚于径山习禅学，暇则披阅内外典籍，以资才识”[6]。

明代中期，南京名僧罕见，儒、释兼长的僧人也极为稀少。史籍中能见到者，有普泰，秦人，“深禅观，嗜儒学”，“尝溯淮涉江，读书钟山寺”[7]；法聚，出家后读王守仁《传习录》，“谓与禅理不殊”，乃以偈趋扣，又亲往从学，后至南京碧峰寺参礼梦居，得悟[8]。

明代后期，南京僧人的儒学修养有了较大恢复和提高。一方

1 《护法录》卷一《李大猷传》。
2 《明太祖御制文集补·拔儒僧文》。
3 《护法录》卷一《李大猷传》。
4 《大明高僧传》卷三《松江普照寺沙门释居敬传》。
5 《四库全书总目》卷一七五《集部别集类存目二·〈逃虚子集〉等提要》。
6 《道余录》自序。
7 《列朝诗集小传》闰集《鲁山泰公》。
8 《列朝诗集小传》闰集《玉芝和尚聚公》。

面，一些儒、释兼长的僧人来南京，参访修行，讲演佛法。如真节“少为郡弟子”，后出家，明代后期来南京；道盛幼业儒，后出家，嗣法曹洞宗，“主盟佛教，而三教并宏”[1]；书祯，“家世儒素，少习帖括”[2]，后出家，崇祯末年来南京。这些僧人来到南京，本身就是南京僧人儒学修养提高的表现。而且，通过他们的言传身教，也会提高周围其他僧人的儒学修养，这是毫无疑问的。另一方面，各寺院也兴办寺院公学，教育内容不仅有佛学，而且包括儒学等。如嘉靖年间，永宁为南京僧录司左觉义，住报恩寺，兴办寺院教育，既教授僧众以佛经，又把当时作为官方哲学和科举标准的儒学改造流派——程、朱理学列入教学范围，使出家者习“举子业”。据德清回忆，其入报恩寺后，永宁即“择诸孙中有学行者”教授《法华》等经，后“仍请先生首教举子业，初即以《四书》一齐读之，次习《五经》、子、史、古文、词、赋等”[3]。洪恩、德清，正是这一时期在这里接受的教育。至隆庆元年，报恩寺“奉部檄设义学”，请德清为教师，时“受业行童将二百人”，德清“因复亲左、史、诸子故业”[4]。可见，寺院教育的内容以儒学为主，且受业者众多，这对僧人儒学修养的提高大有裨益。次年，德清“谢寺馆”，“复馆于高座寺”[5]。看来，义学一类的正规寺院教育不仅在报恩寺这样的大寺中设立了，而且连高座寺这样的中寺也有了，这将大大促进僧人儒学修养的提高。

二 文学、艺术等才能

明初南京名僧，多精于文学。他们之中，有许多人在元末与

1 《摄山志》卷三，纪映钟《国朝觉浪盛禅师传》。

2 《新续高僧传四集》卷二九《清广陵五台律院沙门释书祯传》。

3 《憨山大师年谱疏》卷上。

4 《憨山大师年谱疏》卷上。

5 《憨山大师年谱疏》卷上。

当时的著名文学家交游探讨，得其指教。如，妙声，元末与名士袁桷、张翳、危素等“俱相友善”[1]；大同，幼极俊爽，父“授以辞章之诀，握笔翩翩，辄有可观”，出家后，永康胡长孺、吴兴赵孟頫、巴西邓文原等咸乐与交，“函诗往来无虚岁”[2]；昙噩，元末学文于胡长孺，“为袁桷、张翳辈所推服”[3]；怀渭，幼时“诵书攻文，不待师授，知解日胜”。元末至南京大龙翔集庆寺，时名士张起岩、张翳、危素等与僧全悟大䜣“或论文辞开阖之法”，怀渭“咸得与闻之”[4]；来复，“蚤有诗名”，元末“亲炙”于名士虞集等人[5]。明代南京僧人的诗文水平，也以明初最高，精于文学者也最多。如，妙声，清人称其“所作颇有士风”，“往往激昂可诵”，“杂文体裁清整，四、六俪语，亦具有南宋遗风。在缁流之内，虽未能语带烟霞，固犹非气含蔬笋者也”[6]，文集《东皋录》也收入《四库全书》，在僧人中不多见；怀渭“形诸篇翰，如千葩竞放，锦丽霞张”，“老于文学者争歆慕之”，称为“文中虎”[7]；宗泐，“诗风骨高骞，可抗行于作者之间”[8]，《四库全书》收录其《全室外集》；来复，诗文“气魄雄而辞调古，有识之儒多自以为不及”[9]，明初与宗泐齐名；道衍为高启“北郭十友”之一，“其诗清新婉约，颇存古调”[10]，《四库全书》存目其《逃虚子集、类稿补遗》；溥洽，学佛之外，“间以余力为诗文，多有造诣”，

1 《四库全书总目》卷一六九《集部别集类二二·〈东皋录〉提要》。
2 《补续高僧传》卷四《大同师传》。
3 《列朝诗集小传》闰集《梦堂噩公》。
4 《护法录》卷二《净慈禅师竹庵渭公白塔碑铭》。
5 《列朝诗集小传》闰集《蒲庵禅师复公》。
6 《四库全书总目》卷一六九《集部别集类二二·〈东皋录〉提要》。
7 《护法录》卷二《净慈禅师竹庵渭公白塔碑铭》。
8 《四库全书总目》卷一六九《集部别集类二二·〈全室外集〉提要》。
9 《补续高僧传》卷二五《复见心传》。
10 《四库全书总目》卷一七五《集部别集类存目二·〈逃虚子集〉等提要》。

为当时与道衍并称的“巨缁老衲有文声者”[1]。

明代中期，南京能诗善文的僧人不多见。

明代后期，南京寺院中僧人的文学水平有所提高，以诗文名者有果斌、雪梅、洪恩、德清、如愚、钦义、宽悦、大成等人。果斌有诗名于嘉靖间，与名士“谈禅和诗，皆有能事”[2]。雪梅“工诗文”，自序其诗，“以寒山、拾得自况”[3]。洪恩、德清、钦义并称“长干三诗僧”。尤其是洪恩和德清，不仅自己善于诗文，而且言传身教，提倡文学，对明代后期南京寺僧文学水平的提高有很大影响。史称，“万历中，江南开士多博通诗翰者，亦［洪恩］公与憨山［德清］大师为导师也”[4]。如愚从诗僧洪恩学，一时名士如周汝登、曹学佺、袁宗道兄弟等皆与游，诗文有《空华集》等多种，《四库全书》存目。宽悦“优于讲解，兼擅才笔”[5]，与洪恩、钦义齐名。大成，幼时家贫，“未尝从事笔砚”，但出家后苦心学习，“诗偈歌文，下笔立就，如春之盎盎，著物成容，其微妙不可得而思议”[6]。一些普通僧人，尽管佛学水平未见多高，却也能诗善文。如，名士顾璘所称与其“谈禅和诗”诸僧中，除了果斌以外，还有福全、古昙。盛时泰《栖霞小志》中，也记载了许多精于文学的僧人。如，白鹿泉庵有福懋，与名士陆光祖等“同游衍吟咏，一时称盛”；默坐轩有海舟，“乃休宁诸生，弃其家，来寄于此，解诗”[7]。

有的僧人还精书通画。名僧能书者如，梵琦“善书”，元末被

1 《补续高僧传》卷二五《南洲溥洽法师传》。
2 《列朝诗集小传》闰集《半峰斌公》。
3 《列朝诗集小传》闰集《雪梅和尚》。
4 《列朝诗集小传》闰集《雪浪法师恩公》。
5 《列朝诗集小传》闰集《臞鹤悦公》。
6 《摄山志》卷三，朱徽《南岳竺庵禅师传》。
7 《栖霞小志》。

荐入京，“书大藏经”[1]；怀渭“善草、隶书”[2]；守仁“善书，笔法遒劲”[3]；德祥“书宗晋人，擅名一时”，姚广孝为作《祥老草书歌》，极为“推重”[4]；慧进亦善书，曾奉明宣宗命，“于内翰因多官并僧众对写金字《华严》、《般若》、《宝积》、《涅槃》四大部经”[5]；道孚“善书，笔法遒健”，曾奉明英宗命书文华殿匾额，明英宗赠诗有“高僧书法胜中书”之句[6]。普通僧人能书者如，栖霞寺默坐轩僧海舟“能书”[7]。名僧能画者，如，钦义“禅寂之余，游戏笔墨，作《倪迂小景梅花》，得逃禅老人笔意”[8]；读体“善绘事，所至山水佳处，多留墨妙，尤工大士像，人争宝之”[9]。普通僧人能画者，如，灵谷寺僧月泉。《灵谷禅林志》记载:“灵谷寺有葡萄一架，状如虬龙。明僧月泉善画，尤工葡萄”[10]。

有的僧人还具有史学才能。如，前文曾述及明代士人编著了不少南京寺院志，除此而外，另有景泰年间僧浩庵编著《灵谷寺志》[11]，僧可浩编著有《栖霞寺志》[12]，明河编纂《补续高僧传》，等。

一些僧人精通地理学，如，清浚“所裁舆地图，纵横仅尺有咫，而山川州郡彪然在列”[13]，为宋濂称赏；道永精于地理学，曾

1 《补续高僧传》卷一四《楚石琦禅师传》。
2 《补续高僧传》卷一五《清远渭公传》。
3 《补续高僧传》卷二五《守仁传》。
4 《列朝诗集小传》闰集《止庵法师祥公》。
5 《补续高僧传》卷四《慧进传》。
6 《补续高僧传》卷五《凤头祖师传》。
7 《栖霞小志》。
8 《列朝诗集小传》闰集《湛怀义公》。
9 《新续高僧传四集》卷二九《清江宁宝华山隆昌寺沙门释读体传》。
10 《灵谷禅林志》卷四《旧迹》。
11 《四库全书总目》卷七七《史部地理类存目六·〈灵谷寺志〉提要》。
12 民国《首都志》卷一五《艺文三·南京掌故书目》。
13 《护法录》卷八《送天渊禅师浚公还四明序》。

经参与明成祖兴建长陵。

不少僧人还能鉴别古器物。如，师颐“平昔研求古学，精于鉴别”，明成祖“命乘驿遄征索古彝器”[1]；钦义“善鉴别古器物”，又精诗能画，“贤士大夫多喜从游”[2]。

也有不少僧人擅长建筑设计，直接参与了寺院的选址、殿堂等的设计。如，宗泐于天界寺兴建，史称“凡寺之方向、规制，皆［宗］泐所指画也”[3]。

有的僧人精通兵法，如道衍。

应当说，明代南京寺僧中多才多艺者还是相当多的。

第四节　名僧小传

有明一代，南京寺院僧人多若恒河之沙。随着时间流逝，绝大部分僧人事迹已经湮没无闻，惟极少数所谓“名僧”在史籍中留下雪泥鸿爪。这些名僧，或佛学造诣精深，或弘传佛法有力，或精通儒家学说，或擅长文学、艺术，或兼而有之，实为当时僧人中之表表者。兹作名僧小传，以窥明代南京僧人于一斑，亦以补充前文。各僧排列大体以他们至于南京寺院的时间为序，兼及其出家先后、师徒传承、参访弘法、迁化示寂等。

慧昙，字觉原，姓杨氏，天台人。依越之法果寺出家。年十六，为大僧，受具戒，“已而学律于明庆杲，习教于高丽教”。往中天竺寺参笑隐大䜣，大悟。元至正十六年（1356年），朱元璋攻克南京后，谒于辕门，受命主蒋山太平兴国禅寺。次年，大龙翔集庆寺改为天界寺，又受命主之。每设广荐法会，慧昙必升座，

1 《新续高僧传四集》卷五二《明杭州净慈寺沙门释师颐传》。

2 《列朝诗集小传》闰集《湛怀义公》。

3 《金陵梵刹志》卷一六《释宗泐传略》。

举宣法要。朱元璋亲率群臣幸临，“远迩学徒，闻风奔赴，堂筵至无所容”[1]。洪武元年，开善世院，秩视从二品，特授其“演梵善世利国崇教大禅师”，住持大天界寺，“统诸山释教事”。洪武三年夏，奉使西域。次年秋，至省合剌国（今斯里兰卡），布宣明朝“威德”[2]。不久，示寂。

廷俊，字用章，乐平人。甫龀出家，20岁剃发。谒大䜣于中天竺，大䜣叹为“黄龙、佛印流也”。随住大龙翔集庆寺，居第一座。历升吴越大刹。至正末，住杭州净慈寺。朱元璋攻克浙江后，“浙西僧道以事役集金陵”，廷俊“在行”，馆于龙河天界寺。洪武元年，徙寓钟山。端坐而逝。他学识广博，危素称其“为学善记览，于前人出处言行，虽千百年若指掌，尤详宋事，宿儒俱服其博洽”[3]。他能诗善文，有《泊川文集》五卷，《五会语录》，黄缙、张翳等皆为叙。

士璋，字原璞，海宁王氏子。幼入传法寺，受五戒。翰林侍制柳贯“授以经、史，亲为敷绎奥义”。年十九，剃发为大僧，趋侍我庵本无，“凡天台教观、一家章义，以次授之”[4]。元至正十三年（1353年），受命住持栖真寺，又日往相邻的南竺、演福二刹，扣大用必才、绝宗善继，“凡教观之奥、偏圆本迹之微，一一无不条析所以”。至正二十年，移主旌德寺。“专心寺事，不以世难自易厥志”，“彰善阐恶”，“风采为之改观”。明洪武元年，集庆寺虚席，应请而往，提倡教乘。未几，中书被旨，俾浙之东、西五府名刹住持咸集京师，共甓天界，立善世院，以统僧众，同监董其役。“诸方耆德皆莫知所为”，他“独出方略，具有条叙，

1 《护法录》卷一《天界善世禅寺第四代觉原禅师遗衣塔铭》。
2 《补续高僧传》卷一四《觉原昙禅师传》。
3 《列朝诗集小传》闰集《懒庵禅师俊公》。
4 《新续高僧传四集》卷五《明杭州集庆寺沙门释士璋传》。

时十万之众咸仿法之”[1]。六月，安然坐蜕。

大同，字一云，别号别峰，上虞王氏子。入会稽崇胜寺，剃发，受菩萨戒。师从春谷、古怀，“凡清凉一家疏章，悉摄其会通，而领其枢要”，“识者心服之”[2]。随春谷移主宝林寺。寻往参佛智熙、普应本，普应勉其张大贤首宗，特书偈赞清凉像，付以遣之。还宝林，春谷随命分座讲《杂华经》。元延祐初，历主萧山净土寺、景德寺、嘉禾东塔寺。改宝林，仿终南山草堂故事，建高斋，辟幽舍，招徕俊。天下学者莫不担簦蹑屩，集其轮下。他“竭忱开授，比景德为尤勤，法席之盛，不减东山时”[3]。至正初，朝廷赐号“佛心慈济妙辩”。明太祖御极，设无遮大会于钟山，被征至京，参与其事。事竣，归。洪武三年季春，端坐而化。大同于华严宗振兴有功。史称，“贤首之宗不振久矣”，大同“独能撑支震耀，使孤宗植立于十余传之后，凡五十年”。其“游心文翰，宾接贤公卿”，元末胡长孺、赵孟頫等咸乐与交，“函诗往来无虚岁”。晚年与韩性、李孝光“唱酬于水光山色间，尤极其情趣”。诗文集曰《天柱稿》，录自制诗文。又编有《宝林编》，“额聚古今人为寺所作者”[4]。

梵琦，字楚石，小字昙耀，姓朱氏，象山人。9岁，弃俗入永祚寺，受经于讷翁漠。寻依晋翁询于湖州崇恩寺，因人鬻僧牒，得剃染为沙门。继往杭州昭庆寺，受具足戒，年已十六。阅《首楞严经》，有省。闻元叟端倡道双径，往问。寻应选入京书大藏经，得悟。南旋，元叟处以第一座，且言“妙喜大法”，尽为所得。有来参叩者，多令其辩决之。元泰定中，受命出世海盐福臻寺。后历主永祚寺、杭州报国寺、嘉兴本觉寺、报恩光孝寺，元

1 《大明高僧传》卷三《杭州集庆寺沙门释士璋传》。

2 《护法录》卷一《佛心慈济妙辨大师别峰同公塔铭》。

3 《补续高僧传》卷四《大同师传》。

4 《补续高僧传》卷四《大同师传》。

帝师赐号“佛日普照慧辩禅师”。洪武元年，预蒋山禅寺法会，“升座说法，以耸人天龙鬼之听”[1]。洪武二年春，复如之。洪武三年秋，受命与昙噩等于天界寺疏解佛经，援据经论成书。将入朝敷奏，忽示微疾。越四日，泊然而化。梵琦“学行高一世，宗说兼通，禅寂之外，专志净业”[2]，被称为明初“第一等宗师”。他在元末明初影响很大，“内而燕、齐、秦、楚，外而日本、高丽，咨决心要，奔走座下，得师片言，装潢袭藏，不翅拱璧”，人称其“无愧妙喜诸孙者”[3]。诗文有《净土诗》、《慈氏上生偈》、《北游》、《凤山》、《西斋》三集等。钱谦益称其《西斋净土诗》数百首，“皆于念佛三昧心中流出，历历与契经合，使人读之，恍然如游珠网琼林、金沙玉沼间也”[4]。《明诗别裁集》收录其诗四首，即《晓过西湖》、《漠北怀古》二首、《居庸关》，是僧人中最多之次者。

昙噩，字无梦，亦号梦堂，晚题所居曰酉庵，慈溪王氏子。23 岁时，走长芦，礼雪庭传，剃发为僧。具戒后，游心于教，复弃教即禅。元叟端住灵隐寺，直前咨扣，机锋交接，元叟欣然颔之。元延祐初，诏建水陆大会于金山，佐元叟“敷陈法要，及与群公辩论，义趣英发，莫不推敬”。至元五年（1339 年），应请出世庆元保圣寺，再迁慈溪开寿寺，三转十国清寺，“所至皆以荷担大法为己任，锻炼学徒，孳孳如不及，多有开悟之者”。洪武二年，“就有道征”，馆于天界寺。寻还山，后无疾而终。昙噩长于诗文，“骎骎逼古作者”[5]。乌斯道少从其受文法，“遂以名家”，

1 《补续高僧传》卷一四《楚石琦禅师传》。
2 《列朝诗集小传》闰集《西斋和尚琦公》。
3 《补续高僧传》卷一四《楚石琦禅师传》。
4 《列朝诗集小传》闰集《西斋和尚琦公》。
5 《补续高僧传》卷一四《梦堂噩公传》。

宋濂称斯道之文“得其心印云”[1]。他平生著作甚富，悉不存稿。晚年重修《历代高僧传》，笔力遒劲，“识者谓有得于太史迁”。

慧日，号东溟，天台贾氏子。幼年依县广严寺平山等出家，数年落发，受足具戒。22岁时，从柏子庭讲天台教于赤城，“解悟甚深，有戒行，人师法之”[2]。寻度钱塘，谒竹屋净、湛堂澄于上天竺寺。出主吴山圣水寺，历主荐福寺、下天竺寺、上天竺寺。元顺帝赐号“慈光妙应普济”。明洪武二年，应诏赴蒋山法会。明太祖召见于奉天殿，呼为“白眉法师”，令僧众“研穷”《金刚》、《楞伽》、《心经》诸经义，“有不通者，当质诸白眉法师”[3]。曾与大同、宝金等赐食禁中，因奏瓦棺寺乃隋智顗大师释《法华》之所，不可从废。太祖命就天界别建室庐，以存其迹，诏即开山说法。洪武五年孟春，复于钟山建水陆大斋，受命说毗尼戒。太祖亲率百僚临听。事竣，辞归上天竺，谢院事，日修弥陀忏，以臻净业。洪武十二年七月，圆寂。

克新，字仲铭，自号江左外史，又称为雪庐和尚，姓余氏，鄱阳（今江西波阳）人。他“始业科举”，因元末“朝廷罢进士”，“乃更为佛学”，“既治其学，益博通外典，务为古文”。出游庐山，下长江，览南京六朝遗迹，掌书记于大龙翔集庆寺。后至苏、杭，主常熟慧日寺，迁苏州资庆寺。曾与名儒杨维桢、张翥等游，得其指正。洪武初，应召至南京。洪武三年，奉召出使西域。钱谦益称其“为文二十年，所著有《南询稿》，黟南程文、河东张翥所正也。所与游者，杨廉夫［维桢］、顾仲瑛［德辉］、丁仲容［复］之流”[4]。《列朝诗集小传》称其又有《雪庐稿》，赞美张士诚依附元朝，而于朱元璋政权“多指斥之词”。《四库全书》则称

1 《列朝诗集小传》闰集《梦堂噩公》。
2 《补续高僧传》卷五《东溟日法师传》。
3 《大明高僧传》卷三《杭州上天竺寺沙门释慧日传》。
4 《列朝诗集小传》闰集《雪庐新公》。

其有《雪庐、南询稿》，并存目《元释集》，为“后人于《雪庐》集中摘录钞存”[1]。

力金（或作万金），字西白，吴县姚氏子。七岁，依宝积院道原衍出家。后见古鼎铭于径山寺，“悟入甚深”，“声光烨烨起丛林间”。元至正十七年（1357年），出世住苏州瑞光寺。应请主嘉兴天宁寺，起废振颓，元帝师赐号“圆通普济”。后筑孤云庵，以奉养寡母。洪武改元，应旨住持大天界寺。明太祖万机之遐，时召其入内廷，奏对多称旨。他“精通西竺典及东鲁诸书”，即精通儒、佛，“与荐绅谈论，霏霏如吐玉屑，故咸乐与之游”[2]。其“勘辩学子，直指心源，宗说兼行，机用迭发，尤足使闻者敬仰”[3]。洪武四年春，明太祖诏集三宗名僧十人，及其徒二千，建法会于钟山。力金受命总持斋事，“灵承上旨，创建规式”[4]，皆堪传永久。寻以母年耄，举僧自代，复还庵居。洪武五年冬，诏复建会如四年，明太祖大驾临幸，诏其“阐扬第一义谛”，“自公侯以至庶僚，环而听之，靡不悦服”[5]。未几，示寂。

妙声，字九皋，吴县人。景德寺僧，尝居常熟慧日寺，师事古庭学，“洞明止观，博综内、外典，善诗文”[6]。主苏州北禅寺。洪武三年，与力金同被召，“莅天下僧教”。诗文有《东皋录》，《四库全书》收录。清人称其与名士袁桷、张翥、危素等“俱相友善”，“故所作颇有士风，当元季扰攘之时，感事抒怀，往往激昂可诵。杂文体裁清整，四、六俪语，亦具有南宋遗风。在缁流之内，虽未能语带烟霞，固犹非气含蔬笋者也”[7]。

1 《四库全书总目》卷一七五《集部别集类存目一·〈元释集〉提要》。

2 《护法录》卷一《大天界寺住持白庵禅师行业碑铭》。

3 《新续高僧传四集》卷五一《明金陵大天界寺沙门释力金传》。

4 《列朝诗集小传》闰集《西白禅师金公》。

5 《补续高僧传》卷一四《白庵金禅师传》。

6 《列朝诗集小传》闰集《九皋声公》。

7 《四库全书总目》卷一六九《集部别集类二二·〈东皋录〉提要》。

宝金，号碧峰，永寿石氏子。6岁，依云寂温为弟子，剃落具戒。游讲肆，“穷性相之学”。寻习禅，入蜀晋云山中，参如海真，得悟。游五台山。据说遇文殊化身，就山建灵鹫庵，四方来学者多至千余人。元顺帝赐号“寂照圆明”，自丞相而下，以至武夫悍将“无不以为依皈”[1]。明洪武三年，应召至南京，留于天界寺。明太祖时召入，问佛法及鬼神情状，奏对称旨。洪武五年正月，朝廷设普济佛会于钟山，命高行僧十人莅其事，宝金与焉，敕于圜悟关施摩伽陀斛法食。六月，怡然而逝。

弘道，字竺隐，吴江沈氏子。年十三，礼密印寺云屋慈为师。弱冠剃发，进受具戒，自此为学孜孜靡懈。从学鲁山文，“台宗疏钞诸书罔不通贯”。诣上天竺寺我庵无，有所悟。后主湖州慈感寺，无何退于澄源溪上，“六时礼大悲像，期生净土，为终焉之计”[2]。洪武三年，诏天下高行僧道问鬼神事，其建议唯允。应请住杭州灵山寺，起废振颓。洪武十年，受命与宗泐等笺注《楞伽》诸经，颁行天下，明太祖御制《竺隐说》赐之。洪武十五年，迁住上天竺寺，兼领杭州都纲。寻转僧录司左善世。洪武二十四年，告老，退处天禧寺，修一行三昧。次年九月，示寂。

克勤，字无逸，俗姓华，绍兴萧山人。出家为僧，“通释、儒书”，为湛堂法孙。洪武四年，应召至京，主瓦官寺。寻受命与天宁寺僧祖阐出使日本，“不辱君命”，明太祖称“学孔子者未能或之先也”[3]。洪武九年六月，受命复姓氏，加冠巾出仕，授考功监丞。九月，升任山西布政使，颇得宠信[4]。时又有吴印，太原盂县人。“少从释氏”，精通内、外学，至南京。明太祖“知其才可

1 《护法录》卷一《寂照圆明大禅师碧峰金公设利塔碑铭》。

2 《新续高僧传四集》卷五《明杭州上天竺讲寺沙门释弘道传》。

3 《护法录》卷八《送无逸勤公出使还乡省亲记》。

4 《明太祖实录》卷一〇六、卷一〇八。

用”，洪武九年八月，“使复姓名，给以家室”[1]，授山东布政使，亦见宠信。

清浚，字天渊，俗姓李，黄岩人。幼颖敏，依径山寺古鼎铭，受印可，诸方争以得之为重。洪武四年，应召至南京。朝廷设普度大会，受命升座说法，据说“感佛放光”。不久，赐还四明。后召补右觉义，明太祖“亲制诗十二首以赐之”[2]。洪武二十年，受命住持灵谷寺。他能诗善文，宋濂称其诗“味冲淡而气丰腴，得昔人句外之趣”，其文“皆珠圆玉洁，而法度谨严”，“传之禁林，禁林诸公多叹赏之”。他又精于地理学，所裁舆地图，“纵横仅尺有咫，而山川州郡彪然在列”[3]，也为宋濂所称赞。

宗泐，字季潭，别号全室，临海人。8 岁，从中天竺寺大䜣学佛。14 岁，剃落。20 岁，受具。后至净慈寺诣大䜣，“博咨经典，精求义蕴，律论梵藏，备尽厥旨”。居南屏松月居，与怀渭等互相参究，“时有启迪，奥理深疑，一致推寻，莫不说怿以解”。元末兵乱，栖迟山谷，息影潜声，“而静性弥坚，道行益励”[4]。洪武四年，住径山寺。明太祖征江南有道浮屠，应召称旨，住天界寺。奉命撰《献佛乐章》，“著为定制”。朝廷建广荐法会于蒋山太平兴国寺，受命升座说法。洪武九年春，明太祖“遐游”天界寺，见其“博通古今，儒术深明”，命“育发以官之”[5]。后他表示不愿为官，希望终老释门。明太祖从之，御制《免官说》赐之。洪武十年冬，诏笺释《心经》、《金刚》、《楞伽》三经。次年，受命往西域“搜求遗经”，终译《文殊》等经而还。僧录司开，授右善世。因得罪当道，被谴往凤阳槎峰建寺。后因诏再住

1 《明太祖实录》卷一〇八。
2 《灵谷禅林志》卷八《高僧》。
3 《护法录》卷八《送天渊禅师浚公还四明序》。
4 《新续高僧传四集》卷二《明临安净慈寺沙门释宗泐传》。
5 《明太祖御制文集补·赐宗泐免官说》。

天界寺，寻复官。不久，被牵连进胡惟庸谋反案，免死，著做散僧。以老赐归槎峰，示寂于江浦石佛寺。学士宋濂赞其像曰，“笑隐［大䜣］之子，晦机［元熙］之孙，具大福德，足以荷担佛法；证大智慧，足以摄伏魔军”，“信为十方禅林之领袖，而与古德同道同伦者”[1]。他善为词章，“所为文词，禅机渊味，发人幽省”，元末虞集、张翥等皆“倾心叹赏”，“群相推重”，“晚岁禅悦时发，吟兴常见”[2]。所著有《全室外集》十卷，《四库全书》收录，称其诗“风骨高骞，可抗行于作者之间”[3]。钱谦益认为，《全室外集》中，“以钦和御制诗为首”[4]。此外，《千顷堂书目》尚载其有《西游集》一卷，“盖奉使求经时道路往还所作，见闻既异，其记载必有可观”[5]。《明诗别裁集》收录其诗二首，即《夏夜与钱子贞集西斋赋诗叙别》、《听泉轩为藏无尽作》。明初僧人中，诗文最著名者，首推宗泐和来复。

慧明，字性原，别号幻隐，黄岩项氏子。长依温州宝冠寺东山鲁出家，谒竺元道于仙居紫箨山，咨问心要。去参径山寺元叟端，悟其旨。久之，“遂罄底蕴”。出世鄞之五峰寺，迁金峨寺。洪武五年，与宗泐同奉诏入京。宗泐住天界寺，延其居第一座，“提纲举要，得表率丛林”。俄而补金山寺。洪武十一年，升住灵隐寺，“学徒坌集，宗道大振”[6]。后端坐而逝。

夷简，字同庵，义兴（今江苏宜兴）人。出家于元末，嗣法于平山林。洪武五年，“与钟山法会”。洪武十一年，主杭州净慈寺。洪武二十五年，迁主天界寺。朝廷征为僧录司左善世。名士徐一夔称其“誉彻九重，望膺圣眷，海内方袍之士倚以为重者，

1 《补续高僧传》卷一四《泐季潭传》。

2 《新续高僧传四集》卷二《明临安净慈寺沙门释宗泐传》。

3 《四库全书总目》卷一六九《集部别集类二二·〈全室外集〉提要》。

4 《列朝诗集小传》闰集《全室禅师泐公》。

5 《四库全书总目》卷一六九《集部别集类二二·〈全室外集〉提要》。

6 《补续高僧传》卷一四《灵隐性原明禅师传》。

殆无愧焉”[1]。钱谦益称其钟山法会诗八首，“以应制篇章宣说第一义谛，声韵鸿朗，宣公红楼之作，方斯蔑如矣”[2]。

如玘，字具庵，别号太璞。得法于文明海慧继绝宗。“学冠群英，才逸三教，非但十乘、三观、九经、七史，凡世间所有名言秘典无不博综”。明太祖赐旨，命住天界寺，“日与诸耆德阐扬教乘，以备召问”[3]。受命同宗泐等订释《心经》、《楞伽》、《金刚》三经，颁行天下。

崇裕，字约之，毗陵（今江苏常州）陈氏子。年十六，即“解通儒家言”。后出家，从寿昌院东林晓为沙弥。寻度为大僧，受具足戒。先后见元叟端、佛慧义，“淬砺益力”。走中天竺寺，参广智大䜣。大䜣开山南京大龙翔集庆寺，令其主藏室，“留左右者十余年，尽传其法”[4]。出世太平南禅寺，迁九江圆通寺，移主阿育王山广利禅寺。洪武五年春，“被旨与钟山法会”，明太祖召至便殿，问佛法大意，称为“善知识”[5]。

元亮，字晓山，信阳萧氏子。父携之宦游六合，遂家焉。礼宝林寺僧至福而祝发，示以禅要，有省。参古渝幽谷，才入室，“契如针芥”，“尘劳迸于一见，疑滞销于片言”[6]。洪武五年，归六合，建宝顶寺，大弘道化。时“方选名德高流”，有司以闻，被诏住报恩寺。迁大慈寺，后赐还山。建文二年，示寂。

怀渭，字清远，晚自号竹庵，南昌魏氏子，元末名僧全悟大䜣俗家之甥。大䜣以大中大夫住持南京大龙翔集庆寺，挽至座下。南京为东南都会，张起岩、张翥、危素等“四方名荐绅无不与全

1 《新续高僧传四集》卷五二《明金陵大天界寺沙门释夷简传》。
2 《列朝诗集小传》闰集《同庵简公》。
3 《大明高僧传》卷三《杭州演福寺沙门释如玘传》。
4 《新续高僧传四集》卷二七《明四明阿育王山广利寺沙门释崇裕传》。
5 《补续高僧传》卷一四《约之裕公传》。
6 《补续高僧传》卷二五《晓山亮传》。

悟游”，“或发天人性命之秘，或谈古今治忽之几，或论文辞开阖之法”。怀渭“咸得与闻之，反复参求，益探其阃奥”，其学于是大进，“形诸篇翰，如千葩竞放，锦丽霞张”，“老于文学者争歆慕之”，称为“文中虎”。应请主会稽宝相寺，迁杭州报国寺，转湖州道场寺，“虽当兵燹相仍之际，为法求人，无少退转”[1]。住净慈寺，“诱道后进，于五时、八教多有启迪”[2]。明初举办钟山法会，怀渭亦应召至京，参与其中。寻退居钱塘良渚，“问道者接踵而至，不翅住山时”。洪武八年十二月，怡然而逝。其法语有四会录，诗文有集，善草、隶书及鼓琴。同袍“以无益讽之”，他则表示，“是亦般若所寓也”[3]。

元（原）澵，字天镜，别号朴隐，会稽（今浙江绍兴）倪氏子。童时，从弘教立于大报恩寺，祝发为僧。受戒于昭庆濡。既而从天岸济习天台教，尽得其学。台宗诸老竟以书聘之，欲令出门下。弃教习禅，往双径从元叟端，“明单传直指之道”，元叟称是“般若中人”。又谒大䜣于南京大龙翔集庆寺，“精贯儒、释二家之学”[4]。至正十六年（1356 年），应请出世会稽长庆寺，升天衣万寿禅寺，“四方问道者闻风来归”。明初，与钟山法会之选，与慧日、宝金特被召入内廷，“从容问道”。已而辞归，应请主灵隐寺。洪武十一年正月，示寂。宋濂赞其于禅、教“兼而有之”，“具通儒家言文，又足以达其意”，“敷阐大论，发挥先哲，释门每于师是赖，千百人中不能一二见焉”[5]。他精于文学，元末曾从名士韩性学，“伸纸引墨，思源源不可遏”。后与名士虞集、黄

1 《护法录》卷二《净慈禅师竹庵渭公白塔碑铭》。
2 《新续高僧传四集》卷五《明会稽宝相寺沙门释怀渭传》。
3 《补续高僧传》卷一五《清远渭公传》。
4 《释氏稽古略续集》卷二。
5 《护法录》卷一《故灵隐住持朴隐禅师澵公塔铭》。

缙、危素等游，得诸人“同辞”赞誉[1]。诗文集称《朴园集》。

道谦，字巽中，号牧庵，南昌人。生而聪明，“通内外典”。自幼出家，住杭州报国寺。明初，诏至京，时宗泐住持天界寺，“命分座”[2]。旋授左阐教，住灵谷寺。洪武二十九年十一月，示微疾，端坐而逝。

德然，号唯庵，华亭（今上海市）张氏子。7岁时，诵《法华经》于杭州天龙寺，“慨然有游方之志”。初见石屋珙，后参千岩长，大有契证。归，于城南结庵以居，“足不越阈者数年”。尝剪指血，命高行僧道谦书《华严经》八十一卷。洪武初，“以有道征”。未几，以病还。洪武二十一年四月，示寂。其参学之余，“间亦为韵语”，有《船居诗》十首，“清绝可诵”[3]。

文谦，闽县（治在今福建福州）人。11岁出家，游吴、楚，历南京，住台之鸿福寺，“振扬宗教”。洪武初，召对称旨。后端坐而化[4]。钱谦益《列朝诗集》收录其诗。

智顺，字逆川，永嘉（今浙江温州）陈氏子。幼出家，受具戒于天宁院。诵《法华经》，深得经旨。寻更衣入禅，走福建天宝山，参铁关枢，有省，令掌藏室。寻命分座说法，后主院事，“非惟举唱宗乘，寺制有未备，悉补足焉”[5]。浙、闽二地，其兴建大道场凡十余处，其余葺宗补旧，盖不可枚举，元朝赐号“佛性圆辩”。明初，“与钟山之选”。竣事，还钱塘，住净慈寺。后明朝“征有道僧以备顾问”，被举再至南京。四阅月，示寂。有五会语及善财五十三参偈，“皆传于世”[6]。

1 《补续高僧传》卷一四《天镜瀞禅师传》。

2 （清）谢元福：《灵谷禅林志》卷八《高僧》。

3 《补续高僧传》卷二五《德然传》。

4 《列朝诗集小传》闰集《文谦》。

5 《护法录》卷一《佛性圆辨禅师净慈顺公逆川瘗塔碑铭》。

6 《补续高僧传》卷二六《逆川禅师传》。

来复，字见心，豫章丰城王氏子。剃发出家，“誓屏诸缘，直明涅槃妙旨”。久之，有所悟。走双径，谒南楚悦，留司内记。越三载，复约标士瞻，修西方净土于吴天平山，“刻期破障，比禅观尤力”。元末兵起，避于会稽山中。住慈溪定水院，起废兴复，“瓶锡翩翩来萃”，“共激扬第一义谛”。寻以战乱思母，作蒲庵于寺东涧。应请住鄞天宁寺，清污治弊，一还旧贯，望日以重。至正七年（1347年），宣政院札住灵隐寺。明初，有诏征高行僧，至南京。他“通儒术，工诗文，一时名士皆与之交”[1]。洎建普荐法会，奉敕升座说法，“辞义恺切，闻者咸有警”[2]。洪武十五年，授左觉义。洪武二十四年，有僧供其与胡惟庸有牵连，坐凌迟死[3]。来复“蚤有诗名”，元末游北京，亲炙名士虞集等人。时人称其“以敏悟之资，超卓之才，禅那之余，发为文辞，抑扬顿挫，开合变化，蔼乎若春云之起于空也，皎乎若秋月之印于江也。溯而上之，卓然并驱于［明教］嵩、［大觉］琏诸师，无愧也”[4]。佛教史也称其诗文“气魄雄而辞调古，有识之儒多以为不及”，“当今方袍之士，与逢掖之流，鲜有过之者焉”[5]。其明初诗文曰《蒲庵集》，洪武十二年，其徒厘为十卷刊行。

惟则，字天真，吴兴（今浙江湖州）费氏子。嗣法于庐山无极源。无极老病，归侍佑圣寺，“誓不涉世”。明初，应召至南京，后为左善世。洪武二十五年八月，明太祖令将各处僧人“俗

1 《释氏稽古略续集》卷二。

2 《补续高僧传》卷二五《复见心传》。

3 按，来复死因，《释氏稽古略续集》及一些野史皆称其以应制诗中有“殊域”二字，坠入明太祖文字狱中，赐死。但是，《补续高僧传》及《列朝诗集小传》均称：洪武二十四年，太原捕获胡惟庸党、僧智聪，供称胡图谋起事时，曾随宗泐、来复往来胡府。因此，来复坐凌迟处死。《列朝诗集小传》且有对文字狱之死说的简单考证。此说似较可信，故从之。

4 《列朝诗集小传》闰集《蒲庵禅师复公》。

5 《补续高僧传》卷二五《复见心传》。

家余丁一人充军”。他进偈谏阻，太祖终“罢军事不果”，于佛教颇有护持之功。著有《鸮臭吟颂古》百二十偈，“人所未发”，“宗门传之”[1]。

班的答（亦作版的达、板的达、班的达）[2]，名萨曷拶室哩（撒哈咱实里、萨曷棱室里、“撒哈咱失里），印度迦维罗卫国（今尼泊尔南部提罗拉科特）人，出于刹帝利阶层。年长出家于迦湿弥罗国（今喀什米尔）苏啰萨寺，初习通五明经律论，辨析精详，虽老师宿德多推逊之，故被称为“班的答”，即博学通晓五明者。后“以言论非究竟法，遂笃修禅定，不出山者十数年”。元末，来中国，元帝迎至京师，居吉祥法云寺，“从化者翕集”。因与元帝“机语不契”，往五台山瞻礼文殊道场，憩寿安禅林。明初，杖锡至南京，奏对称旨，授号“善世禅师”，赐银章，“俾总天下释教”。庵居钟山，明太祖令有愿从受戒法者勿禁。洪武九年秋，奉旨出游浙、闽、赣等地，瞻观音道场，礼禅宗诸祖塔。明太祖每宣谕僧众，必举其行，“俾效法焉”。当时，“从受戒者八万余众”。洪武十四年五月，示寂。舍利塔藏于聚宝门外，且建祠宇，赐额“西天寺”[3]。

1 《列朝诗集小传》闰集《冰蘖禅师存翁则公》。

2 《补续高僧传》卷一《具生吉祥大师传》作“具生吉祥”、“板的达撒哈咱实里”，《新续高僧传四集》卷一八《明金陵钟山寺沙门班的答传》称班的答亦作“版的达”，原名“萨曷棱室里”，此云“具生吉祥”，同卷《明五台山寿安禅林沙门释具生传》作“具生”、“具生吉祥”，《明太祖实录》卷九四作“班的达撒哈咱失里”。按，“班的答”、“版的达”、“板的达”、“班的达”均是梵语音译，是古代印度对僧人博学通晓五明者的尊称。明西天佛子国师、班的答弟子智光《西天班的答禅师志略》（载《金陵梵刹志》卷三七）称，班的答名萨曷拶室哩，意译为“具生吉祥”。“萨曷拶室哩”与“撒哈咱实里”、“萨曷棱室里”、“撒哈咱失里”均为班的答梵名的音译，“具生”“具生吉祥”则为意译，因此是同一人。我们这里所采用的“班的答”、“萨曷拶室哩”之名，取自其最早、最全面传记即智光《西天班的答禅师志略》之所译。另，《新续高僧传四集》卷一八有《明金陵钟山寺沙门释班的答传》，又有《明五台山寿安禅林沙门释具生传》，所述均为班的答事迹，而作两人，具两传，实误。

3 《金陵梵刹志》卷三七，智光《西天班的答禅师志略》。

底哇答思，东印度土人。8 岁，事班的答萨曷拶室哩为弟子，耐饥寒劳苦，班的答重之。后随入中国，明太祖赐度牒，命随方演教。班的答逝，答思北游。宣德中，止北京庆寿寺。喜潭柘幽胜，就龙泉之右建庵以居，自是足迹不入城市。答思“操履不凡，造诣广大”，据说平生多有“异迹”，人誉其“亦伟沙门也”[1]。

智光，字无隐，山东武定州（今山东惠民）王氏子。初出家，居北京法云寺，“内外典籍罔不研玩”。元至正中，班的答萨曷拶室哩至京，栖止法云寺。他“得亲仪范，昕夕请益，聆声通意，渐达梵音，遂为入室弟子”[2]。洪武二年，游五台，据说感文殊现相。明太祖闻其名，召至钟山，命译班的答所携《四众弟子菩萨戒》，词简理明，众所推服。洪武十七年春，与徒惠辩等奉使西域，凡两往。永乐三年，擢右阐教[3]。次年，俾迎大宝法王。及还，诏居西天寺。升右善世。永乐十五年，召至北京，论义称旨，俾居崇国寺，赐国师冠。仁宗时，赐号“灌顶广善大国师”，仍广能仁寺居之。宣宗即位，出内帑创大觉寺，俾居之，以佚其老，并敕礼官度僧百余人为其徒。英宗即位初，加封“西天佛子”。宣德十年六月，示寂。智光“性行纯简，朝廷凡命修建大斋，惟诚惟恪。每入对，惟以利济万有为说”[4]。他“于经藏之蕴，旁达深探”，所译显、密经义及所传《心经》、《八支了义真实名经》、《仁王护国经》、《大白伞盖经》“并行于世”[5]。

愿证，姓李，字大猷，苏州人。幼出家于城南顿觉兰若，祝

1 《补续高僧传》卷一《具生吉祥大师传附底哇答思传》。

2 《新续高僧传四集》卷二《明金陵钟山西天寺沙门释智光传》。

3 《新续高僧传四集》卷二《明金陵钟山西天寺沙门释智光传》作“左阐教”，《金陵梵刹志》卷三二杨荣《西天佛子大国师志略》、《补续高僧传》卷一《西天国师传》均作“右阐教”。杨荣与智光为同时代人，所作传记最早，其它两传多本于此，故应以“右阐教”为准。

4 《补续高僧传》卷一《西天国师传》。

5 《金陵梵刹志》卷三二，杨荣《西天佛子大国师志略》。

发受具。走大石山中，与僧法秀游，得友益焉。久之，杖锡来南京天界寺，“独坐一室，竺坟、鲁典无不研穷之”，精通儒、佛，“著为文辞，森然有奇气，一时名公巨卿皆爱敬之，与其相酬”[1]。出世水西寺，迁吴兴道场寺。寻退居武康山中，著《观幻子内外篇》，“以合儒、释一贯之妙”，“皆踔厉前人，其光烨烨，不可袭秘”[2]。洪武六年冬，还天界寺。与太常丞张丁“往复论性”。明太祖称其文“论义甚高”，“其铁中铮铮者”，除应奉翰林文字，赐府第、日用百需之物等，“令闭门习读三月，俟发长胜冠，然后莅职”[3]。次年二月，病殁。

郭传，字文远，会稽（今浙江绍兴）人。“儒、释俱长”，以文求侍讲学士宋濂改益。宋濂称其文章“篇篇有意，文奇句壮，奚啻于专门之学”，洪武八年正月，荐于明太祖。明太祖读其文，赞其“文华灿烂，若有光之照耀，无玄虚弄假之讹，语句真诚，贴体孔门之学”[4]。太祖召见，“俾日侍左右，以备顾问”[5]。后擢为翰林应举，升起居注，迁考功丞。

智及，字以中，别号西麓，吴县顾氏子。入海云院祝发，受具戒。“闻贤首家讲法界观”，往听，未及终章而去。至南京，谒大䜣，“微露文采”，为人称赏。同袍诃其“不思荷负大法，甘作诗骚奴仆”。即归海云，“胸中如碍巨石，目不交睫者数月”。见秋叶坠庭，有省。往径山，元叟端“勘辩之”。他“应对无滞”，遂命执侍，迁主藏室。元至正二年（1342年），经地方官举荐，出世昌国隆教寺，转普慈寺。不久，又为地方官延主净慈寺。时当兵燹之余，“艰窘危厉，人所不能堪”。他“运量有方，轨范峻

1 《护法录》卷一《李大猷传》。
2 《释氏稽古略续集》卷二。
3 《护法录》卷一《李大猷传》。
4 《明太祖御制文集补·拔儒僧文》。
5 《释氏稽古略续集》卷二。

整，绰有承平遗风”[1]。迁主双径。明洪武六年，“诏有道硕僧十余人集天界寺”，他“居首”。以病不及召对，赐还穹隆山，“即海云所在也”[2]。洪武十一年九月，书偈而逝。

祖偁，字日章，别号用拙，苏州常熟张氏子。祝发后东游四明，先后侍我庵无于延庆寺、石室瑛于阿育王寺，后嗣法于竹屋净，出世永定教寺，继迁昆山广孝寺、嘉定净信寺，“而主教吴下垂五十年”。洪武初，“预选高行”，有旨就天界寺说法。明太祖数召入禁中，“奏对称允”，赐号“慈忍法师”[3]。后赐归故里，终焉。

福报，字复原，姓方氏，临海人。出家于杭州梁渚崇福院，祝发于净慈寺僧石湖美。参径山寺元叟端，“应对无滞”，元叟颔之。出世慈溪芦山寺，历主越州东山寺、四明智门寺。洪武初，“被有道征”，与智及、祖偁赴京，馆于天界寺，“屡入内庭，应对称旨”[4]。留三年，赐还。后示寂。

仲羲，字物先，浙东僧。为仲芳伦弟子。洪武九年，被召住蒋山寺。他“以寺近宫阙”，“非惟僧徒食息靡安，圣迹神灵均未妥善”，请徙建。明太祖许之，终择地独龙冈东麓，洪武十四年建寺，赐额“灵谷禅寺”[5]。次年，授右阐教，赐紫。他在寺开堂说法，“宗风大振”[6]。

道联，字祖芳[7]，晚号拙逸叟，鄞（今浙江宁波）人，姓陆氏。年十四，往游西浙，礼昆山荐严羲，得度。久之，受具足戒

1 《补续高僧传》卷一四《广慧及禅师传》。

2 《新续高僧传四集》卷一八《明杭州净慈寺沙门释智及传》。

3 《大明高僧传》卷三《苏州嘉定净信寺沙门释祖偁传》。

4 《补续高僧传》卷一四《复原报公传》。

5 《新续高僧传四集》卷五一《明金陵灵谷寺沙门释仲羲传》。

6 《灵谷禅林志》卷八《高僧》。

7 《补续高僧传》卷二五《季芳联传》作“季方”。

于鄞五台寺。还昆山，随荐严主物禅寺。“笃意禅学，兼穷止观，废寝忘食，惟务明心见性”，“同侣无出其右者”。洪武九年，随侍佛心住持灵谷寺，“名震京刹”。寻为天界寺延居记室，“声誉益著一时”，湖海尊宿多“相与忘年往复酬唱，激扬宗旨，莫不服其解脱”。出世台州广孝寺，迁紫箨、道场、景山、补陀、能仁，六徙名刹，而至净慈寺，“缁素向化，道誉为禅林之冠”。永乐四年，以“博通经典，文理缜密”[1]，被征召纂修《永乐大典》，“命为释教总裁”。事毕，还山。永乐五年，因寺僧擅自披剃，事发及之，应谪五台山。明成祖召至京，免其罪，并加慰劳。永乐七年七月，坐逝于京邸大佑国寺。

永顾，字本源，号性庵，鄞（今浙江宁波）人。少年出家，从四明都纲怀渭得度。既而谒南京僧录司唯庵实，深得器重。寻主杭州梵天寺。受命为大报恩寺都讲，“阐扬《法华》奥旨，听者川涌”，参政陆友谅、中书姜孟圭等“咸执弟子礼”。后应请主上天竺寺。凡十年，受命为都纲。他“笃意释典，旁通文艺”[2]，著述较丰。

示应，别号宝昙，吴兴（今浙江湖州）王氏子。剃发出家，所至缁白景从，“莫不皆以和尚称之”[3]。明太祖访求山林遗逸及有道行之士，被征至京，应对称旨，居龙河天界寺。洪武十一年，受命往峨眉山唱导佛法。居八年，“蜀人咸被其化”。洪武二十四年，在蜀分僧清理佛教。次年六月，复命京师，奏将先所居吴门集云、妙隐、大云三寺合一，敕赐“南禅集云寺”额。寻示寂。

清濋，字兰江，天台人。曾说法吴中，“缁素倾向，四座至无所容”[4]。后居天界寺，太祖召对称旨，御制《清濋说》赐之，

1 《新续高僧传四集》卷六《明杭州净慈寺沙门释道联传》。

2 《新续高僧传四集》卷六《明杭州上天竺寺沙门释永顾传》。

3 《补续高僧传》卷二五《示应传》。

4 《列朝诗集小传》闰集《兰江濋公》。

有《应制次钟山寺作》。晚憩锡邑东禅寺，有《望云集》及语录等行世，学士宋濂为叙。

子梗，字用堂，族陈氏，奉化人。出家为僧，嗣法元叟端。出世鄞之护圣寺、奉化清泰寺，常参扣古鼎铭、笑隐䜣、断江恩。后应召至南京，与宋濂有往来。精于文学，与昙噩等唱和吴中，时人“以唐皎［然］、宋［道］潜为比”。宋濂序其《水云亭小稿》，“尤叹其诗文，以为寄情翰墨，独露本真，近代明教宝觉之流也”[1]。

智辉，字朗然，俗姓王，关内人。元时出家，后至京城，从僧指空游。明兵克元都，奔朝鲜而不果，留禅辽之金山。洪武十年四月，渡海至南京。明太祖召见，称其“问答聪敏，豁然有丈夫之气”，敕住天界寺，“使宁神以禅居”。未及三月，因不愿“坐食烦人”，要求“居山僻处，刀耕火种，自为生计”[2]，得允许。结庵牛首山，明太祖为《御制僧智辉牛首山庵记》。洪武十五年四月，僧录司设立，授左阐教，“督修者坐禅”[3]。

道衍，字斯道，族姓姚氏，长洲（今江苏苏州）相城里人。元至正间，削发居相城妙智庵。从道士席应真学兵法等，“尽得其学”[4]。元末兵乱，从智及于径山，“习禅学，遐则披阅内外典籍，以资才识”[5]。洪武中，“诏通儒书僧试礼部”，与试而不受官，“赐僧服还”[6]。洪武十五年，应选侍燕王朱棣，住持庆寿寺。参与谋划、实施“靖难”之役，对朱棣夺取帝位贡献最大。成祖即位后，授僧录司左善世、太子少师，复姓姚，赐名广孝。

1 《列朝诗集小传》闰集《用堂梗公》。
2 《金陵梵刹志》卷三三，明太祖《御制僧智辉牛首山庵记》。
3 《释氏稽古略续集》卷二。
4 《列朝诗集小传》闰集《少师独庵衍公》。
5 《释氏稽古略续集》卷三。
6 《明史》卷一四五《姚广孝传》。

常受命辅太子于南京，监修《明太祖实录》。永乐六年，至北京，仍居庆寿寺。著有《道余录》一卷，摘录程、朱排斥佛教之语加以反驳，护持佛教。道衍也是明初著名文学家。他批评当时杂糅佛、道入文现象，“其意盖谓宋［濂］、苏［伯珩］辈，识者亦有取焉”[1]。居吴时，为高启“北郭十友”之一。高启序其《独庵集》，“以为险易并陈，浓淡迭显，能兼采众家，不事拘狭”[2]。化后，吴人总刻其诗文，曰《逃虚子集》。后又掇拾放佚，为《补遗》。《四库全书》存目《逃虚子集、类稿补遗》，并称其诗“清新婉约，颇存古调，然与严嵩《钤山堂集》同为儒者所羞称”[3]。

德始，字无初，日本国东信州神氏子。幼从州之天宁大比丘一公祝发为沙弥。逮长，诣山城诸刹，既进具，“坐探群书，通大义”。慕其乡僧觉阿随商船赴中国得法，而为国人尊为“禅祖”，遂请于其国王，得随日本国使宣闻溪至中国朝贡，馆于天界寺。久之，闻溪得旨还国，其数辈留中国，参访求法。首谒宗泐，机语契合，为掌内记。宗泐出使西域，他乃游观北京，憩庆寿寺。洪武十五年，道衍应选侍燕王朱棣，“来莅寺事”，以其为“法门犹子”，延至丈室，“相与激扬临济宗旨，意甚相得”。洪武二十三年，西逾栈道，巡礼峨眉。洪武二十九年，被命出世无为大隋寺。继迁飞赴寺，“道望弥隆，衲子坌集，室无所容。一住七年，法席几于全盛”[4]。永乐初，道衍为左善世、太子少师，召其至南京，迎归己第，“昕夕论道”。永乐十年，受命领龙泉寺。宣德四年九月，示寂。

守仁，字一初，号梦观，富阳人。元末兵兴，天下大乱，乃出家为僧。与释如兰从名儒杨维桢于山中，“授以《春秋》、经、

---

1 《明太宗实录》卷一九八。

2 《列朝诗集小传》闰集《少师独庵衍公》。

3 《四库全书总目》卷一七五《集部别集类存目二·〈逃虚子〉等提要》。

4 《补续高僧传》卷一五《日本德始传》。

史学”。杨维桢称二人“齿甚稚，志甚宿，学甚武，能以宗乘与吾圣典合两为一，以载诸行事，以俟昭代之太平”[1]。他又与释德祥“有志行道，因时危乱，郁郁不自得，遂肆力于诗，并有声于时”。其诗“清简有远致”，杨维桢“极称赏之”[2]。发迹四明延庆寺，住持灵隐寺。洪武十五年，征授僧录司右讲经，甚见尊礼。明太祖称其“书通东鲁，经备西来”[3]，命住持天禧寺。据说，南粤贡翡翠，他作诗寓讽，遂得罪，“终于不振”。诗文名《梦观集》，计六卷。《明诗别裁集》收录其诗《弘上人所蓄秋山图》一首。守仁又“善书”，“笔法遒劲”[4]。

德祥，字麟洲，钱塘（今浙江杭州）人。元末与守仁同参，持戒律。洪武初，住持径山。洪武中，应召至南京，“十年三度上京华”。据说，他以诗忤明太祖，“几不免”。其诗“刻苦”，“高逼［孟］郊、［贾］岛”[5]，有诗曰《桐屿集》。他“书宗晋人，擅名一时”。姚广孝作《祥老草书歌》，颇为推重。

无极，号法天，大理杨氏子。年十六，礼荡山海印出家。后遍历诸方，“参扣明眼，大彻宗旨，而六相圆融，三观妙悟”，“有声于时”。大理宰官钦其道誉，延主荡山。他“以宗印心，以教化人，常讲《华严》、《法华》诸经，一方所仰”。明军平定云南后，洪武十六年，率缁侣入觐，止南京。明太祖“馆之上刹”，赏赐有加，敕授僧纲司都纲。陛辞，更敕建大云殿，并创三十六院，以处其徒。此后，他“息影山阿，研味经义，精阐十年”[6]，著有《法华注解》七卷。永乐四年六月，示寂。

1 《列朝诗集小传》闰集《梦观法师仁公》。
2 《补续高僧传》卷二五《守仁传》。
3 《金陵梵刹志》卷三一，明太祖《御制黄侍郎立恭完塔记》。
4 《补续高僧传》卷二五《守仁传》。
5 《列朝诗集小传》闰集《止庵法师祥公》。
6 《新续高僧传四集》卷五《明大理荡山沙门释无极传》。

佛妙，昆明人。出家于太华寺。洪武十六年，赴京朝请。明太祖嘉之，赐钵杖、僧衣，并敕游两浙名山。洪武十八年，回京，居天界寺。永乐十六年，受命主碧峰寺。他“隆仪硕矩，见重两朝，誉驰南北，声教烂然”[1]。永乐十九年，重建江宁县安德乡古华严禅寺。宣德四年十二月，示寂。

永隆，苏州施氏子。逾冠，出家尹山崇福寺。洪武十七年，试经获牒，受具戒。洪武二十五年，率徒至京试经，请给度牒。时试经沙弥三千余人，多有不能精通经典、冒请度牒者。明太祖令送锦衣卫，“皆籍为军”。永隆奏请自焚，以救免众沙弥，得许可。事后，众沙弥皆得宥罪，获度牒。天旱，据说明太祖令迎其遗香，至天禧寺祈雨，果灵验，“御制《落魄僧诗》以彰之”[2]。

如皎，字性天，四明（今浙江宁波）周氏子。7岁出家，礼正庵中为师。入京，参夷简于天界寺，典藏钥。究《楞严》，昼夜讲读不辍，过劳染疾。夷简逝，随正庵主饶之景德寺，因旧疾亟增，还天界寺养病。寻往繁昌访古拙俊，命参无字话。还天界寺，“立誓不出山，禁语千日”。永乐五年，古拙奉旨天界山居终老，得亲炙。一夕，推帘见月，有省，古拙印可。后度岭至西坑，筑庵居之，影不出山者二十年，坐死关千日。宣德七年，南京祖堂山幽栖寺请出，“居猊提唱，学徒云集”。后示寂。他“兼涉外典”，“平日漫成偈语，无非祖意，以示人光明显赫”，人称“近古耆宿难与为比也”[3]。

绍宗，别号遂初，上海陈氏子。年十三，父母舍入安国寺，得法于静庵镇。天资颖悟，戒行精严。初出说法于杭州长庆寺，

---

1 《新续高僧传四集》卷五二《明江宁华严寺沙门释佛妙传》。

2 《金陵梵刹志》卷三一，姚广孝《永隆禅师志略》。

3 《补续高僧传》卷一五《如皎传》。

“大展玄风，缁素向化”。次迁吴兴慈感寺。南京天禧寺守仁延居第一座，“一众倾伏”[1]。洪武二十六年应召，有事庐山，奏对称旨，擢右讲经。无何，升右善世。洪武三十年正月，示微疾，端坐而化。

居顶，字元极，黄岩人。幼年出家，“得西邱之正传，性相双融，行解兼至”。初住四明翠山，次迁婺之双林，“所至振兴”。洪武二十七年，明太祖“命僧录司行十三布政司选僧补官”，居顶与道成、净戒等“应召除授”[2]。受命住灵谷寺，“说法传经，其道大行”[3]。永乐间，成祖亦屡加恩赉。后无疾而化。

道成，字鹫峰，别号雪轩，居蓟北云州（今山西大同）。出家于保定蠡县兴国寺，受具戒。云游至山东青州，于土窑中“密究教典”。闻济南灵岩寺秋江洁大弘曹洞宗旨，遂往见之，得首肯。回青州，“而道益著”，州人建普照弥陀寺以居之。后出世住莱州大泽山智藏寺，每说法，“听者日千余人”，“而屠沽有为之易业者”[4]。洪武十五年，授青州都纲。明太祖闻其贤名，召为僧录司右讲经，命考试天下僧人，住持天界寺。朝廷建普度大会，受命宣讲“法要”，太祖“眷顾”。明成祖即位后，奉使日本。次年还，升左善世。复率天下僧人于钟山修设大会，承旨说法，时传有瑞应，“听者数万人”[5]。洪熙间，因间谪海南。宣宗即位，召还北京，仍命掌僧录司事。不久，乞归南京天界寺西庵终老。宣德六年十二月，端坐而逝。

净戒，字定岩，号幻居，吴兴（今浙江湖州）人。年十一出家。后至南京，值慧昙住天界寺，命居维那，寻得悟。复游东南，

1 《大明高僧传》卷三《松江上海安国寺沙门释绍宗传》。

2 《释氏稽古略续集》卷二。

3 《新续高僧传四集》卷一九《明金陵灵谷寺沙门释道谦传附居顶传》。

4 《金陵梵刹志》卷一六，李震《雪轩成禅师志略》。

5 《补续高僧传》卷一六《天界成禅师传》。

“名流加敬”[1]。洪武后期，选至南京，授左觉义，兼住鸡鸣寺。永乐初，敕住灵谷寺，迁右阐教。永乐十六年六月，示寂。

溥洽，字南洲，晚号迂叟，又称一雨翁，姓陆氏，生于饶之余干。幼颖异，因“志慕出世法”，父母命于普济寺礼雪庭祥为师，受具上天竺寺。谒东明日，一见器重之，命典宾客。“博究教典，虽寒暑夙夜不懈”。已而从如玘于普福寺，“讲求旨要，凡诸经籍精粗小大之义，靡不贯串，而旁通儒书，间以余力为诗文，多有造诣”。洪武四年，出世住孤山玛瑙讲寺。寻转苏州北禅寺。学徒云集，“为开演五时八教、如来一代施化之仪”，宗门耆硕“咸共嗟赏，谓吴中法席第一”[2]。又六年，至杭州下天竺寺，乃循慈云故事，建金光明护国期忏七昼夜，“为众讲贯无虚日”。明太祖称其“东鲁之书颇通，西来之意博备”[3]，召为僧录司右讲经，命主天禧寺。“四方学者归向益盛，接踵户外”。升左善世。明成祖即位后，以道衍主教事，溥洽以左善世逊之，而己居右。不久，据说因建文年间与明惠帝关系密切，为成祖囚禁，至姚广孝临终前求情方得释。仁宗即位，他以老宿数被召问，礼遇特厚，命居庆寿寺松阴精舍，以自佚。后还南京大报恩寺终老。宣德元年七月，示寂。所著有《金刚经注解附录》二卷等。明初“建法会一切科仪文字”，皆其所定，“以贻范于后”[4]。他“喜商论文事”，杨士奇称“三四十年间，巨缁老衲有文声者，［溥洽］师与［道］衍公为首”[5]。化后，其徒刻其诗为《雨轩集》八卷。

居敬，字心渊，别号兰雪。学通内外，善属文，精严律部。

1 《新续高僧传四集》卷一九《明金陵灵谷寺沙门释道谦传附净戒传》，《灵谷禅林志》卷八《高僧》。

2 《补续高僧传》卷二五《南洲溥洽法师传》。

3 《金陵梵刹志》卷一《御制集·授了达德瑄溥洽僧录司》。

4 《金陵梵刹志》卷三一，杨士奇《南洲洽法师志略》。

5 《列朝诗集小传》闰集《南洲法师洽公》。

礼南京天禧寺溥洽，职知客。后参杭州集庆寺东源，居第一座，从而讲《周易》。永乐初，奉诏校大藏经，预修《会典》[1]。已而住持上海广福讲寺，迁松江普照寺，“大开法席一十三载”，“七众瞻仰，道风大扇”[2]。

一如，字一庵，晚号退翁，上虞孙氏子。年十三，隶长庆寺为僧。从如玘于吴山宝奎寺，“砺志所业，祁寒盛暑不少懈”，“遂深造阃奥”。洪武十八年，出世住松江崇庆寺，进住苏州北禅寺，缁素归化者日众。洪武二十七年，溥洽掌僧录司兼主天禧寺，延一如为都讲。次年，住杭州天竺灵山寺。洪武三十一年，住上天竺寺，“益以振宗启后为己任”，“而从学者益众”。永乐初，退处天禧寺，以《法华经》为“如来奥旨所寓”，“非学者所易入”，“乃集众说为之注”。姚广孝为序，誉为“两浙一人”[3]。永乐十二年，被召校大藏经，“总其事”。授右觉义，升右阐教。洪熙元年三月，示寂于北京海印寺。

正映，字澄渊，号洁庵，一号月泉，自称雪老，抚州金溪人。出家于安仁五峰寺。洪武二十九年，“赴考试经得度”。住灵谷寺，扣道谦，领维那。后游北京。洪熙改元，诏住灵谷寺。宣德初，授左讲经。正统四年冬，端坐而化。赐葬沧波门外，建院于其上，赐名“宝善寺”[4]。

董伽，赵人。据说生于鹤巢，董氏抚之，遂蒙其姓。出家后，“犹以为号，示不忘也”。幼慕禅宗，“感观世音法施，得省，而

1 《大明高僧传》卷三《松江普照寺沙门释居敬传》、《释氏稽古略续集》卷二均作“预修《会典》”。按，永乐初并无修《会典》之事，《大明会典》之修始于弘治年间，因此此处实误。永乐初年曾征召不少名僧至京，或修《永乐大典》，或校大藏经。居敬极有可能预修《永乐大典》后，又参加校大藏经，因此“预修《会典》”疑为预修《永乐大典》。

2 《大明高僧传》卷三《松江普照寺沙门释居敬传》。

3 《补续高僧传》卷四《一如传》。

4 《灵谷禅林志》卷八《高僧》。

日常持大悲咒”[1]。洪武年间，游南京，太祖召对，赐藏，并敕建法藏寺。

杜圣，赵人。依董伽于法藏寺，“尽传其咒”。后游北京，明成祖召对，复赐大藏经南归。史称其“雅致优间，密行深异”[2]。

无愠，字恕中，族姓陈氏，临海人。初受度于元叟端，“多闻法要”，参扣入室。办香酬恩，则归之于竺元道。初居径山，“两坐浙东名刹”。寻投闲，居太白山中。洪武年间，召至南京，留居天界寺，寻赐归天童故山。洪武三十年，示寂。所著《山庵杂稿》，苏伯衡为序。守仁称其诗“可与林间草庵并垂”[3]。

师颐，字希古，号简庵，别号佛鉴，澉川朱氏子。17岁时，从万寿寺天宇净祝发，后随至临江西华寺，“然每参不契”。走灵隐，扣时敷庵，有省。寻上南京，礼道成，畀以藏钥，“义学复深”。建文二年，出世杭州崇福寺。既而退处万寿寺，卒继敷席。永乐四年，以高僧征修《永乐大典》，“总持释宗”，“蜚声黼座”。书成，碧峰寺无作行“歆其道，辟居首席”。其“平昔研求古学，精于鉴别”，明成祖“命乘驿遄征索古彝器”，“归进所得，赐赉甚厚”[4]。永乐十五年，受命主中天竺寺，后迁净慈寺。宣德七年十月，示寂。

善缘，字了心，侯官（今福建福州）姚氏子。7岁，依城东宝峰庵无尘出家。参鼓山蓝田。后住南京灵谷寺，礼僧录司阐教净戒。永乐三年，受命主鼓山。永乐五年春，朝廷设广荐法会于蒋山，征天下名僧。他应诏入京，说法称旨，赐号“成就”。后归，举任都纲。宣德六年，示寂。著有《灵源集》，“取鼓山前代

1 《新续高僧传四集》卷三七《明金陵法藏寺沙门释杜圣传附董伽传》。

2 《新续高僧传四集》卷三七《明金陵法藏寺沙门释杜圣传》。

3 《列朝诗集小传》闰集《空室禅师愠公》。

4 《新续高僧传四集》卷五二《明杭州净慈寺沙门释师颐传》。

老宿事实，编为叙传及名人、文艺”[1]。后山志之纂辑，即本于此。

祖渊，字天泉，号雨庵，庐陵（今江西吉安）杨氏子。永乐元年，具戒于青原山。至南京，谒净戒，多所启发，号“入室弟子”，净戒“对众称之”。他“不以小得自满”，“然臂香，笃志求道，至废寝食者五年”，始得微悟。遂振锡观方，遍礼祖塔，“所至丛林畏敬之，声称隐然起同辈间”。永乐二十年，还天界寺，刺血书《杂华经》。宣德改元，住山阐教。寻为僧录司举住雪峰寺。未几，移居天童寺。宣德九年，被召入京，为左觉义，兼敕建大功德寺住持，宣宗赐田四百余顷以赡。他念禅、讲、教三宗“名不可不正”，奏准以大功德寺、大慈恩寺、大隆善寺三寺分别为之，“由是三宗弟子各有依归，传道受业，而纲绪始无紊乱矣”。又因天下寺院多废，“由学徒未广”，奏准于给度正额外增加五分之一，“一时受度者如川汇云委”。升右善世。以皇帝所赐，建大寺于江宁凤翔山，赐额“普宁禅寺”。万善戒坛成，受命为传戒宗师。他“忠于事上，勤于接下，一时尊而仰之，如泰山、北斗云”[2]。正统十四年三月，示寂。

桑渴巴辣，中印度国人。智光出使西域期间，“倾心服事，不去左右”，智光“怜而挈之与东”，明成祖命为番经厂教授。凡遇朝廷法事，必助智光，“或得掌坛，或辅弘宣，发扬秘乘，饶益弘多”[3]。正统十一年，于定州上生寺坐脱。

哈立麻[4]，乌思藏（今西藏）人，即藏传佛教噶玛噶举派黑帽系第五世活佛噶玛巴却贝桑布。他“道怀冲漠，神用叵测，声闻于中国”。永乐四年，明成祖遣使迎至南京，封“如来大宝法王西

1 《新续高僧传四集》卷六二《明福建鼓山涌泉寺沙门释宗繁传附善缘传》。

2 《补续高僧传》卷一八《天泉渊公传》。

3 《补续高僧传》卷一《西天国师传附桑渴巴辣传》。

4 《补续高僧传》卷一九《乌斯法王传》作“葛哩麻”，即噶玛巴。此处从《明太宗实录》、《释氏稽古略续集》。

天大善自在佛”，“领天下释教”。寻坚请辞游五台，成祖遣使护送至大显通寺，并重修其寺及佛舍利塔，“以饰法王之居”。据说，其在南京时，成祖曾与同至灵谷寺，为太祖、马皇后设荐祀法坛，有塔影金光之瑞。后成祖再幸灵谷寺，“嘿然有所祷”，“瑞相倍前”[1]。永乐五年四月，成祖遣使以告。次年，入灭火化。相传，函谷关吏见其贻成祖所赐，翩翩西逝。

能义，字无言，别号损庵，象山高氏子。年十三，出家智门寺，“精行业”。稍长，见福报于径山寺，授以《楞严经》，“讲诵通贯”。旋主藏于雪窦寺，恍然有得，福报深嘉许之。洪武中，住杭州普宁寺。久而退席，隐径山蒙堂。永乐四年，明成祖命遴选精通《楞严经》旨者，他应诏为说以进。永乐十三年[2]，纂修《永乐大典》，受命“总释典之纲”。既而灵谷寺住持净戒延为上座，“模范后学”。他“居钟山闲房，非行谊高洁者不与之接”，“日惟禅定为事，暇则与学侣演说经藏要义”[3]。寻补为住持。后成祖召见于北京，除僧录司左觉义，遣中官送回南京。于灵谷寺“举唱宗乘”，“缁素悦服”。不久，复入朝，升左讲经，寓庆寿寺。后示寂。他颖悟聪敏，“善韵语”，应制《和御韵送大宝法王》有云，“有时论到无言处，心融神会尧眉开”，“颇为人传诵”[4]。

宗静，字照庵，杭州高氏子。投净慈寺僧岳剃染，“深究梵典”。时道联“主席”，“倡道声高，遂依焉”。参究有契，因以典藏畀之。永乐四年，道联被征召至京修《永乐大典》，他偕行护

1 《补续高僧传》卷一九《乌斯法王传》。

2 《补续高僧传》卷五《能义传》作“（永乐）乙未”，即永乐十三年。按，《永乐大典》于永乐五年编纂完成，因此此处有误。我们推测，或是这里时间记载错误，或是能义并未参加《永乐大典》的编纂。而《新续高僧传四集》卷一九《明金陵灵谷寺沙门释能义传》则没有能义预修《永乐大典》的记载，可能更为正确。

3 《新续高僧传四集》卷一九《明金陵灵谷寺沙门释能义传》。

4 《补续高僧传》卷五《能义传》。

卫，“人以为难”。道联逝于京邸，他函骨归葬。“由是义行闻于海内，名山巨刹争因致之”。永乐九年，首主京师佑国寺。宣德初，迁明之雪窦寺。不久，受命主净慈寺。“弘阐教观，缁白服从”。正统十二年，明英宗颁赐大藏经，“以宠异之”。赴阙谢恩，止于弥陀寺。一夕，危坐而逝[1]。

善启，字东白，别号晓庵，长洲（今江苏苏州）杨氏子。幼入无量寿院，礼永茂为落发师。既长，屏迹龙山，“穷日夜力于经、史、百氏不辍，声誉隐然起”。姚广孝、溥洽皆器重之，“典记于［溥］洽公甚久”。永乐元年，主苏州永定寺。永乐六年，主杭州延庆寺。次年，擢本府副都纲，住南禅寺。寻应召纂修《永乐大典》[2]，校大藏经。一时名人如沈粲等“皆为方外交”。或辩儒、释之异，他表示，“无论圣人理同，且各为其教”，“东鲁垂道，西竺见性，皆莫先于厚本。故吾侪虽离父母，而养生送死，率皆从厚”[3]。与兄弟极友爱，抚诸侄，教养兼至。正统八年十一月，示寂。他能诗善书，在南京曾与人赋《牡丹诗》，用一韵往复几百首，“词锋益锐，海内传焉”，人称“乃十大高僧之流亚也”[4]。

敬庵庄，台州人。幼祝发广慈祝。遍参，有悟入。永乐间，住径山。奉诏修《永乐大典》，寓天界寺三年。姚广孝等交章举住持，固辞，还径山。一日，含笑而化[5]。

慧心，号鉴空，乐清方氏子。曾问道于智顺，“后亦就征”，

1 《新续高僧传四集》卷六《明杭州净慈寺沙门释道联传附宗静传》。

2 《大明高僧传》卷三《苏州延庆寺沙门释善启传》、《补续高僧传》卷二五《启东白传》均称善启于永乐七年应召修《永乐大典》。按，《永乐大典》于永乐五年已编纂完成，因此此处有误。我们推测，或是善启曾于永乐五年《永乐大典》编成以前应召至南京预修，或是善启并未参加过《永乐大典》的编纂，而后人误记，传抄致此。

3 《大明高僧传》卷三《苏州延庆寺沙门释善启传》。

4 《补续高僧传》卷二五《启东白传》。

5 《补续高僧传》卷一八《明杲庵庄公传附敬庵传》。

入文渊阁，“与修《[永乐]大典》”[1]。

道永，字无涯，号非幻，信安吴氏子。幼入乌石山，从杰峰愚为僧，居座下，“积久凝滞澌尽，游刃肯綮，所向无碍”[2]，遂受印可。永乐五年，明成祖筹建长陵，他以精于地理学被征，授钦天监五官灵台郎，赐七品服，“俾莅其事”。事后，擢僧录司右阐教，住南京碧峰寺。未几，俾住持灵谷寺。他“说法简易恺切，从而归之者如水就下，至不可遏。连主大刹，率能兴坠起废。至机锋触发，往往屈其行辈，声闻远迩”，人称“亦宗门之巨擘”[3]。永乐十八年闰正月，示寂。

如兰，字古春，自号支离，富阳人。少与守仁俱游于杨维桢之门，受儒学，能以宗乘与儒学“合两为一”，并得赞誉。剃染后，住杭州天竺，“道行超迈”。明成祖召各地名僧校大藏经，他“与首列”，“锡赉优渥”。据说，他还“精于相术”，于谦幼时，即为预言“他日救时宰相”[4]。

大同，字竺庵，会稽（今浙江绍兴）张氏子。礼显宗弥讲王为师，住四明延寿寺。永乐初，“于南、北都门，两膺帝命，纂修藏典”[5]。

智通，燕人。初为全真道士，后落发，从宝金“闻奥旨”，隐大乘山中。永乐间，召至京，住天界寺。其“为人端谨神悟”，人称“有乃父之风焉”[6]。后危坐而化。

德琮，姓杜氏。出家崇山，博通内、外典。永乐间，一藏僧至京，自称三教九流无不通彻，“堪为中国王者师”。德琮应召至

1 《补续高僧传》卷二六《逆川禅师传附慧心传》。
2 《金陵梵刹志》卷三九，金实《非幻大禅师志略》。
3 《补续高僧传》卷一五《非幻禅师传》。
4 《列朝诗集小传》闰集《古春兰公》。
5 《列朝诗集小传》闰集《竺庵冏》。
6 《补续高僧传》卷一四《金碧峰传附智通传》。

京，与辩对，“鸠大藏，探儒书”，折服藏僧。成祖即日授左善世，“为作室鸡鸣山，以为修藏之所”[1]。年五十七，说偈示寂。

慧进，字栖岩，号止翁，山西霍州灵石人，姓宋氏。礼邑元大云寺僧渐，落发执经，“繇洪武新恩得度”。入汴，依古峰，“究通华严宗旨，旁达唯识百法诸论”，“意解心融，众所钦服”，遂得“法主”之称。明成祖召至南京，“备问《楞严》大义”，应对称旨，命住天界寺。选俊秀僧徒从学，更命于灵谷寺率高僧纂修《三藏法数》。后随驾至北京，居海印寺，“被诏领袖天下僧众”。朝廷于大明门外修普度大斋，受命演说三聚净戒。升左觉义，总督海内文学儒士、高僧于海印经馆校大藏经。升左阐教。宣德年间，于隆善寺开讲《楞严会解》，“听受缁素万余指”[2]。正统元年闰六月，示寂。

了悟，号无际，一号蚕骨，安岳莫氏子。削发于定远罗围寺，师事本真。参幽谷，获证心要，“因而发通，大著灵异”，“四方无贤愚，咸归向之”，“登座说法，天花如雨”，“所至腾沸”[3]。据说，他以“妖妄惑众”罪名被拘于按察狱中，昼则端坐，夜则出募钱，修狱坏屋。永乐中，召诣京师，命为宗主，登坛说戒，赐号“大善知识”。后居南京牛首寺。一日，端坐而逝。

善坚，字古庭，姓丁氏，昆明人。10岁，入五华寺，礼慈宗为师，命名善贤。“初习禅观，坐持不辍”。年十六，走南京，谒了悟，示万法归一语，“参究精诚，兀兀达旦，胁不至席”。年十九，复礼柏岩，更名善坚。逾年，受具足于杭州戒坛。正统十年，造金台，有悟。寻复参了悟，证明大事，赐号古庭，付之法服，为临济二十三世。后住皖桐浮渡山华严寺，“大兴法会，道望日

1 《补续高僧传》卷二五《德琮传》。
2 《补续高僧传》卷四《慧进传》。
3 《补续高僧传》卷一九《安岳了悟传》。

崇”。已而返滇，建归化寺。“滇南禅风，由此复振”[1]。弘治六年七月，示寂。

释迦也失，藏传佛教格鲁派创始人宗喀巴大弟子，“道行非凡，神通难测”[2]。成祖召宗喀巴来朝，宗喀巴派释迦也失代替入朝。永乐十二年，至五台山，寓显通寺。十一月，成祖遣使召至京师，奏对称旨，敕主能仁寺方丈。次年，赐号“西天佛子大国师”。释迦也失在京传播黄教，为成祖信向。无何，辞还五台山。寻归藏地。后成祖再召请入朝。宣宗即位，至京，封为大慈法王。后寂。

永杰，字斗南，青城（今山东高青）僧。明初，住牛首山，“日惟默坐”。仁宗朱高炽为太子时，猎于山，见而问之，“起身亹论”。朱高炽“许他日为造寺，与同宿兜率岩一夕”。后化去，造寺遂不果。他“工诗”，《金陵梵刹志》录其诗二首[3]。

道孚，字信庵，江浦刘氏子。7岁，依灵谷寺庆叟为弟子，落发衣缁，昕夕礼观音，“发聪智，通唯识、涅槃诸大乘经论”。复礼天童寺观翁，宣德间，随侍庆寿寺。寻游江浙，受满分戒。入五台，“睹圣相摄身光中”。英宗闻其名，召见，呼为“凤头和尚”。寻授僧录司讲经。未几，引退。后应请恢复京西马鞍山废寺。黔宁昭靖王以宣武门府第施建承恩寺，为其往来憩息之处。史称，“当是时，耆旧凋丧，独师法闻四方，学子趋参，唯恐或后”，“僧中之杰出者，一人而已”。景泰七年六月，端坐而逝。道孚“善书，笔法遒健”。曾于文华殿大书匾额，明英宗称善，赠诗有“高僧书法胜中书”之句[4]。

清天，别号洁祖，为欧阳族，庐陵（今江西吉安）人。依多宝寺正宗忠受业。宣德改元，右善世云海为落发。入天界寺，见弘

---

1 《新续高僧传四集》卷一九《明云南归化寺沙门释善坚传》。

2 《新续高僧传四集》卷一九《明五台山显通寺沙门释释迦也失传》。

3 《金陵梵刹志》卷三三《牛首山弘觉寺·人物》，《金陵琐事》卷三《见天子方言》。

4 《补续高僧传》卷五《凤头祖师传》。

慈普应，命侍香，掌藏钥，进第一座。正统初，兴复北京西山之麓废刹，赐额弘庆禅寺（即后黑塔寺）。“自此道风浩荡，朝野知名”。正统十一年，受命主双径，“远近钦仰，罔不嘉奖劝助”[1]。

永慈，字海州，蜀余氏子。少时见僧辄喜，投烛照月剃染。遍参诸方，首谒太初，有得。还灵谷寺，依云峰结制。后至牛首山，“领众三载”。正统中，守备太监袁诚“钦其道德”，请住翼善寺。其先曾参东明，至是东明示寂，授衣法[2]。

惠聪，号颐正，海宁人。“内典外学，能兼通之”。宣德间，说法中天竺。继住四明天童寺，“课诵《楞严》，修持净业”。正统九年冬，诏住灵谷寺，“钦赐藏典”，升右觉义[3]。

觉澄，号古溪，蔚州（今河北蔚县）张氏子。14岁，从云中天晖昶落发，“痛绝人事”。阅大藏经，五年而终。后因提无字话，有省。住南阳香岩寺，“大为人所归”。逾年，游江南，受大戒于杭州戒坛。礼投子山楚山琦，“机缘相投，朝夕入室”，获印记，“以衣拂、法卷付之”[4]，“为临济二十四世之灯”[5]。天顺五年，应请住南京高座寺。他“遐继芳躅，善于开导，键闭山居十余载，足不蹑城市，而闻风者从化”[6]。有《药师科仪》行世。成化九年八月，端坐而逝。诗文有《雨华集》，人称“将与蒲庵［来复］、全室［宗泐］、逃虚［道衍］俪美于后世”。他自道其文曰，“吾将藉此以明佛知见。入佛之门有二，由文字而显曰教，离文字而悟曰禅。泥文字则失之滞，略文字则失之诞。去滞与诞，其必由教而禅乎”[7]。

1 《补续高僧传》卷五《清天传》。

2 乾隆《上元县志》卷二四《人物志·永慈》。

3 《灵谷禅林志》卷八《高僧》。

4 《列朝诗集小传》闰集《香岩和尚古溪澄公》。

5 《释氏稽古略续集》卷三。

6 《补续高僧传》卷一五《香岩澄禅师传》。

7 《列朝诗集小传》闰集《香岩和尚古溪澄公》。

大阐，东和名家子。依玉溪祝发，力究出世之道。禅林讲席，靡不参扣。创庵于岩头，“键关十年”，有所悟。参和之天界艻中，蒙印记。挈杖出闽关，履浙过淮，多逢哲匠。至北京，憩大宝禅寺，“道风翕然”，“问谒者踵接户外”。成化十四年，南还。次年，寓南京报恩寺。后邵郡清信士创寺，延居二十余年，“清远之风，从化者众”。弘治十四年二月，示寂。他“喜作山居诗，唱道鸣怀，悠然可诵”。其《过金山》有句，“月现潜龙影，云笼老鹤声”，人称“尤见禅意”[1]。

古新，金台（在今北京市）尹氏子。幼喜观内典，礼大兴隆寺静庵，祝发受戒。寻辞师，参礼诸方。至南京，住普利寺。成化十九年，主灵谷寺。时殿宇将圮，司礼太监奏修，“焕然一新”，史称皆其“劝赞之力”[2]。

广原，字本清，号月庵，钱塘（今浙江杭州）人。住南京报恩寺[3]。《列朝诗集》收录其诗。

古渊清，不知何许人。成化后期，重兴南京永宁寺，授左觉义，“以尸祝鳌”。他“朝夕称佛名号，拜礼，求速超脱”。梦大士指引，掩关于弘济寺，提无字话，心念相依，胁不沾席者三年，有省。自是，“得无碍机，人不敢婴其锋”。据说言人吉凶，“无不悬应”[4]。

定清，广德人。少入僧籍，传临济宗。随老僧来南京募造佛像。憩牛首山幽栖寺，募缘兴复，三年功成，“费几巨万”[5]。弘治八年，又募缘重建金山灵观阁，一年而成。

永宁，字西林，六合郭氏子。幼礼报恩寺无瑕玉为师。年二

1 《补续高僧传》卷二六《大阐禅师传》。
2 《灵谷禅林志》卷八《高僧》。
3 《列朝诗集小传》闰集《月庵原公》。
4 《补续高僧传》卷一六《古渊清公传》。
5 《新续高僧传四集》卷五三《明润州金山灵观阁沙门释定清传》。

十，即持《金刚经》，至老不辍。明武宗驾幸南京，驻陛该寺。永宁为提点，随侍游览，应对称旨。嘉靖十年，举为住持，综理寺事。后历迁右觉义、左觉义。时“江南佛法未大行”，他居僧秩，“切以法门为忧”，乃请法会住三藏殿，教诸习禅者，“始知有禅宗”。复延守愚，选僧众数十人，日开讲席，“亲领听受，从此始知向佛法”[1]。嘉靖四十四年正月，示寂。

果斌，字半峰。嘉靖初，住南京天界寺，与曾任南京刑部尚书的顾璘等“谈禅和诗”[2]。他“有诗名”，所作“天台雁宕天下奇，有生不往将焉之”，尤为人爱。有徒孙文秀，亦“好诗翰”，为时人称道[3]。

觉清，婺源蔡氏女。出家南京法华庵，“读诵经典，熏修不懈”[4]。庵小而贫，日种植园蔬，自食其力。嘉靖中，霍韬等拆毁南京尼寺，乃率徒众远避。

道济，字法舟，嘉兴张氏子。21岁，入天宁寺为行者，从默堂宣，多所咨访。诣东禅寺，依僧昂剃染。事吉庵祚，“古德入道因缘，朝夕参扣”。偶行廊庑间，闻佛殿磬声，豁然契悟，吉庵印可之。继谒古印、云峰诸师，“日益深奥”。嘉靖初，应请出世于南京安隐寺，“处大众，折大疑，无碍之辞，波腾云涌，夜以继日，曾不少倦”[5]。后还天宁寺。嘉靖三十九年秋，示寂。所说法语、偈颂等，门人集而梓行。

法聚，号玉芝，姓富氏，嘉兴人。14岁，出家海盐资圣寺，“好为韵语”。寻誓志参学，多所咨扣。读王守仁《传习录》，“谓与禅理不殊，乃以偈趋扣”，又亲往从学。还，结庐于悟空山中。

1 《新续高僧传四集》卷一九《明金陵大报恩寺沙门释永宁传》。
2 《列朝诗集小传》闰集《半峰斌公》。
3 《金陵梵刹志》卷一六，陈文烛《半峰亭记略》。
4 《续比丘尼传》卷三《明南都法华庵尼觉清传》。
5 《补续高僧传》卷一六《法舟济传》。

闻南京碧峰寺梦居之名，荷笠往参，得悟。徙居武康天池，与王艮等“发明心地，会通儒、释之旨”[1]。嘉靖四十二年，示寂。新安王寅选其诗二百首，编《玉芝内外集》。

真融，麻城人。15岁，为沙弥，“潜心教乘数年”。托钵行游，涉历名山，“所至随处结缘”。嘉靖二十六年，抵南京，入牛首山，修苦行。次年，入北京，挂搭崇国寺，讽《法华经》。越数月，至万寿山，登坛受戒。其后，又历游五台山、伏牛山、峨眉山。于峨眉山建净土庵，“接纳云水，孳孳如不及”。万历二年，止蓥华山，建金莲庵，“云水赖之”。万历八年，往瞻普陀山，“感大士示相”。后于普陀山光熙峰麓结海潮庵。据说，其“住山多神异之迹”，见者“以为现在肉身大士”，“丛林相传以为口实云”[2]。

法会，号云谷，嘉善怀氏子。9岁，入大云寺，为大沾弟子，“习瑜伽教”[3]。年二十，受具足戒,，修天台小止观。往天宁寺，道济示以悟心旨要，力究之，有省，得印可。载观世音像，“礼拜经行，终身不懈”。入南京，寓天界寺毗卢阁下行道。魏国公请于西园丛桂庵供养，后永宁请住报恩寺三藏殿，教诸习禅者。爱栖霞山幽深，结庵于千佛岩下。时栖霞寺久废，南京礼部主事陆光祖委以兴复。他举僧兴善应命，已则移居山最深处天开岩，吊影如初。士大夫归依日众，他“以化导为心”，对不能入山者“亦就见”，“岁一往来城中，至必主回光寺”，“在家二众归之，如绕华座”，出城多至普德寺，名僧臞鹤宽悦“实出其教”。又“悯禅道绝响”，于嘉靖四十四年[4]冬，集53人，结坐禅期于天界寺。

1 《列朝诗集小传》闰集《玉芝和尚聚公》。

2 《补续高僧传》卷二二《大智禅师传》。

3 《摄山志》卷三《高僧》。

4 《补续高僧传》卷一六《云谷会师传》、《新续高僧传四集》卷二〇《明摄山栖霞寺沙门释法会传》均作嘉靖四十五年。但据德清自叙，此会应在嘉靖四十四年。《憨山大师年谱疏》卷上载：“嘉靖四十四年乙丑，予（指德清，下同）二十岁”，“是年冬十月，云谷大师建禅期于天界寺，集海内名德五十三人，开坐禅法门”，隆庆六年，陆光祖等迎归故山，“诸公时时入室问道”，“执弟子礼”。真可等“扣华严宗旨”，他“发挥法界圆融之妙”，时人“皆叹未曾有”[1]。万历三年正月，寂然而逝。

兴善，俗姓薛。14岁，礼僧大方落发，受三皈五戒。志在参寻，留心讲解。从天界寺一僧受度后，“惟耽真观，以求解脱”。浙僧法会习禅持戒，他追随往来，“业益精进”。嘉靖三十一年，以法会之荐，领部札，住持栖霞寺。时寺久废，僧徒稀少，他“尽复寺故业，建禅堂，开讲席，江南丛林实肇于此”[2]。隆庆元年，僧录司缺右觉义，礼部试诸大刹，以其为“首举”，遂赴京师。次年正月，受命住持天界寺。他举法侄清柏主栖霞寺，“而己专力于天界［寺］之务”。天界寺“积习久，日就弛坠”，兴善“日与诸觉义经理之”。因该寺赐田被混同民田起科，思奏请以蠲之，入京。“事方未及详核”，即因道途积劳和应酬之扰，而于五月顺寂于长寿庵。其始度徒隆化，先殁，徒孙永斌为其亲自“教迪”，“内典外学，咸知大旨”[3]。后又度徒延德、延州，有徒孙福檀、福椿。

雪梅，吴人。嘉靖中，游南京，踪迹奇异，不拘戒律。寓报恩寺与丛桂庵十余年，每见法师据高座讲经，便笑讥“乱说”。间出一语辩驳，“闻者汗下”。他“专修净土，讲《四书》、《周易》，皆有新理”，“论学好贬驳新建［王守仁］”。后往苏州竹堂寺住。他工诗文，自序其诗，“以寒山、拾得自况”[4]。其“解诗

“大师极力提拔，予往从，时少师翁听之，乃得预会”；“四十五年丙寅，予二十一岁，自禅期出”，二月报恩寺毁于火，奔走救护，冬，“从无极大师听《法华经》于天界寺”。显然，德清所述井然有序，应为正确，《补续高僧传》、《新续高僧传四集》的有关记载实误。

1 《补续高僧传》卷一六《云谷会师传》。

2 《新续高僧传四集》卷二〇《明摄山栖霞寺沙门释法会传》。

3 《栖霞小志·南京僧录司右觉义兼住大天界寺前栖霞寺住持嵩山禅善公碑铭》。

4 《列朝诗集小传》闰集《雪梅和尚》。

清奇”，“人争传诵之”[1]。

洪恩，字三怀，南京黄氏子。出家住宝华雪浪山，因以山为号。13岁时，随父往报恩寺听无极讲《法华》，自截顶发，出家于寺。长于德清一岁，“比肩为沙弥，无着、天亲如也”。师事无极，“读内外典，利如奔马，不劳问辨，而堂奥历然，以无师智，得大辨才”。后德清北游，他遂以弘法为己任，“日据华座，讲演诸经，尽扫训故，单提本文，拈示言外之旨，恒教学人以理观为入法之门”。其于贤首一宗，“为得法弟”，“继席者以百计，秉法而转教者以千计”[2]。东南法席之盛，“无出其右”[3]。万历二十五年，至焦山，主《楞严》讲会。次年，报恩寺塔顶倾侧，他领众数百，行乞于都市，募而修之。尝居虎丘，讲《般若经》。晚岁，开接待院于苏州望亭，日则随众作务，夜则篝灯说法。后以劳苦示微疾，端坐而逝。他“博综外典，旁及唐诗、晋字”[4]。所著诗文为《雪浪集》上、下卷，《四库全书》存目，称其为“未离世法之僧，不能语带烟霞”[5]。朱彝尊《明诗综》载其诗二首。洪恩对明代后期江南僧人文学水平的提高有很大贡献。史称，“万历中，江南开士多博通诗翰者，亦［洪恩］公与憨［山德清］大师为导师也”[6]。

德清，字澄印，晚号憨山，全椒蔡氏子。12岁，入南京报恩寺，依永宁剃染。逾年，受《法华》，“四月而成诵，遂以次讲习”。17岁时，住持永宁“请先生首教举子业”，他“即能赋诗述文”，“同会一时推重之”。后“同会诸友皆取捷”，离寺营科举，

1 《补续高僧传》卷二〇《雪梅传》。

2 《列朝诗集小传》闰集《雪浪法师恩公》。

3 《新续高僧传四集》卷七《明金陵宝华山释洪恩传》。

4 《列朝诗集小传》闰集《雪浪法师恩公》。

5 《四库全书总目提要》卷一八〇《集部别集类存目七·〈雪浪集〉提要》。

6 《列朝诗集小传》闰集《雪浪法师恩公》。

有劝其往试者。因禅僧法会开导，德清“决志做出世事”[1]，请永宁为披剃，正式出家。年十九，祝发受具戒于无极。听讲《华严玄谭》，“悟法界圆融无尽之旨”。从法会结禅于天界寺，发奋参究。嘉靖四十五年，寺毁于火，有司以官住、执事等下狱，法当论死。僧众惧逃，独德清往来送饭解救，官住等竟从末减坐罚囚粮。寻去北京，参真圆、德宝。游盘山，住千像峰。万历二年，结冬蒲坂，阅《物不迁论》，有省。游五台，居北台龙门寺，得悟。受李太后命，建祈储道场于五台山。寻王恭妃生皇长子常洛，德清因此深得李太后宠信。至东海牢山，太后率阖宫布金造寺，赐额“海印”。因诣京谢恩，为报恩寺请藏，奉命斋送，并期以十年修复。不久，因被诬私造寺院，神宗因喜郑贵妃所生皇三子常洵，故衔其曾主祈储道场，命遣戍雷州。住锡曹溪，归侵田，斥僦舍，屠门酒肆蔚为宝坊。时“缁白分集，摄折互用，大鉴之道，勃然中兴”[2]。万历三十四年，遇赦。东游吴越，赴真可之葬于双径，吊袾宏于云栖。返庐山，结庵五乳峰下，专修净业。居四年，复往曹溪。天启三年十月，示寂。德清在明末影响很大，为明末佛教四大师之一。著有《憨山梦游集》四十卷、《东游集》若干卷、《华严法界境》一卷、《法华通义》七卷等[3]。他精于文学，“少与洪恩留心词翰，晚而伸纸信笔，都无思议，一一从光明藏中流出”。钱谦益称，“世谛文字，固不足为师有无，雪泥鸿爪，亦略识其应迹云尔”[4]。

钦义，字湛怀，金坛王氏子。10岁，出家南京大报恩寺。20岁时，远游名山，参访耆宿。建黄曲社于尧山。久之，复归报恩寺，不食常住粮。人建一阁与居，遂不复出。万历间，洪恩修报

1 《憨山大师年谱疏》卷上。

2 《新续高僧传四集》卷八《明庐山法云寺沙门释德清传》。

3 《金陵大报恩寺塔志》卷六《寺僧》。

4 《列朝诗集小传》闰集《憨山大师清公》。

恩寺塔，其助力为多。天启末年，示寂。他“禅寂之余，游戏笔墨”[1]。周晖将其与德清、洪恩并称为“长干三诗僧”[2]，且选其诗32首，附德清、洪恩之后，编成《长干三僧诗》。他善于绘画，作《倪迂小景梅花》，“得逃禅老人笔意”。他还善于鉴别古器物，“贤士大夫多喜从游”，“因以率劝，令入佛智”[3]。

宽悦，字矐鹤，南京人。剃染于普德寺，“优于讲解，兼擅才笔”，与洪恩、钦义齐名。时“诸方屈指南京法席”，宽悦“居第三”。后遁居尧山。所著有《尧山藏章》，其中《春日山中寄潘景升》有句云，“千树夕阳鸣暮鸟，一溪残雪掩柴扉”，“于时以为佳句”[4]。

如愚，字蕴璞，江夏（今湖北武昌）人。少为书生，放荡负俗。削发为僧，居衡山石头庵。后来南京，居石头城南碧峰寺，遂号石头和尚。他“自负才藻”，剃染后使性重气，“时时作举子业，思冠巾入俗，与时人角逐”，已而复罢。为洪恩受法弟子，周汝登、曹学佺、袁宗道兄弟皆与之游。因思篡洪恩讲席而谮于官，洪恩门人“相与鸣鼓而攻之”，“诸方咸恶之”，以为“法门狮子虫”[5]。后入北京，居七指庵，终焉。如愚人品虽不足道，然于文学创作颇有成绩。他批评盛极一时的文学复古运动，主张“文无定质，诗不必有唐，文不必六经、秦汉”[6]。他创作较勤，有《空华集》、《饮河集》各二卷，载诗；《止啼集》一卷，载文；《石头庵集》五卷，载诗（三卷）、文（二卷）；又有《宝善堂集》。曹学佺叙其诗，称“五言律奇险，多慷慨悲愤之句，不作禅语，所以为佳”。盖因其人品及与洪恩过节，钱谦益《列朝诗集》收录其

1 《列朝诗集小传》闰集《湛怀义公》。
2 《金陵大报恩寺塔志》卷六《寺僧》。
3 《列朝诗集小传》闰集《湛怀义公》。
4 《列朝诗集小传》闰集《矐鹤悦公》。
5 《列朝诗集小传》闰集《石头如愚》。
6 《四库全书总目提要》卷一八〇《集部别集类存目七·〈空华集〉等提要》。

诗，但又不予好评，指斥其中或“不徒野狐外道，直是牛头阿旁波波吒吒口吻”，或“鄙俚秽杂，无所不有”[1]。《四库全书》存目其诗，亦抨击其“自许甚高”，“然材地粗疏，徒好为大言耳”[2]。

祩宏，字佛慧，号莲池，仁和（今浙江杭州）沈氏子。世为名族，始业儒，然“志在出世”，“栖心净土”。嘉靖四十五年，32岁时，投西山无门洞性天理祝发，乞昭庆寺无尘玉就坛受具。不久，遍游诸方。诣五台，“感文殊放光”。至伏牛，“随众炼魔”。入京师，参真圆、德宝，“皆有开发”[3]。过东昌，有悟。至南京瓦官寺，“病剧，几为主者舁就荼毗”[4]。隆庆五年，游方至杭州梵村，于古云栖寺故址结茅以居，题名云栖。据说，他讽经施食息虎患，击木鱼念佛祷天雨，村民感激而鼎新其庵，“不日成兰若”。自此，“法道大振，海内衲子归心”，云栖寺“遂成丛林”[5]。时“教纲灭裂，禅道不明”。他立志振救，著《阿弥陀经疏钞》，“总持圆顿诸经，融会事理，指归一心”，“一时缁素归心净土，若水赴壑”。令僧众读诵《梵网戒经》及比丘诸戒品，著《沙弥要略》、《具戒便蒙》、《梵网经疏发隐》，“发明”戒律，以立“基本”。编《禅关策进》，与《高峰语录》等并刊，“以示参究之诀”。万历十六年，应地方官员之请禳疫、造桥。著《放生文》，传诵海内，慈圣李太后嗟叹赐紫，遣人“咨问法要”。于净慈寺建放生池，岁费百余金，山中设放生所，岁费粟二百石，救养飞鸟禽虫。其“道风日播”，达官贤士及门问道者以百计，“靡不心折”[6]。万历四十三年七月，示寂。祩宏禅、教兼通，提倡净

1 《列朝诗集小传》闰集《石头如愚》。
2 《四库全书总目提要》卷一八〇《集部别集类存目七·〈空华集〉等提要》。
3 （明）释祩宏：《缁门崇行录》，附释德清《云栖莲池宏禅师塔铭》。
4 《补续高僧传》卷五《云栖莲池宏师传》。
5 《缁门崇行录》，附释德清《云栖莲池宏禅师塔铭》。
6 《新续高僧传四集》卷四三《明梵村云栖寺沙门释祩宏传》。

土，被尊为“莲宗八祖”，是明末佛教四大师之一，在中国佛教史上有重要影响，德清誉其为“法门周、孔”。著述近40种，后人辑为《云栖法汇》。

真节，号素庵，姓钟氏，襄阳人。少为郡弟子，壮年“忽宿根内萌”，乃弃儒从释，“遍访知识”[1]。至南阳留山寺，礼泯庵休落发。既而北游京师，遍参讲席，居秀法师座下，“餍餐法喜，深得贤首之印”。久之，负锡南还。至南京，出主摄山栖霞寺，“众逾三百，教备五乘，居狮子座，挝大法鼓三十余年”。据说，有一次讲《法华经》，至多宝塔品，空中忽现宝塔于座前，“一如经言”，遂建多宝塔[2]。其说法直接简易，“不为峻语”，“而格顽导愚，远近钦悦”，“凡讲《华严大钞》、《法华》、《楞严》诸大乘经论各若干座”[3]，弟子众多，影响很大。真节学富内外，在南京与名士殷迈、陆光祖等游，为方外交。万历二十一年十一月，端坐而逝。

如慧、如念，俱出襄阳钟氏，为同祖兄弟，同师真节，称高足。如慧，真节在俗子。真节“集讲”南京，来省，遂祝发座下，时13岁。寻登坛受具。昼夜六时，除听讲外，即跏趺习定，“兀然如槁木者三年”，同学呼为“兀斋”。一日，定中见大光明身等虚空，“自是掩关不语，妙悟益发，内外典籍，寓目即了”，“无滞义”。如念，称“幻斋”，为人温厚老成，嗜学经论如渴。二人同心执侍，如阿难、难陀，“以故栖霞法席为江南最”。时达观真可“佩南宗心印，勘辨诸方”。二人“与之出入议论”，“时蒙许可”。万历十四年十一月，如慧以“愿毕”，不食而逝。十六年十一月，如慧“方大祥”，如念亦择日示寂。时人叹曰：“方今丛林衰

1 《补续高僧传》卷五《素庵法师传》。

2 《大明高僧传》卷四《南京应天栖霞寺沙门释真节传》。

3 《补续高僧传》卷五《素庵法师传》。

替，二公俱精进光明幢，使不夺其年，庶几为大法栋梁。而竟为报缘所局，未终下寿。伤哉！”[1]

法祥，字瑞光，嵊县（今嵊州）周氏子。曾见德宝于北京柳巷，“示以念佛法门”。后剃发入栖霞寺，谒真节，“虽居讲肆，而念佛无间”。又参真圆，所示与德宝同。入伏牛，契机于柏松，留住石室中，吊影木食者三年。遍历楚、闽之境，“铲落知见，独存孤明”。游南岳，栖侧刀峰，“放下身心，一志念佛”。募豆四十八石，“一豆一佛，净念相继，以至终身”，诸方称为“豆儿佛”[2]。十方衲子争归之，侧刀峰遂成海内名丛席。万历三十八年二月，示寂。

祖住，字幻依，号麓亭，丹徒人，姓杨氏。年十三，入龙蟠山依朝阳受《法华》、《华严》诸大部经。十七，剃染。十九，受具足戒，通晓诸经大义。游少室，依大章五载；至伏牛，依高安十二夏，先后得二师印可。次游都下，谒松、秀二法师，“尽得清凉宗旨”。应请住钵池山，“造大藏经，作水陆无遮会”。后至南京，访无极，居第二座。“犍槌之遐，即入众作务”[3]。寻演《华严大钞》于镇江万寿寺，“缁白听者日以千数”，无极“率其徒观焉”，叹为“不如”。从此，其“道价郁跂，丛林倾挹”。万历十二年，憩锡苏州莲华峰下，登支道林讲座，“山林隐秀，有终焉意”[4]。万历十五年九月，圆寂。

福登，别号妙峰，山西平阳（今山西临汾）续氏子。十二岁，出家。十八，携钵至蒲坂，僧朗留为弟子。入中条山，闭关习华严观三年，“稍有开发”。往介休山中，听法师讲《楞严》，受具戒。游南方，遍历丛席。至南京天界寺，于无极座下作净头。寻

1 《补续高僧传》卷五《素庵法师传附兀斋幻斋二比丘传》。
2 《补续高僧传》卷二六《南岳豆儿佛传》。
3 《大明高僧传》卷三《苏州华山沙门释祖住传》。
4 《补续高僧传》卷五《麓亭住法师传》。

归，复入中条山最深处，辟谷饮水者三年，大有开悟。游京师，入五台，刺舌血书《华严经》。起无遮大会，因憨山德清之劝，应慈圣李太后请，为神宗祈皇储，结文殊万圣缘于塔院寺，“九边八省缁白赴会者，路踵相继，法筵之盛，前所未有也”。隐入芦芽，李太后为建大华严寺，造万佛铁塔七级。他修渭河、黄河诸桥，方便行人。开石窟于宁化所，刻佛像等于其中，遂成一大道场。礼峨眉山，建三铜殿，峨眉、五台、普陀各一，随殿各有渗金诸像，两宫太后颁旨，“为三山护持”。万历二十八年八月，神宗赐号“真来佛子”[1]。十二月，端坐而逝。

天隐，荆溪闵氏子。年二十，往龙池山，依幻有出家，从剃染。寻有省。入南京天界寺，谒松云，“获益良多”。又访文斋于能仁寺。万历二十九年还山，掩关两载，闻驴鸣而悟。趋觐幻有于北京普照寺，得首肯。其后，“更历教海”[2]。曾参与慈圣李太后所建五台山无遮大会。崇祯七年八月，移主湖州上柏山报恩禅院。

性莲，字无垢，仙源王氏子。年二十二，出家南京栖霞寺，从真节剃染受具，依栖讲席，习诸经论义。走清河，谒法堂，“授以念佛三昧”，“乃深信入”。又参真圆于京，“一见器之，因留入室”。后又“多方行脚”，“遍参知识”。偶堕冰河，有省。卓锡池阳杉山，十方衲子日益麇集，“遂开梵刹，以接待为事”。九华道场迎为丛林主，“远近倾心”。万历二十四年，应请至皖山，“百废俱举”，“三祖［僧璨］道场灿然复盛”，“遐迩风动”[3]。万历二十五年九月，示寂。

本智，字慧光，曲静李氏子。年十二，依其父白斋出家于城南朗目山，以山为号。白斋“以《华严》为业”，本智“多所熏发，即从事焉”。年十九，受具。寻北游中原，于一时“教、禅师

1 《补续高僧传》卷二二《真来佛子传》。
2 《新续高僧传四集》卷二一《明湖州上柏山报恩禅院沙门释天隐传》。
3 《新续高僧传四集》卷二〇《明青阳九华山沙门释性莲传》。

匠”，咸及其门，“经炉冶钳锤，故若宗若教，得其指归”。然至“参究己躬，恐未悟彻”，乃立禅十二年，始得“心光透露”[1]。北游，至南京，寓天界寺。去皖东，重兴浮山华严寺。万历三十三年十二月，示寂。

如馨，字古心，溧水杨氏子。年近不惑，投摄山栖霞寺真节，从事剃染，受沙弥戒。复欲近圆本，真节示以须得清净十僧方能得戒。为求文殊授戒，如馨步礼五台。一日，梦文殊赠伽黎，“顿悟五篇三聚心地法门，视大、小乘律，如心中自在流注”[2]。万历十二年，归南京，古林庵僧觉明香延住该庵。因“僧众日盛”，如馨化庵为寺，“凡三年告竣”，“遂成一大梵刹矣”[3]。登坛说戒，据说“感坛殿放五色霞彩，直冲霄汉，众山群楼，三日不散，夜明如白昼”，缁素人等“莫不骇异赞叹”，“遂称天下第一戒坛”[4]。洪恩等修报恩寺塔，塔顶屡举不能正。一夕，梦感神谕，“云优波离尊者（佛祖释迦牟尼十大弟子之一，称“持戒第一”，引者注）至，始克如愿”。次日，如馨杖锡而入，洪恩等“倾诚请助”，塔顶遂正。于是，“群情欣跃，大加敬礼，咸指［如］馨为优波离再世”[5]。又开戒于灵谷寺、栖霞寺、甘露寺、灵隐寺、天宁寺等刹，“廷臣野叟无不知有戒也”。万历四十一年，明神宗敕更寺额为“振古香林禅寺”，赐“万寿戒坛”匾[6]。次年，应召至五台山，开皇坛说戒，赐号“慧云律师”。时“缁素归依，禀戒跻坛者不可胜计”[7]。万历四十三年十一月，示寂。如馨坐南北道场四十余会，徒众累万，弟子十二人“接席分灯，布满天下”，元、明以来湮没

1 《新续高僧传四集》卷五四《明皖中浮山华严寺沙门释本智传》。
2 《新续高僧传四集》卷二八《明金陵天隆寺沙门释如馨传》。
3 《金陵马鞍山古林律寺祖庭汇志·古祖事迹》。
4 《金陵马鞍山中兴律祖事迹考》。
5 《新续高僧传四集》卷二八《明金陵天隆寺沙门释如馨传》。
6 《金陵马鞍山中兴律祖事迹考》。
7 《新续高僧传四集》卷二八《明金陵天隆寺沙门释如馨传》。

无闻的律宗得以复兴，人称“中兴律祖”，古林寺也因此成为“中兴戒律之祖庭”[1]。

性相，字莲宗，江宁高氏子。入摄山栖霞寺，礼真节剃染为僧，复禀具足于如馨。以律严己，以谦下人，“处卑弥光，声闻自远”[2]。如馨迁化，乃焚修塔院，礼诵《华严》，寒暑不辍。四众推许，“请宏法牒”。其临坛演戒，不知疲倦。晚主南京天隆极乐寺，示寂寝寮。

法藏，字于密，号汉月，无锡苏氏子。年十五，入德庆院出家。十九，剃发。二十九，从袾宏受沙弥戒。三十七，受具戒于灵谷寺如馨。时如馨参禅说戒，“绕座数百人”，独誉其为“法中王”[3]。居一年，辞去，往三峰。后参临济名僧密云圆悟，为首座。天启年间，圆悟付以“源流”、拂杖。其后，八坐道场，弟子遍江、浙，为有明一代临济宗重要僧人。

性福，字东沧，通江赵氏子。初从二峨山法空剃染，受具足于南京如馨。既得戒体，益精律行，常持《秽迹金刚经神咒》，日夜不辍。每于坛内持咒，据说均有神异，“由是名动江左，道俗惊叹”。万历年间，传戒于荆楚、淮扬等地，“缁素受化者不可胜计”[4]。住蜀江长龙山昙华寺，继徙扬州福田律院。

真利，字和雅，昆明石氏子。幼从彻明为僧，渐通经论。既长，有志参方。遂抵南京，得戒于如馨，“研穷仪范，便识津梁”。复受教于洪恩、如愚诸师，“神智焕发，辩如泉涌”。所至名山，屡主讲席，聿开法会，得律徒数千人。还滇，住锡鸡足山，更创律堂。“滇之法戒，弘于真利”[5]。后无疾坐化。

1 《金陵马鞍山古林律寺祖庭汇志》自序。

2 《新续高僧传四集》卷二八《明金陵极乐寺沙门释性相传》。

3 《新续高僧传四集》卷一九《明金陵灵谷寺沙门释三峰传》。

4 《新续高僧传四集》卷二八《明广陵福田律院沙门释性福传》。

5 《新续高僧传四集》卷二八《明云南鸡足山大觉寺沙门释真利传》。

性璞，字印含，姓王氏，吴人。与隐微理为同母兄弟。兄隐微性好佛，遇有道场，尝切观摩，性璞“必相随及肩恐后”。由是研心经咒，参访名宿，互为探讨。万历四十三年，如馨至苏说戒。兄弟怀香求具，遂同至古林寺。隐微“智慧聿启，德性坚定”。如馨命代说般若，“颇开觉悟”[1]，因以紫衣、法物、著述诸书付之。不久，隐微示寂，以席逊之。崇祯十年，思宗召见，赐紫。清顺治三年十一月，示寂。

性祇，字茂林，长兴沈氏子。年十七，投里中弥陀古院，剃发披缁。及逾弱冠，抗志苦行，远参耆宿。初从云栖袾宏入净土，次依天台闻谷更习禅观。万历年间，如馨建坛于南京灵谷寺，杖锡归之。“既受圆具，攻讨律文，遍探群书”，“由是清标三聚，谆诲五篇”。后开化四众于吴、越之间，学者“闻风趋向，负笈景从”。其弘律三十余载，“禀戒归依者，不可胜数”[2]。

寂光，字三昧，扬州钱氏子。年二十一，礼净源出家。初从洪恩习贤首教观，既彻宗乘，遍参名宿，真可、袾宏皆相器重。具戒于如馨，益精毗尼。如馨弘戒于五台山，寂光升副座，助教授。寻以道贵潜修，功深宥密，闭关于小天台。发脚历衡山，登庐山，应请住东林寺，移锡衡山雉潭。晋王迎请至五台山，建龙华大会，“宏敷戒席”。归扬州，兴石塔寺。演戒于南京大报恩寺，据说佛塔放光二十余夜。又应请兴宝华寺，开千华大社，学侣云集，院宇重新。崇祯十五年，应请兴沩仰道场。次年，奉诏主修报恩寺。南明弘光时，南京设坛忏荐明思宗，百官迎谒，“称国师焉”。清顺治二年六月，示寂。寂光自称“大明律师”，“服膺师传，专宏律法。足迹遍海内，临坛演戒百有余所”，“修建梵宇凡十数处”，“所至感应，皆不可思议”[3]，为明代振兴律宗

1 《新续高僧传四集》卷二九《清江宁古林寺沙门释性璞传附隐微理传》。
2 《新续高僧传四集》卷二八《明姑苏报国寺沙门释性祇传》。
3 《新续高僧传四集》卷二八《明金陵宝华山隆昌寺沙门释寂光传》。

最重要人物。所著《梵网直解》四卷及《十六观经忏法》。乾隆时，以《梵网直解》编入大藏经。

一心，句曲人。游南京天界寺，闻如馨说法有感，遂求剃染。遍参海内。万历后期，南京礼部祠祭司郎中葛寅亮延主鸡鸣寺，"构阁开堂，丕扬法化"，"凡天界［寺］、长干［报恩寺］诸胜，莫不递延主席，远近钦慕"。声闻于朝，明神宗赐紫，以彰其行。年七十余，谈笑而逝，塔于钟山之麓。有法孙与乐、雪墩，"皆能绍其宗教"[1]。

定林，南京人。自幼家贫，"不茹荤血"，又不娶。为周姓书生书童，日随赴讲学会场，时称"周安"。"供茶设馔"，他"时时窃听，或独立檐端，或拱身柱侧，不欹不倚，不退不倦，卒致斯道"。后周生病故，又从名士杨道南，"终岁读书破寺中"。随至京师，人誉为"知学子"[2]。一时名士，如焦竑、李贽等，皆与之游。杨道南死，遂从僧云松出家，改法名为"定林"。焦竑于馆侧别为庵院，李贽书"定林庵"匾额。庵甫成，定林即舍去牛首山弘觉寺，建华严阁于禅堂之后，"以全经贮焉"[3]。不久，又往湖北天中山，访李贽于彼。万历十四年迁化，塔于山中。

如嵩，更名仲光，字佛石，晚号法雨老人，钱塘（今浙江杭州）戴氏子。4岁，礼静明为师。十年后，始从剃染。18岁时，受戒于袾宏。次年，历游讲肆，习天台教观。及闻洪恩弘扬贤首宗，相依最久。万历二十二年，谒真可于南京静海寺，"问讯殷殷"，"始知宗门下事，非学解所到"。遂具威仪皈依，真可为更名仲光，"实授记法也"[4]。晚年结且住庵独居，虽弟子亦罕接见。崇祯九年七月，示寂。

1　乾隆《上元县志》卷二四《人物志·一心律师》。

2　《金陵梵刹志》卷二〇，李贽《定林庵记》。

3　《焦氏澹园集》卷一九《牛首山新建华严阁碑》。

4　《新续高僧传四集》卷八《明余杭理安寺沙门释如嵩传》。

志若，字耶溪，山阴（今浙江绍兴）姚氏子。礼会稽华严贤出家，17岁剃染。居常切念生死，即往牛头山，“矢念参究”。不久，从荆山听《法华经》于天台，即隐山中，“愤求向上”，有省。年二十六，闻洪恩开法于南京，乃瓢笠而往。先从栖霞寺真节受具，遂依洪恩座下，“执业十有二载，研穷诸经论，深造玄奥”。万历十七年以后，历讲《楞严》、《法华》、《楞伽》诸经于吴、越诸名刹者三十余处，坐禅五十余期，称“一代宗匠”[1]。万历四十五年，示寂。

道盛，号觉浪，福建柘浦张氏子。19岁时出家，寻剃落。往董岩，从元贤受具。至书林，折节从僧东苑学。东苑“究其生平参证及五宗堂奥”，他“反复磅礴，略无留滞”，遂得付法偈，时年二十五。次年，往礼寿昌慧经，深得赞许。万历四十六年，至南京，作《寿昌中兴曹洞记》。归福建，与曹学佺等交游，“名震寰区”。北游湖广，声名大著。崇祯十六年，张献忠农民军攻克武昌后，道盛避来南京，寂光等请就报恩寺大殿说法，士绅人等请于灵谷寺结制，“声光浩浩，从席为天下之冠”。次年，结制兴善寺，又主祖堂山。其后，历主径山万寿寺、庐山圆通寺等诸名刹。因语录触禁，曾被清朝地方官逮捕。出狱后，应请主摄山栖霞寺。著《佛祖源流赞颂》，述禅宗传承。又主龙泉古寺、虎跑、皋亭、崇先诸刹。顺治十六年春，应请归天界寺，休夏毗卢阁。九月，示寂[2]。

性洁，字润庵，别号乐愚，博野人。童年依城西寺瑜伽师剃落，习读经论。年二十，入五台山师子窟，依止空印。三年之中，《华严大钞》与诸经论听习已周。为求佛法大旨，历抵诸祖道场，“禅、讲尊旨，一视无余”，空印颔之。万历二十八年，随空印至

1 《新续高僧传四集》卷二〇《明会稽华严寺沙门释志若传》。

2 《摄山志》卷三，纪映钟《国朝觉浪盛禅师传》。

京师明因寺，启《楞严》法席。寻南行，止双径凌霄峰下，结社庐山栖贤寺。未几，复持钵南京，缚茅谢公墩右。时“高人名士多就之，销其俗焰”。于是，“易茆茨以甍栋”，俨然一功德林，额曰“栖贤”[1]。居此二十年，崇祯十五年九月，示寂。

如学，字无为，晚号五峰，临潼任氏子。年二十，剃发五台，从天齐师观修净业，“昼夕思维向上，以了生死”。后历游诸山。至龙池，参密云圆悟，“深契法旨”，圆悟付以拂子，“承受记别去，后省悟于金粟”。崇祯四年，主大沩同庆寺，“宗绪丕振”。崇祯六年，出山，将行化于五台。至南京，应请说法于祇陀林，“吼声弘亮，四众惊服，东南望为大法幢”[2]。七月，示寂。

正喦，字豁堂，号随山，仁和（今浙江杭州）人。13岁，落发。二十余，参汉月法藏于净慈寺，“彻悟得法”。后至南京灵谷寺，开堂说法，为一时名僧[3]。

明河，号汰如，俗姓陈氏，南通州（今江苏南通）人。苏州通润高弟，“倡明教乘，为时所宗”[4]。依华严宗义，注释《楞伽》、《楞严》二经。又念历代《高僧传》“搜讨未该，事迹湮没”，立志补续，乃担囊负笈，往来于各地，“遍游山岳”，“剔荒碑于藓径，洗残碣于松岩”[5]，并托同学读彻于两粤、云南代为搜集资料，又参阅曹学佺藏书，经历三十年，数易其稿，规模初具。崇祯十三年，至南京报恩寺，弘扬《华严大钞》，“听法者万众”。未几，归吴门，仅数日，示寂。临卒，嘱咐弟子道开继承其业。至清顺治四年，大致告竣，即今《补续高僧传》。

大成，字竺庵，长沙醴陵龙氏子。年二十一，入衡山出家，

---

1 《新续高僧传四集》卷六二《明金陵栖贤庵沙门释性洁传》。

2 《新续高僧传四集》卷二一《明宁乡大沩山同庆寺沙门释如学传》。

3 《灵谷禅林志》卷八《高僧》。

4 《补续高僧传》范景文序。

5 《补续高僧传》毛晋跋。

“所诵经文，不由师训，自然通晓”。参元贤继席雪关于信州小祇园，遣住瀛山。闻击鱼声，而豁然开悟，得雪关赞许。寻历参闻谷于玉山天瑞庵、雪峤于径山、永觉于瓶窑、圆悟于天童，挂瓢天目山。崇祯十四年秋，策杖来南京，览金陵之胜，寓灵谷寺。道盛于寺结制，大成受命为领众，“自此师资日契，道誉日隆，云水口碑，哄然载道”。崇祯十七年，还径山省觐。未几，入天目掩关，“萧然吊影”。应请重兴寿昌，七载复还旧观，“为江西宗刹之冠”。顺治十五年，归衡山。次年，赴南京理道盛后事。居栖霞寺，一时名公皆入山询受法要，“六载之间，宗风大振，食堂常五千余指”。后再归寿昌，住福建西禅。康熙五年十一月，示寂[1]。

元来，又名大舣，字无异，舒城沙氏子。16岁，出家，先习天台，修止观，后转学禅。27岁，受印可于无明慧经，称为门下“第一上座”。开山于信州博山能仁寺，又往来吴、越、江、闽间，“弟子益进”，“岁以千计”，是明代曹洞宗最有影响僧人之一。崇祯年间，魏国公徐弘基迎于南京天界寺，“高提祖印，广度群品”[2]。当时，士民“冠履相趾，寺为之小”，人称“明兴二百余年，宗乘寥寥，得和尚而丕振”[3]。崇祯三年，示寂。说法语及诗文编为《无异元来禅师广录》，行于世。

观衡，字颛愚，姓赵氏，霸人。12岁，即“蔬食自持”，常念观音名号。寻潜逸，依僧求度。18岁，诣五台师子窟，参空印。令居侍寮，“亲授经典，敷绎旨要”。万历二十八年，随至北京，侍《楞严》讲席。进菩萨戒。参达观真可。后历游齐、鲁、吴、越，扣洪恩、袾宏。结庵天台华顶峰，读《楞严经》，豁然融彻。过南京，休夏报恩寺。上庐山，卜静乾罡岭，有省。三十七年夏，

1 《摄山志》卷三，朱徽《南岳竺庵禅师传》。

2 嘉庆《新修江宁府志》卷五一《仙释》。

3 （明）释元来：《无异禅师广录》卷三五，刘日杲《博山和尚传》，见卍续藏第七十二册。

见德清于端州。后又先后游闽、粤、湘、赣等地。四十四年，邵陵诸檀那创建禅林曰“五台”，延居之。崇祯十七年，南京士夫迎主清凉寺法席。五月，与建荐明思宗及后妃、诸臣道场。十月，避嚣而得竹林于城北，卓锡其地，号曰“紫竹林”，并建禅堂及殿寮、静室。清顺治三年，弘戒天界寺，得新学 177 人。五月，端坐而逝[1]。

书祯，字静观，禄丰王氏子。从翠峰西林寺心田祝发，“晨钟暮鼓，梵呗灵文，无寒暑间”。内典既彻，志在参学。崇祯十七年，至南京。三昧寂光开坛于报恩寺，与戒焉。已而由南京诣中峰，“历抵讲肆，兼扣禅宗”。虽一时禅、教诸匠许为法器，而阐精穷年，终以律学为归。寂光逝后，“依止宝华［山］，严净毗尼，纂修律部”。见月读体弘戒，书祯“每届临坛，或任教授，或司羯摩，左之右之，辅翼有年”。后卓锡楚州湖心寺，“求戒者接踵”。于是，广传戒于吴、淮、扬等地。主真州五台寺，春冬传戒，夏则安居，“学者从之，如水赴壑”，得戒者千余，“道风丕播，遐迩均瞻”[2]。

读体，字见月，姓许氏，楚雄人。曾为道士，后读《华严经》有省，诣宝洪山亮如剃度。闻江南有寂光弘戒，往复两万余里，历经六年，始遇于海潮庵。既圆戒，充上座。讲《梵网经》，“析义敷文，四座称善”。又于藏中检《四分》并律藏读之，殚思研讨，“由是毗尼大畅”。曾从寂光传戒报恩寺，“临坛教授”，座下千人。寂光应请主宝华山，令其管院务。寂光示寂，即授衣钵，“总持三学”。读体“每振锡出山，四方风动，遐迩缁素，奔礼恐后”，戒徒 1400 人，堂食三万指，“法席之盛，世所罕有”[3]。康熙十八年正月，示寂。读体为清初律宗的最重要人物，清人尤倜

1 《新续高僧传四集》卷八《明宝庆五台庵沙门释观衡传》。

2 《新续高僧传四集》卷二九《清广陵五台律院沙门释书祯传》。

3 《新续高僧传四集》卷二九《清江宁宝华山隆昌寺沙门释读体传》。

称律宗由如馨“草创”，寂光“代兴”，至读体“而集大成焉”，“南山一宗，于今为烈矣”[1]。著述较丰，其中《毗尼止持》（十六卷）、《毗尼作持》（十五卷）收入《龙藏》。他善于绘画，所至山水佳处，多留墨妙，尤工大士像，“人争宝之”[2]。

1 （清）尤侗：《艮斋倦稿》卷六《华山见月律师传》。
2 《新续高僧传四集》卷二九《清江宁宝华山隆昌寺沙门释读体传》。

第五章　经济

虽然世界上的宗教几乎无一例外地都把财富的占有视为万恶之源，提倡信徒不为物质和欲望拖累，但是当它们面临着生存和发展的客观现实时，又不得不需要和依靠独立雄厚的经济基础。正如美国宗教社会学家罗纳德·L·约翰斯通所说，“一方面，它（指宗教，引者注）有把贫困视为美德的倾向，并且设法使信徒不受物质福利和物质欲望的拖累”，“然而，任何宗教群体，特别是当它的组织开始变得有点复杂的时候，它就需要经费才好活动。这样，群体就开始卷入经济事务，不管它自己是否愿意”[1]。如果说基于宗教神圣事业的生存和发展是宗教经济建立和扩张的主要原因的话，我们认为，面对社会尚未高度发达、社会成员难以各取所需、人心多自私贪婪的现实，那些宗教领袖和神职人员也往往打着宗教的神圣、高尚的旗号，建立和扩张宗教经济，满足自己对物质财富的占有欲望，这也是宗教经济建立和扩张的不可忽视的强大推动力。宗教经济，说到底应该称为寺庙经济，因为在一种没有寺庙的宗教里，独立的经济的存在基本上是没有必要的。

中国佛教也把财富、种植等视为僧人不可蓄积的八种不净物，称“八不净”。《涅槃经》六有“八种不净之物”之说，其疏称，“八不净者，蓄金、银、奴、婢、牛羊、仓库、贩卖、耕种，自作

---

1 （美）罗纳德·L·约翰斯通著，尹今黎等译：《社会中的宗教》，第197页，四川人民出版社，1991年。

食不受而啖，污道污威仪，损妨处多，故名不净”。《佛祖统纪》四则称，“律云八不净者，一田园，二种植，三谷帛，四蓄人仆，五养禽兽，六钱宝，七褥釜，八象金饰床及诸重物”。但是，正如我们前面所分析的那样，佛教要生存和发展，僧职人员要满足自己的物质欲望，建立和扩张寺院经济就成为必然之事。中国佛教的寺院经济，自东汉时期佛教传入即已建立，魏、晋、南北朝时期得到迅速发展和扩张，隋、唐时期已相当兴盛，宋代虽然有所抑制，但至元代又走上恶性膨胀的道路。寺院不仅拥有大量田产，经营寺院农业，而且大力从事商业、手工业、金融业等各种经济活动，疯狂聚敛财富，甚至到了严重威胁封建国家财政收入的程度。历史上的“三武一宗”灭佛，虽然有佛教与中国封建统治思想在意识形态领域的对立的因素，但是寺院经济的过分膨胀威胁到封建国家财政收入才是根本的原因。

由于明代最高统治者对寺院经济采取了一以贯之的抑制政策，明代各寺院不仅田产较少，农业经济规模小、收入少，而且寺院的其他经济形式，如手工业、金融业、商业等也难以发展，寺院经济处于衰微不振的境地，不可与隋、唐、宋、元时期相提并论，成为中国寺院经济发展的一大变局。但是，随着佛教的日益世俗化、社会化，随着寺院的大量新建和重建，明代的寺院经济依然有一定的规模，在当时的国民经济和社会生活中仍是一个不可忽视的方面。具体到南京的寺院经济来说，由于明代南京先后作为首都和留都，最高统治者建有灵谷寺、天界寺、报恩寺等国家八大寺，赏赐有大量田产，加上南京政治地位高、经济和文化发达以及佛教兴盛、寺院众多等原因，明代南京的寺院经济仍然十分可观，在南京经济和全国寺院经济中占有重要地位。揭示明代南京寺院经济，对正确认识当时南京乃至全国的经济、社会和佛教状况都会大有裨益。

寺院经济，从经营的角度来说，包括寺院农业、寺院商业等部门；从静态组成来说，可分为僧人的私人财产和寺院的集体财产两部分。从总量上来说，由于僧人依赖寺院而生活，其私人财产一般都很少，在整个寺院经济中所占比例极小。而且，它具有较多的不确定性。所以，一般意义上的寺院经济，主要限于寺院的集体财产部分。

第一节　农业

农业是中国古代国民经济的主要部门，也是当时寺院经济的主要成分，寺院农业的规模、水平和收益直接决定着寺院经济的强弱。土地是农业的基础，农业经济的进行和发展都是在土地上实现的。

一　公田

寺院土地包括寺院拥有的田、地、山、塘、洲等，一般也称常住田地，《金陵梵刹志》称为“公田”，并与寺院拥有的廊房、房地等合称为寺院“公产”。

(一) 公田来源

明代南京寺院的公田，来源主要有以下几个途径：

第一，皇帝赏赐。皇帝赏赐历来就是培育寺院大土地所有制的温床。一般说来，没有皇帝这位全国最大土地所有者的成百上千乃至万亩土地的赏赐，单个寺院即使使尽浑身解数，也很难聚敛起千亩以上的土地，形成大土地所有者。

明初，明太祖虽然采取措施，限制佛教势力和寺院经济的过度膨胀，但是也在一定程度上提倡和保护佛教。对于南京的一些寺院，尤其是几个国家大寺，明太祖厚加赏赐，所赐土地相当之多。见于记载的主要有：

1. 洪武五年七月，明太祖下令，“蒋山［寺］系是大禅刹处所”，“把那天禧寺、能仁寺两处应有旧日常住田土，并寺家物件，都入蒋山［寺］砧基簿内作数，永远为业，收的钱粮等项，听从蒋山寺支用”[1]；

2. 洪武十四年，明太祖下令徙建蒋山寺，改赐寺额为“灵谷寺”，“命度僧一千名，悉给与度牒，赡僧田二百五十顷有奇”[2]；

3. 洪武十五年二月，明太祖“钦拨天界寺田粮三千石，并蒋山寺田粮四千石”，“天界寺免他岁收三千石内该纳粮数，蒋山寺免他岁收四千石内该纳粮数”[3]；

4. 洪武十六年正月，天界寺住持行椿奏，“蒙恩钦赏”上元等三县田地共计105顷，“每顷田一夫，常住盘费艰难”，表示要“将田土献纳还官”。明太祖传旨：令有关官员“到各县地方，一一丈量东西四至分明，造成文册，还与他天界善世禅寺，岁收租米供众，免他夫差”[4]；

5. 洪武十八年，明太祖又“钦赏”天界寺溧阳县“没官田”3990亩，“坐落黄芦、鹰挖、西赵三圩，田土肥瘠不等”[5]；

6. 洪武二十年五月，明太祖传旨：“当江沙芦场，你天禧寺与灵谷寺平分”[6]；

7. 洪武二十五年二月，明太祖下令，栖霞寺“原有山场田地

1 《金陵梵刹志》卷二《钦录集》，洪武五年壬子。

2 《金陵梵刹志》卷二《钦录集》，洪武十四年辛酉。

3 《金陵梵刹志》卷二《钦录集》，洪武十五年。按，这一事件，很容易使人误以为明太祖“钦拨”的是“粮”，而非“田”。实际上，只要仔细琢磨明太祖的“圣旨”，就会发现拨赐的是能收获若干石粮的“田”，而非“粮”。这一点，《金陵梵刹志》卷五〇《各寺租额条例·条约》附旧卷《秦通判议灵谷寺田不准加派牒文》中所载万历时灵谷寺僧的状词也可为证：“洪武年间，蒙太祖高皇帝特为陵寝香火，敕建本寺，拨赐蠲免四千石岁粮田地，坐落上［元］、江［宁］等四县地方，赡僧焚修”。

4 《金陵梵刹志》卷二《钦录集》，洪武十六年。

5 《金陵梵刹志》卷二《钦录集》，洪武十八年乙丑。

6 《金陵梵刹志》卷二《钦录集》，洪武二十年。

俱免他粮差”[1]。一般认为，这是明太祖“钦赐”栖霞寺以土地，因此后来人称当时太祖“诏赐［栖霞寺］赡僧田、山一千三百余亩，视天界、灵谷为比翼焉”[2]；

8. 洪武二十六年九月，明太祖传旨：“着前府都督陈逊前去采石对过鲚鱼洲等处官芦场内，拨与天禧、天界、能仁、灵谷、鸡鸣五寺，就着他各寺管事僧跟随前去，认他地方”[3]。这次所赐“芦柴地”，计47顷有余[4]。

据统计，洪武年间对天禧、天界、能仁、灵谷、鸡鸣、栖霞等国家大寺共赐有赡僧田近五百顷，“芦洲亦几其半”[5]。

此外，明太祖还在南京新建了般若寺、碧峰寺、三山寺、西天寺、江东门积善庵、接待寺等寺院，或居其崇信之僧，或为其崇信之僧塔院，或为亲王香火院等，徙建了草堂寺、梵惠寺，使其让出原来在钟山的寺基，以建功臣墓（详见前文）。这些寺院要维持下去，就必须有稳定的经济收益，明太祖恐怕不得不为之考虑。据《金陵梵刹志》记载，它们多有一定数量的土地，如，草堂寺有田、地、山、塘近159亩，梵惠寺有田、山近27亩。我们估计，这些土地有相当部分甚至全部出于明太祖的赏赐。

洪武以后，明代诸帝对南京各寺院仍陆续有土地赏赐。它们主要有：

1. 宣德三年四月，明宣宗传敕：洪武年间“原拨赐大报恩寺当江沙洲等处芦场，砍斫芦柴，入寺应用。比闻为人所占，敕至，即照旧与之”，又寺西越王台下有空地一段，“原做木厂，如今空闲不用，就拨与大报恩寺种菜供众”[6]；

---

1 《金陵梵刹志》卷二《钦录集》，洪武二十五年壬申。
2 《金陵梵刹志》卷四，陆光祖《重建栖霞寺天王殿记》。
3 《金陵梵刹志》卷二《钦录集》，洪武二十六年癸酉。
4 《明太祖实录》卷二二九。
5 《金陵梵刹志》卷一六，葛寅亮《八大寺定租碑记》。
6 《金陵梵刹志》卷二《钦录集》，宣德三年。

2. 宣德五年五月，明宣宗传旨："南京金川门外路东、西有空闲菜地二处，与静海寺、天妃宫常住僧、道栽种"[1]。

3. 弘觉寺原有山场田地 72 亩，洪武后期，为僧人还俗者私占。永乐年间，归还于寺。后住持斗南又将山地诡寄于当地大户，并于正统年间与之私分，"各自管业"。景泰三年，南京内官监太监阮昔奏请"照旧拨赐本寺，永远供给僧众"。得旨："准他与寺供给，户部知道。钦此"[2]。

4. 慈相寺原有"民田、地、山、塘"527.82 亩，天顺年间，"新收官、民山"12 亩，计 539.82 亩，载入政府土地册籍。至弘治十五年，这些土地在政府土地册籍的"册头格眼内写有'钦赐'字样"[3]，变成为"钦赐"田地。

总的来说，虽然明代南京寺院的钦赐土地主要发生于洪武年间的个别寺院，但是由于所赐数额巨大，加上明代南京各寺院的田产普遍较少，所以它们仍在南京寺院田产总量中占有举足轻重的地位。

第二，官府拨与。有时，地方官府对一些没官之田和绝僧寺院遗田，也会拨与寺院，作为其公田，收租供给僧众。没官之田拨与寺院者，如，天界寺高淳庄于嘉靖元年收到"马缘没官田"1 亩，嘉靖十一年又收"显慈寺没官田"2.2 亩[4]。绝僧寺院遗田拨与其他寺院者，如，前述慈相寺寺僧盗卖寺院田产事觉，僧被逐出，田产追回。南京礼部因该寺"殿宇颓废，僧众已绝，遗下田地无人管理"，令充为弘觉寺下院，"其田、地、山、塘俱牛首寺

1 《金陵梵刹志》卷二《钦录集》，宣德五年。

2 《金陵梵刹志》卷五〇《各寺租额条例·条约》附旧卷《拨还弘觉寺田由帖文》。

3 《金陵梵刹志》卷五〇《各寺租额条例·条约》附新卷《本司查弘觉下院田地湖册帖文》。

4 《金陵梵刹志》卷五〇《各寺租额条例·条约》附旧卷《谭通判问高淳庄田原无冒免招卷》。

常住带管，租粮即听散众”[1]；前述衡阳寺僧人盗卖寺产、不守戒律事觉，万历三十五年正月，南京礼部令将僧人追牒逐出，寺院充为栖霞寺下院，以栖霞寺住持代管，该寺原有公田“所收租粮即入栖霞［寺］，公同散众”[2]。

第三，檀越施舍。檀越施舍无疑是寺院经济最主要的来源，前述皇帝赏赐实际上也是檀越施舍的一种，只不过我们一般地将皇帝作为国家的代表而看待。

明代南京寺院公田中，皇帝赏赐以外的檀越施舍是寺院土地第二主要来源。施舍土地的檀越，有处于不同地位的各阶级各阶层人士。如，僧真节在栖霞寺“拟结万人缘，置常稔之田千亩，岁以余租供往来僧众”，时太宰陆光祖等“共从臾之”，“置田三百余亩”[3]；弘觉寺禅堂“创福田于僧俗，善信之众各损宝镪，同心者三百许人，共选名区，为田者顷半余亩，用佐禅堂之一食”[4]；宝光寺，正统时，薛永昌等“各施田有差”，万历年间，“先任水部大夫”廖明河“捐金五十，为赎田四十亩，以资供馈”[5]；衡阳寺，有徐镇等“施舍田地”180余亩[6]；万历二十六年，有甘燕礼借银给慈相寺僧如意，赎回该寺先典出之田，后如意之徒分管其业，“俱负债不偿”，甘燕礼遂状告二僧，并将田地“就近舍入”弘觉寺[7]；上元人徐文谟“募化并捐已资”，购得江宁县惠化乡田、地、山、塘共240亩，施舍报恩寺僧洪恩，“接众斋僧”，后洪恩“暂居别处，将田地并原契呈出”，徐文谟的后人又将其“施静海寺禅堂供众”[8]。

---

1 《金陵梵刹志》卷五〇《各寺租额条例·条约》附新卷《本部札管绝僧寺产帖文》。
2 《金陵梵刹志》卷五〇《各寺租额条例·条约》附新卷《本部札管绝僧寺产帖文》。
3 《金陵梵刹志》卷四，袁黄《圆通精舍募田碑记》。
4 《金陵梵刹志》卷三三，朱之蕃《弘觉寺禅堂义田记》。
5 《金陵梵刹志》卷三四，何思登《重修宝光寺记略》。
6 《金陵梵刹志》卷五〇《各寺租额条例·条约》附新卷《本部札管绝僧寺产帖文》。
7 《金陵梵刹志》卷五〇《各寺租额条例·条约》附新卷《本部札管绝僧寺产帖文》。
8 《金陵梵刹志》卷五〇《各寺租额条例·条约》附新卷《本部札管施舍田地帖文》。

檀越的施舍，多数是无条件的，但是也有少数施舍附有条件。如，万历三十年，云南人杨维斗葬“相继物故”的妻子、儿子、儿媳于南京凤岭寺之右。次年，杨维斗托人用20两银子，“置寺田三亩五分、地二亩，畀寺僧德贤守之，取其租为时祭费”[1]。

檀越的施舍，有的是主动而为，大多数还是僧人募化的结果。僧人为了获得檀越的施舍，除了用佛教的福田之说劝谕以外，还往往请达官名士撰写化缘疏，用这些人的名望、影响以及生花的文字来鼓动其他人。另外，僧人在获取施舍土地后，多刻石立碑，书列施舍者姓名，使其四处扬名，流传后世，这对吸引和鼓励檀越施舍也很有作用。如，前述僧真节在栖霞寺拟募田千亩，即先求其友、兵部主事袁黄作《长生田记》。至真节迁化，田仅募得三百余亩。其徒如敬“欲踵前绩”，“募足万人”，不远千里找到袁黄，“求囊所诺文”。袁黄“壮其志，先草碑词付之勒石，以表往日檀越之信心，仍令携疏取次结缘，务足前额”[2]。弘觉寺禅堂义田募得后，僧人“虑盛举弥久而就湮，托贞珉征言而垂诫，施财之苗裔瞻祖德而重兴普济之思，受供之僧徒享斋厨而咸起报称之愿”[3]，请翰林修撰朱之蕃作《弘觉寺禅堂义田记》，刻石流传。

第四，寺僧购买。为了建立和扩张寺院经济，寺僧还会从社会上或其他寺院购买土地。

洪武年间，明太祖规定，“天下僧、道的田土，法不许买。僧穷寺穷，常住田土，法不许卖”[4]。他虽然禁止俗人购买寺院土地，却没有禁止寺僧购买俗人土地，使寺院在社会上扩充土地不受限制。因此，明代南京寺僧购买俗人土地者在在有之。如，僧古渊清

1 《金陵梵刹志》卷四〇，焦竑《临安杨伯子墓田碣》。

2 《金陵梵刹志》卷四，袁黄《圆通精舍募田碑记》。

3 《金陵梵刹志》卷三三，朱之蕃《弘觉寺禅堂义田记》。

4 《释氏稽古略续集》卷二。

于成化年间重建永宁寺，“又买田三十亩，以充食观”[1]。

寺院土地本来禁止买卖，但是，我们在前面已经看到，寺僧仍有违法典卖者，而买主中竟然也有它寺之僧。如，前述慈相寺共有田、地、山、塘528亩余，寺僧如意将其中的150余亩以65两银子出典，买主是鸡鸣寺僧正英。后来，如意借甘燕礼银子105两将田赎回。如意随后去世，寺僧性杰、性晓、如山又将田“各分析出卖”，一部分退还给正英之徒觉华，一部分以“贱价”卖给弘觉寺僧昌顺等[2]。

第五，前代继承。明代以前，中国的寺院经济十分发达，许多寺院往往占有成千上万乃至数十万亩的土地。元末明初，有些寺院及其土地并未受到战争等影响，寺存地在，继承下来。如，元至正十六年（1356年），朱元璋攻克南京后，以僧慧昙主蒋山太平兴国禅寺，时“山下田人多欲隶军籍”，慧昙“惧寺田之庑废也，请于上（指朱元璋，引者注）而归之”[3]。这里所说的太平兴国寺的“寺田”，即是该寺元代已有公田，并非出于朱元璋的拨赐，其后也未见剥夺，明代当仍在其公田之中。再如，弘觉寺，洪武年间名佛窟禅寺，原有山、场、田、地72亩，“专一耕种收租，采斫柴薪，供给常住”[4]。弘觉寺的这部分公田，显然也是继承前代而来。

（二）公田占有

通过各自不同的途径和方法，明代南京的许多寺院都占有一定量的土地。下面，我们来具体分析各寺院的占田情况。

首先，我们从寺院类别角度来探讨其公田占有情况。据《金陵梵刹志》记载，明代后期，南京各寺院中，有公田者计95所，

1 《金陵梵刹志》卷三五，黄谏《重开山碑记略》。
2 《金陵梵刹志》卷五〇《各寺租额条例·条约》附新卷《本部札管绝僧寺产帖文》。
3 《护法录》卷一《天界善世禅寺第四代觉原禅师遗衣塔铭》。
4 《金陵梵刹志》卷五〇《各寺租额条例·条约》附旧卷《拨还弘觉寺田由帖文》。

共占有公田 72029.76 亩。这些公田，若以有公田者计算，则平均每所寺院占有达 758.21 亩；若以其所记载的 180 所寺院计算，平均每所寺院占有 400.17 亩。

当然，这些公田并不是各个寺院等量拥有的，每个寺院占有的公田数量也存在着巨大的差别。其中，以三大寺、五次大寺为代表的国家寺院无疑是最大的公田占有者。由于得到了明代诸帝（主要是明太祖）大量土地赏赐等原因，南京三大寺、五次大寺多有数额庞大的公田。据统计，这八所寺院合计占有公田达 66270.56 亩，占当时各寺公田总量的 92%还强。

其中，又以灵谷寺、天界寺、报恩寺三大寺所占公田最多。三大寺共有公田 56650.04 亩，占当时各寺公田总量的 78.65%。三大寺中，以灵谷寺为“龙头老大”，占有公田达 34393.58 亩，为当时各寺公田总量的 47.75%，几近一半。天界寺居其次，占有公田 13246.48 亩，为当时各寺公田总量的 18.39%。报恩寺居第三，占有公田 9009.98 亩，为当时各寺公田总量的 12.51%。

栖霞寺、鸡鸣寺、静海寺、能仁寺、弘觉寺等五次大寺中，鸡鸣寺所占公田最多，达 3798.70 亩，为当时各寺公田总量的 5.27%；栖霞寺居其次，占有公田 2418.74 亩，为当时各寺公田总量的 3.36%；能仁寺位第三，占有公田 2085.03 亩，为当时各寺公田总量的 2.89%；弘觉寺、静海寺分列第四、第五位，分别占有公田 880.01 亩、438.04 亩。可见，五次大寺所占有的公田虽然远不及三大寺，但是也有数百、数千亩，比中寺、小寺不啻天渊。

与三大寺、五次大寺都占有公田不同，在明代后期确定的 38 所中寺中，占有公田者计 25 所，占近 66%。诸中寺共有公田 3273.15 亩，占当时南京寺院公田总量的 4.54%略强，平均每所占有 86.14 亩。这些中寺中，占有公田最多者为祖堂寺，有 508.43 亩，占各中寺公田总量的 15.53%还多。其次为外永宁寺，占有公田 392.93 亩，占各中寺公田总量的 12%略多。占有公田在 300~

200亩之间的寺院有5所，依次为：普德寺295.93亩，花岩寺286.79亩，祝禧寺234.44亩，崇因寺219.52亩，永兴寺204.35亩。200~100亩之间的寺院有4所，依次为：三禅寺185.40亩，弘济寺175.19亩，草堂寺158.87亩，广惠院101.05亩。100~60亩之间的寺院有3所，依次为：法清院85.99亩，定林寺81.20亩，翼善寺64.92亩。60~1亩之间的寺院有11所，稍多者是福兴寺，为58.17亩，少者如普惠寺1.00亩。可见，占有60亩以上公田的中寺有14所，占全部38所中寺的不到37%，而其余的24所中寺公田均在60亩以下，其中还有13所没有公田。

在《金陵梵刹志》介绍的134所小寺中，占有公田者62所，占近46.26%。小寺共有公田2486.05亩，仅占当时南京寺院公田总量的3.45%略强，平均每所占有18.69亩。这些小寺中，占有公田最多者是三山寺，为210.91亩。其次是幕府寺，为129.45亩。100~60亩之间者，有10所。60~30亩之间者，有22所。30~1亩之间者，有28所。没有公田者，有71所（详见下表）。

其次，我们从寺院的性质来看看其公田占有情况。

佛教寺院在中国出现以后，人们曾经根据其经济来源，将其分为官寺、私寺、民寺三种。官寺主要由国家支助，负责完成皇家礼仪。私寺由一些大户官宦提供经济来源，为其一家或一族的礼佛场所。民寺则依赖于一般信众的捐赠维持，对所有人开放。在佛教传入中国的前期，这三种寺院是有严格区分的。到了中唐以后，随着门阀士族的衰落，专由一家或一族兴建并供给的私寺已大大减少，城市中情况尤其如此。寺院的新建和供给，往往既有达官名绅的施舍，又有一般信众的捐赠。而且，一所寺院即使新建时有官寺或私寺或民寺色彩，随着时间的推移、王朝的兴灭、家族的盛衰等，其供给也会日趋多源，属性色彩逐渐模糊。相对于明代南京的寺院来说，我们认为，与其套用官寺、私寺、民寺来定义各寺院而难以反映实际情况，不如按各寺院新建或重建时的经济来源将其划分为敕建寺院、一般寺院两种类型更为合适。

明代南京的敕建寺院，前面已经作了介绍。一般地说，这些敕建寺院多得到皇帝大量的赏赐，包括土地等。而由于其敕建寺院的身份，这些寺院也更容易得到官员、民众的施舍和捐赠，从而积聚起较强的寺院经济，占有较多的土地。明代南京敕建寺院中，尤以八大寺所占公田最多，达 66270.56 亩，占各寺公田总量的 92%还强，在明代南京寺院经济中具有举足轻重的地位，前文已述。此外，如三山寺占有公田 210.91 亩，草堂寺占有公田 158.87 亩，在南京寺院中也很突出。可以说，以八大寺为主的敕建寺院的公田，占明代南京寺院公田的绝大部分。

与敕建寺院相比，一般寺院的寺院经济则显得微不足道，所占有的土地也相当的少。不过，由于各寺院的靠山和后盾各异，其经济状况也不尽相同。那些得到过皇帝关照的寺院，或由官员、太监等兴建或供给的寺院，或有名僧住持的寺院及名僧塔院发展起来的寺院，经济状况会较好，有稍多的土地。得到皇帝关照过的寺院，如弘济寺，原名观音阁，洪武初年，僧久远建，明太祖归并寺宇之诏下后，久远于右顺门奏，奉旨："观音岩与那老和尚住，钦此"[1]。从此，观音阁"沙弥云集，香火滋盛"[2]，至正统时，遂扩建为弘济寺。弘济寺公田较多，计 175.19 亩。由官员兴建的寺院，如，花岩寺，成化年间，"黔国之宰"何某捐建，该寺有公田计 286.79 亩，在一般寺院中也不多见。再如，法清院，正德年间，上元县令程栟重建，祭祀昭明太子，"并奉释像，为祝釐之所"[3]，有公田 85.99 亩。有官员供给的寺院，如祖堂寺。前文提到的"黔国之宰何公饭僧于祖堂之山"，即是该寺。该寺在一般寺院中有公田最多，达 508.43 亩。由太监兴建或供给的寺

1 《金陵梵刹志》卷二九，吕柟《弘济寺碑记略》。

2 《金陵梵刹志》卷二九，吕柟《弘济寺碑记略》。

3 《金陵梵刹志》卷一四《法清院》。

院，如外永宁寺、祝禧寺、永兴寺等，也有相当多的公田，外永宁寺有公田 392.93 亩，祝禧寺有公田 234.44 亩，永兴寺有公田 204.35 亩。有名僧住持的寺院及由名僧塔院发展起来的寺院，如三塔寺、普济庵、通善寺等。

我们指出的一般寺院中上述几种类型的寺院有较多的公田，并不是说它们的公田均来自兴建者或供给者，因为正如前面所分析的，寺院的公田有各种来源。我们的意思是，这些寺院由于有这些因素，在社会上影响较大。它们原本新建时多已具备了较强的经济实力，有的又加殿堂庄严辉煌，有的兼有博学之僧等，因此更易得到信众的崇信，从而施舍、捐赠。至于那些无依无靠、寺微僧轻的一般寺院，得到的施舍和捐赠就微乎其微，所占有的公田极少，甚至有一半左右的寺院寸田全无。敕建寺院与一般寺院的差别，是相当大的。

总的来看，《金陵梵刹志》记载的明代后期南京 180 所寺院中，公田在 200 亩以上者计 16 所，占不到 9%，其所拥有的公田却占到各寺公田总数的近 95.3%。而 60 亩以下者计 144 所，占寺院总数的近 81%。其中没有公田者 83 所，占 46%强。如果再把“最小不入志者百余”考虑进来，按照我们前文所统计的明末南京寺院起码应有 300 所，最多可能超过 600 所计算，则明代南京有田寺院比例将更低。

如前所述，明代南京八大寺拥有的寺田占各寺公田总量的 92%还强。我们知道，八大寺为国家寺院，其土地主要由皇帝赏赐，情况特殊，是明代除了北京以外的其他地区一般所没有的。因此，南京的中寺、小寺、“最小”寺可以看做全国一般寺院的代表，明代寺院的占田状况也就可以想见，而这也就是明代寺院经济衰微的最主要原因及表现。（见表一）

表一 明代南京寺院公田统计表

寺名	寺院类别	公田数（亩）	寺名	寺院类别	公田数（亩）
灵谷寺	大寺	34393.58[1]	报恩寺	大寺	9009.98
栖霞寺	次大寺	2418.74	能仁寺	次大寺	2085.03
西坟庵	小寺	12.63	外鹫峰寺	小寺	11.55
佛国寺	中寺	22.30	弘觉寺	次大寺	880.01
清果寺	小寺	17.29	外承恩寺	小寺	84.25
梵惠院	小寺	17.21	通善寺	小寺	67.01
茶亭庵	小寺	29.99	广缘寺	小寺	55.60
草堂寺	中寺	158.87	三山寺	小寺	210.91
慈仁寺	小寺	66.44	圆通寺	小寺	15.00
翼善寺	中寺	64.92	佑圣庵	小寺	7.10
祈泽寺	小寺	36.95	静明寺[2]	小寺	38.79
天宁寺	小寺	54.10	碧峰寺	中寺	4.70
云居寺	小寺	12.03	万松庵[3]	小寺	9.00
庄严寺	小寺	17.26	德恩寺	小寺	10.00
定林寺	中寺	81.20	安隐寺	小寺	8.62
外永福寺	小寺	9.92	宝光寺	小寺	67.10
光相寺	中寺	8.00	均庆院[4]	小寺	12.95
天隆寺	小寺	3.00	永宁寺	中寺	35.00
积善庵	小寺	10.38	宝林庵	小寺	43.79
广惠院	中寺	101.05	普德寺	中寺	295.93[5]
宝善寺	小寺	55.34	永兴寺	中寺	204.35
龙泉庵	小寺	13.21	外永宁寺	中寺	392.93

1 《金陵梵刹志》卷三《灵谷寺·公产》作 34388.03 亩，其中靖东庄田、地、塘比卷五〇《各寺租额条例》所载少 5.55 亩，兹从后者。

2 《金陵梵刹志》卷五三《各寺公产条例》作“净明寺”，此据卷三三《静明寺》而改正。

3 该寺于《金陵梵刹志》中无介绍，仅卷五三《各寺公产条例》载其名及其公田。

4 《金陵梵刹志》卷五三《各寺公产条例》作“均庆寺”，此据卷三四《均庆院》而改正。

5 《金陵梵刹志》卷二八《普德寺·公产》仅载其常住田、地、山、塘共 71.36 亩，卷五三《各寺公产条例》另载该寺禅堂有田、地、山、塘共 224.57 亩，则合计其公田为 295.93 亩。

续　表

寺名	寺院类别	公田数（亩）	寺名	寺院类别	公田数（亩）
本业寺	小寺	46.63[1]	德胜寺	小寺	95.67
普济庵[2]	小寺	70.87	智安寺	小寺	32.26
法清院[3]	中寺	85.99	德寿寺	小寺	16.07
吴读庵	小寺	26.71	永泰寺	小寺	74.88
多福寺	小寺	49.03[4]	崇因寺	中寺	219.52
三禅寺	中寺	185.40	英台寺	小寺	25.86
安平寺	小寺	18.60	慈善寺	小寺	37.30
登台寺	小寺	22.50	凤岭寺	小寺	58.88
慈光寺	小寺	2.02	祝禧寺	中寺	234.44
无垢寺	小寺	66.34	天隆极乐寺	小寺	45.91
紫草寺	小寺	23.90	花岩寺	中寺	286.79
天界寺	大寺	13246.48	惠光寺	小寺	11.50
鸡鸣寺	次大寺	3798.70	祖堂寺	中寺	508.43
静海寺	次大寺	438.04	永泰讲寺	小寺	30.00
鹫峰寺	中寺	5.75	静居寺[5]	小寺	14.82

1 《金陵梵刹志》卷一三《本业寺·公产》作田、地、山、塘共 46.45 亩，卷五三《各寺公产条例》则分别为田 18.20 亩，山 12.00 亩，地 12.90 亩，塘 3.53 亩，计 46.63 亩，此以后者为准。

2 《金陵梵刹志》卷五三《各寺公产条例》作“普济寺”。按，《金陵梵刹志》卷一三《普济庵·公产》载普济庵有田、地、山、塘共 70.87 亩，与卷五三《各寺公产条例》所载普济寺公田数完全相同，而同书卷一三《普济寺》却未载该寺有公田，因此卷五三把“普济庵”误书为“普济寺”，兹据而改正。

3 《金陵梵刹志》卷五三《各寺公产条例》作“昭明院”。按，法清院，据《金陵梵刹志》卷一四记载，南北朝时昭明太子曾“读书其中”，明朝修葺，祭祀昭明太子，“并奉释像，为祝釐之所”，所以昭明院当为其俗称。兹据通行、规范之称，改正为“法清院”。

4 《金陵梵刹志》卷一四《多福寺·公产》作田、地、塘共 48.58 亩，卷五三《各寺公产条例》则分别为田 34.13 亩，地 7.50 亩，塘 7.40 亩，计 49.03 亩，此以后者为准。

5 《金陵梵刹志》卷五三《各寺公产条例》作“净居寺”。据《金陵梵刹志》卷四四《静居寺》称，该寺南北朝梁时建，名“净居寺”，宋治平年间改“静居寺”，明朝“因之”，故而改正之。

续　表

寺名	寺院类别	公田数（亩）	寺名	寺院类别	公田数（亩）
清溪庵[1]	小寺	41.00	建昌寺	中寺	53.16
普利寺	小寺	2.00[2]	西林寺	小寺	38.94
金陵寺	中寺	20.00	般若寺	小寺	59.20
普惠寺	中寺	1.00	高台寺	小寺	42.96
嘉善寺	中寺	44.00	清福寺	中寺	26.06
三塔寺	小寺	97.05	栖隐寺	小寺	56.17
幕府寺	小寺	129.45[3]	葛塘寺	小寺	42.86
崇化寺	小寺	38.87	福兴寺	中寺	58.17
弘济寺	中寺	175.19[4]	后阳寺	小寺	30.46
清真寺	小寺	32.29	懋德庵	小寺	80.70[5]
梵惠寺	小寺	26.93			

二　八大寺的农业经营

在探讨了寺院公田之后，我们将把目光移向在公田基础上进行的寺院农业经营。由于这方面的材料十分缺乏，所以只能以情况大体可以搞清的八大寺为例加以论述。当然，如前所述，八大寺公田占当时南京各寺公田总量的92%还强，其农业经营也足可反映明代南京寺院的整体状况。

（一）皇权保护与寺院经济的兴盛

明代初期八大寺的农业经营，是在皇权严格保护下享有免税

1　该寺于《金陵梵刹志》中无介绍，仅卷五三《各寺公产条例》载其名及其公田。

2 《金陵梵刹志》卷二一《普利寺·公产》未载有公田，此据卷五三《各寺公产条例》。

3 《金陵梵刹志》卷二七《幕府寺·公产》作田地山共129.55亩，卷五三《各寺公产条例》则分别为田7.41亩，山111.48亩，地10.56亩，计129.45亩，此以后者为准。

4 《金陵梵刹志》卷二七《弘济寺·公产》仅载其常住田、地、山共90.19亩，卷五三《各寺公产条例》另载该寺禅堂有田85.00亩，则合计其公田为175.19亩。

5 《金陵梵刹志》卷四四《懋德庵·公产》载其田、地、山、塘共85.20亩，卷五三《各寺公产条例》则分别载其有田50.70亩、山0.50亩、地21.50、塘8.00亩，共80.70亩，此从后者。

特权、收益巨大的封建大土地经营。

如前所述，洪武年间，以灵谷寺、天界寺、天禧寺、能仁寺、鸡鸣寺为代表的国家五大寺以及栖霞寺都得到明太祖的土地赏赐，成为拥有大量公田的大寺院地主。这些大寺院地主得到的赏赐土地，是各寺公田的最主要部分，也是各寺农业经营的最主要基础。

各寺公田的经营，最初采取租佃制的生产方式。洪武十八年，天界寺住持行椿奏称，“蒙钦赏溧阳县没官田”3990亩，因田土肥瘠不等，分三等起科，“各佃自运付本寺交纳”[1]。洪武三十年，因溧阳县民李兴寿状告天界寺征收租粮过重，寺僧弥净对质，也称，“前因自洪武十四年间，钦赐本寺赡僧粮米三千石，田地坐落溧阳县，佃户蒋寿一等布种”，按三等起科，“至十八年，住持行椿奏请刻碑为记”，“各佃照旧送纳”[2]。但是，租佃制不久就为雇佣制所取代。洪武二十四年五月，僧录司右善世宗泐等奏称，“天界善世禅寺有上元县靖安、湖塾镇及溧阳、溧水等县田地，天禧寺有上［元］、江［宁］二县龙都镇田地，俱自己用钞雇倩人在各处使用”[3]。洪武二十七年三月，天界寺、灵谷寺住持行椿、行容等又奏称，“荷蒙钦赐赡僧田地，一向自己用钞雇人耕种”[4]。这些雇农，由明太祖赐免差役，专门为寺田耕作，实际上是寺院大土地所有制田庄里的庄奴。由租佃制到雇佣制，是生产方式的倒退，是逆历史潮流而动。由于雇农的经济条件、等级身份等都相对较低，“所以使用雇农并不意味着比使用佃农更有利于发展生产”[5]。南京寺院大地主土地所有制虽然在皇权的保护下采用了雇佣制，但是要发展生产，获得更多的剥削收益，它注定

1 《金陵梵刹志》卷二《钦录集》，洪武十八年乙丑。

2 《金陵梵刹志》卷五〇《各寺租额条例·条约》附旧卷《户部覆议溧阳庄租额帖文》。

3 《金陵梵刹志》卷二《钦录集》，洪武二十四年。

4 《金陵梵刹志》卷二《钦录集》，洪武二十七年甲戌。

5 胡如雷：《中国封建社会形态研究》，第140页，三联书店，1979年。

要以租佃制取而代之。洪武二十七年三月，天界寺、灵谷寺住持行椿、行容等奏称，由于雇用庄奴耕作“事务烦琐”，“另议召佃征租”[1]。其后，租佃制就成为有明一代南京寺院大地主土地所有制的农业经营的主要形式。

在租佃制生产方式下，明代南京寺院地主基本上采用定额租制的剥削方式，收取实物地租。寺院收取的额租，据洪武十八年天界寺住持行椿奏称，该寺“蒙钦赏溧阳县没官田”肥瘠不等，“分上、中、下三等”，每亩上田科米七斗九升，中田科米七斗五升，下田科米七斗二升，“各佃自运赴本寺交纳”[2]。这一租额的来历，据后来僧人弥净对质时称：

> 前因自洪武十四年间，钦赐本寺赡僧粮米三千石，田地坐落溧阳县，佃户蒋寿一等布种。先该礼部差僧会司官踏勘，照依肥瘠，作三等起科。至十八年，住持行椿奏请刻碑为记，永为本寺收业，已行本县，着落各佃照旧送纳。[3]

可见，它是由礼部所定，后来又得到明太祖同意的。至洪武二十七年，各寺奏准“另议召佃征租”，租额又因地而作了区分：“上［元］、江［宁］二县田每亩米五斗、麦三斗为率，溧阳、溧水、句容等县田每亩米七斗五升为率，各佃自运到寺散给众僧”[4]。这里所谓的“每亩米五斗、麦三斗为率”以及“每亩米七斗五升为率”，都是平均数，各县田仍然按肥瘠分等征租。如，前述洪武三十年，李兴寿状告天界寺溧阳庄按三等起科，租额实即洪武十

1 《金陵梵刹志》卷二《钦录集》，洪武二十七年甲戌。

2 《金陵梵刹志》卷二《钦录集》，洪武十八年乙丑。

3 《金陵梵刹志》卷五〇《各寺租额条例·条约》附旧卷《户部覆议溧阳庄租额帖文》。

4 《金陵梵刹志》卷二《钦录集》，洪武二十七年甲戌。

四年所定租额。这些租额，各寺院沿用了一百余年，在明代南京寺院农业经营中有重要影响。

应当说，洪武二十七年规定的各寺院租额是相当沉重的。实际上，根据明太祖的规定，其时一般官田的租额是三至四斗，即使是南京等地土地肥沃者也仅四斗。如，洪武二十一年，南昌农民反映所佃官田“一亩岁输租五斗，诚为太重”，户部定议一亩输四斗，明太祖表示，“两浙及京畿土壤饶沃者输四斗，江西郡县地土颇硗瘠者只输三斗，著为令”[1]。而南京寺院的租额，承袭的是当时私租和一些官租七至八斗的最高租额。因此它遭到了佃户们的一致反对。李兴寿告状一事即是一例。据李兴寿状称，其乡原有田 3991 亩，“每该原科粮米三斗一升”，至洪武十八年，“拨与天界寺供众斋粮”，“本寺不照原额起科，却作三等起科”。僧弥净对质时称，洪武十八年钦定租额以后，至三十年，寺僧“催征”，“各佃不肯照旧送纳，只照没官田则例，每亩米三斗一升来告”。此案经户部审理后，判决如下：

参照佃户李兴寿等既系十八年佃种，照粮已定，今告照没官田则例科征纳粮一节，难以准理。如若各佃仍前恃顽不纳，就行提解赴部追问。除具奏，仍令各僧前去，照旧催收。文书到日，仰本府即行溧阳县，着落当该官吏照依科札付内事理施行。[2]

这样，佃户们的抗租斗争就在皇权对寺院经济的严格保护面前败下阵来，各寺院得以继续维持着重租。

1 《明太祖实录》卷一九〇。

2 《金陵梵刹志》卷五〇《各寺租额条例·条约》附旧卷《户部覆议溧阳庄租额帖文》。

不仅如此，八大寺还享有相当大的免税特权。如，洪武十五年，明太祖在钦赐天界寺、蒋山寺分别岁收田粮三千石、四千石之后，下令免除这一部分粮田的“该纳粮数”，“余有的田粮并差役俱都免他”[1]。这样，二寺的所有的赋税和差役都被免除了。洪武二十四年，右善世宗泐又奏，天界寺、天禧寺有各县田庄，“俱自己用钞雇倩人在各处使用，恐官府遇有差役未便”。明太祖下令，“你各寺四县雇倩的人教不动他”[2]。至洪武二十七年，明太祖颁行僧人《避趋条例》，其中又规定，全国寺院的“钦赐田地税粮全免，常住田地虽有税粮，仍免杂派，僧人不许充当差役”[3]。据葛寅亮称，“大寺、次大寺田地洲场皆出钦赐”[4]，则在很长一段时期内，八大寺是拥有大量田产、征收沉重额租而又不纳任何赋税和差役的寺院大地主。

（二）税增租减与寺院经济的萎缩

寺院占有大量的土地，因得皇权保护，竟不纳一粟半钱，历代皆为士、民所不满和抨击。永乐迁都以后，以八大寺为首的南京寺院与明朝最高统治集团之间的关系越来越淡漠。甚至连三大寺缺住持这样的事，皇帝也不愿过问了。至明代中期以后，与明朝最高统治集团之间的越发淡漠的关系，使南京寺院逐渐失去了皇权的眷顾和强有力的保护，八大寺的钦赐田地也开始被加征赋税。到了嘉靖年间，明世宗崇道禁佛，佃户的抗租斗争也日益活跃。加上寺僧的里外其手，贪污挪用，八大寺的农业经济收益日益萎缩，寺院也随之衰颓。

明代南京八大寺的钦赐田地被加征赋税始于成化年间。其时，“因苏、杭二州水灾”，巡抚王某奏准，“凡钦赐田地，每亩劝米

1 《金陵梵刹志》卷二《钦录集》，洪武十五年。

2 《金陵梵刹志》卷二《钦录集》，洪武二十四年。

3 《金陵梵刹志》卷二《钦录集》，洪武二十七年甲戌。

4 《金陵梵刹志》凡例。

二升，不为常例”[1]。这样，八大寺的钦赐田地都被“每亩劝借米二升”[2]。不仅如此，一些吏役还借机多加赋税。如，天界寺有上元县钦赐田地2576亩，“实该均摊平米”50.5石，而上元县税粮科书手汤盘“将该寺粮米比额多开三石”。对多加之额，寺僧隐忍而不敢有异辞，“递年办纳不缺”[3]。不久，上元县田庄“续奉府帖文，为缺缎匹事”，又每石加派银0.16两余，该银8.7两余[4]。

自成化年间被加派始，其后的弘治、嘉靖、隆庆历朝，八大寺又被继续加派，有的寺院的“钦赐”田地也被等同民田起科。弘治年间，“因陕西荒旱”，“赈边紧急”，各寺之田又被“每亩劝借米二升”，“遂以为常”[5]。嘉靖年间，灵谷寺上元、江宁等四县田地中的草塌塘等又被“将草折米”，加上弘治年间劝借米85.97石，共加派米205.97石[6]。隆庆三年，海瑞巡抚应天，在各县清丈田地，大、小官员遂又借机向八大寺加派。如，应天府包治中将灵谷寺“原赐数内荒田丈量报熟”，得田地5848.12亩，加粮272.53石。这样，加上弘治、嘉靖年间所派，灵谷寺共该粮

1 《金陵梵刹志》卷五〇《各寺租额条例·条约》附旧卷《应天府查免上元县杂派帖文》。按，原文将“二升”作“一升”，实误。据帖文，天界寺坐落于上元县的钦赐田地为2576亩，“平劝米”53.5石，其中有3石为吏役故意多加（详见后文），则每亩加米应为二升。另，《各寺租额条例》及其所附各旧卷、新卷均作“二升”，因此改正。

2 《金陵梵刹志》卷五〇《各寺租额条例·条约》附新卷《本司行上元县议定僧录司征解文卷》。

3 《金陵梵刹志》卷五〇《各寺租额条例·条约》附旧卷《应天府查免上元县杂派帖文》。

4 《金陵梵刹志》卷五〇《各寺租额条例·条约》附旧卷《应天府查免上元县杂派帖文》。

5 《金陵梵刹志》卷五〇《各寺租额条例·条约》附旧卷《秦通判议灵谷寺田不宜加派牒文》、《应天府查免栖霞寺杂派帖文》。

6 《金陵梵刹志》卷五〇《各寺租额条例·条约》附旧卷《秦通判议灵谷寺田不宜加派牒文》。

478.46 石，应天府责令其“照数办纳”[1]。天界寺有明太祖钦赐田地 3721.99 亩，嘉靖年间又两次收到没官田共 3.2 亩，均坐落高淳县相国圩地方，为佃户梁旺七等佃种。嘉靖十七年，高淳县奉命“丈田均粮”，梁旺七等“希要日后占田减租”，共隐瞒下赐田 450.38 亩，仅报田 3274.81 亩，“开载书册”。其租仍照 3725.19 亩交寺，“办纳粮米一向无异”[2]。隆庆三年，海瑞在南京等地清丈田地，并宣布“凡功臣田土，的是钦赐，明有凭据外，若私自置买者，尽报入官当差。违者，查实，参申究治”。掌高淳县事邓同知“奉例丈量田地”，“因到县晓谕”。佃户卞爱七“因当耆里”，见寺僧复清开造原额赐田比嘉靖十七年书册所载多 450.37 亩，遂与他人添捏寺田 3274.81 亩，“今蒙丈量，越有田地开作钦赐，冒免差役”[3]，告至县里。邓同知“断将［天界寺］赐田通行罚粮四年，补前冒免之数，具申抚按详允”。此事旋经南京礼部干预查明，邓同知“因怪寺僧复申，将赐田概照民田起科”，共该银 190 两零，“混申抚按详允”。南京礼部再加干预，“移咨抚院行应天府谭通判问明改正”。但是，谭通判“问明改正”后，至高淳县却难以施行，所谓“苦被刁佃贿赖未豁”，钦赐田地继续照民田起科[4]。与此同时，报恩寺原赐芦洲内田 2958 亩也被芦政委官指为“丈多之洲，升入芦课”[5]。栖霞寺有明太祖钦赐田地 1300 余亩，隆庆四年丈田造册，里书故意遗失“钦赐”字样，致将该寺

1 《金陵梵刹志》卷五〇《各寺租额条例·条约》附旧卷《秦通判议灵谷寺田不宜加派牒文》。

2 《金陵梵刹志》卷五〇《各寺租额条例·条约》附旧卷《谭通判问高淳庄田原无冒免招卷》。

3 《金陵梵刹志》卷五〇《各寺租额条例·条约》附旧卷《谭通判问高淳庄田原无冒免招卷》。

4 《金陵梵刹志》卷五〇《各寺租额条例·条约》附新卷《本部移咨抚院行高淳县议租文》。

5 《金陵梵刹志》卷五〇《各寺租额条例》。

赐田“混与民田一则科米，刊就书册”，后经寺僧具告，应天府“断令仍照劝借则例，每田一亩科米二升，每地一亩科米一升，山、塘每亩科米三合，免其杂泛差役”[1]。

万历初年，八大寺的赋税继续增加。前述灵谷寺所谓的丈出田地“照民则例起科”以后，万历三年，应天府“覆议赋役”，又“加编粮米”97石。不久，又“派条编银”88.44两，“行县派征”[2]。

根据万历后期的调查，从明代中期至万历初年，灵谷寺、天界寺、报恩寺坐落各县的庄田，除天界寺溧阳庄田、采石洲地，报恩寺戴子庄田，灵谷寺陈桥茄地洲地，“仍照祖制，例不起税”以外，其他庄田均被加征了赋税，“税则由无而有，甚至与民间一则”[3]。其中，灵谷寺上元县庄田被加征正米339.20石、条折银266.68两，江宁县庄田被加征正米41.54石、丁米银9.83两，溧水县庄田被加征米18.44石、银7.90两，十人洲地又被芦政加征银44.45两，合计共加征赋税米399.18石、银328.86两；天界寺上元县庄田被加征正米30.40石、条折银11.62两，高淳县庄田被加征米6.48石、银179.87两，合计共加征赋税米36.88石、银191.49两；报恩寺臈真庄被芦政加征银168.69两。（见表二）

1 《金陵梵刹志》卷五〇《各寺租额条例·条约》附旧卷《应天府查免栖霞寺杂派帖文》。

2 《金陵梵刹志》卷五〇《各寺租额条例·条约》附旧卷《秦通判议灵谷寺田不宜加派牒文》。

3 《金陵梵刹志》卷五〇《各寺租额条例》。

表二　明代中期南京三大寺加征赋税统计表

寺　名	田地坐落县　分	田地数（亩）	加征赋税总数	
			分　计	合　计
灵谷寺	上元县	27314	正米 339.20 石 条折银 266.68 两	米 399.18 石 银 328.86 两
	江宁县	1091	正米 41.54 石 丁米银 9.83 两	
	溧水县	1591	米 18.44 石 银 7.90 两	
	芦政、十人洲	1521	银 44.45 两	
天界寺	上元县	2590	正米 30.40 石 条折银 11.62 两	米 36.88 石 银 191.49 两
	高淳县	3720	米 6.48 石 银 179.87 两	
报恩寺	芦政、臈真庄	2958	银 168.69 两	银 168.69 两

与此同时，佃户的抗租斗争也日益兴起，并取得一定胜利。洪武年间天界寺溧阳庄佃户李兴寿等抗租斗争失败以后，弘治五年，因水灾，佃户们再次掀起抗租斗争，“纳租不及三分之一”。寺僧反映至南京礼部。南京礼部及应天巡抚等衙门“各委官诣田踏勘灾伤”，“量减”每亩纳租 4.5 斗。其后，各佃“每亩亦止输纳租米”4.5 斗。嘉靖元年，佃户赵祥等开始各拖欠寺租，僧人“畏惧人众狡猾，无奈容忍”。至嘉靖二十八年，天界寺差僧“亲在田所管理”，又差僧亲往征租。赵祥等“倚灾”，“租米颗粒不纳”，寺僧具告至县。该县“将被灾田亩免征”，又“将成熟田每亩纳租三斗”，“写立议单”，批与赵祥等“收执”。在赵祥等的带头后，一些佃户“乘机仿效，每亩止纳三斗”。至嘉靖三十二年正月，寺僧具呈僧录司，转申南京礼部。经西城兵马司审理，提出溧阳庄的黄芦、鹰挖等圩田每亩每年纳米 3.7 斗，西赵圩田每亩每年纳米 3 斗，责令佃户“遵守定纳”。南京刑部覆审认为，“黄芦、鹰挖二圩田亩，各佃至今完纳四斗五升者甚多，今止赵祥等数人倚奸拖欠，希图概减，租额一失，日后恐无可复之时”，因此

不同意西城兵马司的处理意见，下令赵祥等抗租佃户各将所佃田亩退还该寺，听寺僧“另行召佃，各随田亩肥瘦、年岁丰约，两相情愿收租”，“其各佃原纳四斗五升不缺者，听令照旧佃种，依数办纳”，赵祥等杖、笞有差[1]。但是，此后赵祥等并未退田，仍旧佃种。至嘉靖三十七年，他们“奸顽又复”，再起抗租。至嘉靖四十年，共拖欠寺租米 148 石余。经应天府审理以后，巡抚都察院提出，“每亩照法司断案征租四斗五升，该县征收租银，每年十月终起解南京礼部，给僧收领”。南京礼部认为，“每岁之丰歉无常，米价之盈缩不一”，因此寺租征银“益开其告扰之端”，而应“仍照法司定租，每年纳米四斗五升”，“如遇甚荒之年，许佃户具告，本部量其灾伤轻重征租”；“其招欠租米，即速追给各僧收领”[2]。

就在天界寺溧阳庄佃户抗租斗争平息以后，该寺高淳庄佃户又起而抗租。前述邓同知将高淳庄赐田“概照民田起科”后，各佃户又“介恃县官，敢为逋负”，使天界寺 3000 石之租仅剩下 1100 余石，而“所收类多秕谷”[3]。

可见，明代中期南京八大寺一方面是被迫接受“劝借”和赋税，另一方面又面临佃户们的抗租斗争而不得不减租。在八大寺被迫纳税减租的过程中，地方官员主要是府、县官员起了主要作用，佃户的抗租斗争也得到了他们一定程度的支持。八大寺出增入减，收益大大减少，并直接影响了寺院的维持和发展。如，灵谷寺因弘治年间“劝借”、嘉靖年间“将草折米”、隆庆年间“荒田丈量报熟加粮”等加派和征收赋税以后，“苦无告辩”，“寺废

1 《金陵梵刹志》卷五〇《各寺租额条例·条约》附旧卷《南京刑部广东司问拟溧阳庄追佃招由》。

2 《金陵梵刹志》卷五〇《各寺租额条例·条约》附旧卷《礼部抚院议溧阳庄征租帖文》。

3 《金陵梵刹志》卷五〇《各寺租额条例·条约》附新卷《本部移咨抚院行高淳县议租文》。

僧穷”[1]。万历初年加派“编粮米”、“条编银”以后，“蚁僧不无逃窜”[2]。再如，天界寺高淳庄自邓同知将赐田“概照民田起科”后，各佃户又“恃远用强”，“租额日渐短少，所入仅足完官，并无颗粒入寺”，寺僧“哓哓”[3]。

明代中期以后南京八大寺寺院经济的衰微，并非完全由于官府的加征赋税以及佃户的抗租少纳，寺院的住持以及一些管庄管洲僧里外其手、贪污挪用也是重要原因。上述灵谷寺、天界寺“寺废僧穷”、“所入仅足完官”的诸条理由，仅是寺僧的一面之词。南京礼部曾经斥责寺租减少，“其故非尽关佃户，亦由管庄僧受佃户私嘱，而官住又受管庄僧私嘱，今年让升合，明年遂执为例，以致日就短少耳”[4]。而据应天府查称，天界寺高淳庄“每年为管事头目从中操权，多方作弊”，“故民之纳租也未尝后期，而寺之得租也后期，民之纳租也未尝短少，而寺之得租也短少，民之纳租也未尝糠秕，而寺之得租也糠秕，以僧民之髓，而为四、五奸猾朋肆乾没”[5]。

（三）清田定租与寺院经济的恢复和发展

以八大寺为首的南京寺院税增租减，寺院萧条，僧人逃窜，颇不利于南京佛教的维持和发展，也不利于明王朝的统治。嘉靖后期，在南京佛教渐次恢复和发展的同时，保障寺院经济越发显得迫切和需要，因此佛教界开始向封建政府发出呼吁。同时，一

1 《金陵梵刹志》卷五〇《各寺租额条例·条约》附旧卷《秦通判议灵谷寺田不宜加派牒文》。

2 《金陵梵刹志》卷五〇《各寺租额条例·条约》附旧卷《秦通判议灵谷寺田不宜加派牒文》。

3 《金陵梵刹志》卷五〇《各寺租额条例·条约》附新卷《本部移咨抚院行高淳县议租文》。

4 《金陵梵刹志》卷五〇《各寺租额条例》。

5 《金陵梵刹志》卷五〇《各寺租额条例·条约》附新卷《抚院咨复本部行高淳县定租文》。

些封建士大夫也意识到这一问题，采取实际行动保护寺院经济。尤其是万历后期，南京礼部祠祭司郎中葛寅亮等人主持对南京各寺院进行清田定租，八大寺的公田和田租受到了保护，公田日归，额租渐复。同时，一些绝僧寺院公田也被拨与八大寺，增加了其公田数量。在这种情况下，八大寺收益大有起色。虽然它们仍然要负担一些赋税，但是所入足可维持寺院日常之需。

前述万历初年灵谷寺又被加派“编粮米”、“条编银”以后，万历二十一年，寺僧向钦差巡抚、右副都御史宋仕作了反映。宋仕“批仰应天府委官查报”。应天府秦通判受命审理，查得被加派“编粮米”、“条编银”的所谓的丈多田地“乃钦赐额内丈出，并无私置新增”，建议豁除加派，“若照民则起科，复加粮差，则寺废僧穷，委难完办”。宋仕“覆查无异”，判决如下：“该寺丈出田地，委非私置，但所加粮米九十七石已经议派，相应令僧输纳。其条编差银八十八两，合无俯赐行县豁免”[1]。

万历后期，葛寅亮为南京礼部郎中，对八大寺进行清田定租，使寺院经济得以恢复。葛寅亮，字水鉴，号屺瞻，钱塘（今浙江杭州）人。万历二十九年进士，先后任福建提学参议、湖广提学副使，寻授南京礼部祠祭清吏司郎中。对八大寺税增租减、寺院萧条的状况，葛寅亮很是不满。他说：“每见寺僧岁报赐租田之隶籍未有恙也，佃户之名又非有改于昔也，而或半菽不吐，或升斗犹靳，田漏其租，租之入漏其额，僧人不敢言，祠官不可问，穰穰满车，徒以果闾右之腹矣。有司又诡其名以箕敛，或称劝借，或称丈余，在彼负益上之虚声，在此摄崇禅之握笑。一以窃辔，一以委驭，而缁流遂无可控告”。他立志清田定租，表示“予摄官承乏，缁羽即吾民，清租亦即吾职，安能恝然为秦越之视？而或

1 《金陵梵刹志》卷五〇《各寺租额条例·条约》附旧卷《秦通判议灵谷寺田不宜加派牒文》。

谓势重伏祸，事琐无名，予不忍闻之矣”[1]。

万历三十二年十二月，葛寅亮“因三大寺田租不明”，提出“照万历十一年间本司会同仪制司清查朝天宫事例”，“清查寺租”[2]，得到南京礼部批准。他首先清查三大寺的钦赐田地以及额租、赋税等情况，“博求文卷，旁稽记籍，执籍以问田，执额以问租，畿以内者讨佃民而训之，畿以外者檄邑长而布之”[3]。其次，葛寅亮根据三大寺各庄的实际状况，确定租额。他原来“欲直复国初之例，据各佃苦苦哀告，情难尽拂”，遂“相应查据原额，参以近例，量田肥瘦”，并拘集佃户“会行酌定”，很快确定了除有特殊情况的灵谷寺靖东、安西二庄以及天界寺高淳庄、溧阳庄以外的三大寺各庄租额。其中，灵谷寺龙都、桐桥二庄每亩上田米 0.35 石、麦银 0.07 两，中田米 0.25 石、麦银 0.045 两，下田米 0.15 石、麦银 0.03 两；悟真、散甲二庄每亩上田米 0.30 石、麦银 0.08 两，“中田、下田与龙都庄一例”。天界寺湖塾庄每亩上田米 0.40 石、麦银 0.065 两，中田米 0.35 石，下田米 0.25 石，“麦银俱与上田一例”；靖安庄每亩上田米 0.35 石、麦银 0.06 两，中田米 0.25 石、麦银 0.04 两，下田米 0.20 石、麦银 0.03 两。报恩寺戴子庄每亩“一概”米 0.30 石、麦银 0.03 两，臈真庄每亩“一概”米 0.20 石、麦银 0.07 两（详见表三）此外，又有荡田、高田、豆地、基地、山、塘、塌漾及芦洲、房屋等项，租额也分别确定，“佃户俱各承认无词，取有认状在卷”[4]。

天界寺高淳庄，隆庆年间邓同知倡“与民田一例科粮”而不改正，佃户又“恃远用强”而抗交额租，已见前述。由于问题一直得不到解决，所以其租额一时难定。万历三十三年，天界寺僧

1 《金陵梵刹志》卷一六，葛寅亮《八大寺定租碑记》。

2 《金陵梵刹志》卷五〇《各寺租额条例》。

3 《金陵梵刹志》卷一六，葛寅亮《八大寺定租碑记》。

4 《金陵梵刹志》卷五〇《各寺租额条例》。

官、住持等僧状告高淳庄“霸佃赐田、纠党抗法”，要求由南京礼部移文抚院衙门，转行应天府“严提”，“断复租额，折银征收，解部给散”。十一月，祠祭司将此案向南京礼部汇报，礼部即移咨抚院转行应天府“查照议覆”。应天府帖行高淳县查议。高淳县议后，提出：将租米固定在1168石，折银584两，除纳粮编等各项外，余剩银404.12两交寺；革去管庄僧人，由佃户代纳赋税；该县代收额租之银，僧人至期赴县领取。祠祭司则不同意，指出高淳县提出的由该县代收租额、佃户代纳赋税、革去管庄僧人等不可取，它们将导致寺僧与公田脱离，“田自田，僧自僧，佃户之与业主两不相蒙，推收转佃，孰为清查？移丘换段，孰为稽核？不过数年，而此田尽为乌有矣”；租税之事，“处置亦甚易，不必纷争，只以近日之加税派于佃户，而以佃户之纳租仍乎旧贯，则其情可平也”；“寺僧禀称，旧例管庄僧每租一石贴口食米一斗，共约一百一十七石，亦应申明，以便议处”。礼部将高淳县原定文册再行应天府“从公酌议”，应天府粮厅复行高淳县查议。高淳县再议后，汇报说，经拘集佃户“再三晓谕”，“不得已再认加银二十四两”，“其口食一项，乞赐除免”。应天府粮厅基本同意高淳县提出的租银之额，表示将租银608两照米分摊至田亩，管庄僧人口粮量减折银，也加入田亩，“总计每田一亩以米五斗为率”，征银若干；“其征收之法，每年祠祭司行文管粮县丞处，管粮官照单催征”，“其各佃租银俱赴粮衙投柜”，由寺僧赴领，“其应输官漕折、里甲等银，即在前项银内，僧人领银之日，如数纳官”，“有不完者，听寺僧呈报到管粮衙，查算明白，差人行催，务令完报”。至此，南京礼部也只好作出一些妥协。万历三十四年四月，他们表示同意应天府提出的租额，只是征收之法中将追租者由管粮县丞改为管年僧，“僧官收租，粮官查理”[1]。

1 《金陵梵刹志》卷五〇《各寺租额条例·条约》附新卷《抚院咨复本部行高淳县定租文》。

灵谷寺靖东、安西二庄，因寺僧佃有私田，开始未能议定租额。万历三十五年五月，祠祭司会同仪制司拘审佃户等人，也确定了租额。即“比照”龙都庄之数，每亩上田米0.35石、麦银0.07两，中田米0.25石、麦银0.045两，下田米0.15石、麦银0.03两，荡田银0.05两。（见表三）

在议定天界寺高淳庄租额的同时，葛寅亮开始清查五次大寺赐产。对霸占扰害五次大寺公田者，不论是大贵族、大官僚，还是一般官吏、地主等，都加以打击。

万历三十三年四月，能仁寺官住仁勋等状告“聚凶倚势、逼占赐田”事。原来，能仁寺有钦赐梅子洲田800余亩，与襄城伯李成功府所佃内厂田仅隔一埂。内厂田先佃与诚意伯刘世延府，后转佃与襄府。为了达到霸占寺田的目的，襄府对寺田佃户先后百般欺凌、勒索，逼其退佃，强取寺埂以内“划场”（即挖土后留下的沟塘，可养鱼等）。万历三十二年，该寺将田自种，襄府复差役“偷掘圩埂，淹没无收”。万历三十三年，该寺又招人佃种，加筑前埂。四月，襄府竟又派府役带领佃户掘开寺埂，“放江水入圩”，使寺田“夏麦尽淹，秋禾失望”。襄府役、佃还喝称，“若不投献，仍要将僧、佃各行捆打”。寺僧无奈，告至南京礼部。经祠祭司等踏勘明白，由礼部移文襄府，令将肇事役、佃“送部查审”。但过了月余，襄府也未理会。八月，礼部遣役往拘，仅抓获参加掘埂的佃户一人。祠祭司审明以后，礼部表示要继续追拿肇事役、佃，并赔偿寺院损失。这时，李成功才表示，“僧人告称本爵佃户掘埂淹田等情，细查各佃，俱无的据，难以究处”；“惟本田埂外划场，向系诚意府佃日执管，亦与本爵无干”，“今将划场拨还寺僧管业”；“其寺田圩埂坏缺去处，已经行各佃修筑，以成两家和美”。南京礼部不敢过分得罪李成功，也顺坡而下。九月，他们表示，襄府“修完原掘之圩埂，退还前占之划场，疆界既明，争端可杜，该府足见虚心，贫僧亦保恒产矣”，肇事役、佃“姑暂免究”，“自今府、寺各以大埂为界，该府佃户敢有越过埂界、生事扰害者，本部定参送法司，依律治罪，决不姑贷”[1]。至于寺僧田租的损失，未再要求赔偿。

弘觉寺拨入慈相寺遗田之后，万历三十四年十月，与原慈相寺遗田“田土相连”的“积棍”张镗、张元诏等“希图谋占”。他们买通庐州府指挥同知张勋臣出名，令张霖具禀，称寺田为其始祖得自钦赐，要求取查。祠祭司因南京户科抄录黄册，查明张霖等所禀不实，各加责治，又“将黄册发寺抄录一本，并再给帖各寺防照”。祠祭司还要求弘觉寺住持“照帖事理，遵将前田管理”，“敢有棍徒再行生事谋占，许指名执帖，赴部呈禀，以凭参送究罪，决不姑息”[2]。

对一些绝僧寺院的田产，葛寅亮等人也就近拨与五次大寺。如，前述慈相寺僧绝之后，万历三十三年十一月，其遗田均拨与弘觉寺。再如，前述衡阳寺僧绝之后，万历三十五年正月，其遗下田地等共 412.20 亩，均拨与栖霞寺。慈相寺、衡阳寺公田皆达数百亩，其拨入弘觉寺、栖霞寺以后，无疑大大增加了二寺的公田数量，增强了它们的经济实力。

在确定了五次大寺公田以后，葛寅亮拘集佃户，“审定租额”，“各取佃户认状”[3]。其中，鸡鸣寺大梅子洲每亩银 0.045 两，小梅子等洲银 0.05 两，鲫鱼洲银 0.055 两。能仁寺梅子洲每亩上田米 0.25 石、麦银 0.03 两，中田米 0.20 石、麦银 0.025 两，下田米 0.10 石、麦银 0.015 两，鲚鱼洲每亩银 0.06 两。栖霞寺每亩上田米 0.50 石、麦银 0.07 两，中田米 0.40 石、麦银 0.055 两，下田米 0.30 石、麦银 0.04 两。弘觉寺每亩上田米 0.55 石、麦银

1 《金陵梵刹志》卷五〇《各寺租额条例·条约》附新卷《本部清还能仁寺划场埂界告示》。

2 《金陵梵刹志》卷五〇《各寺租额条例·条约》附新卷《本司查弘觉寺下院田地湖册帖文》。

3 《金陵梵刹志》卷五〇《各寺租额条例》。

0.05 两，中田米 0.45 石、麦银 0.04 两，下田米 0.35 石、麦银 0.025 两。静海寺田每亩米 0.40 石、麦银 0.06 两。（见表三）

为了鼓励禅僧参学持斋，律僧研求戒律，葛寅亮又在几大寺扩建和修理禅堂、律堂，并专门从寺院公产中分出一部分，给禅堂、律堂供众。葛寅亮指出，明初分僧人为禅、讲、教三类，“俾各务其业”，“而禅非习静不能，独有堂以居之，视讲与教加重焉”[1]，“禅堂多系行僧，参学持斋，僧规不失”，明初“拨田赡僧，原为此辈”[2]。但是，后来寺僧“各立门户，梵呗稀闻，触蛮时竞，已失千僧一釜之旧”，“即有数椽仅存遗制，而主者非人，檀施不继，渐欲圮焉”[3]。另一方面，房僧“好丑相形，每怀忌嫉”[4]，不关心禅僧的利益，使禅堂及禅僧更为破落。葛寅亮“适清赐田”，“乃就各大刹中剖额租以还禅衲，括羡缗以拓禅居”，“隘者加辟，敝者易新，招提之观烂然增色，僧寮各约三四十楹”。扩建、修理的禅堂，灵谷寺、天界寺、报恩寺、栖霞寺、鸡鸣寺、弘觉寺、静海寺七大寺均有，能仁寺“独缺”，“姑有待焉”[5]。同时，他将各寺租粮十分之二三，拨入禅堂供众，使诸寺禅堂各有庄田。他还特别申明，“此皆系本司查增，而非夺房僧所有”，房僧“如敢生事扰害，定从重究治，给有堂帖为照”[6]。灵谷寺律堂，也加扩建和修理，拨租赡僧。

这样，经过葛寅亮的努力，南京八大寺的清田定租工作基本完成，各寺公田及其租则、租额、赋税、收益等数额基本确定下来。万历三十五年四月，南京僧录司右觉义、住灵谷等寺仁勋等申称，三大寺赐田租额“幸蒙清查”，佃户“俱已输服”，要求将

1 《金陵梵刹志》卷一六，葛寅亮《八大寺重修禅、律堂及赡田碑记》。

2 《金陵梵刹志》卷五一《条约》。

3 《金陵梵刹志》卷一六，葛寅亮《八大寺重修禅、律堂及赡田碑记》。

4 《金陵梵刹志》卷五一《条约》。

5 《金陵梵刹志》卷一六，葛寅亮《八大寺重修禅、律堂及赡田碑记》。

6 《金陵梵刹志》卷五一《条约》。

灵谷寺靖东、安西二庄以及报恩寺廊房亦加定租以后，勒石刻碑，“以垂永久”。不久，鸡鸣等寺大住持本性等也要求，“将鸡鸣等五次大寺赐产附入三大寺碑内”。六月，经南京礼部批准，葛寅亮将祠祭司“节次审定各寺租额、禀堂奉批缘由，备行僧录司”，令“即便照式勒石竖碑晓谕，永远遵守施行”[1]。

南京八大寺在清田定租以后，不仅恢复了原有的成百上千亩的公田，而且更主要的是，它们的土地收益得到了保护，每个寺院都从其公田中收取到相当可观的银、米，经济收入大大增加。除去缴纳赋税及田庄盘费，灵谷寺每年从公田中所得计银1199.242两，米4468.007石；天界寺每年从公田中所得计银582.625两，米1706.356石；报恩寺每年从公田、号房等中所得计银215.832两，米2067.325石；鸡鸣寺每年从公田中所得计银163.444两；能仁寺每年从公田中所得计银100.844两，米143.071石；栖霞寺每年从公田中所得计银91.327两，米544.294石；弘觉寺每年从公田中所得计银32.767两，米195.437石；静海寺每年从公田、租房等中所得计银52.696两，米120.75石。（见表三）明代中期以来，南京八大寺“寺废僧穷”、“蚁僧不无逃窜”、“所入仅足完官”、寺僧“哓哓”的状况不见了，代之而起的是八大寺都银、米满仓，经济实力雄厚，不仅各额赡僧千人至百人不等，众僧口粮、日常焚修有了保证，而且官住、教学等僧还有相当丰厚的俸银，每年各寺院尚有余银用于修理圮废的寺院殿堂，“自是法席无虚，钟梵不辍”[2]，面貌一新。

寺院公田的经营，仍然采取租佃制，征收定额祖。不过，与原来略有不同的是，单一的实物地租已经普遍地被以货币地租为主、辅以实物地租的剥削方式所取代，有的地区甚至完全是货币

1 《金陵梵刹志》卷五〇《各寺租额条例》。
2 《金陵梵刹志》卷一六，葛寅亮《八大寺重修禅、律堂及赡田碑记》。

地租，如天界寺高淳庄等。这些，也反映了明代后期商品经济的发展和社会的进步。

表三　明代后期南京八大寺公田、房产收益统计表

寺名	核算单位	公田房产	租则（每亩）	租额	赋税总额	本庄盘费额	寺院实收
灵谷寺	住	靖东庄	上田夏银 0.07 两，冬米 0.35 石	夏银 420.706 两，冬米 1773.003 石，冬银 75.426 两	银 307.971 两，米 422.976 石	银 32 两，米 40.50 石	夏银 96.735 两，冬米 1309.527 石，冬银 59.426 两
			中田夏银 0.045 两，冬米 0.25 石				
			下田夏银 0.03 两，冬米 0.15 石				
			荡田夏银 0.025 两，冬银同				
			地夏银 0.04 两，冬银同				
			基场、坟园夏银 0.03 两，冬银同				
			草、塌、塘夏银 0.01 两，冬银同				
		安西庄	上田夏银 0.07 两，冬米 0.35 石	夏银 399.871 两，冬米 1408.33 石，冬银 133.23 两	免科	银 35 两，米 42.249 石	夏银 383.871 两，冬米 1366.081 石，冬银 114.23 两
			中田夏银 0.045 两，冬米 0.25 石				
			下田夏银 0.03 两，冬米 0.15 石				
			荡田夏银 0.025 两，冬银同				
			地夏银 0.04 两，冬银同				
			基地夏银 0.03 两，冬银同				

续　表

寺名	核算单位	公田房产	租　则（每亩）	租额	赋税总额	本　庄盘费额	寺院实收
			草、場、塘夏银0.01两，冬银同				
			沟并庙基免科				
		溧水庄	上田冬银0.12两	冬银96.25两	银18.297两	银9.2两	冬银68.753两
			中田冬银0.10两				
			下田冬银0.06两				
			荡田冬银0.02两				
			地冬银0.06两				
			山冬银0.01两				
			塘沟冬银0.02两				
			荒田基地冬银0.005两				
			官庄基免科				
		柳桥田	田、地冬银0.14两	冬银31.007两	银13.844两	银2两	冬银15.163两
			山、塘冬银0.02两				
		白水洲田	银0.14两	冬银16.525两	无	银1两	冬银15.525两
		十人洲		冬银64两	芦课银50两	银1两	冬银13两
	禅堂	悟真庄	上田夏银0.08两，冬米0.3石	夏银122.472两，冬米439.591石，冬银23.135两	无	银24.637两	夏银111.472两，冬米439.591石，冬银9.498两
			中田夏银0.045两，冬米0.25石				
			下田夏银0.03两，冬米0.15石				
			上地夏银0.045两，冬银0.06两				
			下地夏银0.03两，冬银同				

续 表

寺名	核算单位	公田房产	租则（每亩）	租额	赋税总额	本庄盘费额	寺院实收
			山夏银 0.02 两，冬银同				
			塘夏银 0.005 两，冬银同				
			荒地、漩塘免科				
		桐桥庄	上田夏银 0.07 两，冬米 0.35 石	夏银 67.515 两，冬米 306.851 石，冬银 8.224 两	无	银 23.4 两	夏银 52.339 两，冬米 306.851 石，冬银无
			中田夏银 0.045 两，冬米 0.25 石				
			下田夏银 0.03 两，冬米 0.15 石				
			荡田夏银 0.02 两，冬银同				
			上地夏银 0.05 两，冬银同				
			下地并基地夏银 0.03 两，冬银同				
			山夏银 0.01 两，冬银同				
			塘潭滩夏银 0.01 两，冬银同				
			荒地、庙地、庄基免科				
			本堂菜地免科				
		陈桥茄地洲		冬银 72 两	无	银 2 两	银 70 两
	律堂	龙都庄	上田夏银 0.07 两，冬米 0.35 石	夏银 197.244 两，冬米 983.952 石，冬银 9.201 两	无	银 38.471 两	夏银 167.974 两，冬米 983.952 石，冬银无
			中田夏银 0.045 两，冬米 0.25 石				

续 表

寺名	核算单位	公田房产	租则（每亩）	租额	赋税总额	本庄盘费额	寺院实收
			下田夏银 0.03 两，冬米 0.15 石				
			荡田夏银 0.02 两，冬银同				
			地夏银 0.06 两，冬银 0.08 两				
			基场坟地夏银 0.03 两，冬银同				
			潭塘沟夏银 0.01 两，冬银同				
			荒滩田免科				
		散甲庄	上田夏银 0.08 两，冬米 0.3 石	夏银 23.715 两，冬米 62.005 石，冬银 10.142 两	无	银 12.6 两	夏银 17.415 两，冬米 62.005 石，冬银 3.841 两
			中田夏银 0.045 两，冬米 0.25 石				
			下田夏银 0.03 两，冬米 0.15 石				
			上地夏银 0.045 两，冬银 0.06 两				
			下地并基地夏银 0.03 两，冬银同				
			山夏银 0.02 两，冬银同				
			塘夏银 0.005 两，冬银同				
			黄公祠田等免科				
	合计			银 1770.672 两，米 4973.732 石	银 390.112 两，米 422.976 石	银 181.308 两，米 82.749 石	银 1199.242 两，米 4468.007 石
天界寺	常住	湖塾庄	上田夏银 0.065 两，冬米 0.4 石	夏银 103.999 两，冬米 549.261 石，冬银 6.747 两	银 28.977 两	银 28 两	夏银 53.769 两，冬米 549.261 石，冬银无
			中田夏银 0.065 两，冬米 0.35 石				
			下田夏银 0.065 两，冬米 0.25 石				

续　表

寺名	核算单位	公田房产	租　则（每亩）	租额	赋税总额	本　庄盘费额	寺院实收
			高田夏银 0.065 两，冬米 0.3 石				
			中荡田夏银 0.025 两，冬米 0.2 石				
			地夏银 0.065 两，冬银 0.1 两				
			基场坟墩地夏银 0.05 两，冬银同				
			荒、水、塌、基场、坟、墩地免科				
		溧阳庄[1]	一概米 0.45 石	米 1744.222 石	无	米 395.234 石	米 1003.897 石
		高淳庄[2]	银 0.18 两	冬银 615.443 两	银 210.748 两	银 61.6 两	冬银 343.095 两
	禅堂	靖安庄	上田夏银 0.06 两，冬米 0.35 石	夏银 24.728 两，冬米 98.416 石，冬银 8.98 两	无	银 12.6 两	夏银 18.428 两，冬米 98.416 石，冬银 2.68 两
			中田夏银 0.04 两，冬米 0.25 石				

1　天界寺溧阳庄，有三点需要说明：（1）该庄原额田 3995.41 亩，其中除社坛、庄基、官沟、绝坟外，实征田 3876.05 亩。（2）该庄租额，至万历三十五年八大寺定租碑勒刻时，并未解决。佃户多每亩纳米 0.45 石，也有纳米 0.4 石者，甚至有纳米 0.18 石者。葛寅亮当时表示，“外县恃远顽梗，候移文抚院议复”。不久，他“适请告去”。天启年间，葛寅亮任南京尚宝司卿，又来到南京。他为此前所辑《金陵梵刹志》作序，书中天界寺高淳庄租额等处未予改动。因此，可能溧阳庄的租额问题仍未解决。（3）《金陵梵刹志》载该庄额征米 1744.22 石，除去盘费米 395.23 石，该寺应实收米近 1349 石，而书中载该寺仅实收米 1003.90 石，估计是佃户欠租未交的缘故。

2　天界寺高淳庄，有两点需要说明：（1）该庄原额田地 3721.99 亩，其中除去迷失、抛荒，实征田 3459.48 亩。（2）该庄租额，每亩自 0.2 石以至 0.9 石，多寡不等，凑算每亩约米 0.5 石，折银 0.18 两。

续　表

寺名	核算单位	公田房产	租则(每亩)	租额	赋税总额	本庄盘费额	寺院实收
			下田夏银0.03两，冬米0.2石				
			荡田夏银0.02两，冬米0.1石				
			草塌夏银0.015两，冬银同				
			地夏银0.02两，冬银0.06两				
			荒荡、田塘免科				
			寺前房地每间夏银0.2两，冬银同				
		采石芦洲					冬银160两
		施舍田地	上田夏银0.09两，冬米0.8石	夏银7.693两，冬米54.782石，冬银1.518两	银4.558两	无	夏银3.135两，冬米54.782石，冬银1.518两
			中田夏银0.09两，冬米0.5石				
			地夏银0.09两，冬米0.3石				
			基地、山冬银0.1两				
			塘免科				
	合计			银929.108两，米2446.681石	银244.283两	银102.2两，米395.234石	银582.625两，米1706.356石
报恩寺	常住	戴子庄	田夏银0.03两，冬米0.3石	夏银155.484两，冬米1542.63石	无	银29.6两	夏银125.884两（其中代给臈真庄盘费银10.98两），冬米1542.63石
			上荡田夏银0.025两，冬米0.25石				

续　表

寺名	核算单位	公田房产	租则（每亩）	租额	赋税总额	本庄盘费额	寺院实收
			下荡田、圩滩夏银0.01两，冬米0.1石				
			地夏银0.02两，冬米0.2石				
			塘冬米0.1石				
			草地夏银0.06两				
			沟埂、划场免科				
		臈真庄	田夏银0.07两，冬米0.2石	夏银196.577两，冬米524.695石	银185.557两	银22两	夏银无，冬米524.695石
			地夏银0.04两，冬米0.15石				
			塘冬米0.1石				
			芦地夏银0.08两				
			沟埂、划场、泥滩免科				
		寺前房地	号房每间夏银0.72两，冬银同	夏银50.464两，冬银同	无	无	夏银50.464两，冬银同
			浴堂房夏银7.5两，冬银同				
			菜地夏银0.225两，冬银同				
			基地夏银0.1两，冬银同				
	禅堂	池地	放生池	无	无	无	无
			菜地，自种				
	合计			银452.989两，米2067.325石	银185.557两	银51.6两	银215.832两，米2067.325石
鸡鸣寺	常住	小梅子洲	银0.05两	冬银47.02两	无	无	冬银47.02两

续　表

寺名	核算单位	公田房产	租　则（每亩）	租额	赋税总额	本　庄盘费额	寺院实收
		接生子洲	银 0.05 两	冬银 25.715 两	银 20.574 两，加耗使费银 2.057 两	无	冬银 3.084 两
		鲫鱼洲	银 0.055 两	冬银 43.23 两	无	无	冬银 43.23 两
	禅堂	大梅子洲	银 0.045 两	冬银 70.11 两	无	无	冬银 70.11 两
	合计			银 186.075 两	银 22.631 两	无	银 163.444 两，灵谷寺给米 380 石
能仁寺	常住	梅子洲	上田夏银 0.03 两，冬米 0.25 石	夏银 19.464 两，冬米 143.071 石，冬银 4.38 两	无	无	夏银 19.464 两，冬米 143.071 石，冬银 4.38 两
			中田夏银 0.025 两，冬米 0.2 石				
			下田夏银 0.015 两，冬米 0.1 石				
			基地、芦地冬银 0.07 两				
			划场冬银 0.04 两				
			寺内外地夏银 0.1 两，冬银同				
			寺内塘夏银 0.05 两，冬银同				
		鲚鱼洲	银 0.06 两	冬银 77 两	无	无	冬银 77 两
	合计			银 100.844 两，米 143.071 石	无	无	银 100.844 两，米 143.071 石

续　表

寺名	核算单位	公田房产	租则（每亩）	租额	赋税总额	本庄盘费额	寺院实收
栖霞寺	常住	黄城木芦等圩	上田夏银0.07两，冬米0.5石	夏银57.715两，冬米234.773石，冬银37.048两	银25.85两	无	夏银31.865两，冬米234.773石，冬银37.048两
			中田夏银0.055两，冬米0.4石				
			下田夏银0.04两，冬米0.3石				
			上地夏银0.07两，冬银0.1两				
			下地夏银0.04两，冬银0.07两				
			山夏银0.01两，冬银同				
			塘、基地免科				
			众户塘、基、荒田免科				
	禅堂	摄山圩并施舍	上田夏银0.07两，冬米0.5石	夏银24.346两，冬米158.278石，冬银3.308两	银8.463两	无	夏银15.883两，冬米158.278石，冬银3.308两
			中田夏银0.055两，冬米0.4石				
			下田夏银0.04两，冬米0.3石				
			上地夏银0.07两，冬银0.1两				
			下地夏银0.04两，冬银0.07两				
			山夏银0.01两，冬银同				
			基地、塘免科				
	圆通禅院	施舍田地	上田夏银0.07两，冬米0.55石	夏银20.507两，冬米151.243石，冬银2.619两	银19.903两	无	夏银0.604两，冬米151.243石，冬银2.619两
			中田夏银0.055两，冬米0.45石				
			下田夏银0.04两，冬米0.35石				
			上地夏银0.07两，冬银0.1两				

续 表

寺名	核算单位	公田房产	租则（每亩）	租额	赋税总额	本庄盘费额	寺院实收
			下地夏银 0.04 两，冬银 0.07 两				
			基场、塘、荒田、山免科				
	合计			银 145.543 两，米 544.294 石	银 54.216 两		银 91.327 两，米 544.294 石
弘觉寺	常住	莲花等圩	上田夏银 0.05 两，冬米 0.55 石	夏银 14.649 两，冬米 145.623 石，冬银 10.15 两	银 2.8 两，米 20.06 石	无	夏银 11.849 两，冬米 125.613 石[1]，冬银 10.15 两
			中田夏银 0.04 两，冬米 0.45 石				
			下田夏银 0.025 两，冬米 0.35 石				
			地夏银 0.04 两，冬银 0.08 两				
			塘夏银 0.01 两，冬银同				
			山合计冬银 7 两				
			本寺坐山，砍柴自用				
			基场免科				
	禅堂	东圩并施舍	上田夏银 0.07 两，冬米 0.65 石	夏银 9.724 两，冬米 76.689 石，冬银 2.52 两	银 1.476 两，米 6.865 石	无	夏银 8.248 两，冬米 69.824 石，冬银 2.52 两
			次上田夏银 0.05 两，冬米 0.55 石				
			上地夏银 0.07 两，冬银 0.1 两				
			次上地夏银 0.04 两，冬银 0.08 两				
			山夏银 0.01 两，冬银同				

1　该庄收冬租米 145.623 石，除交纳官粮米 20.06 石，应余 125.563 石。但《金陵梵刹志》载余 125.613 石，不知何故，存此待考。

续 表

寺名	核算单位	公田房产	租则（每亩）	租额	赋税总额	本庄盘费额	寺院实收
			塘夏银0.01两，冬银同				
			基场免科				
	合计			银37.043两，米222.312石	银4.276两，米26.925石	无	银32.767两，米195.437石
静海寺	常住	盘槐田并寺前房	田夏银0.06两，冬米0.4石	夏银28.334两，冬米48.912石，冬银20.998两	房地纳中府银0.5两	无	夏银27.834两，冬米48.912石，冬银20.998两
			地基、坟地夏银0.1两，冬银同				
			塘夏银0.01两，冬银同				
			左新房每间夏银0.84两，冬银同				
			右新房夏银1.05两，冬银同				
			房地每间夏银0.06两，冬银同				
			走道夏银0.3两，冬银同				
	禅堂	施舍田地	上田夏银0.05两，冬米0.55石	夏银8.747两，冬米79.89石，冬银2.371两	银5.754两，米8.052石	银1.5两	夏银1.493两，冬米71.838石，冬银2.371两
			下田夏银0.03两，冬米0.35石				
			地夏银0.05两，冬银0.08两				
			山夏银0.015两，冬银同				
			塘夏银0.01两，冬银同				
			基地免科				
	合计			银60.45两，米128.802石	银6.254两，米8.052石	银1.5两	银52.696两，米120.75石

第二节　商业

从整体上说，南京寺院经济不仅包括农业，还有寺院商业等其他部门和成分。尤其是寺院商业，虽然一般的买卖规模都不大，但是由于形式多样，分布广泛，日积月累，收入也颇为可观，往往成为寺院经济中仅次于甚至等同于或超过其农业经营的部门和成分。

从有限的材料来看，明代南京寺院商业经营主要有以下几种方式：

第一，出租房屋、房地，收取房租、地租。由于寺院一般都香客众多，游人不断，寺院以及一些商人、摊贩往往在寺院及其周围地区开设销售香蜡、冥物之类的宗教用品和日用百货以及客栈、茶社、饭馆等食宿之类的店铺或摊位，以适应香客礼拜和游人旅游观光的需要。寺院在自己经营一部分商业的同时，也常常把自有的一些房屋、房地出租给商人、摊贩经营，收取房租、地租。

明初，明太祖在南京兴建寺院的同时，也很注重寺院经济的作用，不仅给几大寺大量赏赐土地，而且或令各寺自造，或直接拨赐以廊房，使寺院“取讨房钱”。如，洪武二十一年六月，明太祖传旨：“着善世禅寺长老，原有廊房、混堂依旧自起造，取讨房钱”[1]。洪武二十四年，明太祖又下令，将天禧寺、鸡鸣寺廊房原有的商人赶走，重新招租。我们知道，鸡鸣寺是明太祖新建，其廊房当是建寺时所建，或来源于拨赐。而天禧寺也有洪武年间“拨赐官廊房”，计 42 间[2]。

洪武年间拨赐天禧寺的官廊房，因永乐十年，明成祖在天禧

1 《金陵梵刹志》卷二《钦录集》，洪武二十一年戊辰。

2 《金陵梵刹志》卷二《钦录集》，宣德三年。

寺废址上新建规模巨大的大报恩寺而“展拆”。至宣德三年六月，御用监太监尚义奏请仍照数拨与。明宣宗传旨:“是。着工部、兵马司还拨与他”[1]。

那些非敕建寺院，在新建或修理时也多建廊房，有的则是将原有房屋改造为廊房。如，承恩寺为景泰年间御用监太监王瑾故宅改建而成，“其东北皆附禁垣，南辟山门，门侧列肆七十余楹，连欐以达于西，皆俯临通衢”[2]。还有的寺院，备有空闲房地，也供出租。

据葛寅亮统计，明代后期南京寺院有廊房（租房）、房地者计10所，廊房（租房）共173.5间，浴堂房1所，房地115间。（见表四）不过，我们估计，当时有廊房（租房）、房地的寺院不会就是葛寅亮所统计的10所，廊房（租房）、房地也绝不会仅是《金陵梵刹志》所载的诸间。从下表中我们可以看出，葛寅亮《金陵梵刹志》所载有廊房（租房）、房地的寺院，其廊房（租房）、房地的拥有量均在6间以上。我们认为，一定还有一些寺院，它们有1~2间，或者3~5间，甚至更多间的廊房（租房）或房地用于出租。这种情况，在那些地处繁华城区或佛教胜地的寺院中应该比较普遍。

表四　南京寺院廊房、房地统计表

寺　名	廊房、房地	寺　名	廊房、房地
天隆寺	房6间	鹫峰寺	租房16间
天界寺	房地12间[3]	承恩寺	廊房55间、房地15.5间
静海寺	新房间12、房地28间	普惠寺	租房27间、房地23.5间
普利寺	租房11间、房地15间	报恩寺	号房42.5间、浴堂房1所
正定庵	租房16间	碧峰寺	房地9间

1 《金陵梵刹志》卷二《钦录集》，宣德三年。

2 《金陵梵刹志》卷二三，王俱《承恩寺记略》。

3 天界寺房地12间，《金陵梵刹志》卷一六《天界寺·公产》不载，此据同书卷五〇《各寺公产条例》。

正如“钦赐”田产得到皇权的严格保护，明初国家大寺的廊房（租房）、房地也受皇权的保护和管理。如，洪武二十四年五月，左讲经守仁奏，天禧寺、鸡鸣寺“廊房开铺的多是句容县人”。奉圣旨：“教他起去，着苏、杭人来开铺，教他把旧日的文书照出关去。钦此”[1]。宣德三年六月，报恩寺得到明宣宗重新拨赐的廊房42间，该城兵马司查拨后，也定下了房租：“每间一年房租银”3.6两[2]。这一房租是相当高的，但是，明初由于得到皇权的严格保护，所以并未出现租户抗租之事。到了明代中期以后，在佃户抗交地租的同时，南京国家寺院的廊房租户也开始抗交房租。如，报恩寺廊房房租原定每年银3.6两，但是据万历后期葛寅亮查审，租户“积欠”房租，“似难遽复”[3]。在对八大寺公田进行清田定租的同时，葛寅亮对它们的廊房（租房）、房地也进行了定租。如，报恩寺廊房，“姑准照［租户］娄梗等所认”，每间月征银0.12两。“如再短少，即逐出，不容居住”[4]。则经过重新定租以后，明代后期报恩寺廊房的房租已经降至每间每年银1.44两，一年分两次收取，即夏租银每间0.72两，冬租银每间0.72两[5]。此外，报恩寺的浴堂、天界寺的房地、静海寺的新房以及房地，也都定租。

除了将寺院的廊房（租房）、房地等出租以外，寺院还会将其闲房、房地出租，以供商人、摊贩等经营商业之用。如，天界寺“竹园僧舍，多为外人赁典”[6]。一些地处僻静的寺院，往往将其空房出租给读书之人，供其读书。周晖《续金陵琐事》载有友人

1 《金陵梵刹志》卷二《钦录集》，洪武二十四年。
2 《金陵梵刹志》卷二《钦录集》，宣德三年。
3 《金陵梵刹志》卷五〇《各寺公产条例》。
4 《金陵梵刹志》卷五〇《各寺公产条例》。
5 《金陵梵刹志》卷五〇《三大寺及五次大寺定租数目》。
6 《留都见闻录》卷下《寺观》。

“谈戏语讥秀才”，称“一秀才赁僧房读书，惟事游玩而已”[1]。这个故事虽是“戏语”，但是“秀才赁僧房读书”确是古已有之的现象。该书还载，“韩峰沈公［越］，嘉靖乙酉（四年）与句曲许荩斋彦忠同读书，夜间议定七题，同榻而宿。每五鼓将尽，即起拈笔作，至茶时稿完。韩峰即往寺中授徒，日日如是”[2]。显然，寺僧不会每天免费给沈越及其学生提供读书之房。

寺院出租房屋、房地，收取的房租、地租，政府予以免税特权。天界寺、报恩寺、静海寺的廊房（租房）、房地均无赋税，在前面的明代后期南京八大寺公田收益等统计表中已经看到。一般寺院，其出租房屋、房地收取的房租、地租也是免税的。如，承恩寺出租房屋、房地，“岁入僦费，以滋焚修，而复其廛租”[3]。

出租房屋、收取房钱成为一些寺院重要的经济来源。从明代后期南京八大寺公田收益等统计表中，我们可以看出，八大寺的房租是仅次于其公田收益的第二经济来源。而对于一些缺少或者没有公田的寺院来说，房租、地租往往成为其第一位的经济来源。葛寅亮统计的拥有廊房（租房）、房地的10所寺院中，除去天界寺、静海寺、报恩寺以外，其他寺院的公田都极少，如鹫峰寺有地5.75亩，碧峰寺有地4.7亩，天隆寺有山3亩，普利寺有地2亩，普惠寺有地1亩。这点微薄的地、山，收益也是微不足道。而正定庵、承恩寺，则寸田全无。因此，房租就成为这几所寺院的第一经济来源。如，承恩寺地处城内繁华之区，有廊房55间，房地15.5间。即使按明代后期租户所认和葛寅亮所定的地处城南的报恩寺、天界寺廊房、房地的租额，承恩寺一年尚可收取房租、地租85.4两，是分别赡僧百人的次大寺弘觉寺、静海寺净收入三分之二还多。

---

1 《续金陵琐事》卷下《书仳》。
2 《续金陵琐事》卷下《定数》。
3 《金陵梵刹志》卷二三，王儁《承恩寺记略》。

第二，自营邸店。寺院经营邸店，出售香蜡、佛像等宗教用品，为香客、游客提供食宿等服务，自古已然，不用多说。不仅如此，明代南京寺院还经营一些非宗教类的民间日用品，将赚钱之手伸到宗教领域以外。如，《金陵琐事》记载，有华严寺僧恨畜养之猫常偷食其所藏鱼、肉，“用钉钉猫四足于片板上，投至寺前河中，流至下关，静海寺卖竹鞋僧救而养之”[1]。可见，静海寺还有卖竹鞋一类的民间日用品的买卖。

僧俗人等的经营，往往在寺院及其周围形成商业一条街，交易繁忙。如报恩寺前官廊房众多，生意红火，商业兴盛，“陈百戏、说稗官者甚夥”[2]，实际上成了商业街。僧俗人等在寺院及其周围吆喝叫卖，讨价还价，三教九流你来我往，纵肆非为，破坏了寺院的焚修。至成化年间，已有人反映该寺“岁久被人作践搅扰”。因此，成化八年十二月，明宪宗“特颁敕护持”，下令“凡官员、军民诸色人等，自今以往毋得出入混杂，纵肆非为，轻易亵渎，侮慢欺凌”[3]。但是，报恩寺的商业街并未因此而取消，所以明宪宗的护敕也就注定要成为一纸空文。至明代后期，仍有人批评说：报恩寺“僧舍惟南廊颇盛，比屋接楹，高其墙宇，亦如人家居。排牌贸易，而清修远寄之意都尽”[4]。再如，承恩寺因通阛而列肆，商业街也因此延伸至寺内，冲淡了寺院宁静枯寂的生活。对此，不少人持批评态度。顾起元就说，承恩寺“踞旧内之右，最为城南嚣华之地，游客贩卖，蜂屯蚁聚于其中，而佛教之木叉刹竿荡然尽矣”[5]。顾起元的批评，却反映了承恩寺商业的繁盛。

1 《金陵琐事》卷三《猫报僧仇》。
2 《白下琐言》卷四。
3 《金陵梵刹志》卷三一《本寺护敕》。
4 《留都见闻录》卷下《寺观》。
5 《客座赘语》卷一〇《寺院》。

寺院除了利用其房、地经营商业、赚取利润以外，还走出寺院，到寺院以外租赁商铺邸店，加以经营。《留都见闻录》记载:

> 金陵栅口有五柳居，柳在水中，罩笼轩楹，垂条可爱。万历戊午（四十六）年，一僧赁开茶舍，惠泉松茗，宜壶锡铛，时以为极汤礼之盛。然饮此者，日不能数客，要皆胜士也。南中茶舍始此。[1]

该僧所开“茶舍”，应属寺院所有。因为根据明朝法令，作为僧人个人不能“与俗混处”，而作为寺院经营则是允许的。

第三，“赴应世俗”，收取报酬。洪武年间，明太祖下令将天下僧人分为禅、讲、教三类，其中教僧“演佛利济之法，消一切现造之业，涤死者宿作之衍，以训世人”[2]，专门为俗人诵经、作法事，又称瑜伽僧。瑜伽僧“赴应世俗”，都是收取报酬的。洪武二十四年，明太祖在颁布的《申明佛教榜册》中，更具体地规定了瑜伽僧诵经、作法事的价格。瑜伽僧“赴应世俗”，有出席费：“所酬之资，验日验僧，每一日每一僧钱五百文。假若好事三日，一僧合得钱一千五百文。主磬、写疏、召请三执事，凡三日道场，每僧各一千文”[3]。有诵经费：《华严经》一部钱一万文，《般若经》一部钱一万文，内、外部真言每部钱二千文，《涅槃经》一部钱二千文，《梁武忏》一部钱一千文，《莲经》一部钱一千文，《孔雀经》一部钱一千文，《大宝积经》每部钱一万文，《水忏》一部钱五百文，《楞严咒》一会钱五百文。有布置道场费：“陈设诸佛像、香灯供给阇黎等项劳役，钱一千文”。诵经、作法事所得

1 《留都见闻录》卷下《河房》。

2 《释氏稽古略续集》卷二。

3 《金陵梵刹志》卷二《钦录集》，洪武二十四年。按，原文“主磬”等“三执事”作“每僧各五千文”，此据《释氏稽古略续集》卷二，改作“一千文“。

报酬，并不是全部归属参加僧人的，而必须与全寺僧人共分："诸经施钱，诵者三分得一，二分与众均分，云游暂遇者同例"[1]。

僧人"赴应世俗"，收取报酬，无疑带有商业色彩。郭朋先生称之"是一种宗教商贩"[2]，颇为确切。

第四，收取板头银。天禧寺有洪武初刻《南藏》经板一副，计678函。永乐元年九月，左善世道衍等奏请，对来印大藏经者，"合无要他出些施利"[3]，得到明成祖的同意。天禧寺毁于火，经板亦无存。后明成祖在该寺废址上重建报恩寺，永乐《南藏》经板仍存于该寺，计636函。明朝迁都北京以后，又刻有《北藏》。但是，《北藏》经板非请旨不可得，而《南藏》经板辖于南京礼部，"朝以牒出，夕以楮入"，请经刻印较为方便，因此"玄奘之侣翕然南其锡"[4]。报恩寺因有明成祖的"圣旨"，从僧人请板复刻中收取板头银，颇以为利。万历三十三年四月，葛寅亮对报恩寺收取的板头银额作出规定：印经一藏，收取板头银12两；印《大般若》、《宝积》、《华严》、《涅槃》四经一部，收取板头银1.8两；印杂号经者，一函收取板头银0.02两。根据葛寅亮的统计，每年印全经者约20藏，印四经者约20部，印杂号经约200函，报恩寺从中收取板头银约280两。这是一笔数额庞大的收入，不过只有报恩寺　所寺院才有这样的生意。

第五，举办庙会。我们之所以把寺院庙会作为寺院经济的一部分，是因为它实际上是以寺院为依托的定期集市，人们在娱乐赛神的形式下进行着商品交易，是一种特殊的经济交流形式。离开了寺院，相应的寺院庙会也就无从谈起。在寺庙内外举行的庙会，一般认为出现于唐代，至宋代各地普遍兴起。明代南京寺院

1 《金陵梵刹志》卷二《钦录集》，洪武二十四年。

2 郭朋：《明清佛教》，第7页。

3 《金陵梵刹志》卷二《钦录集》，永乐元年。

4 《金陵梵刹志》卷三一，葛寅亮《报恩寺九号藏经并藏殿碑记》。

举办的庙会，史籍中记载不多。但是，仍可以发现一些。如，顾起元《客座赘语》记载说，明代后期，南京僧、道“无端创为迎接观音等会，倾街动市，奔走如狂”[1]。这里，顾起元虽然没有说到观音会等庙会的商业特性，但是在人众骈集的庙会中，没有商品交易是不可想象的。

第六，经营花、果等种植业。一些寺院中，僧人还种植商品花、果等，拿到市场上出卖。如，华严寺没有公田，寺僧“俱以栽花植果而为佛事”[2]。万历《江宁县志》称，该寺寺僧“以树艺为业，城中花、果所自出”[3]。可见，华严寺实际相当于一座种植花、果的农场，其产品是作为商品来经营的。

第三节　钦赐与施舍——寺院重要收入之一

寺院除了通过经营农业、商业获得收益以外，还由皇帝“钦赐”和檀越施舍获得其他一些收入，这也是集体经济收入的重要组成部分。

皇帝钦赐和檀越施舍的寺院集体经济收入，包括公田、廊房、寺基、殿堂等建筑经费、其他钱粮、佛经等。其中，钦赐和施舍的公田以及钦赐廊房前文已述，这里只讨论其余部分。

一　皇帝钦赐

明代南京寺院获得的皇帝钦赐的其他集体经济收入，主要有以下几类：

1 《客座赘语》卷二《尼僧》。

2 《金陵梵刹志》卷三二《华严寺》。

3 万历《江宁县志》卷四《祠宇志·寺观》。

（一）寺基

皇帝钦赐寺基，主要在明朝初年的洪武、永乐年间。当时，明朝定都南京，明太祖、明成祖与南京佛教界关系密切，所以常有钦赐新建寺院，如，般若寺、碧峰寺、三山寺、西天寺、江东门积善庵、接待寺、草堂寺、梵惠寺、灵谷寺、天界寺、能仁寺、鸡鸣寺、静海寺、吉祥寺、观音阁、唱经楼、经厂庵、三塔寺、宁海寺。

（二）殿堂等修建经费

洪武、永乐年间，明太祖、明成祖在南京敕建的寺院，其殿堂像设、僧人居室等寺院建筑的经费均来自钦赐。甚至烧造砖瓦所缺之柴，也由皇帝钦赐。如，洪武二十一年八月，天界寺住持行椿奏称："本寺新盖造寺宇，无柴烧造砖瓦"。明太祖表示，"你可去采石对过官芦场内砍斫，到工部讨文书去"[1]。皇帝的钦赐，不仅有钱、物，而且还有劳力、军夫等。如，洪武九年春，先徙蒋山寺于钟山朱湖洞南。时明太祖"方迁太庙于阙左，弗敢以旧庙遗材他用，遂以施之。又遣亲军五万余人，徙塔附于寺"。后寺又重建于独龙冈东麓，其建筑材料仍出于明太祖钦赐，"且不劳一民，而以戾于法者充工"[2]。

（三）其他钱粮

这里又有几种不同情况：

第一，因举办法会等宗教礼仪而施舍钱、粮等。洪武年间，明太祖曾在天禧寺、灵谷寺、天界寺多次举办法会等宗教礼仪，每次都拨赐大量钱粮等。如，洪武二十五年三月，因该春雨少，明太祖命礼部传谕天禧寺，"着僧官洁净坛场祈祷"，"户部与斋米一百石、盐一百斤、酱八十斤"，"工部关油"一百斤，"礼部

1 《金陵梵刹志》卷二《钦录集》，洪武十八年乙丑。

2 《始丰稿》卷一一《敕赐灵谷寺碑》。

放香”[1]。洪武二十七年七月，明太祖下令灵谷寺修设大斋，普度“征南阵亡、病故的官员、军士”，礼部讨论“合用米、麦、香、烛、器用等件具奏”，“行移户部、工部、应天府等衙门放支造办送用”[2]。洪武三十年十月，明太祖又下令天界寺“条设水陆三日一夜”，普度“征守、镇戍、海运官身故及西平侯［沐英］、信国公［汤和］等亡故”，“献佛、斋供僧人饭食，光禄寺造办，香、烛着内官自送去”[3]。永乐年间，明成祖也在南京寺院多次举行斋会。如永乐五年七月，仁孝徐皇后去世，明成祖“悲恸”，“为建大斋于灵谷、天禧二寺，听群臣致祭，光禄［寺］为具物”[4]。明朝迁都北京以后，封建国家仍在南京寺院举办过斋会，南京寺院仍然得到过明朝皇帝的斋会施舍。如，宣德三年三月，因大报恩寺完工，明宣宗下令“启建告成大斋七昼夜，燃点长明塔灯”，敕太监尚义、郑和等“提调修斋”，“合用物件着内府该衙门该库关支，物件造办、打发，供应物料，及赏赐僧人，就于天财库支钞，着礼部等衙门买用”[5]。

第二，因考试僧人，赏赐寺院以应试者口粮。明初定都南京，僧人考试也在南京寺院举行，寺院也因此得到皇帝赏赐的应试者口粮。如，洪武二十八年，明太祖命僧录司“设上、中、下三科，考试天下沙门”，“赐善世、天禧等寺粮米各三千石，以给其食”[6]。

第三，施舍僧人丧葬费用。僧人的丧葬费用，一般由各寺自己承担。但是，对一些名僧、僧官或宠信僧人，皇帝也会赏赐祭葬费用。如，天界寺住持怀信示寂，朱元璋“诏出内府帛泉，助

---

1 《金陵梵刹志》卷二《钦录集》，洪武二十五年壬申。
2 《金陵梵刹志》卷二《钦录集》，洪武二十七年甲戌
3 《金陵梵刹志》卷二《钦录集》，洪武三十年丙午。
4 《明史》卷一一三《仁孝徐皇后传》。
5 《金陵梵刹志》卷二《钦录集》，宣德三年。
6 《金陵梵刹志》卷二《钦录集》，洪武二十八年乙亥。

其丧事”[1]；洪武十四年五月，班的答禅师示寂，“事闻，赐祭”[2]。

(四) 大藏经

永乐《北藏》至正统年间刻成，正统十年，明英宗颁赐天下寺院，南京寺院中得到此藏者比较多，有灵谷寺、天界寺、报恩寺、鸡鸣寺、弘觉寺、静海寺、宝光寺等。景泰年间，承恩寺也得到皇帝钦赐永乐《北藏》。万历年间，续刻各宗著述计 41 函并入永乐《北藏》，南京报恩寺、瓦官寺等又得到钦赐此藏。

(五) 人夫、工匠

早在元末朱元璋攻克南京之时，钟山之麓的农民“多欲隶军籍”，太平兴国禅寺住持慧昙“惧寺田之芜废”，请于朱元璋，朱元璋即以这些农民“归之山”[3]。洪武二十一年六月，明太祖下令，“今后但有不守戒律的僧人，发他天界［寺］、能仁寺工役”。至七月，有僧智能夜间在江宁县罗汉寺门前倚醉叫骂，明太祖下令，“这泼皮僧送锦衣卫，教他带了铁牌，发付集庆寺（即天界寺，引者注）工作”[4]。天禧寺化米道人病故三名，洪武三十年十一月，该寺住持溥洽奏称，“有羽林左卫水军千户所百户刘旺下替役老军周文荣，情愿到寺打勤劳”，“再有一名上元县住坐脚夫康祖生，年六十四岁，见有亲男应当夫役，也情愿到寺打勤劳，化米供众”[5]，均得到明太祖的批准。宣德三年六月，御用监太监尚义奏准，南京大报恩寺完工，“殿宇数多”，“存留经手人匠五十六名在寺修理，应天府拨人夫五十名常川打扫，疏通沟渠，南城凤台街四铺总甲轮流巡缉”[6]。

---

1 《护法录》卷一《大天界寺住持孚中禅师信公塔铭》。

2 《金陵梵刹志》卷三七，释智光《西天班的答禅师志略》。

3 《护法录》卷一《天界善世禅寺第四代觉原禅师遗衣塔铭》。

4 《金陵梵刹志》卷二《钦录集》，洪武二十一年戊辰。

5 《金陵梵刹志》卷二《钦录集》，洪武三十年丙午。

6 《金陵梵刹志》卷二《钦录集》，宣德三年。

此外，皇帝钦赐的种类还有许多，如僧衣等，不一而足。

二　檀越施舍

檀越（包括一般信众和游客）对寺院的施舍，无疑次数最多，最为频繁。除了前面提到的寺院公田以外，还有以下几类：

（一）寺基

明代南京寺院寺基从檀越施舍中获得者，有佑国庵、永泰寺、承恩寺、积庆庵、凤游寺、定林庵、宝林庵、石洞庵、紫竹林等。以紫竹林之建为例。崇祯十七年，名僧观衡至南京，“于城西北隅觅静室暂憩”，名士陈旻昭等遂“共捐资若干，买刘氏竹园为结茅”，观衡命名“紫竹林”[1]。

（二）殿堂等修建经费

明代南京寺院建筑的钦赐经费，主要限于洪武、永乐年间的敕建寺院。而有明一代的二百余年中，对于大多数寺院来说，其寺院建筑的修建经费基本上来自檀越施舍。檀越的施舍，不仅有钱、物，也有技艺、工力等。如，永乐年间，释因宝在牛首山佛窟寺新建大佛殿，“输材运甓，皆以身先”，“佑力者不呼而争至”[2]。再如，成化年间，僧古渊清重建永宁寺，“缁白响敬，抡材输力，运智协谋，人不告劳”[3]。再如，万历年间，释真庆重修吉祥寺，“时则景仰者闻风助道，效力者说以忘劳”，徐承宗、顾其言、李绍等“提万户之侯印，契三乘之圣谛，率众相工”[4]。再如，万历年间，栖霞寺颓废不堪，千佛岩“剥落殆尽，无复相好”，太监客仲“乞诸当事者二、三公，合金为助”。他“短衣徒跣，冒风雪，披星霜，往来栖霞道中。躬自荷锸畚土，引绳叠石，

1　康熙《江宁府志》卷三一《寺观志上》。

2 《金陵梵刹志》卷三三，姚广孝《牛首山佛窟寺建佛殿记略》。

3 《金陵梵刹志》卷三五，黄谦《重开山碑记略》。

4 《焦氏澹园集》卷一九《敕赐吉祥寺重修碑》。

与工师共拮据之”[1]，历时七年，重镌千佛岩，新建天王殿、大雄宝殿等 11 座殿堂，使栖霞寺大为改观。因此，后人称客仲等诸太监“为有明一代栖霞寺最有力之护法”[2]。

(三) 其他钱粮

如，万历十四年荒歉，栖霞寺“斋厨绝粒”，芜湖郝氏“赍百斛米饷”[3]。

(四) 大藏经

如，太监郑和于永乐至宣德年间，曾八次“陆续成造大藏尊经计十一藏”，分别奉施南京灵谷寺、天界寺、静海寺、鸡鸣寺、佛窟寺等寺院。

此外，寺院的祭祀用品等也有檀越施舍。

总之，举凡寺院的一切财产，都会有檀越的施舍。

当然，寺院的集体财产，也有僧人强占者。如，僧人强占土地建立寺院即比较普遍。僧人不仅占用空闲之地兴建寺院，甚至社学地基也被占用。洪武年间，南京“每坊、厢各建 [社学] 一区，厅事四楹，左、右厢六间”，用于“教习一方子弟”。但是，至正德年间，“各坊 [社学] 基地多为僧、道之庐”[4]。也有僧人用私人收入购买者，包括寺基、建筑材料以及寺院的一切所用。兹不赘述。

第四节　集体经济收入的去向

寺院集体经济所获得的收入，被用于何处？从材料看，最主要的是用于寺院的日常耗费，这些耗费包括公共事务的经费（殿

1 （明）祝世禄：《重修栖霞寺记》。
2 朱浩轩：《栖霞山志》第二卷第七章《护法》，香港鹿野苑。
3 《金陵梵刹志》卷四，袁黄《圆通精舍募田碑记》。
4 正德《江宁县志》卷四《社学》。

堂焚修公费、常住事务公费）和各阶层僧人的薪俸与口粮等。《金陵梵刹志》卷五一《各寺公费条例》记载了明代后期南京八大寺集体经济收入（主要是农业、商业收入）的去向细目，可以反映当时日常耗费的一般状况，兹据之列表如下。（见表五）

表五　明代后期南京八大寺支出统计表

项目 寺名	常住出数					禅堂出数	律堂出数	合计
	殿堂焚修	常住事务公费	官住教学等俸银	通经执事口粮	众僧口粮			
灵谷寺	银 75.8 两	银 50 两	银 181 两，米 84 石	银 38 两，米 190 石	银 380 两，米 2356 石	银 605.34 两	银 700.92 两	银 2031.06 两，米 2630 石
天界寺	银 56.6 两	银 35 两	银 98 两，米 84 石	银 17 两，米 130 石	银 170 两，米 1300 石	银 258.42 两		银 635.02 两，米 1514 石
报恩寺	银 49.8 两	银 39 两	银 98 两，米 124 石	米 175 石	米 1750 石	银 269.04 两		银 455.84 两，米 2049 石
鸡鸣寺	银 22 两	银 12 两	银 35 两	银 16 两	米 480 石	银 70.8 两		银 155.8 两，米 480 石
栖霞寺	银 19 两	银 12 两	银 34 两	米 32 石	米 200 石	银 173.46 两		银 238.46 两，米 232 石
能仁寺	银 13.7 两	银 5.1 两	银 35 两	银 5.76 两，米 19.2 石	银 36 两，米 120 石			银 95.56 两，米 139.2 石
弘觉寺	银 13.7 两	银 7.8 两	米 56 石	米 9.6 石	米 60 石	银 46.02 两		银 67.52 两，米 125.6 石
静海寺	银 13.7 两	银 5.1 两	银 26 两	米 6.4 石	米 40 石	银 38.94 两		银 83.74 两，米 46.4 石
合计	银 264.3 两	银 166 两	银 507 两，米 348 石	银 76.76 两，米 562.2 石	银 586 两，米 6306 石	银 1462.02 两	银 700.92 两	银 3763 两，米 7216.2 石

寺院的经济收入，除去日常耗费外，还被用于对殿堂等的新建和修理。灵谷寺、报恩寺、天界寺作为国家三大寺，原来按规定皆由政府负责修建。如，正统十一年五月，南京僧录司奏准，“修大报恩寺塔心并穿堂、天王殿、左右廊房”[1]。这次修理，即由南京工部负责。但不久，明英宗于土木堡被俘，郕王即位，下令停止一切不急之务。此时，报恩寺修理未完。因此，景泰元年闰正月，南京工部奏称，“山川坛及历代帝王庙并城垣、仓廒、报恩寺先命修理，未及完备，适奉诏停止”，要求“从俭修完”，遭到明代宗的拒绝[2]。成化元年四月，报恩寺塔及南京内府城堞“各为雷雨所损”，明宪宗“命南京工部会内外守臣兴工修补之”[3]。灵谷寺，也“自来系本部（指南京礼部，引者注）移文［南京］工部修理”[4]。

但是，明代中期以后，随着明代最高统治者与南京佛教界关系的越发淡漠，以及封建国家财政紧张，三大寺不得不经常自己修理寺院，寺院修理费用成为其经济支出之一。如，正统三年十月，天界寺僧、左觉义昙周“乞官修寺宇及自造佛像”等，少保吴中“为之请”。明廷答复说，“今各处军民艰窘，尔欲重困之乎？修寺造佛，任昙周自为之”[5]。至明代后期，三大寺的修理已经都由自己经办了。如，报恩寺大禅殿之修理，即扣减僧人俸粮为之。后灵谷寺殿堂多“颓毁”，“公帑匮乏”，该寺又“租粮颇饶”，于是南京礼部议定，比照报恩寺之例，扣减僧官、众僧薪粮以修理：

1 《明英宗实录》卷一四一。
2 《明英宗实录》卷一八八。
3 《明宪宗实录》卷一六。
4 《金陵梵刹志》卷五一《各寺公费条例·条约》附《本部议灵谷寺扣粮修殿稿》。
5 《明英宗实录》卷四七。

照得灵谷寺乃圣祖敕工部建造，护卫陵寝，自来皆系本部移文工部修理。目今殿堂虽多颓毁，值公帑匮乏，难以复议。看得报恩寺大禅殿二层，已经官住、众僧扣粮修理，前一层工程已完。今灵谷［寺］租粮颇饶，亦应比例，通查一年内应扣之数，原额殿堂揭盖银十二两全扣，印官一员，折俸银十八两，僧官一员，俸米三十六石，大住持二名，每名米二十四石，通经、执事等粮五十分，牒僧、学僧等粮五百名，每分银七钱六分、米三石八斗，别院僧粮一百二十名，每名米三石八斗，俱半扣。每年共扣夏租银一百五十九两，冬租银七十一两，冬租米一千三百一十五石。每石约变价四钱二分，约该银五百五十二两三钱，通共银七百八十二两三钱。该寺工程，有大殿四围廊墙全缺，无量殿搾角朽坏，禅堂、律堂方建未完，方丈将颓，廊房、库司移改，万工池挑浚，共该工一千二百余两。已经动支去岁租粮，并征夏租银起工，候完日另报。又观音殿、金刚殿重修，禅堂内大法堂、公学堂改建，共估银五百余两。五方殿重造，估银二千余两。今岁冬租银内，除将五百两修观音等殿外，余银置买五方殿木植，候下年租银起造，又下年租银装修，三年内工程约可全完。所扣俸米口粮，一体复旧，不许因而乾没，及私意增减。其扣粮内有别院僧口粮，如别院自举大工，即准给用，无工仍归灵谷［寺］。又扣米变银，如时价不等，临期再禀酌定。[1]

葛寅亮清田定租以后，规定三大寺每年的剩余钱粮，“尽数为修理殿堂之用”。这样，原来由封建国家负担的三大寺修理就改由各寺自己负责了。

1 《金陵梵刹志》卷五一《各寺公费条例·条约》附《本部议灵谷寺扣粮修殿稿》。

不仅三大寺，经过清田定租后的五次大寺，每年的剩余银、米，根据明代后期的规定，也“尽数为修理殿堂之用”。当时，八大寺每年剩余银、米尚有一些。如，灵谷寺剩余银 41.903 两、米 45.608 石，天界寺剩余银 20.264 两、米 39.158 石，报恩寺剩余银 30.024 两、米 18.125 石，鸡鸣寺剩余银 8.334 两，能仁寺剩余银 5.284 两、米 3.871 石，栖霞寺剩余银 3.913 两、米 2.773 石，弘觉寺剩余银 0.493 两、米 0.013 石，静海寺剩余银 4.032 两、米 2.512 石。（见表六）这些剩余银、米，按规定都被用于殿堂等的修理。遇有大工，则将官住、众僧等俸薪口粮扣减以助。当然，寺院殿堂等的修理费用并不是都要等到每年年底的结余。每当殿堂等圮坏，寺僧也会通过募化等各种途径筹集所需费用。一些檀越会主动施舍，捐钱捐物。如，万历二十六年，报恩寺塔顶倾侧。寺僧洪恩“奋志修理”，“当道诸公莫不乐助”，洪恩并且“亲领众数百行乞于都市”，“一时人心跃然兴起，金钱集者动以千百计，大役遂举”[1]。这些募化、捐舍的钱、物，也是寺院经济的组成部分。其他寺院，情况也差不多。

表六　明代后期南京八大寺公田收入剩余统计表

项目 寺名	夏银（两）	冬银（两）	冬米（石）	合　计
灵谷寺	25.206	16.697	45.608	银 41.903 两，米 45.608 石
天界寺	20.264	冬米 33.397 石	5.761	银 20.264 两，米 39.158 石
报恩寺	19.46	10.564	18.125	银 30.024 两，米 18.125 石
鸡鸣寺				银 8.334 两
能仁寺				银 5.284 两，米 3.871 石
栖霞寺				银 3.913 两，米 2.773 石
弘觉寺				银 0.493 两，米 0.013 石
静海寺				银 4.032 两，米 2.512 石

1 《新续高僧传四集》卷七《明金陵宝华山沙门释洪恩传》。

寺院经济的另一个去向是交纳赋税。根据明朝法令，寺院的“钦赐田地，税粮全免；常住田地，虽有税粮，仍免杂派僧人差役”[1]。除八大寺以外，南京其他各寺院所有的公田多属“常住田地”，与民田一样交纳税粮。而八大寺的“钦赐田地”的免税特权，也仅维持了不到一百年，就在明代中期府、县的“劝借”、“丈多”等名目下被逐渐剥夺，多数被迫负担了赋税（详见前文）。

势豪及一些恶霸、无赖的侵夺是寺院经济消耗的又一去向。寺院经济的收益，往往为一些势豪及恶霸、无赖所觊觎，令他们垂涎。势豪往往利用自己的权势，强占寺院寺基、公田等，侵夺寺院经济。如，前述瓦官寺基，明初为魏国公府占去一半。能仁寺梅子洲“划场”，自万历二十四年诚意伯刘世延府佃种与之相邻的内厂之田后，就被诚府“着家人取去”[2]。后襄城伯李成功府转佃内厂之田，继续强占。襄府还派府役、佃户决开寺埂，淹没寺田，并威胁要捆打寺僧、寺佃，企图逼迫该寺投献寺田。报恩寺放生池淤填，“地土抛荒”，提调官、太监张润遂连池地二条一并强占，“挑挖开垦，召人佃种，岁取租钱”[3]。栖霞山麓有宋、元时树木树百株，“奇古异状”，但至嘉靖年间“为豪者伐尽”[4]。一些恶霸、无赖虽然没有权势，但是也会通过各种方法，侵夺寺院经济。“积棍”张镗、张元诏等“希图谋占”原慈相寺田，就编造谎言，告至官府。此案虽经查审明白，但是却反映一些恶霸、无赖也在企图侵夺寺院经济，其中不乏得逞者。再如，窑墩庵公田被里长李鹤等侵占，法清院公田被生员戎自华等侵占。万历后期，葛寅亮清理寺田，李鹤、戎自华等“刁恶怙终，难以理喻”，

1 《释氏稽古略续集》卷二。

2 《金陵梵刹志》卷五〇《各寺租额条例·条约》附新卷《本部清还能仁寺划场埂界告示》。

3 《金陵梵刹志》卷五〇《各寺租额条例·条约》附新卷《本部查复放生池菜地札付》。

4 《金陵梵刹志》卷四，冯时可《再游摄山记略》。

拒绝退还寺田，终被“参送法司”，“断田归该寺”[1]。

官员、士人、吏役勒索也是寺院经济消耗的一个方面。寺院风景优美，僧人汇聚，常常赢来官员、士人的游览、礼佛、谈禅。他们自恃权势地位，在寺中索吃要喝，“坐食僧人粥饭”，勒索寺院。早在洪武年间，明太祖就严禁士绅到寺院中勒索粥饭。洪武十九年，明太祖规定，不准诸色人等“非礼搅扰”寺院[2]。在洪武二十七年颁布的僧人《避趋条例》中，明太祖又下令，“今后秀才并诸色人等无故入寺院坐食僧人粥饭者，以罪罪之”[3]。朝廷三番五次下令严禁，也说明这种事情在当时是存在的。但是，这些禁令也并未能产生作用。因为只要佛教还存在，封建等级差别还存在，官员、士人勒索就不可避免。如，万历年间，礼部尚书姜宝与一官员约游栖霞寺，“各不许携酒肴，惟令僧人具斋饭”。饭罢游览，“晚乃就榻于方丈”。次日游毕，“入方丈午饭罢”，才离去[4]。翰林修撰罗洪先与二友同游牛首山，自凤台门出，至万岁寺午饭。饭罢，“同步至祝禧寺，晚观《楞伽经》”，次日早，寺僧设斋饭供毕，三人骑马至牛首山，“循街而上，至住持方丈中熟睡，睡觉，饭毕”，乃出游。晚，又有三友至，寺僧供斋饭毕，六人“同至禅堂，分榻而坐，已而三人皆分宿各方丈”，罗洪先等三人则“连卧禅榻上……”[5]。寺僧对士绅的供应，表面上看是自愿的，甚至是主动的，但实际上还是因为他们具有的权势和地位。试想如果是平民百姓到寺院中索吃要喝，早被寺僧赶出寺院了。

一些吏役，主要是南京礼部堂司吏役，也往往利用到寺院公干之机，勒索寺院。如，南京礼部官到寺设席，“各役逼令常住

1 《金陵梵刹志》卷五〇《各寺公产条例》。
2 《金陵梵刹志》卷二《钦录集》，洪武十九年丙寅。
3 《金陵梵刹志》卷二《钦录集》，洪武二十七年甲戌。
4 《金陵梵刹志》卷四，姜宝《游摄山栖霞寺记略》。
5 《金陵梵刹志》卷三三，罗洪先《冬游记节文》。

添设素菜、面饼，称为旧例。如不供应，即肆呵斥”，“发银办饭，借用什物，亦间有例”[1]。又有“马下钱”，“日增无厌”。万历三十三年正月，南京礼部各厅司议定，各役既往不咎，“如再有指索，用及各寺分毫，定行禀堂，从重究治”[2]。而比索吃要喝耗费更大的，是吏役们对新任官住的银钱勒索。据调查，三大寺遇补官住，南京礼部“合署奸役以为利薮，群起需索”，“索费约六、七十两”。万历三十二年，祠祭司“呈堂严行禁革”。但众役“各不遵行，逼索如故。［官住］一经补出，各役数十人环集其家，少不遂意，喧呼喝骂”。次年十二月，经祠祭司调查，仅一年时间，僧官性敏就被吏役勒索银 16.55 两，钱 56725 文；本性被勒索银 14.94 两，钱 64210 文。吏役中“刁恶泼赖、集众横行、最为大害者，堂上则有长班王臣，而班头徐相次之。司厅则有皂隶侯强儿，而顾辣次之。该［祠祭］司则有皂隶焦德，而钱伦、蔡春次之”，又有庄显宗，“动辄骗银，少者两余，多者数两。……而该［祠祭］司书手徐汝登罪亦次之”[3]。结果，这些吏役多被责治、革役、追赃，有的还处以枷号。

寺僧的盗卖、贪污受贿也消耗着寺院经济。寺僧盗卖寺院的集体财产，有的甚至导致寺院被废，前文已多述及。兹再举一例。嘉靖末年，报恩寺失火，“三尊大佛内腹灵脏恐人窃去，取出贮库，皆是金、银，重七十五斤”。但是，这些金银不久就被僧官、住持“盗用无存”[4]。寺僧的贪污受贿，也侵蚀着寺院经济。一些僧官、住持、管庄僧等往往利用各种手段，贪污集体财产入己，中饱私囊。据葛寅亮的调查，万历中期以后，八大寺僧人中，右觉义仁镛违禁借债 690 两，“俱无的据”，后“责令认赔十分之

1 《金陵梵刹志》卷五一《各寺公费条例·条约》附《本部会议禁革各役指骗稿》。
2 《金陵梵刹志》卷五一《各寺公费条例》。
3 《金陵梵刹志》卷五二《各寺僧规条例》附新卷《本部究追逼索官住银钱告示》。
4 《续金陵琐事》卷下《僧官变蛇》。

四”。仁镛又“擅动查过库银”，贪赃之迹不止一端。天界寺湖塾庄僧“隐报熟田数多”[1]，也大肆贪污，中饱私囊。八大寺公产收入的减少，除了交纳赋税、佃户抗租等原因以外，还有管庄僧、官住等受贿而减租的因素，如左觉义如选即因受庄僧重贿而“惧罪告退”[2]。

此外，寺僧往往还将寺院收入的一部分用于购买土地、租赁房屋等，进行扩大再生产。佃户的抗租以及水、旱、火等灾害也是寺院经济流失的去向[3]。

1 《金陵梵刹志》卷五〇《各寺租额条例》。

2 《金陵梵刹志》卷五〇《各寺租额条例》。

3 本节参阅南炳文：《明代寺观经济初探》，载《明清史蠡测》，天津教育出版社，1996年。

第六章　制度

任何社会团体的存在和发展，都离不开一整套制度的维系和管理。在明代南京寺院中，也有较为详细而完备的管理制度、教育制度以及日常行事和节日活动制度。

第一节　管理制度

寺院的管理制度是维持寺院运作、生存和发展的保证，对寺院具有极其重要的意义。明代南京寺院的管理制度中，比较重要者有寺院行政管理制度、寺院经济管理制度以及请经管理制度。

一　行政管理制度

明代南京寺院的行政管理，有着一整套的制度。

（一）僧录司与南京僧录司

明朝建制设官，以礼部“掌天下礼仪、祭祀、宴飨、贡举”，礼部祠祭清吏司“分掌诸祀典及天文、国恤、庙讳之事”，“凡天文、地理、医药、卜筮、师巫、音乐、僧道人，并籍领之”[1]。因此，明代佛教、僧人、寺院等事在中央原则上由礼部管理，由祠祭清吏司具体负责。

1 《明史》卷七二《职官志一》。

但是，礼部作为政府六部之一，事务繁杂，而且官员均为教外之人，颇不利于对佛教、僧人及寺院等事的领导和管理。因此，明太祖吸取历代的经验、教训，在礼部之下开设僧司衙门，任命僧人为僧官，专门管理佛门之事。洪武元年，明朝开善世院，秩视从二品，授名僧慧昙为“演梵善世利国崇教大禅师”，住持大天界寺，“统诸山释教事”[1]。善世院的职掌，主要包括甄选名刹住持、统领和管制全国僧人、参与给发僧人度牒等。但不久，善世院撤废，明太祖一度以中书省及其辖下的礼部等世俗衙门直接管理佛教事务。洪武十五年四月，明太祖在京设立僧录司，在各级地方分设僧纲司、僧正司、僧会司，“掌天下僧教事”。僧司衙门的职责是登记和供报僧人、“有额”寺院，举保住持，申送和考试求取度牒的行童，“专一简束”僧人，管理寺院，僧人除“犯奸盗非为”、“与军民相涉”等罪以外，“有司不许干预”（详见前文）。当时，任命的僧录司官员有：左善世戒资，右善世宗泐；左阐教智辉，右阐教仲羲；左讲经如玘，右讲经守仁；左觉义来复，右觉义宗鬯。各官的执掌分工是：

一、戒资掌印，宗泐封印。凡有施行诸山，须要众僧官圆坐署押，眼同用印。但有一员不到，不许辄用，差、故者不在此限；

一、戒资提督众僧坐禅、参悟公案，管领教门之事；

一、智辉、仲羲亦督修者坐禅；

一、如玘、守仁接纳各方施主，发明经教；

一、来复、宗鬯简束诸山僧行，不入清规者以法绳之，并掌天界寺一应钱粮、产业，及各方布施财物，置立文簿，明白稽考。其各僧官职掌之事，宗鬯皆须兼理。

---

1 《补续高僧传》卷一四《觉原昙禅师传》。

一、考试天下僧人能否，公同圆议，据实奏闻。[1]

五月，明太祖又任命僧行果为左阐教，如锦为右觉义，“前去能仁［寺］开设应供道场”。僧录司初设于天界寺，洪武二十一年迁于天禧寺，后来复迁天界寺。僧录司的众多僧官，当时都住于南京寺院，也直接管理着南京寺院。而附郭的上元、江宁两县则未设僧会司，因为明政府规定："各处府分止设僧纲司、道纪司，就管附郭县僧、道，附郭县不必再设僧会司、道会司"[2]。而因为有僧录司的存在，应天府也未设僧纲司。因此，南京寺院由僧录司直接管理。

永乐迁都以后，南京成为留都，另设一套政府机构，其中包括南京礼部与南京僧录司。南京僧录司仍设于天界寺内，在品级上与北京僧录司相同，“乃额设正六品衙门”，职责也相同，即管辖各寺僧人及一切租粮、词讼，但是管辖范围仅限于南直隶。南京寺院由南京僧录司直接管辖。南京僧录司的官员，开始比较完备。成化二十三年十月，即位不久的明孝宗下令，裁革前朝传升过滥的僧、道等官。于是，礼部提出，“南京各衙门俱因事简，官不全设”，其僧录司等衙门“事务尤简，欲准近日裁革事例”，将僧录司保留右善世、右讲经、左、右觉义各一员“管事”，“俱用升职在前、保举相应者”，“余皆带衔闲住”[3]。这一建议，得到明孝宗的采纳。这样，南京僧录司裁减去左善世、左阐教、右阐教、左讲经等僧职，官员大为减少。至万历后期，据葛寅亮记载，南京僧录司仅设左觉义一员，右觉义三员，则右善世、右讲经等僧官不知何时又被裁减了，而右觉义则增加了两名。这时的南京僧录司虽然仍号称为“额设正六品衙门”，但其首官——左觉

1 《释氏稽古略续集》卷二。

2 《金陵梵刹志》卷二《钦录集》，洪武十五年。

3 《明孝宗实录》卷五。

义仅为从八品，地位已经大不如前了。左、右觉义四名僧官，分住灵谷寺、天界寺、报恩寺、能仁寺。万历三十三年十一月，南京礼部祠祭司因南京僧录司左觉义“见兼灵谷寺”，“既管衙门印务，总理诸山，再兼本寺，委属重复”，而能仁寺则“事简”，因此提出将能仁寺僧官调补灵谷寺，左觉义“只专住僧录司”，“不兼本寺”[1]。这个建议由南京礼部上报礼部，得到批准。

另外，万历前期，因潘季驯之言，南京寺院还须接受南京兵部的管理，向南京兵部具结。万历十一年三月，南京兵部尚书潘季驯疏称，“南京寺、观、庵、院实避仇亡命之窟，盗所由生”。他要求，“令住持每月朔、望赴本部投递结状，以凭查考。如访捕有获，具结者追坐”[2]。这一建议得到明朝政府的同意。

（二）寺院间统属

寺、僧众多，单靠僧司衙门还是难以达到有效的管理。所以历代又将寺院分为等级和大小，以上管下，以大管小，实行递层管理。明代继承了前代寺院的这种统属体制。

明初，南京寺院以灵谷寺、天界寺、报恩寺三大寺为首，由三大寺“就近分统各寺”。但是，三大寺分统就近各寺体制实际上空有其名，大、小寺院仍由僧录司统管，“各寺逐月到司具结”。僧录司的统管，既增加了管理难度，也给各寺带来了负担。有些小寺仅有一二僧人，甚至远在几十里之外，但是每月也须赴司具结，“不无烦累”[3]。

万历后期，南京礼部祠祭司郎中葛寅亮对寺院的统属体制加以改革，使其真正运作起来。他首先将各寺院分为大寺、次大寺、中寺、小寺几类，以大寺统次大寺、中寺，次大寺、中寺统小寺，实行三级统属。统属的原则仍是“就近”，“如城中相去四、五里

1 《金陵梵刹志》卷五二《各寺僧规条例》附新卷《本部咨定官住事宜札付》。

2 《明神宗实录》卷一三五。

3 《金陵梵刹志》卷五二《各寺僧规条例》。

内，城外相去十余里内者，各以中寺领小寺。每月终，各小寺互相具结，送中寺住持，中寺住持于次月朔类总送司”。这样，南京寺院的统属体制就由原来的各个寺院对僧录司负责，变为小寺对次大寺、中寺负责，次大寺、中寺对大寺负责，大寺由僧录司“分摄”[1]。当时，计分大寺 3 所，次大寺 5 所，中寺 38 所，小寺 130 所。《金陵梵刹志》各卷载有各大寺、次大寺、中寺及小寺的统属关系。（见表一）

表一　明代后期南京寺院统属统计表

大　寺	次大寺	中　寺	小　　寺	卷
灵谷寺				3
	栖霞寺		衡阳寺	4
		铜井院	十方律院、吉祥庵、回龙庵、龙华庵、圆通庵、慈悯庵	5
		兴善寺	观音庵	6
		观音阁	苜蓿庵	7
		佛国寺	普济庵、清果寺、梵惠院、茶亭庵、地藏庵	8
		翼善寺	广惠寺、祈泽寺、天宁寺、云居寺、庄严寺	9
		定林寺	东霞寺、外永福寺	10
		光相寺	天隆寺、积善庵	11
		三禅寺	安平寺、登台寺、慈光寺、无垢寺、紫草寺、华严庵	12
		广惠院	崇善寺、宝善寺、龙泉庵、隐静寺、本业寺、普济庵、普济寺、山海院	13
		法清院	香林寺、吴读庵、许村庵、多福寺、桂阳寺	14
		草堂寺	慈仁寺	15
天界寺				16
	鸡鸣寺			17
	静海寺		一真庵、积善庵	18
		清凉寺	伽蓝庵	19
		永庆寺	狮子窟、定林庵、净乐庵、正觉庵、净土庵	20
		瓦官寺（上、下）	华光庵、一苇庵、五云庵、千佛庵、普利寺、封崇寺、正定庵	21

1 《金陵梵刹志》凡例。

续　表

大　寺	次大寺	中　寺	小　　寺	卷
		鹫峰寺	回光寺、千佛寺、正觉庵	22
		承恩寺	观音庵、佑国庵、观音庵	23
		普缘寺	唱经楼、普贤庵	24
		吉祥寺		25
		金陵寺		26
		嘉善寺	崇化寺、幕府寺、吉祥庵、妙泰寺、三塔寺	27
		普惠寺		28
		弘济寺	观音寺、清真寺、梵惠寺	29
		接待寺	积善庵、中和庵、报国庵	30
报恩寺				31
	能仁寺		华严寺、外鹫峰寺、圆通庵	32
	弘觉寺		外承恩寺、通善寺、广缘寺、三山寺、圆通寺、佑圣庵、资福寺、静明寺	33
		高座寺	安隐寺、宝光寺、均庆院、月印庵	34
		永宁寺	永宁院、宝林庵、瑞相院	35
		永兴寺	普照寺、惠应寺、安隐院	36
		西天寺	德恩寺、大慧庵、到彼庵	37
		普德寺		38
		碧峰寺	永福寺	39
		崇因寺	英台寺、慈善寺、兴福寺、凤岭寺	40
		外永宁寺	德胜寺、广兴寺、智安寺、德寿寺、永泰寺	41
		祝禧寺	极乐寺	42
		花岩寺	慧光寺	43
		祖堂寺	吉山寺、永泰讲寺、宁海寺、静居寺、懋德庵	44
		清福寺	栖隐寺、葛塘寺、真如寺、妙明寺	45
		福兴寺	后阳寺、清修院、后黎寺	46
		建昌寺	西林寺、般若寺、明性寺、衲头庵、高台寺	47

各寺所具之结的内容，包括：（1）不许勾引妇女；（2）不许安歇奸细；（3）不许畜养牲口；（4）不许摆设荤宴；（5）不许典佃公产；（6）不许砍伐荫树；（7）不许污秽殿宇；（8）不许私创庵堂；（9）不许干预讼事；（10）不许废缺焚修；（11）不许窝藏赌博；（12）不许容留追牒。每月各寺要“逐项登答”，有违犯者，各该管官住及左、右邻觉察申禀，而尤以左、右邻为

主。如有纵容不举，“一体究治”。

不久，各寺具结送司又为十家牌法取代。万历十五年，南京僧录司曾奉南京礼部之令，“设立各寺十家牌法”，定有“编甲事例”。但是，当时并未很好地施行。万历三十五年二月，南京礼部根据僧录司的建议，下令再行十家牌法，“设立牌式，行僧录司刊印”。具体办法是:“各大、中寺约十房设木牌一扇。如房少，尽本寺为止”，“各小寺同一所领者就近共牌”；各僧遵照规定的条款，“十房互察，有违禁者公同禀究，如容隐事犯，牌内左右邻房及轮牌直日之家，一体檄锁追牒”；“每月朔日，各牌内轮一僧具有无违犯结状送查”；各寺院“填注花名并造册送司挂号”，给发木牌，“每年终另填新票，申请更换”[1]。十家牌法的规定条款，与原来具结条款相同，只是更为详细、严格，如“不许安歇奸细”条加注:“有事在官者，尤不得容留”，“不许摆设荤宴”条加注“除官府遣厨外，余人俱禁”，“不许典佃公产”条加注“即有重大紧急公务，不得开例”，“不许废缺焚修”条加注“有公学者，尤不得废业”，“不许容留追牒”条加注“无牒被逐者，概不准留”[2]。

这样，各寺院之间既有互相统属的纵向管理，又有横向的联保联防，形成纵横交错的管理网，可以有效地对寺院加以管理。

(三) 官住、住持等的选任和考核

寺院内部，由官住、住持等管理和领导。

明初，明太祖广招天下名僧，或担任僧官，或住持南京各大寺。如，元末攻克南京后，朱元璋任命“谒于辕门”的释慧昙主蒋山太平兴国禅寺，建国后又以其主善世院，住持大天界寺；洪武五年，宗泐奉诏至京，“被旨住天界寺”[3]；洪武九年，浙东僧

1 《金陵梵刹志》卷五二《各寺僧规条例》。

2 《金陵梵刹志》卷五二《各寺僧规条例》。

3 《补续高僧传》卷一四《灵隐性原明禅师传》。

仲羲“被召住蒋山梁志公塔寺”[1]。洪武十五年，明太祖任命的僧录司诸官，都是从各地征召来的名僧，他们皆以僧官身份住持各寺。在设立僧录司的同时，明太祖下令，各地寺院住持要通过考试选拔。其后，他又专门对南京灵谷、天界、天禧、能仁、鸡鸣等“京刹大寺”的住持考选作出规定（详见前文）。但是，这些诏令并未真正得到执行，南京寺院的官住、住持仍有许多是由明太祖直接从外地征召而任命的名僧。如，净慈寺住持夷简，洪武二十五年“迁主大天界寺，朝廷征为僧录司左善世”[2]；溥洽，明太祖“闻其贤”，召为僧录司右讲经，“居长干西丈室三年”，寻命主天禧寺，后升左善世[3]；净戒，洪武二十九年授左觉义，兼住鸡鸣寺[4]。永乐年间，南京寺院的官住、住持等僧仍有不少是由皇帝——明成祖直接征召和任命的，而非经过推荐、考试选拔的。如，释道永“精于地理学”，对明成祖兴建长陵有功，擢僧录司右阐教，住南京碧峰寺，“未几，俾住持灵谷寺”[5]；慧进，明成祖召至南京，“备问《楞严》大义，应对称旨”，“命住天界寺”[6]；哈立麻，明成祖遣使迎至南京，封“如来大宝法王西天大善自在佛”，“领天下释教”[7]；释迦也失，永乐十二年召至京师，“奏对称旨”，敕主能仁寺方丈[8]。可见，明初南京各寺院的官住、住持等僧，尽管可能有许多是经过推荐、考试后任命的，但是也有相当一部分是由皇帝直接征召任命的。

至于寺院中的其他僧职，政府并无明文规定，似由官住、住

1 《新续高僧传四集》卷五一《明金陵灵谷寺沙门释仲羲传》。
2 《新续高僧传四集》卷五二《明金陵大天界寺沙门释夷简传》。
3 《补续高僧传》卷二五《南洲溥洽法师传》。
4 《新续高僧传四集》卷一九《明金陵灵谷寺沙门释净戒传》。
5 《补续高僧传》卷一五《非幻禅师传》。
6 《补续高僧传》卷四《慧进传》。
7 《补续高僧传》卷一九《乌斯法王传》。
8 《新续高僧传四集》卷一九《明五台山显通寺沙门释释迦也失传》。

持等自己聘任。如，释慧明，洪武五年与宗泐同奉诏入京，宗泐被旨住天界寺，“延［慧明］居第一座”[1]；道联，洪武九年随侍佛心住持灵谷寺，名震京刹，天界寺“重其才识”，“延居记室”[2]；德始，洪武年间自日本来中国求法，首谒宗泐，“机语契合”，“为掌内记”[3]；一如，洪武二十七年溥洽掌僧录司兼主天禧寺，延其为都讲[4]；如皎，洪武后期至南京，参夷简于天界寺，“典藏钥”[5]；师颐，永乐初年征至南京，修《永乐大典》，碧峰寺无作行“歆其道，辟居首席”[6]。

永乐迁都以后，南京成为留都，寺院僧职很少再有皇帝直接过问，且经常缺官。如，宣德七年十月，天界寺僧达英以该寺为“京都大刹”，“久缺住持，请命高僧领其众”。明宣宗表示，“此僧为自营计，勿听”[7]，听任僧官空缺。因此，这一时期的南京僧录司官员、大住持基本上由南京礼部考选，起送礼部具题，吏部覆授。堂札住持、通经僧则由南京礼部考选任命。但是，到了明代中期，僧官考选徒具形式，一些奸僧往往通过所谓的保举，辅以贿赂，买得僧官。嘉靖年间，南京礼部尚书霍韬即因能仁寺僧官任命揭露说：

［南京］僧录司官系总管领［南］直隶内外各僧徒而设，非专为能仁寺特设僧官也。况僧录司设在天界寺，缺官，相应各寺住持从公考选起送。能仁寺僧乃埋没历年考选定例，缺官，即自保举，将职事、名器视如囊中物，以致选授不公，

1 《补续高僧传》卷一四《灵隐性原明禅师传》。
2 《新续高僧传四集》卷六《明杭州净慈寺沙门释道联传》。
3 《补续高僧传》卷一五《日本德始传》。
4 《补续高僧传》卷四《一如传》。
5 《补续高僧传》卷一五《如皎传》。
6 《新续高僧传四集》卷五二《明杭州净慈寺沙门释师颐传》。
7 《明宣宗实录》卷九六。

主教非人。每次吏部授官领凭之后，又广用财赂，买赃吏禀官，另给帖照，名曰掌瑜伽教。挟以惑众，奸贿互市，考选典例遂废没不举。顽僧挟奸罔利，莫此为甚。[1]

适逢又有能仁寺僧"率众妄保"僧官，霍韬认为，"[妄保]僧徒俱合参问，缘干人众，及袭弊已久，相应从宽"。最终，将为首者移送法司，"问拟应得罪名，用警其余，以为后法"[2]。

但是，霍韬去后，僧官考选又逐渐流于形式，奸僧们直接插手干预南京礼部的"堂考"。因堂考由祠祭司阅卷，"定拟去取"。一些考僧为了牟取僧官之职，拉关系，走后门，"故请托终不能禁"。由于所任非人，官住"不务行修事举，专以趋承为恭，体貌日贱，即有好修僧道，多不愿就"。南京礼部又将考经停止，"改为用阄"，"不问贤、不肖，而一听之阄"。这样，不仅降低了僧官的素质，也影响了僧录司的正常管理，所谓"无赖成风，诸务尽坏"[3]。官住考选一废，大住持、堂札住持等的考选也难以进行。而其他众多的寺院，住持选任也极为混乱，无章可循。

万历后期，葛寅亮在对南京八大寺清田定租的同时，整顿各寺官住、住持的考选制度，废除用阄，恢复考经，并定有严格的程序和制度：

其一，改革后的考试，分为两考。首先，祠祭司考经，进行第一次筛选：左觉义缺，就右觉义三员内考选二员；右觉义缺，就大住持八员内考选三员；大住持缺，就堂札住持三员内考选一名，通经僧内考选四名；堂札住持缺，就通经僧内考选五名。祠祭司考选出来的候选僧，送南京礼部二考，决定去取。考试用《梵网》、《楞严》二经出题，由南京礼部堂上官亲自阅卷取补，祠祭司止散

1 《霍文敏公全集》卷九下《南京礼部公行》。

2 《霍文敏公全集》卷九下《南京礼部公行》。

3 《金陵梵刹志》卷五二《各寺僧规条例》。

卷、收卷，不干预去取，以“潜杜”各僧“希冀之心”[1]。

其二，对考试者的资格，也有明确的规定：“官住考补，必由通经僧挨序而进”；官住须“以别寺僧考补，不许即用本寺，以滋偏私”；有犯戒者“不准送试”，“官住有年终记录簿可查”，“通经僧取官住保结为据”。为了保证官住、住持等后备力量——通经僧的来源，祠祭司每年终取八大寺僧考补一次，“通经者照缺填补，不通者黜革”。承恩寺原不在大寺之列，但是寺僧“最善钻刺”，所以特别规定“不得破例滥收”[2]。

其三，考试、选僧的时间，大大缩短。如，官住缺出，本寺即时申报，祠祭司“即牌行僧录司，取应考僧名到司”，“定限第一堂考试发案”；“第二堂送南京礼部覆考”，“当日补定”，“随牌行僧录司取结”；第三堂，“僧录司将本僧原住寺一结，申送本［祠祭］司，吏书随即写备咨文”，限第四堂呈南京礼部给发[3]。

官住、住持等考选以后，官住的任命程序不变，即仍由南京礼部起送，礼部具题，吏部覆授。大住持则不再起送北京，“止移咨礼部类题”。堂札住持、通经僧的任命没有变化。

明代后期南京三大寺官住、住持等的考选制度，时人沈德符以亲眼所见说：

> 两京僧人俱属祠部，每缺住持，则祠部郎中考其高下，以居首者填补。往游金陵，见三大寺首僧仪从甚都，盖灵谷、天界、报恩三大刹为最，所领僧几千人。而栖霞等五寺次之。灵谷寺住持年甫弱冠，姿貌清粹，出考卷见示，则皆四股八比，与儒家无异，亦有新词绮句。其题则出《金刚》、《楞严》诸经。其入选者，亦称祠部郎为座师，呼其同辈为敝寅，

1 《金陵梵刹志》卷五二《各寺僧规条例》。
2 《金陵梵刹志》卷五二《各寺僧规条例》。
3 《金陵梵刹志》卷五二《各寺僧规条例》。

堪为破颜。……尝见天界寺廊庑出示推升诸僧职事，则云某人升首座，某人升维那诸职，其后著年月，用印，一如铨曹文榜。[1]

沈德符的所见，既是对《金陵梵刹志》中有关记载的证明，也对一些细节作了补充，使我们对当时南京三大寺、五次大寺官住、住持等僧的选任制度的认识更为全面。

由于官住“管辖钱谷、词讼”，地位重要，所以祠祭司还要对其工作加以考核。考核的形式，有年考、总考二种。考核的内容有：（1）征租有无拖欠；（2）给众有无足数；（3）官粮有无完纳；（4）公费有无合例；（5）芦洲有无拨佃；（6）公债有无揭借；（7）批详有无迟延；（8）问理有无偏私；（9）焚修有无废缺；（10）戒律有无破毁；（11）［报恩寺官住］经板有无欺隐。所谓年考，就是每年年终，对官住“照武职例考校一次”。考核的程序是：十一月，祠祭司将列有上述诸条的文簿发下，由各官住“逐一登答”；其次，祠祭司覆核，“填注考语”；然后呈南京礼部定夺，作出奖惩。年考之外，“逐时有贤、不肖事件，俱记录各名后，年终备查，以定优劣”。而每遇丙、辛造册年份，还有总考，“奖多者候缺送考，罚多者革职”[2]。

对于中寺、小寺住持的选任，南京礼部也作出规定。中寺住持，“体统与大住持迥别”，遇缺，僧录司将该寺“有行僧”送祠祭司，“默经考补给札”。小寺首僧，“又与中寺住持不同”，“径听僧录司选补”[3]。

当然，也有个别的私寺，其住持完全由该寺的施主决定。如，正德年间，僧觉恒自河南来南京，魏国公徐鹏举为建积庆庵以居。

1 《万历野获编》卷二七《僧家考课》。
2 《金陵梵刹志》卷五二《各寺僧规条例》。
3 《金陵梵刹志》卷五二《各寺僧规条例》。

觉恒度南京柳氏子，法名悟迎。后觉恒归伏牛山迁化，“以衣法授［悟］迎”。魏国公“多［悟］迎精进，遂命迎嗣恒，迎主祝釐为之代”[1]。定林庵由焦竑主建，“定林不受徒众”，其后住持者“皆若侯［焦竑］择僧守之”[2]。对于这些私寺住持的选任，南京僧录司则鞭长莫及。

二　经济管理制度

寺院经济是寺院存在和发展的基础，因此寺院经济管理制度也就显得尤为重要。早在明初，明太祖就曾经下令，寺院田土不准买卖，各寺院设立砧基道人，命来复等“掌天界寺一应钱粮、产业及各方布施财物，置立文簿，明白稽考”[3]，等等。各寺院也对寺院经济的管理定有制度。但是，明代中期以后，由于各寺院税增租减，管理不力，一些寺僧又里外其手，贪污受贿，盗卖寺院集体财产，寺院经济管理制度破坏无遗，寺院经济也残破不堪。万历后期，葛寅亮对南京各寺院进行了清田定租，对各寺院的公产和八大寺的租额、公费以及报恩寺的经板都订立了详细的管理制度。由于此前的南京寺院经济管理制度的记载不多，所以我们只能介绍万历后期葛寅亮订立的制度。

(一) 中、小寺公产管理制度

寺院公产禁止买卖，明初已有制度。如前所述，明太祖曾经两次下令，不准买卖寺院土地，违犯者还受到惩处。《大明律》也规定:“僧、道将寺、观各田地朦胧投献、私捏文契典卖者，投献之人问发边卫，永远充军，田地给还各寺、观。其受投献家长，并管庄人参究治罪”[4]。但是，根据万历后期的调查，各中、小寺

1 《金陵梵刹志》卷二一，汪道昆《瓦官寺碑》。

2 《金陵梵刹志》卷二〇，李贽《定林庵记》。

3 《释氏稽古略续集》卷二。

4 《金陵梵刹志》卷五三《各寺公产条例》。

公田“见存者固多”，流失者也不少，“所有隐失，情各不等”：“如寺小之处，有等奸滑里长，设计逐僧，藉口户绝，无人办粮，收归执业，则径自白占”；“又有土霸，田亩相连，计串黠僧，暗卖暗买，实契虚钱”；“又有寺小僧稀，以他寺僧带管，则视常住为传舍，急售其田，挟轻资以去”[1]。对于这些流失之田，南京礼部酌情处理，讨还归寺。为“奸滑里长”等白占者，“与僧人原无干涉”，“直当追田还寺”。对那些“刁恶怙终、难以理喻者”，则绳之以法。如占窑墩庵田的里长李鹤等被告于上元县，占法清院田的生员戎自华等被告于巡视衙门，俱各拟罪，田归该寺。僧人出卖土地者，“显系投献，律例甚明”，但“人情既以积弊为固然”，祠祭司“亦难尽法以大创”，“相应斟酌议处”，“除卖僧已故，无从追究外，其见在者，俱责令照备原价赎回。力不能者，即追度牒逐出，另着他僧赎之。内有民情恋产，不欲退赎，情愿照佃田例，减半输租，或田多而量退一、二，抵补薄价，免于全赎，皆听从情处，各随所便”。经过清理追还，各中、小寺共得田 2654.86 亩，地 851.08 亩，山 1934.35 亩，塘 242.16 亩，房 115 间，房地 62.50 间，“大约旧管及新收者十之九，清出者十之一”[2]。

为了防止中、小寺院公产再次流失，南京礼部加强对其稽查。稽查共分月查、年查、五年查几种。所谓月查，就是寺院之间每月互查，“就各寺中以中领小，互相觉察，每月具结呈递”。所谓年查，就是由僧录司对寺院公产每年进行审核，每年僧录司“给各寺由票一通”，送祠祭司挂号，“岁终倒换”。所谓五年查，就是由祠祭司“每五年同三大寺通查一次”[3]。

1 《金陵梵刹志》卷五三《各寺公产条例》。

2 《金陵梵刹志》卷五三《各寺公产条例》。按，据此处统计的各中、小寺田地山塘共 5682.45 亩，与其后文所附各寺公田之和（具体数目详见前文明代南京寺院公田统计表）不符。

3 《金陵梵刹志》卷五三《各寺公产条例》。

除了稽查以外，南京礼部还“委僧录司印官通行各寺，攒造田形、实征二册”，送祠祭司备案。南京礼部又将有关的诏令、管理制度以及各寺的公产数目“刊刻书册，永远遵照施行”[1]。

（二）八大寺公田管理制度

八大寺清田定租以后，为了使公田不再流失，额租不再减少，南京礼部也制定了详细的制度。这套制度包括以下几个方面：

攒造册籍。委派各寺官住前往各庄，丈量丘亩，踏勘肥瘠，详注弓口四至，及分别上、中、下等。每庄造田形册二本、实征册三本，各以一本存祠祭司，一本存寺或禅堂，实征册再给管庄僧一本。每年佃户有变换，征租完毕，管庄僧开单类禀，南京礼部批寺覆查，暂票改实征册内。每五年遇丙、辛年份，照芦课例，僧录司会同各该寺官住及堂主，禀部清查，大造册籍一次。凡佃户有更改者，悉与勘明改正。

使用佃帖。比照兵部草场、工部芦课事例，僧录司给各户佃帖一张。佃帖先发各寺，查照实征册，填注用印，仍送祠祭司挂号。每户民间不许过三百亩，僧人不许过一百亩。以后新佃者，民间亦只以百亩为率。本寺不许收受佃价，尤不许佃与仕宦、举监生员及外县富户。凡有分佃、转佃，必须赴寺领帖，申部挂号，方准承佃。租粮超过二年不完，追田另佃。每五年清查一次，缴旧换新，以防隐弊。

给发租单。僧录司仍造租单册一本，送祠祭司存照。每就近十户以上，二十户以下，共一单，以田多者为单首。甲首同单首执催夏租，限五月征一半，六月全完。冬租限九月征一半，十月全完。本色、折色，不得擅自更改。每银一两，照例加耗银三分。米一石，加耗米三升。单首特免加耗，以酬其劳。完过租数，庄僧亲注租单内本户格下，仍给与小票为照。每年五月、九月初，

1 《金陵梵刹志》卷五三《各寺公产条例》。

僧录司先期催征。至六月、十月终，甲首、单首同庄僧赴司报完。查有拖欠，定行责治监比。该寺不先期催征，官住罚俸，管事、管库僧檄锁。

轮换庄僧。管庄、管洲僧设一正一陪，每年轮流为正，轮换不过二年。差僧挨房点用，该庄佃有私田者，不许送点。属禅堂者，用堂内一人，堂外一人。堂内听堂主自择，堂外一年即换。每年正月初点定，各给一差票，将该庄租额总数，及各单首名下数目，开注照催。若收到银、米低恶，即追庄僧赔补。过期不完，究治严比。

甲首责职。以前各庄俱设有甲首，不能为寺催租，反以耗食。姑以旧例不革。此后口粮议定，不许过支。领单催征，务与管庄僧协力，一同听比。凡田土坐落、户口淳顽，甲首系土著，必皆熟练。但有分佃、改佃，及庄内一应事务，不先呈报，定责治革役。

赋税时、额。查据各县丁粮册及由票，开载册内，每银一两，仍加耗费五分，米一石，加耗费二斗。银用夏租，限七月初，米用冬租，限十月初，俱僧录司催齐，起批赴部挂号，赴县衙一并交纳，取批照回验。过期不完，听县衙申请，祠祭司定行严究。各县如有先期骚扰，及额外加派者，僧录司申告南京礼部，定拘该县房书究责。

酌定盘费。夏、冬二季，各定限两月，逐日盘费，照庄大、小酌定，不得多开名目。逾额过用，限外不完，即庄僧自己赔费，不得添补。搬运已有脚米，酬劳已有耗银耗米，不依定额，即不准销算，仍行檄锁。

灾伤减租。各庄所定租额较轻，遇有一般水旱灾伤，租额不许告减。如遇灾重，必先经府、县申报抚按，礼部方差官住公同踏勘，分别受灾等级，报祠祭司。候抚按果有钱粮题免，租粮亦即照灾减征。下田、荡田租额更轻，虽遇重灾，断不蠲免。

远租委县。外县租粮，远难遥制。高淳县田，已经移文抚院，转行府、县议定租额、限期，责委该县粮衙催征，最为良法。每年九月初，祠祭司发单粮衙，转给各甲首、单首，令照限严催。征收全完，甲首赍粮衙报完申文并租单，赴南京礼部听查。溧阳县田，亦应比照高淳县事例征收。

报完送查。夏、冬租粮，庄僧依限催完，起解到寺，官住督同库僧细验，银米果合例无欠，一面报祠祭司，一面查收，出给库收，付庄僧缴验。各庄通完，存留给众讫，官住将差票、租单、库收类齐，同岁报册一并送查，听凭考校。如有弊端，决不轻贷[1]。

(三) 八大寺公费管理制度

八大寺的支出公费，南京礼部也定有详细制度。这些制度内容，有以下几个方面：

殿堂焚修公费。凡香、烛、斋供等项，管事僧按期照数领出，公同各殿堂僧买办应用，不许将银一并预支，及径付殿堂僧手内。殿堂逐年揭盖一次，已有额定银两。每年终查有应修理处，将二季缺僧粮及余剩银充用。每五年遇丙、辛年份，大修一次，将官住俸银、众僧口粮扣除一半。如有兴造工大，即连扣二年亦可。工完，仍复旧额。凡用缺僧粮及余剩银，须呈禀批给，循环簿及岁报册内另开额外大修一款，不得混入前数。五年半扣者，须另造稽工簿报查。

常住事务公费。凡常住不定事务，在常住小费一款内。凡衙门内各役费用，在公务杂费一款内。马下钱止三大寺照旧，余寺绝无，不许分外需索分文。礼部官到寺设席，各役不得逼令常住添设素饼，否则从重究治。各寺有惧恶滥与，献谄妄用，致使经费不足、定额挪移者，并将官住罚俸，管事、官库僧檄锁。若有

1 《金陵梵刹志》卷五〇《各寺租额条例·条约》。

不测之事，费至二两以上，仍许临时禀查，亦照大修例，于余银批给，另开额外公费一款，附册簿后注销。

官住、教学等俸银。官住俸薪，务要各庄租粮通完，散众及存留俱足，岁报册送查果无欠少错误，方许支给。如过期不完，官住俸粮截支，候征完方与开粮。教学僧须以通经考前列者充之，事务最烦，应当优厚，俸粮俱以到任着役日为始。但有开除，俱合申报。

通经、执事等口粮。通经优给僧、前堂维那僧、管事僧、书记僧、直库僧、直日僧、殿堂僧等各僧但有误事及作弊者，俱檄锁究革，限一年一换。而管事僧、直库僧尤关紧要，更不许恋役。堂司、净发、施茶、音乐等僧，无过不必更换。数已额定，不得别立名目，分外增加。年终送岁报册日，俱送祠祭司查点，以防虚冒。通经、书记僧每名支僧粮二分，前堂等僧每名各支僧粮一分。如有牒补之粮，仍本分兼支。通经优给僧如文理不甚通，姑以填数，则粮止半给。

牒僧口粮。灵谷寺、天界寺、报恩寺各定牒僧 350 名，鸡鸣寺等五次大寺牒僧各 70 名。凡食粮牒僧，专以本寺度牒为主。牒僧逾于额外，则照数截住，候缺出顶补，年终该寺申报，总收一次。如牒多缺少，仍以默经为定。牒僧亏于额内，则扣粮贮库，待有纳牒者，亦年终总收。牒僧以实在寺焚修为主，如寺外僧已纳本寺牒、置房进住者，即准挨缺补粮。本寺牒僧已出外住、不实在寺者，即除名革粮，取度牒批过给还。僧分三班，逐日上殿。三次不到及告假满三月者，停粮。过一年者，径革。有故辞粮者，免其上殿。夏、冬二季给粮，各该寺备造花名册一本，分额定、旧管、新收、开除、实在、扣缺六款，送祠祭司查的批发，官住即公同众僧照册唱名，给散各僧，于本名下亲注领足缴查。祠祭司仍不时掣问。其缺僧余粮，止充修理，不作别用。册内另开缺僧粮一款，以凭查估批发。

学僧口粮。三大寺各额定学僧 150 名，五次大寺各额定学僧 30 名。食粮专以到学为主。实在学半年开粮，出学即除粮。数足候缺顶补，不足扣粮贮库，俱与牒僧一例。官住督同教学僧，将实在学僧造花名、假簿各三本，一存祠祭司，一给官住，一给教学僧。遇有告假及事故，从实填报。假满一月者，革粮。夏、冬给粮，备造花名册一本，即附牒僧册后，事例、式样俱同。

禅堂供众。每堂算定岁入租银若干两，米若干石，每僧一日饭食、腐菜银 1 分，或米 2 升，每日该赡禅僧若干名，堂主登簿知会官住。除香、灯募外，僧多亦听募助，僧少以侵克论。官住不为催租，致有拖欠，革俸抵偿。田地如有典佃，虽费出有因，亦必从重追究。租粮俱堂主管理，如有法师，止觉察而不经手。催租僧，堂内、外各一人，不许偏用堂内。

拨佃借贷。官住不得假以修理、散众为名，豫拨洲田，广借债务。除前革职赔认外，以后但有犯者，不论实用与否，官住即行革职，责令赎洲召债。如有实赃，仍加参送。佃田受价，亦须预禁。各寺若有紧急公费，必不容已，许于三大寺公费内相通借用，申票批给。

月报、岁报。各庄租到，即查额定公费，照数扣存库内，以待半年之需。下次租银相接，亦如之。未应交纳者，不许预先挪用及零星取讨。公费逐时关支者，须管事僧具领，官住查照额例批发，管库僧将银送官住验封兑出，仍封固判押发收，书记僧即时登报循环簿内，仍听官住验过。每月开报循环，照例分旧管、新收、开除、实在四款，款内仍开原议额定数目，各将见用数目附注其下。每月终日，预将簿送祠祭司，朔日管事、书记、管库僧一同赴领。如有用不合例，及指称揭债、挪借等项名目，即系侵欺，定重究追补。每夏、冬二季，仍总造岁报册，规则与循环簿相同。册内有过用者，追赔。五次大寺钱粮不多，止于夏、冬二季岁报，不必月报。

灵谷寺分给租粮。灵谷寺田租独多，僧录司印官俸粮应独派出办，余寺俱免。鸡鸣寺为灵谷寺别院，观音阁为灵谷寺下院，共额定僧 120 名，附灵谷寺关支米粮，银两不给，以存内、外之别。

报恩寺禅堂板头。板头银俱禅堂赡僧，用八两刻补缺板，约五年通完，仍用赡僧。每请藏，逐月有循环簿开报。印经刻板，有号票给查[1]。

(四) 请经制度

报恩寺《南藏》经板，明初颁赐，“令广印行”。由于该板请刻方便，所以明初以后，各地至南京请刻者不断。南京礼部祠祭司曾经责令“经铺酌议各项物料，裁定规则，来时给与书册对查，去时给与札批防护”，定有“甚详”的请经制度。但是，由于其各项规定仍不十分完善，监督也不得力，所以报恩寺“将书册废阁”，“各经铺俱不照行”[2]。万历三十三年四月，湖广、四川等地请经僧本宗、乐闻、古宗等先后状告经铺“冒滥揹勒”。经南京礼部祠祭司查明，本宗经一藏，“多索价至四十余两，纸绢仍滥恶不堪”；乐闻经一藏，“违限至两月”；古宗经一藏，“将纸抵充绢用”，“种种奸玩，弊无纪极”。而报恩寺“见得有板头银两，亦竟坐视，不为禀理”。因此，祠祭司将涉案经铺商人“各重责”，“追价给僧”，又将管经僧正浃、自高“亦各责治”。然后，祠祭司“拘集经铺，吊取纸、绢，逐项估算，编定上、中、下三等，等各三号，备细开明物价”，定立了所造之经的材质、式样和价格标准。接着，祠祭司又制定出详细的请经制度。万历三十四年八月，祠祭司又建议将刻经板头银给禅堂赡僧等，也得到南京礼部的批准。至此，祠祭司遂将酌定九号经价及又加增补的请经制度，行

1 《金陵梵刹志》卷五〇《各寺公费条例·条约》。

2 《金陵梵刹志》卷四九《南藏目录》附《请经条例》。

报恩寺“刻簿立碑，永为定规，遵守施行”[1]。增补后的请经制度，有以下几个方面的内容：

领号票。请经僧到，听其径投禅堂，管经僧即将号簿付与细查，随意择取经铺，看定纸绢，同到祠祭司呈报，并将样纸、绢等送验。祠祭司即给请经僧、管经僧、经铺号票各一张，仍再给请经僧印信号簿一本及经铺准造告示于经殿门首。领票后，公同到寺交银。如未经领票，辄先包揽，经铺重责枷号，管经僧责治。经铺能互相出首，即准将经给与揽造。请经僧有自愿成造、不用经铺者，径自同管经僧（经匠与管经僧同票）领票，不许经铺刁难。每月初一日，各经铺经匠轮一人具依准结，到祠祭司查验。

定寓所。以往经僧寓于经铺，缁俗相混，殊失清规。至此，于禅堂造房七间，供请经僧居住。其饭食即禅堂供给，每僧一日算银 1 分。如禅堂不为款留，经铺强欲邀截，俱行究治。刻经过限不完，饭银追经铺代出。

议杂费。板头银 12 两，内相茶果银 3 两 4 钱，官住请札银 8 钱，管经僧银 4 钱，号簿银 2 钱，共银 16 两 8 钱。请经僧饭钱，照日计算。此外，有需索分毫者，即系诓骗，许请经僧禀司重究。

酌经式。经样长一尺，宽三寸三分。各项物料俱用官尺，大概务照时价，从宽估算，此后不得增价。纸绢高下，装印工拙，请经僧一一查估，有不值者，俱听禀究。

缴号票。造经定限三个月。凡纸、绢、装印等项，一一列款号票后，经完日，僧、铺人等逐款填注“是”、“不”，送司销缴。注“不”字者，送验确实，经铺重责枷号，仍计价追还本僧。造经过限，经铺经匠计日责治。如纸、绢等不合式，管经僧不为具禀，一同究责。

给札批。请经僧仍给札付，以示优异，给批照，以便回籍。

1 《金陵梵刹志》卷四九《南藏目录》附《请经条例》。

缴票日，许经僧具呈禀请，祠祭司即日给发。衙门人役需索刁难者，重责革役。

造四经。有止造《大般若》、《宝积》、《华严》、《涅槃》四经者，共计八十四函，每函价数按照规定计算，板头银 1 两 8 钱。印杂号者，板头查照前例算。

装书册。有用太史连印装成书册者，纸张装里听其自办。刷印工食照前价数，板头等银照前，俱各一样。如以势要强免者，追承揽工匠赔还。

补经板。该经板缺少万历初年续藏四十一函，每补刻一块经板，需银 3 钱 6 分。每请刻该经一藏，扣板头银 8 两，刻续藏经板 22 块，刻期限 10 日。每遇造经领票日，管经僧即带同刻匠赴司，共领给号票一张，依限刻完，将经板刷印同票验销。每月初一，仍将收除银数，开循环簿报查。续藏完日，仍将模糊板刻换，一并通完，板头银尽数赡僧。

赡禅僧。板头银给禅堂赡僧，每年约二十藏，该银 240 两。四经亦约二十部，该银 36 两。每僧一日饭食、腐菜，算银 1 分，约赡僧 76 名。因暂扣银补刻续藏经板，每年只有银 116 两，该赡僧 31 名。补刻完毕，仍如前数。

收板银。禅堂内置号簿一本，木柜一口。银到，即送官住处登簿，将银投柜。月终，会同官住开封，置买柴米赡僧，堂主不得私用[1]。

第二节　教育制度

佛教文化的传承和延续，必须有一定的佛教教育，或者说寺院教育作保证。佛教传入中国之初，来自印度和西域等地的僧人

1 《金陵梵刹志》卷四九《南藏目录》附《请经条例》。

居士，在向中国传译佛经的同时，也向中国信徒讲授经义，开始了中国佛教最早的寺院教育。魏晋南北朝时期，中国佛教的寺院教育得到蓬勃发展，讲学开始从译经活动中独立，成为寺院教育的主要方式，并初步形成了一套寺院教育体制。隋唐时期，随着中国佛教各宗派的创立，寺院教育也从开始的只重佛经原文敷讲，到以法师的义疏为主，进而到以宣讲自己的创说为主的阶段，寺院教育的内容大大丰富，讲经仪规也更为完备，而且普遍实行，渐成定式。特别是禅宗标识的“不立文字、直指人心”的教学方法，成为寺院教育的主流，中国寺院教育制度走向了成熟和定型[1]。明代南京的寺院教育，主要还是继承和延续唐、宋以来的讲经说法制度。明代后期，在一些寺院也出现了寺学制度。

一　讲经说法制度

明代南京寺院之中，各宗僧人都升座讲学。如，梵琦，预洪武元年蒋山禅寺大法会，“升座说法，以耸人天龙鬼之听”，次年春，“复如之”[2]；宗泐，明初住持天界寺，“讲演经义，详注论说”[3]，预蒋山寺广荐法会，“升座说法”[4]；居顶，住持灵谷寺，“说法传经，其道大行”[5]；能义，“居钟山闲房，非行谊高洁者不与之接”，“日惟禅定为事，遐则与学侣演说经藏要义”[6]；如皎，住持幽栖寺，“居猊提唱，学徒云集”[7]；真节，主摄山栖霞寺，“众逾三百，教备五乘，居狮子座，挝大法鼓三十余年”[8]；

1　参阅丁钢：《中国佛教教育》，第 1～180 页，四川教育出版社，1988 年。
2 《补续高僧传》卷一四《楚石琦禅师传》。
3 《新续高僧传四集》卷二《明临安净慈寺沙门释宗泐传》。
4 《补续高僧传》卷一四《泐季潭传》。
5 《新续高僧传四集》卷一九《明金陵灵谷寺沙门释道谦传附居顶传》。
6 《新续高僧传四集》卷一九《明金陵灵谷寺沙门释能义传》。
7 《补续高僧传》卷一五《如皎传》。
8 《大明高僧传》卷四《南京应天栖霞寺沙门释真节传》。

雪梅，嘉靖间寓报恩寺，“每居高座讲经，闻者钦服”[1]。作为最大讲寺的报恩寺，据说“十宗兼备，每宗设一讲座，学僧得任择一宗修习”[2]。

讲经之时，不但有讲师，而且设都讲。读经为都讲，上座为法师。如，一如为天禧寺都讲，时“清理释教，庶务丛脞”，住持溥洽“酬应上下，而讲演不废，盖资于［一如］师为多”[3]；永顾为大报恩寺都讲，“阐扬《法华》奥旨，听者川涌”[4]。

禅宗教育重在启迪受教育者的智慧，提倡“不立文字、直指人心”。自五祖弘忍以后，禅宗虽然也逐渐开山授徒，上堂说法，但是其教学活动还是在禅堂真参实证，随时说法，指导参禅法门。禅师从不进行长篇大论的说教，而是采用一些异乎寻常的方式接引学人，或拈槌竖拂，棒喝兼施，或扬眉瞬目，机锋百出，或直指直示，一针见血地表明自己见地，或互相勘验，就无可表示中作种种方便。这种教育制度和教学方式，在明代南京寺院中仍被承袭。如，古渊清掩关于弘济寺，“提无字话，心念相依，胁不沾席者三年”，得悟。他以偈呈善世古林香，古林喝曰：“多嘴汉！”次日，古林特为上堂，“才竖起拂子”，古渊“随夺之”，“自是得无碍机，人不敢婴其锋”[5]。再如，善坚，至南京谒了悟禅师，了悟示万法归一语，善坚“参究精诚，兀兀达旦，胁不至席”。有悟。寻复参了悟，“证明大事”。了悟赐号“古庭”，付之法服，为临济二十三世[6]。再如，道济，嘉靖初，应请住持安隐寺，上堂举拂子召大众云：“见么？”又击拂子云：“闻么？既是举起便见，击

1 《金陵大报恩寺塔志》卷六《寺僧》。
2 《金陵大报恩寺塔志》卷首《大报恩寺全图》。
3 《补续高僧传》卷四《一如传》。
4 《新续高僧传四集》卷六《明杭州上天竺寺沙门释永顾传》。
5 《补续高僧传》卷一六《古渊清公传》。
6 《新续高僧传四集》卷一九《明云南归化寺沙门释善坚传》。

着便闻，妙真如藏，非思非议，应用灵灵，奇哉！奇哉！汝诸人自不丈夫，顾乃傍人门户，求知求见，韬晦家珍，甘为寒乞，将谓诸圣别有奇特也。广额屠儿扬下屠刀，便云我是千佛一数，岂有曲折作知见耶？丈夫子，何不恁么便担荷去”，“其指法径要，大都类此”[1]。

禅师教学时，往往对症施药，随机应变，即事说法。如，慧昙，“其遇禅徒，随机而应，未尝务为奇巧，闻者自然有所悟入”[2]。再如，道联，“策励后学，随机开示，各极归趣，缁素向化，道誉为禅林之冠”[3]。再如，德始“徇缘诱物，权巧方便，高提祖印，勘辩方来，全体大用，迥出乎言象之表”[4]。再如，洪恩“不作崖岸，不避讥嫌，说法谈禅，论诗度曲，因人而施”[5]。禅师们还把教育与生活实际联系起来，以生活中随处可见的现象来启发学人自悟其心。如，法会结坐禅期于天界寺，学人请问“直捷用心处”，他答道:“古人道，终日吃饭，不嚼粒米。终日行路，不踏穿地。终日穿衣，不挂寸丝。如是用心，方有少分相应”。又有人问“祖师意”，他说:“有水皆含月，无山不带云”。人又问，“莫更有奇特否”？他表示，“不得将龟作鳖”[6]。

二　明代后期的寺学制度

如果说明初的那些名僧多精通佛学，其教育学人尚有内容的话，那么到了明代中期以后，佛学不振，僧人窳滥，许多所谓的法师、禅师，自己就疏于佛学，不通文字般若，教学时专以打人为事，不知开导，说法时信口开河，自相矛盾，寺院教育日益衰

1 《补续高僧传》卷一六《法舟济传》。
2 《补续高僧传》卷一四《觉原昙禅师传》。
3 《新续高僧传四集》卷六《明杭州净慈寺沙门释道联传》。
4 《补续高僧传》卷一五《日本德始传》。
5 《新续高僧传四集》卷七《明金陵宝华山释洪恩传》。
6 《补续高僧传》卷一六《云谷会师传》。

败。实际上，这种趋势从宋、元已经出现，明代中期以后更是到了不可收拾的地步。如临济宗名僧德宝禅师就说："大家妄妄相传，情情相继，袭为实法，人皆安之，所以个个胡乱一生，到头只这么合杀了也"[1]。智旭更是干脆痛骂："法师是乌龟，善知识是忘八"[2]。德宝、智旭说、骂的是当时全国的一般情况。南京的情况也是如此。万历后期，葛寅亮也痛斥南京的寺院教育说："迩者法久窳弛，经律论置之不问，徒效其师，孙仍其祖，锢习俗为膏肓，日申令犹跳而轶诸外"[3]。僧、俗之中头脸清醒者，为了挽救佛学的颓势，都主张改革寺院教育制度，提倡看经、读经，呼吁禅教一致。

南京寺院对寺院教育制度的改革也从明代后期开始。一方面，各寺院请有真才实学的僧人到寺院讲学或住持。如前述永宁先后延请法会、守愚到大报恩寺教习，栖霞寺礼请真节至寺住持等。另一方面，各寺院也教授僧人以佛经，提倡僧人读经。如德清入报恩寺后，住持永宁即择诸孙中有学行者为其师，"先授《法华经》"，德清"三月能熟背之"，"流通诸经俱已背完"[4]。

明代后期南京寺院教育制度改革最有意义者当为寺学的设立。中国古代的寺院教育，一直是以师徒传授为主。一般地说，法师或者禅师精通哪一部经典，就讲说哪一部经典，修持哪一宗派，就传承哪一宗派，这虽然对佛教各学说、各宗派的发展有促进作用，但是长期下去，颇不利于受教育者对佛学的全面理解和掌握。因此，隋朝时曾有"二十五众"之设，即"于京师官寺中甄选师僧，立二十五种课目，听诸学徒随其兴趣而选修"，是"模仿太学而设立佛教的官立讲席"[5]。但是，这种寺学制度并未坚持下来，

1 《笑岩集·北集上》卷三《普示》。

2 《灵峰宗论》卷四。

3 《金陵梵刹志》卷一六，葛寅亮《八大寺重设公塾碑记》。

4 《憨山大师年谱疏》卷上。

5 明复：《中国僧官制度研究》，第 46 页，台湾明文书局股份有限公司，1981 年。

寺院教育仍沿袭师徒传授的模式。至明代后期，面对南京寺院教育制度的弊病，僧、俗人士开始重设寺学。据德清回忆说，隆庆元年，报恩寺“奉部檄”设义学，“教僧徒”，请其为教师，“受业行童将二百人”，教学的内容有“左、史、诸子”等[1]。当时所设义学，不仅仅限于报恩寺，而是各大寺都有。因此，葛寅亮说：“先年各大寺有公塾之设，意至善也”。但是，这次所设寺学未持续多长时间，因为当时各寺均处于寺贫僧穷的境地，“赡脯无资，众咻易煽，贫者画而富者怠”。寺学没有可靠的经济保障，“卒以解散”[2]。

万历后期，葛寅亮清田定租以后，各寺经济收益大大增加。同时，经过嘉靖后期以来永宁、法会、真节等的努力，南京寺僧的素质也有所提高。这些，既为南京寺院寺学的重设提供了经济基础，也作了师资上的保证。于是，寺僧向葛寅亮“陈其遗制”，要求恢复设立寺学。葛寅亮遂“仿而复之”，“辟堂之闲敞者为塾”，重设寺学，并有一套制度：

设公塾寺院，主要在三大寺、五次大寺。

教师，称教学僧，寺大者 2 人，次者 1 人，“须以通经考前列者充之”。

学僧，三大寺各额定 150 名，五次大寺各额定 30 名。

教学内容，“先之律，以严其戒，继之经、论，以示其义，大都责以禅、讲，而瑜伽无取也”[3]，或者具体地说，“学内所习用《梵网》、《楞严》等经，不许习应付法事”[4]。

学期，每正月半开学，十二月半止，上、下各半年，以七月为分。

1 《憨山大师年谱疏》卷上。

2 《金陵梵刹志》卷一六，葛寅亮《八大寺重设公塾碑记》。

3 《金陵梵刹志》卷一六，葛寅亮《八大寺重设公塾碑记》。

4 《金陵梵刹志》卷五一《条约》。

待遇，教学僧的地位较高，所得俸银在寺院中仅次于官住、住持；学僧与牒僧“一例”支取口粮，“牒僧在学，二分兼支”。

寺学管理，官住督同教学僧，将实在学僧造花名、假簿，各名下开某年、月、日到学，先后即以到学为序，同日序齿，一样三本，送祠祭司用印。一本存祠祭司，一本给官住，一本给教学僧。遇有告假及事故，从实填报。假满一月者，革粮。如有虚冒，教学僧究革，官住罚俸。

其他规定，凡到三大寺、五次大寺纳牒僧人，必先经入学，教学僧具结，官住于夏、冬二季类总报祠祭司，方准起送。如未经入学者，不许纳牒。

显然，经过寺学学习的僧人，其对佛学的了解和掌握会更深、更全面，这对改变明代中期以后日益严重的僧人素质下滑、佛学不振的局面大有裨益。正如葛寅亮所说:“尔时经声应罄，梵韵飘钟，济济簇簇，日无旷景。行之不辍，习与性成。十诵五戒，如王章国宪枷械切身而不敢犯。三藏九部，如布帛菽粟饮食日用而不能去。以此印性，或借筏而为彼岸之登，或标指而忘真月之视，虽不可知，第就其得与四民各守其业，各居其所，少习长安，不迁异物而相于淫僻。斯不亦有裨世法，无点王治哉”[1]。

第三节　日常及特定佛事活动制度

僧人作为佛教的信奉者和佛教教义的实践者，在寺院中过着集体生活，其日常及特定佛事活动关系着佛教的生存和发展，所以受到特别重视，制度十分细密而严格。

1 《金陵梵刹志》卷一六，葛寅亮《八大寺重设公塾碑记》。

一　日常佛事活动

汉、魏时期，中国寺院初创，戒律未全，弟子各自随师修行，没有统一的日常行事规范。东晋名僧道安制定僧尼轨范，“条为三例”[1]，成为中国佛教史上第一个僧人行为的轨范。隋、唐时期，律学名僧道宣、义净等逐渐完善了寺院行事制度。元朝对佛教管理擅作威福，朝令夕改，僧制混乱，清规废弛，“香灯灭绝”。明朝建立以后，明太祖对佛教僧务进行了大规模的整顿，先后颁布显、密之教规范科仪，以及《申明佛教榜册》等文件，制定了统一的法事仪式，令天下僧人诵读《金刚经》、《心经》、《楞伽经》等。通过整顿，全国寺院僧人的日常行事和法事仪式基本上得到了统一。

经过整顿后基本定型的寺院日常行事，主要是“五堂功课”、“两遍殿”。即僧人每天早、晚一起到大殿或法堂读诵经文并拜佛，称早殿、晚殿，合称“两遍殿”。早殿有两项主要内容，晚殿有三项主要内容，合称“五堂功课”。

具体地说，所谓早殿，就是全寺僧众于每日清晨寅、丑时之间齐集大殿，念诵《楞严咒》、《大悲咒》、“十小咒”、《心经》各一遍，念诵的起止都配有歌赞。其中，《楞严咒》为一堂功课。《楞严咒》全名《大佛顶首楞严神咒》，该咒文及咒文前的经文录自《楞严经》，全文为梵文音译，共 2620 字，分五节诵完。据说，诵此咒可以降伏诸魔，成就最高道果。《大悲咒》、“十小咒”、《心经》为一堂功课。《大悲咒》全称《千手千眼无碍大悲心陀罗尼》，出于《千手千眼观世音菩萨广大圆满无碍大悲心陀罗尼经》，是观世音菩萨的根本法门。“十小咒”即十种较短的咒文，如，《消灾吉祥神咒》、《七佛灭罪真言》、《功德宝山神咒》、《准提神咒》等，诵念它们的目的是以此功德回向护法的天龙八部等众

1 《高僧传》卷五《释道安一》。

鬼神，祈愿寺中安静无事。《心经》全称《般若波罗蜜多心经》，宣说大乘性空理论，被认为是大乘佛教般若经类的提要。诵念该经，是早殿的中心内容。早殿的功课可以通融，事忙时允许只念后一堂，有的寺院平时只念一堂功课，节日时才两堂全念。

所谓晚殿，就是僧人于每日暮时齐集大殿，念诵三堂功课。其中，诵《阿弥陀经》和念佛名为一堂功课，这是为自己往生西方净土祈愿。礼拜八十八佛和诵《大忏悔文》为一堂功课。八十八佛是五十三佛和三十五佛，五十三佛名见《观药王药上二菩萨经》，是娑婆世界的过去佛，三十五佛名见《决定毗尼经》，是现在十方世界的佛，他们都可以为众生作忏悔主，向他们申述自己改悔罪过之愿可以灭罪。《大忏悔文》也出于《决定毗尼经》，诵之可以消除往日宿业，不造未来新愆。放蒙山施食为最后一堂功课。蒙山施食是于每日中午的斋食中取出少许饭粒，到晚间按照《蒙山施食仪》念诵，施给饿鬼。晚殿三堂功课，一般寺院单日诵《阿弥陀经》和念佛，双日礼拜八十八佛和诵《大忏悔文》，蒙山施食则每日举行。

在早、晚功课以外，僧众于每日早斋和午斋时，要依《二时临斋仪》，以所食供养诸佛菩萨，为施主回向，为众生发愿，然后方可进食。

“五堂功课”、“两遍殿”等日常行事是全国各寺院普遍遵行的制度，南京寺院自然不会例外。不过，大概是僧人太多、殿堂无法容纳的缘故，三大寺、五次大寺的僧人每天并不全部同时上殿，而是分为三班，“逐日上殿”[1]。

---

1 《金陵梵刹志》卷五一《条约》。

二　节日佛事活动

根据戒律，僧众应当于每月望、晦两日齐集一处，共诵《戒本》，自查有无违犯戒律之事。若有违犯，依法忏悔。这一行事，称为“布萨”。布萨原是古代印度吠陀时代的一种祭法，后来为众多教派采用。佛教对其加以改革，作为自己的一种行事制度，中国各寺院遵行不废。

寺院之中还有安居制度。所谓“安居”，就是僧人在每年四月十五日至七月十五日的三个月中，应当定居于一寺，专心修道，不随意他往，也称“结夏”、“坐腊”。如因事延缓，不能如期定居，最迟也应在五月十五日定居下来，称“后安居”。安居期内，僧人以修学律仪为主，诵读讲说经论为辅。安居日满，即七月十五日，僧众集合一堂，听凭他人对自己检举一切所犯轻重不如法事，从而忏悔，称“自恣”。安居日结束，受具足戒的比丘、比丘尼就增长法腊一岁。安居是源自古代印度婆罗门教的又一种佛教的重要制度，中国寺院也普遍遵从。

一年之中，佛教最大的节日有两天，即四月初八的佛诞日和七月十五的自恣日。佛诞节举行浴佛法会，就是在大殿用一水盆供奉释迦牟尼诞生像，全寺僧侣及信众以香汤浴之，作为纪念。这一天，僧人还用庄严宝饰之车，载着佛像巡行街市，称行像。自恣日举行盂兰盆会，这是根据西晋竺法护所译《佛说盂兰盆经》而举行的超荐历代祖先的佛事。盂兰为梵语，义为倒悬，盆是汉语，为盛供品的器皿，言此供具可以解先亡倒悬之苦。据《佛说盂兰盆经》称，佛弟子目连的母亲死后生为饿鬼，在地狱中受苦，如处倒悬。目连尽自己神通不能救济，佛告以于每年七月十五日以百味饮食供养十方自恣僧，使七世父母及现生父母在厄难中者得以解脱。佛教据此传说而设会。中国寺院的盂兰盆会，起初主要是皇家、施主向寺院献盆献供。宋朝以后，逐渐演变为由施主出钱，在寺院内为其追荐亡灵的一种讽经施食的佛事活动。每当节日时，寺院以百味饮食盛于百种器皿中以供鬼神，称盂兰盆供，设斋以供养僧众和施主，称盂兰盆斋。

此外，中国佛教寺院在一年中还有许多佛教节日。

明代南京各寺院对这些佛教节日活动制度也普遍实行。如，关于浴佛节，正德《江宁县志》载：四月八日，“浮屠氏浴佛，遍走闾巷”[1]；关于盂兰盆节，该书载：“[七月] 十五日曰中元，僧舍营斋供荐亡，名曰盂兰会，又谓之鬼节”[2]。其他比较隆重的节日活动还有，每月初二、十六日的伽蓝斋，新正月礼千佛，清明祀祖，如来成道日（腊月初八）斋供，五月圆觉会，灵谷寺还有宝志诞、忌二辰斋供，等。另外，当朝皇帝、太子的生日，即所谓的“万寿节”、“千秋节”，也是各寺院的节日活动。

三　忏法与打七

佛教，特别是大乘佛教认为，人生是由久远生死相继而来，今后还须经无数生的修行，以至于成佛，其间最主要的是要消除以往无量劫中所造罪恶，发愿今后精进修行，永不退转。因此，修习忏法便成为大乘修行的不可缺少的行仪。历来通行的忏法主要有两类，一类是集诸经所说忏悔罪过的仪则，一类是依五悔法门修习止观的行法。

忏悔罪过的仪则，最早是刘宋时代的药师行事。梁武帝时，因僧侣食肉，召集京邑大德法师进行辩论，根据《涅槃经》、《楞伽经》等，制断食肉，并令僧七日忏悔，成《慈悲道场忏法》（简称《梁皇忏》）。梁、陈以后，忏法繁兴，僧人等根据各经制出许多忏法，如涅槃忏、六根忏、摩诃般若忏、金刚般若忏、佛名

1　正德《江宁县志》卷二《风俗》。

2　正德《江宁县志》卷二《风俗》。

忏等。唐时，知玄节录宗密所撰《圆觉经道场修证忏》，成《水忏》。后世通行者，主要就是《梁皇忏》、《万佛名忏》和知玄的《水忏》。

修习止观的忏法，创始于天台宗智顗，即《摩诃止观》中所谓四种三昧的“半行半坐三昧”和“非行非坐三昧”，即《法华三昧行法》、《方等三昧行法》、《请观音三昧行法》、《金光明三昧行法》。诸忏法皆根据各经。其组织程序是：（1）严净道场，（2）净身，（3）三业（身、口、意）供养，（4）奉请三宝，（5）赞叹三宝，（6）礼拜，（7）忏悔，（八）行道旋绕，（9）诵经，（10）坐禅正观实相。后代天台宗学者，又遵照这样组织形式，陆续编辑了许多忏法。天台宗制定忏仪的目的，主要是借礼敬、赞叹、忏悔，以安定心思，然后从诵经、坐禅两方面正观实相，通过周而复始的修行，达到证悟。但是，后世往往只注重礼拜、忏悔，而废止了诵经与坐禅。

寺院举行忏仪本是僧人个人的修行行为，以灭罪生慧为目的。但是，到了后来，僧人遇施主施舍饮食钱财，才举行忏法仪式。这样，修持忏法成为寺院收入的一种来源。施主给钱物，指定寺院为其举行某种忏仪，称“拜忏”。

忏法通行于一般寺院。自禅宗兴起后，禅僧们的自我修行已不是以修忏法为主，而是“打七”，即每年冬季的十月十五日起，至次年的正月十五日止，进行三个月定期的参禅活动，也称“结冬”。届时，禅僧们为了在短期内取得修行效果，规定以七天为一个期限，其间除必要的饮食睡眠外，排除一切干扰，专心修持禅法。打七也叫“打禅七”，开始称“起七”，结束称“解七”。禅僧可以修一个七日，也可以连修几个七日。如，嘉靖四十四年十月，禅僧云谷法会集“海内名德”五十三人，“结冬”于天界寺。德清预会，“初不知用心之诀，甚苦之，乃拈香请益”，法会“开示审实念佛公案”。他“从此参究，一念不移，三月之内，如在梦中，了不见有大众，亦不知有日用事”[1]，由此而深入于禅宗。

打七的修行也盛行于净土宗，即“七期念佛”，在七日内修念佛法门，一心专念阿弥陀佛，故又称“打佛七”或“打净七”。

四　重要法会

法会在古代印度即已盛行，后随佛教传入中国，至南朝以后渐成风气。法会的名称也多种多样，如有无遮大会、水陆法会、放生法会、瑜伽焰口等，以及为帝王举行的祝圣法会、国忌法会、祈雨法会等。其中，重要者有以下几种：

（一）无遮大会

无遮大会源自印度，无遮的意思是宽容而无遮盖，即参加法会者不分贵贱、贤愚、道俗，一律平等地进行或接受财施和法施。梁时，以梁武帝为施主的无遮大会，在中大通元年（529 年）至大同三年（537 年）的九年间，先后举行了十次，向寺院及与会者布施的钱物难以数计。

明代南京寺院中，也曾举行过无遮大会。如，仁孝皇后徐氏去世后，明成祖在灵谷寺、天禧寺“举荐扬之科，启无遮之会，广集僧伽，讽扬经典”[2]，举行无遮大会百日，为其祈福。

（二）水陆法会

水陆法会全名“法界圣凡水陆普度大斋胜会”，相传创始于梁武帝，实际上盛行于宋代。南宋时史浩路过金山寺，闻水陆斋法之盛，特施田在四明月波山建“四时水陆”，并著《仪文》四卷（称“北水陆”）。后志磐续此仪文，著《新仪》六卷（称“南水陆”）。至元朝时，水陆法会已广泛流行于京师、江南及五台山等重要佛寺。

1 《憨山大师年谱疏》卷上。

2 《金陵梵刹志》卷三一，明成祖《报恩寺修官斋敕》。

水陆法会又称水陆斋、水陆道场。水陆是六道众生（天、人、阿修罗、地狱、饿鬼、畜生）轮回生死的地界，水陆法会就是为救度这些受苦的众生而施设的斋会，故有“诸仙致食于流水，鬼致食于净地”，即在水陆施斋，可以供养一切有情众生。在法会上，通过符牒召请六道一切众生，行施食法，追荐和超度其亡灵，同时将这种功德再回向给施主，为施主及其眷属祈福。法会一般由施主出钱资助，以七日为期。

宋朝以后，水陆法会特别成为战争之后朝野常行的一种超度法会。明初，封建国家即在南京各寺院多次举行水陆法会，“为死者超升，生者解冤”[1]。洪武元年至五年，明太祖相继于南京蒋山寺设广荐法会，即水陆法会。其中，洪武五年正月所修法会规模为最大，仪式也最隆重。其具体制度，宋濂《蒋山广荐佛会记》一文有比较详细记载：

> 皇帝御宝历之四年，海宇无虞，洽于太康，文武恬嬉，雨风时顺。于是恭默思道，端居穆清，罔有三、二，与天为徒。重念元季兵兴，天合雄争，有生之类不得正命而终，动亿万计。灵氛纠蟠，充塞下上，吊奠靡至，茕然无依，天阴雨湿之夜，其声或啾啾有闻。宸衷尽伤，若疚在躬，且谓洗涤阴郁，升陟阳明，惟大雄氏之教为然。乃冬十有二月，诏征江南有道浮图来复等十人，诣于京师。命钦天监臣著以谷旦，就蒋山太平兴国禅寺丕建广荐法会。上宿斋室，却荤肉弗御者一月。复敕中书移文于城隍之神，具宣上意，俾神达诸幽冥，期以毕集。
>
> 五年春正月辛酉昧爽，上服皮弁服，临奉天前殿，群臣服朝衣左右侍。尚宝卿启御撰章疏，识以皇帝之宝。上再拜。

1 《金陵梵刹志》卷三，明太祖《御制蒋山寺广荐佛会文》。

燎香于炉，复再拜。躬视疏已，授礼部尚书陶凯。凯捧从黄道出午门，置龙舆中，备法仗、鼓吹导至蒋山。主僧行容率僧伽千人，持香花出迎，万金奉疏入大雄殿，用梵法从事，白而焚之。退，阅三藏诸文，自辛酉，癸亥止。当癸亥时，加申诸浮图行祠事。已，上服皮弁服，搢玉圭，上殿，面大雄氏，北向立，群臣各衣法服以从。和声朗举。悦佛之乐，首奏《善世曲》。上再拜迎，群臣亦再拜。乐再奏《昭信曲》，上跪进熏芗奠币。复再拜，乐三奏《延慈曲》，相以悦佛之舞。舞二十人，其手各有所执，或香或灯，或珠玉明水，或青莲花水，桃暨名葬、衣食之物，势皆低昂，应以节。上行初献礼，跪进清净馔、史册。祝，复再拜。亚、终二献同，其所异者，不用册。光禄卿进馔。乐四奏曰《法喜曲》，五奏《禅悦曲》，舞同三献。已，上还大次，群臣退。

诸浮图旋绕大雄氏宝座，演梵咒三周，以寓攀驻之意。初，斫山左地成坎六十，漫以垩。至是，令军卒五百负汤实之。汤蒸气成云，诸浮图速幽爽入浴，焚象衣，使其更以彩幢，法乐引至三解脱门。门内五十步筑方坛，高四尺。上升坛南向坐，使者北向跪，受诏而出，集幽爽而戒饬之。诏已，引入殿，致参佛之礼，听法于径山禅师宗泐，受毗尼戒于天竺法师慧日。复引出，供斛所解，凡四十有九。命阇黎师咒食之。时夜以半，礼将毕，上复上殿，群臣从如初。乐六奏《遍应曲》，执事者彻豆。上再拜同。乐奏《善成曲》，上至望燎位。燎已，上还大殿次。解严，群臣趋出。[1]

此后，明王朝又多次在南京举行水陆法会。如，洪武三十年十月，明太祖下诏："近年多有征守、镇戍、海运官身故，及西平

1 《护法录》卷五《蒋山寺广荐佛会记》。

侯［沐英］、信国公［汤和］等亡故，都不曾超度，恁礼部择日于［天界］善世寺条设水陆三日一夜普度。钦此”[1]。永乐五年二月，明成祖命尚师哈立麻于灵谷寺“启建法坛，荐祀皇考、皇妣”，哈立麻“率天下僧伽举扬普度大斋科十有四日”[2]。

（三）瑜伽焰口

这是中国寺院经常举行的另一种超度饿鬼并对死者亡灵进行追荐的法会。其根据是唐僧不空所译《救拔焰口饿鬼陀罗尼经》。该经称，佛弟子阿难正在修行，有一饿鬼名曰焰口来到身前，说阿难在三天后生命也将结束，堕入饿鬼道中。阿难求救于佛，佛为说《焰口经》和施食法。是为焰口法会来历。焰口最初是修持密教的僧人每日进行的一种法事活动。唐末，密教失传，这种法事在汉地寺院也就不再流传。元朝密教兴起，焰口经施食法从西藏传入内地，有汉译本《瑜伽集要焰口施食仪》一书流传，焰口法会也在汉地寺院中流行。明代，焰口法会在中国寺院中十分盛行，焰口施食仪轨作品也很多，有“七家焰口八家忏”的说法。

焰口法会一般在黄昏后，即晚七时至十一时左右举行。据说，过了这段时间，鬼神不能得食。法会仪式大体包括“敬供”和“悲施”两部分。其中，敬供有升坐、入定、洒净、归依、道场观、献曼陀罗、普供养等内容，悲施有入定、召请、显施食、灭障、密施、回向等内容。

（四）放生法会

放生法会也是中国佛教寺院经常举行的一种法会。放生，就是将捕获的鱼类、兽类等动物再放还池湖、山野。中国汉地的放生习俗，古已有之。中国佛教的放生，则是根据《梵网经》中“佛子以慈心，故行放生业”之语。另外，《金光明经·流水长者

1 《金陵梵刹志》卷二《钦录集》，洪武三十年丙午。

2 《释氏稽古略续集》卷三。

子品》中称，佛的前生曾为流水长者子，救过十千条濒于死亡的鱼，并为它们解说经文，使其皆转生忉利天。汉地佛教大规模的放生始于隋朝，宋仁宗天圣年间建立了佛诞日举行放生法会的永久制度。此后，放生法会成为中国寺院普遍通行的重要法事之一。放生仪轨作品也有很多，如宋僧遵式有《放生慈济法门》，知礼有《放生文》等。

第七章　影响

明代南京寺院众多，殿堂崇丽，佛学兴盛，经济繁荣，制度完备，对南京乃至全国的政治、经济、文化以及民众生活都产生了重要影响，在当时社会中发挥了重要作用。

第一节　对政治的影响

本来，佛教从人生和世间一切皆苦的基本观念出发，以追求超脱世俗、了断生死的个人解脱为最高境界。原始佛教认为政治妨碍个人解脱，有摆脱和超越政治的趋向。但是，另一方面，佛教没有统治阶级的支持，就难以生存、流传和发展，因此又必须依靠统治阶级，争取其支持，也就必须肯定和赞颂国家政权，为现实政治服务。部派佛教时期，上座部《毗尼母经》即说："有二种法不可违，一佛法不可违，二转轮圣王法不可违"。佛教还有"护国经"，专门阐述护国之道。大乘佛教兴起后，宣传佛祖慈悲救世，普度一切众生，把出世事和世俗事融合。中观学派奠基人龙树深受当时甘蔗王的支持，专门对其讲述如何治国，如何支持佛法，不崇外道。后来，佛教又要求国王予以外护，并常与沙门咨询政事。印度佛教大、小乘经典混杂传入中国，其避世、厌世和出世的态度，要求国王外护的依赖思想，以及护法（王法）、护国的主张，都为中国僧人所接受和奉行。历代以来，中国佛教在宣传教义、传播宗教的同时，无不肯定和赞颂王权，麻痹人民群众斗争，以达到稳定社会秩序、维护封建统治的目的，为现实政治服务。明代南京寺院也正是佛教宣传教义、服务现实政治的主要基地。

一　构成封建国家政治

如前所述，明初为了管理佛教，专门开设僧司衙门，任命僧人为僧官。洪武元年，明朝开善世院，“秩视从二品”，“统诸山释教事”[1]。后善世院废。至洪武十五年四月，明太祖在京设立僧录司，在各级地方分设僧纲司、僧正司、僧会司，“掌天下僧教事”。因此，善世院、僧录司等衙门是代表封建国家对佛教进行领导和管理的机构。毫无疑问，它们是国家政治机构的组成部分。

南京寺院，明初由僧录司直接统领几大寺，再由各大寺就近分统各小寺。当时，国家对南京寺院的管理呈现“皇帝——礼部——僧录司——大寺——小寺”的模式。永乐迁都以后，南京寺院由南京礼部、南京僧录司领导和管理，管理模式变为“皇帝——南京礼部——南京僧录司——大寺——小寺”。明代后期，南京礼部对各寺院的管理体制稍加改革，以三大寺分统五次大寺、三十八中寺，再以各次大寺、中寺分统诸小寺，于是南京寺院的管理模式又成为“皇帝——南京礼部——南京僧录司——大寺——次大寺、中寺——小寺”。其实，不管怎么变化，归根结底，南京寺院的管理模式就是“皇帝——礼部或南京礼部——僧录司或南京僧录司——各寺院”，也就是皇帝通过政府、僧司衙门实现对寺院的管理，因此寺院之间的管理实际上也是皇帝、政府管理的下延，寺院政治即为国家政治的一部分。

寺院内部，也实行封建政治管理制度。以三大寺、五次大寺为例，其众多官僧，可以分为上、中、下三个阶层。各个阶层的

1 《补续高僧传》卷一四《觉原昙禅师传》。

僧人，地位不同，所得也相差甚大。官住、大住持等的考选，也套用科举模式，使用八股文格式。对僧人的要求，尽管内容与国家对百姓的要求不完全相同，但是也采用具结甚至十家牌法，照搬了封建政治管理的模式。因此，寺院实际上也是当时社会的一个缩影。这从另一角度说明，寺院政治是国家政治的一部分。

寺院政治既是封建国家政治的一部分，寺院也就起到了维护封建统治、为现实政治服务的作用。

二　协助封建国家政治

众所周知，直接构成封建国家政治并非寺院服务封建国家政治的主要方面，协助和稳定封建国家政治才是寺院在封建政治中扮演的最重要角色。所谓协助封建国家政治，即寺院以自己独有的方式对封建国家政治的合理肯定与得力辅助。明代南京寺院的协助封建国家政治的作用，主要体现在以下几个方面：

首先，南京寺院是明代国家、贵族、官僚等举办法会等宗教仪礼、为封建统治祈祷祝福的场所。

明初，南京作为首都，封建国家的佛教法会等仪礼活动就都在南京寺院举行。当时，国家的佛教法会等礼仪活动很多。其中，具备规模、稍有影响者有以下情况。（见表一）

表一　明初南京佛寺举办国家法会统计表

时　间	法　会　情　况	资　料　来　源
洪武元年九月	明太祖“诏江南大浮图十余人于蒋山禅寺作大法会”，参加者有梵琦、惟则等	宋濂《护法录》卷一、《释氏稽古略续集》卷二
洪武二年三月	复用“元年故事”，举办法会，参加者有梵琦、智度等	宋濂《护法录》卷一、《释氏稽古略续集》卷二
洪武四年春	明太祖“诏集三宗名僧十人及其徒二千人，建广荐法华会于钟山”，参加者有力金等	《金陵梵刹志》卷一六、《释氏稽古略续集》卷二

续　表

时　间	法　会　情　况	资　料　来　源
洪武五年春	即蒋山建广荐法会，参加者有宗泐、慧日、宝金等，明太祖有《御制蒋山寺广荐佛会文》，宋濂有《蒋山寺广荐佛会记》	《金陵梵刹志》卷二、卷三
洪武五年冬	明太祖“诏复建会如四年”，参加者有力金等	《金陵梵刹志》卷一六、《释氏稽古略续集》卷二
洪武十六年八月	马皇后“小祥”，明太祖“禁在京音乐、屠宰，设斋醮于灵谷寺、朝天宫各三日”	《明太祖实录》卷一五六
洪武二十五年三月	因该春雨少，明太祖令于天禧寺“着僧官洁净坛场祈祷”	《金陵梵刹志》卷二
洪武二十七年七月	明太祖下令，“征南阵亡、病故的官员、军士，就灵谷寺做好事普度他”	《金陵梵刹志》卷二、《释氏稽古略续集》卷二
洪武三十年十月	明太祖下令，“近年多有征守、镇戍、海运官身故，及西平侯［沐英］、信国公［汤和］等亡故，都不曾超度，恁礼部择日于善世寺条设水陆三日一夜普度”	同上
洪武年间	明太祖迎取藏僧惺吉坚藏等七人，在鸡鸣寺“结坛场，广施济度”	《金陵梵刹志》卷一七
永乐五年二月	明成祖“命西僧尚师哈立麻于灵谷寺启建法坛，荐祀皇考、皇妣，尚师率天下僧伽举扬普度大斋科十有四日”	《释氏稽古略续集》卷三
永乐五年七月	仁孝徐皇后去世，明成祖为建大斋于灵谷、天禧二寺	《明史》卷一一三、《释氏稽古略续集》卷三
永乐六年七月	仁孝徐皇后“丧周期”，明成祖“命礼部于天禧寺、朝天宫设荐扬斋醮”	《明太宗实录》卷八一
宣德三年三月	明宣宗因大报恩寺“完成”，敕令“启建告成大斋七昼夜，燃点长明塔灯”	《金陵梵刹志》卷二

这些名目不一的法会（因记载问题，可能有重复者），虽然打着“为死者超升、生者解冤”以及为百姓祈福等招牌，实际上都是统治者企图借此与佛进行沟通，企求其保佑朱明王朝，并借此宣扬君权神授，肯定封建统治的合理性，为王朝祈祷祝福。如，名僧梵琦于明初两次参与蒋山法会，升座说法。其语录中载有其说法之语，我们节录一段如下：

洪武元年九月十一日，钦奉圣旨，于蒋山禅寺水陆会中升座。师云：……将此深心奉尘刹，是则名报国恩。钦惟皇帝陛下，英武仁圣，削平海内，子育兆民……特赐银帑，命善世院就蒋山禅寺修建冥阳水陆大斋一昼夜，于中作诸佛事……并召臣僧梵琦举唱宗乘。……今日圣恩，令臣僧梵琦于此升座……恩重须弥何以报？祝延圣寿万斯年。[1]

这里，梵琦不仅歌颂明太祖“英武仁圣，削平海内，子育兆民”，而且两称“臣僧梵琦”，并擅改经文，将皇帝置于佛之上。其“将此深心奉尘刹，是则名报国恩”，出自《楞严经》卷三。但是，经文原是：“将此深心奉尘刹，是则名报佛恩”。梵琦将佛说的“报佛恩”改为“报国恩”，可见他视“国”重于“佛”，皇帝在佛祖之上，佛教、法会都是为封建统治服务的。封建统治者在蒋山举办法会的目的，时人的一首诗中说得更为简易、明白：

宝地捧金仙，璇宫启梵筵。
真僧腾异域，开士唱三缘。
说法云成盖，谈经花雨天。
祥光凝彩绚，甘露泻珠圆。

1 《佛日普照慧辩楚石禅师语录》卷二〇《水陆升座》，见《卍续藏》第七十一册，第1420页。

大乐凭虚下，神灯彻夜悬。
胜因济妙筏，觉路指迷川。
祇树春光溢，灵山会俨然。
愿兹弘至化，皇运共千年。[1]

一句话，统治者举办法会的目的就是“愿兹弘至化，皇运共千年”，永保明王朝的统治。

永乐迁都以后，南京不再是首都，封建国家也就基本上不在南京寺院举办国家法会等宗教仪礼活动了。但是，南京的留都政府机构以及应天府、上元、江宁二县等地方政府，仍然在南京一些寺院中举办法会等宗教仪礼活动，目的当然与封建国家的法会一样。如，普惠寺，天顺年间重建、赐额，《金陵梵刹志》称，“每正旦节，百僚于此拜送表笺”[2]。霍韬自撰年谱《石头录》记载：嘉靖十七年六月十日，“进圣节表、饯胡南山侍郎于普惠寺”[3]。可见，南京百官不仅是正旦节在普惠寺拜送表笺，圣节（皇帝生日）也在此进表，普惠寺实为南京官吏拜送表笺之处。再如，法清院，正德间，上元令程栴重葺，为祝釐即祭而祈福之所，所祈之福自然不外乎社会安定、天下太平。再如，祈泽寺，嘉靖年间修葺，为祈祷雨泽之所。盛时泰有诗云：“仿佛晴云气，堕影青林隈。有日从龙去，长空起迅雷”[4]。

一些贵族、官吏往往还在私寺中举办法会等宗教礼仪活动，为王朝、为皇帝、为其自己祈福。如，瓦官寺，正德年间，魏国公徐鹏举等施建，嘉靖年间得名。万历年间，徐鹏举之子、袭爵魏国公徐邦瑞“复用三天竺故事，割其余禄以供常住”[5]，遂为魏

1 《金陵梵刹志》卷三，王偁《蒋山法会瑞应诗应制作》。
2 《金陵梵刹志》卷二八《普惠寺》。
3 《霍文敏公全集》附《石头录》卷七。
4 《金陵梵刹志》卷九，盛时泰《堕云峰》。按，堕云峰为祈泽寺左之山。
5 《弇州续稿》卷六二《重修瓦官寺祝釐圣寿记》。

国公家私寺。住持僧悟迎念魏国公“世世为天子肺腑，其履端、履长、万寿之祝，岁不过三，且与百辟共事，亡以专”，即魏国公每年只有正月初一（“履端”）、冬至（“履长”）和皇帝生日（“万寿”）三次参加为皇帝祝福之礼，而且还得与百官共祝，没有专门的场所自祝，遂每天代为祝釐，“昕旦加额，愿天子万寿无疆”[1]。实际上，瓦官寺不仅仅是僧人悟迎等代魏国公家祝釐之所，魏国公家自己也在寺中行礼，为当朝皇帝、为其家族祈福，虽至清代而不废。史称瓦官寺为“徐氏家庙”，“每逢六月六日，影堂设衮冕、桓圭，祖孙合食，虽易代不敢废也”，清人陈作霖“幼时犹及见之”[2]。

其次，南京寺院是最高统治者编造神话、神化自己的场所。如，明成祖就曾经编造神话，声称其在灵谷寺祈祷而塔影应现。寺僧们也卖力附和，说得活灵活现，神乎其神，不由得人不相信。明成祖为此专门撰写《御制灵谷寺塔影记》：

> [永乐五年] 四月十五日，朕偕灌顶通悟弘济大国师日瓦领禅伯[3]往灵谷 [寺]，观向日 [与哈立麻一起] 所见塔影。朕至，诚然默祷曰：愿祝如来大宝法王西天大善自在佛 [哈立麻] 吉祥如意，若果鉴朕诚心，则示塔影一。已而塔影随见。朕又默祝：愿天下太平，五谷丰登，家给人足，民不夭阏，物无疵疠，若果遂朕心，更示塔影一。已而复见塔影二。一时之间，三塔毕见。其色始若黄金在矿，含辉未露。俄若跃冶之金，精光煜烨。少焉如泥金布练，豪芒纷敷，若注若流。绮窗彩棂，黝垩丹碧，粲然呈露。至暮，有

1 《弇州续稿》卷六二《重修瓦官寺祝釐圣寿记》。

2 《凤麓小志》卷一《考古刹第二》。

3 “日瓦领禅伯”，《明史》卷三三一《西域三·乌斯藏大宝法王》作“高日瓦禅伯”，为哈立麻之徒，明成祖封为“灌顶通悟弘济大国师”。

五色圆光，光中见二佛像及如来大宝法王西天大善自在佛像。已而复见宝公像拱立于前。内官、僧官具以来闻，朕未之信。

至十六日，复与灌顶通悟弘济大国师往塔影之所。朕又默祝曰：明日朕初度之辰，吉庆福祥，则塔影更见。已而又见塔影二，一照于壁，一映于地，与前塔影连而为七。其色或黄或青，流丹炫紫，绀縹间施，锦绣错综，若琉璃映彻，水晶洞明，若琥珀光，若珊瑚色，若玛瑙珲瑮，文彩晃耀。若渊澄而珠朗，若山辉而玉润，若丹砂聚鼎，若空青出穴，若凤羽之陆离，若龙章之焱灼，若霓旌孔盖之飘摇，金支翠旗之掩映，若景星庆云之炳焕，紫芝瑶草之斓斑，若阳燧之迎太阳，方诸之透明水，若日出而霞彩丽也，雨霁而虹光吐也，岩空而电影掣也，闪烁荡漾，□动光溢。虽极丹青之巧，莫能图其万一。虽极言语形容，莫能状其万一。至于铃索振摇，宝轮层叠，溜瓦之鳞鳞，阑槛之纵横，玲珑疏透，一一可数。人之行走舞蹈，咸见于光中。其所服之色，各随而见。若鸟雀冲过，树动花飞，悉皆可见。而天花雨虚，悠扬交舞。

十七日，花遍下，其大者如杯，小者如钱。东西两庑又见塔影十，光辉照烛，皆如前之胜妙。十八日，朕复往观塔影，光彩大胜于前。有云彩五色，轮囷焕衍，郁郁纭纭，非雾非烟，低翔徘回葱龙塔影之上，乍舒乍敛，往而复续，变化万状，不可殚述。塔心复见塔影一，已而青篁绿树之影，纷然毕呈。塔殿上所制七生，凡异香芬馥，充达远近。至暮，留灌顶通悟弘济大国师在寺观之。十九日早，灌顶通悟弘济大国师来报，塔影第一层见如来大宝法王西天大善自在佛像三，见罗汉像六，环立左右。第二层见红色观音像一，左右见菩萨像四，侍立拱手，捧香花供养。有圆光五色覆于塔上，宝盖垂荫，璎珞葳蕤。[1]

这里，明成祖和僧人们吹捧的是哈立麻，也神化了明成祖自己。其目的无非还是肯定和歌颂明成祖，维护和加强其封建统治。

三　稳定封建国家政治

协助封建国家政治是就寺院与封建国家政治的关系而言，而其稳定封建国家政治的作用则着眼于寺院对下层社会的影响，即其发挥的稳定社会秩序、维护封建统治的作用。明代南京寺院稳定封建国家政治的作用，主要表现在以下几个方面：

第一，寺院为大批僧人提供了生活和修习场所，有利于社会秩序的稳定。

僧人聚居寺院，不得杂处民间，这是佛教戒律的要求，也是明代国家法令的规定。因此，寺院是僧人唯一合法的生活场所。

明代南京寺院众多，其中的僧人的数目也非常庞大。洪武至永乐年间，明朝定都南京，南京寺院中僧人最多。当时，各寺院不仅有常住僧人，还有各地前来的参访僧人、各布政司送来的考试度牒的行童。其中，尤其是各地的考牒行童人数最多。明太祖甚至曾经规定，将各地送考行童留于南京寺院试事三年。如，洪武二十年八月，明太祖下诏：百姓“年二十以下来请度牒者，俱令于在京诸寺试事三年，考其廉洁无过者，始度为僧”[2]。由于全国僧人、行童汇聚南京，因此南京寺院中僧人众多，寺院规模也极大。如，洪武年间，蒋山寺先移于朱湖洞南，“有为宅地形之学者，言其地湫隘，非京刹所宜”，明太祖遂命舍旧址而另择，“拓大其规制，令可容千僧”[3]。后人称，“灵谷寺原系护卫陵寝，

1 《金陵梵刹志》卷三，明成祖《御制灵谷寺塔影记》。

2 《明太祖实录》卷一八四。

3 《始丰稿》卷一一《敕赐灵谷寺碑》。

有旨赡僧千人，似难擅议”[1]。看来，灵谷寺在明初赡僧千人，并非停留于明太祖的诏令中，也是实际情况。而天界寺、天禧寺、能仁寺、鸡鸣寺在洪武年间与灵谷寺并称“京刹大寺”，永乐年间又形成南京八大寺，其中僧人都不会少，天界寺、报恩寺也达千人。万历后期，葛寅亮即称，灵谷寺“赡僧千人”，“而天界[寺]、报恩［寺］亦与鼎立，但见在实不及额”[2]。

永乐迁都以后，随着明朝政治中心的北移，考牒不再在南京举行，来南京参访的僧人也大为减少，因此南京寺院中的僧众有所减少。但是，明代中期以后，由于统治者对佛教管理的疏松和大量的出卖度牒，全国出家为僧者剧增，私度者难以数计，私创寺院也大量出现。其时，南京僧人也大量增加，寺院不断兴建。根据前文统计，明代后期南京寺院至少有300所，最高可能超过600所。这些数百所寺院中，究竟有多少僧人，史无明文，难以猜测。但是，三大寺、五次大寺却有额定之僧。根据南京礼部的规定，灵谷寺、天界寺、报恩寺三大寺各定牒僧350名、学僧150名，灵谷寺禅僧171名、律僧198名、别院僧120名，天界寺禅僧73名，报恩寺禅僧76名，加上各寺的官住、住持、教学、通经、执事、管庄［洲］等僧，则灵谷寺有僧约1000人，天界寺、报恩寺各有僧约650人。鸡鸣寺、能仁寺、栖霞寺、弘觉寺、静海寺五次大寺各定牒僧70名、学僧30名，鸡鸣寺禅僧20名，栖霞寺禅僧49名，弘觉寺禅僧13名，静海寺禅僧11名，加上各寺的住持、教学、通经、执事、管庄［洲］等僧，则鸡鸣寺有僧约140人，能仁寺有僧约120人，栖霞寺有僧约170人，弘觉寺有僧约130人，静海寺有僧约130人。合计，八大寺有僧约3000人。南京僧人之多，也可以窥见一斑。

---

1 《金陵梵刹志》卷五一《各寺公费条例·条约》。

2 《金陵梵刹志》卷五一《各寺公费条例·条约》。

众所周知，在封建社会里，生产力低下，封建剥削和压迫沉重，使得许多百姓难以为继，无以为生，不得不遁入空门，出家为僧。因贫穷而出家一直是中国古代僧人出家的主要原因，明代也不例外，明代南京寺僧同样不例外。万历时任南京吏部侍郎的叶向高指出，三代之后，“民生日众，朘削日甚，饥不得食，寒不得衣，壮不得有室，鳏寡孤独不得自存者，不知何限。而其人又率自私自利，同室之内，漠如胡越，民有穷困以死，无复之耳。于是，佛氏得以其教，群天下之穷民，而养育其中。其稍有赀财者，又夺以福田利益之说，损其有余，以补不足，庶几于古者相收相恤之义。故自王政废而佛教行，虽其清言渺论足以入人，亦以为教之便利，势有必趋而不能止也”[1]。叶向高的话虽然因为拔高三代而不那么正确，但是他说明百姓因为穷苦而遁入佛教，确实解释出僧人出家的主要原因。进入寺院为僧，不仅免除了个人原来在俗间要负担的徭役等，而且可以合法地出去乞食。有的寺院还得到大量的赏赐、施舍，或有其他收入，经济实力非常雄厚，如八大寺均有大量公田及公田收益等，寺僧生活有所保障。因此，寺院为这些大量的僧人提供了衣食等生活来源，避免他们在社会中穷困无依，四处流浪，从而“作奸犯科”，甚至铤而走险，揭起造反大旗，这对稳定社会秩序、维护明王朝的统治是有一定帮助的。

当然，寺院给僧人提供的不仅仅是衣食等物质生活来源，它还提供佛教教义等精神食粮，是僧人修习佛教的场所。佛教创始人释迦牟尼的创教学说，主要内容包括四圣谛说、十二因缘说、业力说、无常说与无我说等。这些学说互相交织，密切联系，其大纲是四圣谛说和三法印说，核心是阐发佛教的人生观。所谓四圣谛，即苦谛、集谛、灭谛、道谛，是佛教对人生和解脱

1 《金陵梵刹志》卷一六，叶向高《八大寺定租碑记》。

的总体看法和观点。苦谛认为，包括人在内的众生的生命就是苦，生存包含着烦恼、不安、困惑、痛苦。苦有二苦、三苦、四苦、五苦、八苦乃至一百一十种苦等无量诸苦。二苦包括内苦和外苦，内苦指身体生理病痛和感情、意志、思想等自相矛盾的心理活动，外苦则指外来的各种灾难祸殃。所谓三苦，一是苦苦，即遭受苦事而感觉痛苦，二是坏苦，即好事等不能长久而带来痛苦，三是行苦，即众生由于事物迁流无常不能久留而引起的痛苦。四苦是指生、老、病、死。五苦是将生、老、病、死合为一苦，再增列怨憎会苦、爱别离苦、求不得苦和五取蕴苦而成。八苦则是将五苦中的生、老、病、死重新分为四苦，再加五苦中的后四苦。所谓五取蕴苦，就是“五蕴”即构成人身的五种成分（“色”、“受”、“想”、“行”、“识”）与“取”即执著相联系，形成苦。在八苦中，五取蕴苦既是其他苦的根源，又是一切苦的聚集。

集谛亦名习谛，是讲一切存在皆由条件集合而成，就苦来说，也是由诸条件集合而成的。集谛的展开，主要是十二因缘说。十二因缘，是佛教从过程的角度，认为人生分为无明、行、识、名色、六处、触、受、爱、取、有、生、老死等十二个部分，它们辗转感果（“因”），互为条件（“缘”），说明众生生死流转的因果联系。十二因缘包括过去、现在的因果和现在、未来的因果，宣扬众生皆有三世，现在之果必有过去之因，现在之因必成未来之果。佛教宣扬，众生的行为和支配行为的意志即“业力”决定着其死后所得果报，从而分别在地狱、鬼、畜生、阿修罗、人、天六道中轮回，在苦海中沉浮，永无了期。只有皈依佛教，弃恶从善，虔诚修持，才能跳出六道樊笼，求得超出生死的解脱。灭谛阐述灭尽贪欲和痛苦的道理，以达到涅槃的最高理想境界。道谛即引向灭除痛苦、证得涅槃的正道。佛教提出的证得涅槃的途径，最重要的是八正道，即正见、正思维、正语、正业、正命、正精进、正念、正定。八正道又可以归结为戒、定、慧三学，其中正语、正业、正命属于“戒”，正念、正定属于“定”，正见、正思维属于“慧”，正精进是全面的，也是“慧”的一种表现。戒、定、慧是学佛者修持的全部内容，戒是纯洁行为，庄严操守，为定、慧打下基础，再通过定即调练心意的工夫，而生起智慧，即所谓依止于戒，心乃得定，依止于定，智慧才生。

佛教认为，“无明”即不懂得人生“无常”、“无我”的道理，是人生痛苦的最后根源。为了论证人生的无常、无我，原始佛教提出“诸行无常”、“诸法无我”、“一切皆苦”三个命题。这也是佛教学说区别于其他学说的三个特征，中国佛经翻译家称为“三法印”。后来，“三法印”中去除重复的“一切皆苦”，加上“涅槃寂静”，成为通行的“三法印”。“诸行无常”，简单地说，就是世间一切事物和现象都是变化无常的，世界上没有湛然常住、永恒不变的事物和现象。“诸法无我”，是说一切存在都没有独立的不变的实体或主宰者，一切事物都没有起着主宰作用的我或灵魂，它们都是因缘合成的、相对的和暂时的。“涅槃寂静”是三法印的终极，也就是远离烦恼，断绝患累，寂然常住。由于一切因缘和合的事物都是无常的，众生就会产生厌世之苦，追求出离世间，并进一步认识到一切事物都是无我的，舍弃我执，离弃一切爱欲，摆脱一切烦恼，终而无所依止，归结于灭，证得涅槃解脱。这样，佛教就一步一步地为众生指明了宗教出路和未来的理想[1]。

根据佛教的基本教义，人生的一切苦难与其所处的社会毫无关系，而是由于自己的“无明”即未能认识到“无常”、“无我”等“真谛”而造成的种种因缘带来的。众生只要认识到这一点，依据八正道的要求，走戒、定、慧之路，精进修持，就可摆脱苦

1　参阅方立天：《佛教哲学》，第 73～141 页，中国人民大学出版社，1991 年。

难，达到涅槃寂静的理想境界。这套教义，具有相当大的欺骗性和诱惑力。绝大多数僧人，不管是因为贫穷而出家者，还是因为感情挫折或政治失意或“作奸犯科”而遁入空门者，都不能正确认识自己苦难的原因，而受其欺骗和诱惑，在寺院中遵守戒律，一心修持，追求解脱，以达到所谓的常、乐、我、静的涅槃境界。这样，他们就脱离了社会现实生活，不再把自己的苦难归于社会秩序的不合理，进而采取与社会秩序格格不入的方式来摆脱苦难，改造社会。

物质生活的保障，加上佛教教义的欺骗和诱惑，使得绝大多数僧人在青灯古佛像下、经卷木鱼声中了此一生，这对维护现存社会秩序、稳定封建统治无疑大有帮助。

第二，寺院是俗人礼佛的场所，是佛教对俗人进行教化的基地。

如果说佛教的烦琐教义、戒律和成佛途径还主要只对出家僧人起作用的话，那些芸芸众生对此并不全部感兴趣，不到万不得已，他们不愿出家，也不愿遵守佛教的烦琐而压抑的戒律。但是，他们生活中也有种种痛苦，也希望过上幸福生活，不管是在今生，还是在来世。因此，他们不仅信仰道教等，向玉皇大帝祈祷，也皈依佛教，到寺院礼佛。因此，寺院成为佛教对俗人进行教化的基地。

佛教的因果报应、业报轮回对俗人影响最大，在一般人心目中，业报轮回就等于是佛教的基本观念。佛教宣扬，善有善报，行善积德，可以使人超脱轮回，往生西方极乐世界。西方极乐世界的状况，《阿弥陀经》描述说：

尔时，佛告长老舍利弗：从是西方，过十万亿佛土，有世界名曰极乐，其土有佛号阿弥陀，今现在说法。舍利弗，彼土何故名为极乐？其国众生，无有众苦，但受诸乐，故名极乐。又舍利弗，极乐国土，七重栏楯，七重罗网，七重行树，皆是四宝周匝围绕，是故彼国名为极乐。又舍利弗，极乐国土有七宝池，八功德水充满其中，池底纯以金沙布地，四边阶道金银、琉璃、玻璃合成，上有楼阁，亦以金银、琉璃、玻璃、砗磲、赤珠、玛瑙而严饰之。池中莲华大如车轮，青色青光，黄色黄光，赤色赤光，白色白光，微妙香洁。舍利弗，极乐国土成就如是功德庄严。又舍利弗，彼佛国土，常作天乐，黄金为地，昼夜六时雨曼陀罗华。其土众生，常以清旦，各以衣诫盛众妙华，供养他方十万亿佛。即以食时，还到本国，饭食经行。舍利弗，极乐国土成就如是功德庄严。复次，舍利弗，彼国常有种种奇妙杂色之鸟，白鹤、孔雀、鹦鹉、舍利、迦陵频伽、共命之鸟。是诸众鸟，昼夜六时出和雅音，其音演畅五根、五力、七菩提分、八圣道分如是等法。其土众生，闻是音已，皆悉念佛、念法、念僧。舍利弗，汝勿谓此鸟实是罪报所生。所以者何？彼佛国土，无三恶道。舍利弗，其佛国土尚无恶道之名，何况有实？是诸众鸟，皆是阿弥陀欲令法音宣流，变化所作。

舍利弗，彼佛国土，微风吹动诸宝行树及宝罗网，出微妙音，譬如百千种乐同时俱作。闻是音者，自然皆生念佛、念法、念僧之心。舍利弗，其佛国土成就功德如是。舍利弗，于汝意云何？彼佛何故号阿弥陀？舍利弗，彼佛光明无量，照十方国，无所障碍，是故号为阿弥陀。又舍利弗，彼佛寿命，及其人民，无量无边阿僧祇劫，故名阿弥陀。舍利弗，阿弥陀佛成佛已来，于今十劫。又舍利弗，彼佛有无量无边声闻弟子，皆阿罗汉，非是算数之所能知。诸菩萨众，亦复如是。舍利弗，彼佛国土成就如是功德庄严。又舍利弗，极乐国土众生生者，皆是阿鞞跋致，其中多有一生补处。其数甚多，非是算数所能知，但可以无量无边阿僧祇说。舍利弗，众生闻者，应当发愿，愿生彼国。所以者何？得与如是诸上善人俱会一处。舍利弗，若有善男人、善女人闻说阿弥陀佛，执持名号，若一日，若二日，若三日，若四日，若五日，若六日，若七日，一心不乱，其人临命终时，阿弥陀佛与诸圣众现在其前。是人终时，心不颠倒，即得往生阿弥陀佛极乐国土。舍利弗，我见是利，故说此言。若有众生，闻是说者，应当发愿，生彼国土。

如此繁华、富足、宁静、美妙的世界，对于生活于水深火热之中、饱受苦难煎熬的广大民众（包括僧众）来说，实在是具有极大的诱惑。

佛教宣扬，人的来世不入天国，即下地狱，没有中间道路。而如何进入天国呢？佛教宣扬，众生必须行善积德，吃斋念佛。《无量寿庄严清净平等觉经》也说，愿生净土者可以分为三辈，一是上辈，凡出家沙门，一心专念阿弥陀佛，修诸功德，愿生彼国。此辈死时，阿弥陀佛亲率大众迎接，生彼国中，得不退转，乃至成佛。二是中辈，虽不能出家作沙门，但能大修功德，奉持斋戒，向寺院布施。此辈死时，阿弥陀佛化身前往迎接。三是下辈，不能作诸功德，但能一心持念阿弥陀佛，不生疑惑。至其死时，梦中见佛，也得往生。总之，佛教宣传，众生只要行善积德，不作恶事，并皈依佛教，死后就可往生净土，享无尽之福。

佛教不仅有行善而生极乐世界的许诺，更有作恶而在六道轮回的恫吓。所谓的地狱、鬼、畜生、阿修罗、人、天等六道是什么样的情况呢？佛教宣传说，地狱里烈火熊熊，布满炽热的铜床铁柱，堕落在地狱中，要受火焚烧。地狱有三类，第一类是根本地狱，其中又有八热地狱和八寒地狱，如八热地狱中的第八阿鼻地狱，也称无间地狱，罪人受苦，永无间断，最为痛苦。第二类是近边地狱。第三类是孤独地狱，罪人在山间、旷野、树下、空中等地方受苦。恐怯多畏名为鬼，它依赖子孙祭祀或拾取人间弃物而生活。鬼也有很多类。其中，饿鬼最苦，常受饥渴苦迫，千年万载不得一食。即使得到，也立即化为猛火烧成灰烬。鬼类中，饿鬼最多，通常说的鬼即指饿鬼而言。畜生，谓傍行的生类，指飞禽走兽以及蜎飞蠕动、水游地藏的各种动物。阿修罗，是魔神，本在天国，因多怒好斗，失去天德，被撵出天界。人，即人类，没有永恒实体，只有暂时性质。天，即天神，居于美妙空间，享受高级生活，但是生命也有终了之时，还有生死轮回。佛教宣扬，众生若不能弃恶从善，皈依佛教，就会在六道中轮回流转，永无了期。如果说极乐世界让许多人向往的话，那么六道中的地狱、畜生、饿鬼等着实令人恐惧，对一般信众的震慑作用更为巨大。想到死后会往生地狱、畜生、饿鬼等道，几乎所有人都会不寒而栗。

俗人进入寺院礼佛，不仅可以从或庄严肃穆、或和蔼可亲、或凶神恶煞的佛像中感受到为善弃恶的“神示”，寺僧也会向他们宣扬极乐世界的美妙、地狱的恐怖，促使他们行善积德，去恶止非。佛教对僧人和众生宣扬的行善去恶，无疑包括遵守封建国家的法令制度，维护现存秩序，逆来顺受，自我安慰，自我麻痹，做王朝顺民。实际上，这也是历代封建统治者提倡佛教、保护寺院的最主要原因，也是所谓的佛教的“阴翊王度”的作用。明宪宗在保护南京灵谷寺的敕令中即说:“佛氏之教，以空寂为宗，以慈悲为用，开导善类，觉悟群迷，功德所及，无间幽显，此有国家者所宜崇尚而不替也”[1]。

第三，寺院的兴建为许多百姓提供就业机会，封建国家也偶尔以工代罚，这在一定程度上缓和了社会矛盾。

毋庸置疑，寺院的兴建，浪费的是民脂民膏，消耗的是百姓

1 《金陵梵刹志》卷三，明宪宗《本寺护敕》。

血汗，往往导致社会矛盾的激化。但是，在封建剥削总量不变或虽有增加而百姓尚能承受的情况下，封建国家或者贵族、官僚、地主、商人或者寺僧等将其通过剥削等途径所得的一部分拿出来兴建寺院，无疑也是一种经济再分配。我们知道，寺院的兴建，需要砖瓦木石等物料，需要工匠民夫等人力。工程之起，就为成造、运输物料之人以及建筑工匠、民夫等提供了就业机会，使他们通过自己的劳动，能获得一些收入。寺院购买物料时需付给物价（檀越施舍物料者除外），这是理所当然的，史籍中记载也较多，自不用说。对于建筑的工匠、民夫等是否要付工钱，史籍中记载却不多。当然，其中肯定有义务劳动的，但是大部分应是收取报酬的。如，明初工部侍郎黄立恭修理天禧寺塔等，“一时从者如流”，明太祖敕礼部并光禄寺“馔素羞以饭诸人”，黄立恭“职工部，掌诸名材、诸匠属焉，一一皆佣其工”，“其佣工之资皆厚之，世人有所不及”[1]。永乐年间开始的大报恩寺之建，“奉敕按月给粮赏”[2]。以明太祖、明成祖尚供应饭食或给粮赏，黄立恭尚付“佣工之资”，其他人也就可想而知了。至明代后期，葛寅亮在对南京三大寺、五次大寺清田定租以后，规定各寺收入除支付众僧俸粮、寺院日常耗费以外，其余均作为寺院修理殿堂之费，并明确规定寺院五年必须大修一次，届时还要扣减众僧俸粮，以补工费。可见，寺院的兴建和修理是其支出的一个重要方面。明代南京兴建寺院众多，修理不断，为许多百姓提供难以数计的就业机会，使他们得以通过自己的劳动获得一定的收入（或饭食），以维持生活，从而在一定程度上缓和了社会矛盾。

封建国家还往往对参建国家寺院的工匠、民夫予以赏赐，或以工代罚。明初南京国家寺院的兴建，有不少是征发军夫、工匠

1 《金陵梵刹志》卷三一，明太祖《御制黄侍郎立恭完塔记》。

2 《金陵梵刹志》卷二《钦录集》，宣德三年。

等应役完成的。其中，有不愿服役而“犯工”者，也有原来触犯封建国家刑法而被征调来服役者。明朝政府在寺院工完后，往往对参建者加以赏赐，对“罪犯”以工代罚，减轻处罚，或加赦免。如，洪武十四年灵谷寺之建，明太祖用“罪犯”服役，“不劳一民，而以戾于法者充工”[1]。次年九月，寺成，明太祖表示：“朕为释迦道场，役百工，各施其伎。今百工告成，朕善其伎，特命礼曹赐给之。工曹复奏，伎艺若是，有犯工者五千余人，为之奈何。朕忽然有觉。噫！佛善无上，道场既完，安敢再罪？当体释迦大慈大悯，虽然真犯，特以眚灾一赦”[2]。再如，永乐十一年七月，明成祖下令对参建大报恩寺的军夫、人匠加以赏赐：“如今京城起盖大报恩寺，那军夫、人匠每好生用心出气力，勤紧做工程，我心里十分喜欢。恁礼部家便出榜去，分豁等第赏他，仍免他家下差拨”。礼部拟定的赏赐方案具体如下：

一、军夫、人匠做工一年以上、始终不曾离役者，每名赏钞十锭，赏布二匹，夫匠免户下杂差役，旗军免余丁差拨各二年。做工半年以上、始终不曾离役者，每名赏钞八锭，赏布一匹，夫匠免户下杂拨差役，旗军免余丁差泛各一（名）[年]。做工三月以上、始终不曾离役者，每名赏钞五锭，夫匠免户下杂泛差役，［旗］军免余丁差拨各半年。做工中间曾离役一次、复自来上工者，再计其上工月日，或有一年以上，或有半年以上，或三月以上，俱照前例给赏优免。做工中间曾离役二次以上者，不赏不免差拨。有做本名下工程已了、再情愿出力做工者，赏钞二十锭，赏布四匹，免其差拨三年。

1 《始丰稿》卷一一《敕赐灵谷寺碑》。

2 《明太祖御制文集》卷一六《灵谷寺记》。

> 一、为事军民、官吏人等，上工始终不逃者，原犯笞、杖罪名，盖寺满日，官吏复其职，役军还原伍，民发宁家。原犯徒、流罪名，盖寺满日，军官复其原职，民官降等序用，吏役人等差役、宁家。原犯死罪者，盖寺完日，俱宥其死。[1]

军夫、人匠等按规定为封建国家服役本是其“职责”，但是在兴建国家寺院的工程中，他们却额外得到了赏赐，有的“罪犯”还得以减刑或赦免，甚至官复原职，这对改善他们的生活、缓和社会矛盾是有帮助的。如，明太祖赏赐、赦免参建灵谷寺的“罪犯”以后，当他亲临视察时，“欢声动地，感佛慈悲”[2]。

当然，不可否认，明代南京的一些寺院，如百福寺等，也是不少封建国家所谓的逃军逋囚等“罪犯”以及政治反对派隐身之处，有可能成为社会动乱的策源地，从而威胁明王朝的封建统治。但是，由于管理较严，辅以教义的宣讲，加上南京整个城市以及各寺院的经济状况都比较好，所以有明一代的南京寺院中并未出现动乱之事。

可见，通过对僧人和一般百姓宣讲佛教教义等手段，明代南京寺院及佛教麻痹了人民群众的斗争，消磨了他们的斗志，使他们安于现状，寄希望于所谓的来世，从而缓和了阶级矛盾和社会矛盾，稳定了社会秩序，维护了封建统治，达到了封建统治者预期的目的。无疑，它给广大人民套上更加沉重的封建枷锁，应当予以否定。不过，也应指出，在整个封建社会还难以有质的飞跃的条件下，寺院和佛教所发挥的稳定社会秩序、维护封建统治的影响，对于当时生产发展和人民生活在一定程度上也是一件好事。明代南京社会稳定、经济发展，与之不无关系。

1 《金陵梵刹志》卷二《钦录集》，永乐十一年。

2 《明太祖御制文集》卷一六《灵谷寺记》。

另外，明初通过封授藏传佛教上层僧人，实现了对西藏、青海等地的管理。一些藏僧先后来到首都南京，接受明王朝的封号，进行朝贡贸易，且“终明世奉贡不绝”，“交错于道”[1]。这些藏僧至南京，多与寺院发生联系。如，洪武七年五月，和林国师朵儿只怯烈失思巴藏卜等至南京，献佛像、舍利及马二匹，明太祖“诏以佛像、舍利送钟山寺”[2]。永乐元年二月，明成祖赐西藏必力工瓦等国师所遣朝贡人等宴于天禧寺[3]。因此，明代南京寺院在加强民族团结、维护国家统一方面也起了一定作用。

第二节　对经济的影响

寺院既是一个宗教实体，同时也是一个经济实体，因为它在行使宗教职能时，也要争取经济保障，从事经济活动，从而与经济发生联系。明代南京寺院也是如此。其经济活动对当时经济的影响，主要表现为加速土地兼并、耗费巨额钱财、流失大量赋役、促进经济交流，等。

一　加速土地兼并

明代南京的许多寺院都占有一定数量的土地，在明代土地兼并潮中发挥着推波助澜的影响。

如前所述，明代南京寺院在建立和发展过程中，通过皇帝赏赐、官府拨给、檀越施舍、寺僧典买等各种途径，许多寺院占有数额不菲的公田，成为一个个寺院地主。据前面的统计，明代后期南京各寺院有公田者计 95 所，共占有公田 72029 亩余。有的寺院田连阡陌，最高者达 34393 亩余。为了对明代南京寺院占有的

1 《明史》卷三三一《西域传三》。

2 《明太祖实录》卷八九。

3 《明太宗实录》卷一七。

这些公田有更加形象的了解，这里先以江宁县为例，对其作一比较。据正德《江宁县志》记载，该县明初共有官民田土 728784 亩有奇，因为“滨江有坍塌或湖堰有消长”等，正德时为 721350 亩零[1]。南京寺院占有的全部公田，是江宁县明初全部土地的近 9.9%，正德时的近 9.99%。假设明代南京寺院的公田都在江宁县，则该县十亩土地中，就有将近一亩归属这些总共不到 100 所的寺院所有。而这些公田，恰恰就集中在江宁、上元、溧阳、溧水、高淳等几县。再以应天府为例。据万历《应天府志》的记载，该府田土最多时为洪武年间，有 7270125 亩[2]。则南京寺院占有的公田，是应天府全部田土的近 1%。寺院公田占有之多，确实令人吃惊。

数额庞大的寺院公田无疑是明代南京寺院占有的土地的主体，但是这些寺院占有的土地绝不仅此。各个寺院，还占有着一定量的寺基。这些寺基虽然多少不等，但是合计起来也数额不小，是寺院占有的土地的另一重要部分。明代南京各寺院的寺基，《金陵梵刹志》各卷多载，我们据之制成下表。（见表二）

表二　明代南京寺院寺基统计表

寺　名	寺基面积（亩）	寺　名	寺基面积（亩）	寺　名	寺基面积（亩）
灵谷寺	500	一真庵	1	资福寺	4
栖霞寺	120	积善庵	2	静明寺	8
衡阳寺	不详	清凉寺	20	高座寺	50
铜井院	2	伽蓝庵	2	安隐寺	100
十方律院	11.5	永庆寺	416丈	宝光寺	15
吉祥庵	1	狮子窟	不详	均庆院	3
回龙庵	2	定林庵	不详	月印庵	5
龙华庵	1	净乐庵	10	永宁寺	15
圆通庵	1	正觉庵	2	永宁院	15

1　正德《江宁县志》卷三《田亩》。
2　万历《应天府志》卷一九《田赋》。

续 表

寺　名	寺基面积（亩）	寺　名	寺基面积（亩）	寺　名	寺基面积（亩）
慈悯庵	4	净土庵	2	宝林庵	6.1
兴善寺	10	瓦官寺	40	瑞相院	3
观音庵	5	凤游寺	10	永兴寺	25
观音阁	129丈	华光庵	3	普照寺	5
苜蓿庵	2	一苇庵	2	惠应寺	50
佛国寺	35	五云庵	2	安隐院	5
普济庵	2	千佛庵	1	西天寺	30
清果寺	3	普利寺	10	德恩寺	30
梵惠院	2	封崇寺	10	大慧庵	2
茶亭庵	4	正定庵	5	到彼庵	2
地藏庵	2	鹫峰寺	10	普德寺	150
翼善寺	10	回光寺	50丈	碧峰寺	100
广惠寺	3	千佛寺	3	永福寺	5
祈泽寺	21	正觉庵	2	崇因寺	14
天宁寺	5	承恩寺	172丈	英台寺	8
云居寺	3	观音庵	1	慈善寺	8
庄严寺	15	佑国庵	2	兴福寺	2
定林寺	5	观音庵	1	凤岭寺	10
东霞寺	10	普缘寺	8	外永宁寺	20
外永福寺	9	唱经楼	2	德胜寺	30
光相寺	7	普贤庵	1	广兴寺	4
天隆寺	5	吉祥寺	35丈	智安寺	2
积善庵	2.56	金陵寺	10	德寿寺	14
三禅寺	6	嘉善寺	15	永泰寺	8
安平寺	3	崇化寺	10	祝禧寺	45
登台寺	8	幕府寺	3	极乐寺	2
慈光寺	5	吉祥庵	3	花岩寺	50.8
无垢寺	5	妙泰寺	5	慧光寺	3
紫草寺	10	三塔寺	56	祖堂寺	243.2
华严庵	2	普惠寺	50	吉山寺	3
广惠院	3	弘济寺	5	永泰讲寺	5.2
崇善寺	3	观音寺	2	宁海寺	5
宝善寺	4	清真寺	10	静居寺	5.69
龙泉庵	1	梵惠寺	3	懋德庵	8
隐静寺	3	接待寺	3	清福寺	6
本业寺	10	积善庵	3	栖隐寺	3

续　表

寺　名	寺基面积（亩）	寺　名	寺基面积（亩）	寺　名	寺基面积（亩）
普济庵	1.5	中和庵	8	葛塘寺	5
普济寺	3	报国庵	4	真如寺	6
山海院	18	报恩寺	400	妙明寺	5
法清院	4	能仁寺	150	福兴寺	31
香林寺	30	华严寺	20	后阳寺	2
吴读庵	4	外鹫峰寺	6	清修院	5
许村庵	不详	圆通庵	1	后黎寺	2
多福寺	不详	弘觉寺	21里30步	建昌寺	9.89
桂阳寺	不详	外承恩寺	32	西林寺	5
草堂寺	4	通善寺	1	般若寺	5
慈仁寺	12	广缘寺	1.6	明性寺	3
天界寺	600	三山寺	15	衲头庵	2
鸡鸣寺	100	圆通寺	6	高台寺	3
静海寺	30	佑圣庵	4.8		

上表中的176所寺院，除去个别寺院寺基面积不详，还有几所寺院的寺基只有周长（单位：里、丈、步），而不知其具体长、宽，难以计算面积以外，其他有明确寺基面积记载的寺院共占有寺基3863.84亩。各寺院公田加上寺基，则万历后期南京各寺院共占有土地计75893.60亩。而这些，还不包括《金陵梵刹志》卷五三所载的有公田的窑墩庵、西坟庵、清溪庵、万松庵四寺以及所谓的“最小不入志”的百余所寺院占有的寺基、土地。

在寺院占有的这些土地中，公田是可以耕种、利用的土地自不用说。寺基也多在城市居民区或乡村村落中可以耕种或利用的土地上，因为寺院一般都不会建于荒山绝岭之上，或湖泊河流中间。因此，明代南京寺院占有的这些土地，绝大部分是可以耕种或者利用的。寺院通过各种手段获得这些土地，就使这些土地或从原有地主，或从小自耕农手中集中于寺院，因此其本身也是地主阶级土地兼并的一部分。寺院地主加入地主阶级的土地兼并争夺，加速了明代南京地区的土地兼并。

与一般士庶地主相比，寺院较少受到政治风波等影响，寺院土地也很少会出现“千年田八百主”的频繁更迭，具有相对稳定性、长期性。明代政府又保护寺院财产，严禁寺院出卖土地，而对被出卖或流失的寺院土地又采取严厉措施收回归还。这样，就使寺院卷入土地兼并具有更为深远的影响，它一方面为寺院提供了生存和发展保障，为一小部分世俗人口（如寺院佃农、铺户等）提供了生产资料，另一方面也使土地被寺院地主更加稳定、长期地占有，广大百姓的处境更为艰难，从而加剧社会矛盾。对此，嘉靖年间的霍韬曾有论述。时有一地方官林汝桓“愤寺田尽归权要”，采取措施，“凡僧田尽用公帑赎回给僧”。霍韬颇不以为然，很不客气地修书指责说:“费官银以庇髡者，颇为名教之累”，“京官无差役，十年而止尔，承僧田而脱十数年之差役。曾几何时，或升外任，或休致，或物故，则亦平人之家耳，为利害曾几何耶”，“夫权要承田，固曰可恶。然人岂有十数百年不死者，苟死矣，则子孙有求为平民不可得者矣，其为利为害可指日计也。若举而赀僧焉，遂为异端禽兽千百年无涯之害”，“惟能放淫诐诐，而夺其资生之源，俾之日消日尽，斯可矣”[1]。霍韬此信，充满了保守封建士大夫独尊儒学、禁绝佛教的气味，是我们应当加以批判的。但是，其信中指出的寺院地主占有土地所具有的稳定性、长期性，确是不争的事实。

二　耗费巨额钱财

明代南京寺院也是一个庞大的耗费实体，其中耗费了大量的钱财。

明代南京寺院耗费的大量钱财，首先是用于寺院的兴建和修理。在前文中，我们曾经先后探讨了明代南京寺院兴建和修理的

1 《霍文敏公全集》卷六下《与林汝桓》。

过程，以及它们所用经费的来源，现在我们再来研究它们究竟耗费了多少钱财。研究这一问题，从以下几个方面着手：

第一，兴建和修理寺院众多。明代南京寺院的总数在历史上仅少于南朝时期，位居第二。不过，由于生产的发展，技术的进步，明代社会的富裕程度和工艺水平远非南朝可比。明代南京寺院总数虽然少于南朝，但是兴建和修理这些寺院所耗费的钱财，则是南朝时难以企及的，也超过此前其他任何一朝。

第二，兴建和修理时间长。这也可以从两个方面来分析。其一，明朝历时长久，因此有明一朝，南京寺院兴修史也很长久。明代南京寺院众多，兴修频繁。仅以三大寺、五次大寺为例。万历后期，南京礼部规定，“每年终查有应修理处，将二季缺僧粮及余剩银充用”，每五年还有“大修一次”[1]。尽管我们不能准确说明明代南京各寺院兴建和修理的年代，但是说明朝260余年中，南京寺院年年皆有兴建和修理工程当不为过。这也是六朝不能望其项背的。其二，单个寺院兴修周期长。由于寺院殿堂众多，像设复杂，所以建筑规模都比较大，而且寺院建筑一般都追求高大庄严、金碧辉煌，所以建筑周期都比较长。如，大报恩寺以国家之力兴建，但是自永乐十年十月十三日“兴工”，至宣德三年三月十一日，历经三朝16年，“尚未完备”，以致明宣宗大为光火，下令督工太监、官员“即将未完处所用心提督”，限该年八月“都要完成”，“迟误了时，那监工的都不饶”[2]。其他那些非国家兴建的寺院，更不用说。如，定林寺重建，开始于天顺四年，落成于成化十八年，历时23年。鸡鸣寺，弘治年间重修，历时6年。普照寺，嘉靖年间仅重修前殿，也历时3年8个月。从记载来看，明代南京寺院的单位兴建或修理时间，少则一年，多则几年，甚

1 《金陵梵刹志》卷五一《条约》。

2 《金陵梵刹志》卷二《钦录集》，宣德三年。

至十余年，有的还超过二十年。兴建和修理时间长，耗费的钱财也难以数计。

第三，寺院殿堂众多，像设复杂，且追求庄严、辉煌。大型寺院的宗教建筑一般包括天王殿、大雄宝殿、伽蓝殿、祖师殿、观音殿、轮藏殿、法堂、毗卢阁、藏经殿、方丈等，僧人生活建筑包括僧房（宿舍）、香积厨（厨房）、斋堂（食堂）、职事堂（库房）、茶堂（接待室）等。即使小型寺院略有减省，但是大雄宝殿、僧房、香积厨、斋堂等都不会缺少。寺院建筑之多，远非一般民居可比。这些殿堂之中，还有各自不同的像设，庄严辉煌。如，天界寺毗卢阁，“上供法、报、化三佛，及设万佛之像，左右庋以大藏诸经，法甋后延观音大士，示十普门，下奉毗卢遮那如来，中坐千叶摩尼，宝莲华座，一一叶上有一如来，周匝围绕，旁列十八应真罗汉、二十威德诸天。珠瓔宝幢，幡盖帷帐，香灯瓜华之供，靡不毕备”[1]。另一方面，寺院的建筑都追求高大庄严，金碧辉煌。如，灵谷寺“规模气象，轩豁雄丽，望之翚飞，积之山立”[2]。天界寺毗卢阁梁柱门窗等“皆以刻画髹彩，金碧丹垩为饰。阶所庭溜，甃以碱石，其平如掌”[3]。永宁寺“台殿廊宇，金碧黝垩，焕然郁然，翱翔突兀”[4]。花岩寺“因高为台，缘曲为梯，悬虚以为楼阁，挹旷以为轩槛”[5]。明代南京寺院中，无论是规模之巨大，还是殿堂之崇丽，均以报恩寺为首。报恩寺“准宫阙规制”[6]，《金陵梵刹志》卷二记载其各殿丈尺如下。（见表三）

1 《金陵梵刹志》卷一六，姚广孝《天界寺毗卢阁碑》。
2 《始丰稿》卷一一《敕赐灵谷寺碑》。
3 《金陵梵刹志》卷一六，姚广孝《天界寺毗卢阁碑》。
4 《金陵梵刹志》卷三五，黄谦《重开山碑记略》。
5 《献花岩志》序。
6 《金陵梵刹志》卷三一，陈沂《琉璃塔记》。

表三　明代南京报恩寺各殿丈尺表

殿　　堂	高　　度	进　　深	长　　度
金刚殿	三丈一尺二寸	三丈五尺二寸五分	七丈六尺
左碑亭	四丈五分	二丈一尺	三丈三尺五寸
右碑亭	四丈五分	二丈一尺	三丈三尺五寸
天王殿	四丈六寸五分	四丈八尺五寸	八丈三尺五寸
佛殿	七丈一尺五寸	十一丈四尺三寸	十六丈七尺五寸
穿廊	二丈六尺	二丈七尺二寸	三丈二尺九寸
巡游廊	二丈四尺四寸	三丈二尺九寸	一丈七尺五寸
观音殿	四丈二尺四寸五分	三丈六尺	五丈九尺
法堂	三丈八尺	四丈六尺五寸	八丈一尺
御亭	三丈一尺二寸	三丈五分	七丈六尺
祖师堂	二丈八尺五寸	三丈三尺	四丈三尺
伽蓝殿	二丈九尺	三丈五尺五寸	四丈六尺六寸五分
经藏殿	四丈一尺八寸	五丈三尺五寸	五丈三尺五寸
轮藏殿	四丈一尺八寸	五丈三尺五寸	五丈三尺五寸
画廊（一百一十八间）	二丈二尺六寸	二丈四尺五寸	每间二丈四尺五寸
禅堂	四丈三尺五寸	六丈四尺	十一丈二尺
厨房	三丈三尺四寸	五丈六尺三寸	十一丈九尺
库房	二丈八尺一寸	五丈一尺八寸	七丈五尺
经房	二丈三尺五寸	三丈五尺	七丈二尺
东方丈	二丈八尺五分	五丈一尺八寸	七丈五尺
西方丈	二丈八尺五分	五丈一尺八寸	七丈五尺

该寺“基地悉用木炭作底，其法先插木桩，然后纵火焚烧，化为烬炭，用重器压之使实，因是地质不复迁变，方受重量建筑，上铺硃砂，取其避湿杀虫”，“全部建筑以四天王殿及大殿最极壮丽，下墙、石坛、栏楯均用白石，雕镂工致”[1]。

寺院众多的建筑和像设，需要大量的物料作保证，耗费钱财难以说清。

第四，动用人夫众多。由于寺院兴建和修理工程量庞大，所以投入的工匠人夫等也极其众多。洪武年间第一次移建蒋山寺，

1 《金陵大报恩寺塔志》卷首《大报恩寺全图》。

仅是宝公塔之徙，明太祖就“遣亲军五万余人”。第二次移建，又以“犯工者”五千人为之。大报恩寺之建，所役更多，有“军、匠、夫役十万人”[1]。有明一朝，南京寺院在兴建和修理中动用的军、匠、人夫等，也是不计其数。

寺院的兴建和修理耗费了大量钱财。即以可见钱财来看。灵谷寺中，仅无量殿即“费可万金”[2]。栖霞寺天王殿，万历年间重建，“逾十一载，先后约费几二千金”[3]。鸡鸣寺，弘治年间重修，“凡六阅寒暑，所费几数千百缗”[4]。天禧寺舍利塔，洪武年间，工部侍郎黄立恭重修，“诸费折黄金二万五千两”[5]。而永乐年间开始的大报恩寺之建，仅琉璃塔“通共用过钱粮银二百四十八万五千四百八十四两，又三保太监郑和西洋回，余金钱数百万，亦用于是”[6]。至于动用的军、匠、人夫等，虽非钱财，但是若用于生产，可创造出大量的钱财，因此无疑也是钱财的耗费。南朝宋明帝曾夸耀所建“备极奢丽”的湘宫寺为自己“大功德”，大臣虞愿则一针见血地指出，“此皆百姓卖儿贴妇钱所为”[7]。明代南京寺院之建，耗费的巨额钱财仍是“百姓卖儿贴妇钱”!

其次，明代南京寺院的大量耗费用于僧人的俸薪、口粮等。明代南京僧人众多，寺院经济也有一定规模。寺院经济收益的主要部分，都用于给发僧人的俸薪、口粮，维持僧众的生活。借助于前文的明代后期南京八大寺支出统计表，将米以每石银五钱折算，我们可以更加清楚地看出僧众的俸薪、口粮在寺院收益中所占比例。其中，灵谷寺每年净收益为银3433.2455两，而僧众薪

1 《金陵梵刹志》卷二《钦录集》，宣德三年。

2 《金陵梵刹志》卷三，吕柟《游灵谷记》。

3 《金陵梵刹志》卷四，陆光祖《重建栖霞寺天王殿记》。

4 《金陵梵刹志》卷一七，王僎《重修鸡鸣寺记略》。

5 《金陵梵刹志》卷三一，明太祖《御制黄侍郎立恭完塔记》。

6 《金陵大报恩寺塔志》卷首《大报恩寺塔》。

7 《南史》卷七〇《虞愿传》。

俸、口粮为银3220.26两，占净收益的约94%；天界寺每年净收益为银1435.803两，而僧众薪俸、口粮为银1300.42两，占净收益的约91%；报恩寺每年净收益为银1529.4945两（含禅堂板头银280两），而僧众薪俸、口粮为银1391.54两，占净收益的约91%；鸡鸣寺每年净收益为银403.444两[1]，而僧众薪俸、口粮为银361.8两，占净收益的约90%；能仁寺每年净收益为银172.3795两，而僧众薪俸、口粮为银146.36两，占净收益的约85%；栖霞寺每年净收益为银363.474两，而僧众薪俸、口粮为银323.46两，占净收益的约89%；弘觉寺每年净收益为银130.4858两，而僧众薪俸、口粮为银108.82两，占净收益的约83%；静海寺每年净收益为银113.071两，而僧众薪俸、口粮为银88.14两，占净收益的约78%；可见，三大寺每年净收益的90%以上、五次大寺每年净收益的80%以上皆为僧众薪俸、口粮所消耗。

那些寺院经济薄弱的寺院，其通过僧人募缘或檀越主动施舍所得的钱粮等，也主要用于维持僧人生活。只有僧人日常生活有了保障，然后寺院才会有其他支出，这是不言而喻的。

第三，明代南京寺院的耗费还用于殿堂焚修等宗教事务。寺院既是僧人的生活场所，也是宗教活动场所。维持寺院的宗教活动，不仅需要殿堂、像设，还要燃点香、烛、灯等。遇有节日等，寺院还要置办茶点、斋供等用品。《金陵梵刹志》卷五一记载了明代后期南京三大寺、五次大寺额定的殿堂焚修各项费用，我们制成下表。（见表四）

1 按，鸡鸣寺收益，《金陵梵刹志》卷五〇《各寺租额条例》称有灵谷寺给米380石，并附有南京礼部《议鸡鸣寺附粮帖文》；卷五一《各寺公费条例》鸡鸣寺常住入数也载有灵谷寺给米380石，但在鸡鸣寺常住出数众僧口粮条又称灵谷寺给米480石，前后矛盾。若灵谷寺给米380石，则鸡鸣寺收益不敷所出，似乎应以给米480石为准。

表四　明代后期南京八大寺殿堂焚修公费统计表

寺　名	项　　　　目	每年用银（两）
灵谷寺	正殿香烛灯油，每月 0.8 两	9.6
	金刚、天王、法堂、伽蓝、祖师五处殿堂香烛灯油，每处每月银 0.2 两	12
	每月初二、十六伽蓝斋供，每次 0.3 两	7.2
	新正月礼千佛一月茶点	4
	清明、中元祀祖	3
	如来降诞、成道斋供	3
	五月圆觉会一月茶点	4
	万寿、千秋斋供	12
	年节斋供	6
	宝公诞、忌二辰斋供	3
	殿堂揭盖	12
天界寺	正殿香烛灯油，每月 0.5 两	6
	金刚、天王、三圣、观音、轮藏、伽蓝、祖师等殿、毗卢阁上、下共九处香烛灯油，每处每月银 0.1 两	10.8
	每月初二、十六伽蓝斋供，每次 0.2 两	4.8
	新正月礼千佛一月茶点	3
	清明、中元祀祖	2
	如来降诞、成道斋供	2
	五月圆觉会一月茶点	3
	万寿、千秋斋供	10
	年节斋供	5
	殿堂揭盖	10
报恩寺	塔上灯油，内府送用，大月 1931.4 斤，小月 1866.14 斤	
	大禅殿香烛灯油，每月银 0.5 两外，月支内府油 5 斤	6
	后禅殿、伽蓝殿香烛灯油，每处每月各银 0.1 两，塔殿每月银 0.1 两，办香烛，灯油内府供给	4.8
	每月初二、十六伽蓝斋供	6
	新正月礼千佛一月茶点	3
	清明、中元祀祖	2
	如来降诞、成道斋供	2
	五月圆觉会一月茶点	3
	万寿、千秋斋供	10
	年节斋供	5
	殿堂揭盖	8

续　表

寺　名	项　　目	每年用银（两）
鸡鸣寺	正殿逐日香灯	3.6
	傍殿逐日香灯	3.6
	每月初二、十六伽蓝斋	2.4
	正月礼千佛茶点	1.2
	清明、中元祀祖	1
	如来降诞、成道斋	1
	宝公诞斋	3
	五月圆觉会茶点	1.2
	万寿、千秋斋供	3
	年节斋供	2
栖霞寺	正殿逐日香灯	3.6
	傍殿逐日香灯	3.6
	每月初二、十六伽蓝斋	2.4
	正月礼千佛茶点	1.2
	清明、中元祀祖	1
	如来降诞、成道斋	1
	五月圆觉会茶点	1.2
	万寿、千秋斋供	3
	年节斋供	2
能仁寺	正殿逐日香灯	2.4
	傍殿逐日香灯	2.4
	每月初二、十六伽蓝斋	1.8
	正月礼千佛茶点	1
	清明、中元祀祖	0.8
	如来降诞、成道斋	0.8
	五月圆觉会茶点	1
	万寿、千秋斋供	2
	年节斋供	1.5
弘觉寺	正殿逐日香灯	3.6
	傍殿逐日香灯	3.6
	每月初二、十六伽蓝斋	2.4
	正月礼千佛茶点	1.2
	清明、中元祀祖	1
	如来降诞、成道斋	1
	五月圆觉会茶点	1.2

续 表

寺 名	项 目	每年用银（两）
	万寿、千秋斋供	3
	年节斋供	2
静海寺	正殿逐日香灯	3.6
	傍殿逐日香灯	3.6
	每月初二、十六伽蓝斋	2.4
	正月礼千佛茶点	1.2
	清明、中元祀祖	1
	如来降诞、成道斋	1
	五月圆觉会茶点	1.2
	万寿、千秋斋供	3
	年节斋供	2

总计起来，这些殿堂焚修费用，灵谷寺为银 75.8 两，天界寺为银 56.6 两，报恩寺为银 49.8 两，鸡鸣寺为银 22 两，栖霞寺为银 19 两，能仁寺、弘觉寺、静海寺均为银 13.7 两，是各寺中仅次于僧众俸薪、口粮的支出项目。

这些殿堂焚修诸项中，除去灵谷寺、鸡鸣寺的宝公诞、忌斋供等以外，其他多为一般寺院共有，只不过殿堂不一定有八大寺这么多，耗费也不一定有这么大。但是，几百所寺院每天不停耗费香烛灯油等，也绝不是一个小数。

在殿堂焚修公费以外，为了维持寺院的正常运转和管理，寺院还有一定数量的常住事务公费，用于购买纸札、笔墨、茶叶，以及打发公差等。前文明代后期南京八大寺支出统计表中，曾列出了各寺额定的常住事务公费银两，可见一斑。

遇有封建国家或官府或个人在寺院举办法会，也会消耗更多的香烛灯油等，施主还要计价给参与僧人付劳务费等。

总之，明代南京数百所寺院的修建和维持，耗费了巨额财富。

正统年间即有官员抨击说，“两京僧寺，其中所费不计”[1]。这些钱财，无一不是民脂民膏，分文莫非百姓血汗。万历《江宁县志》的编纂者说：

> 往记谓江南崇淫祠，侈佛寺。……［明代］其塔庙虽不复六朝之胜，然自聚宝［门］而外，无虑皆精庐矣。巨丽幽深，洛阳失色，虽杨生［衒之］载笔，未易罗缕。而增新饰旧，动逾千金。或曰涂膏衅血，以助辉煌，或曰去吝兴慈，默存劝戒。据理而言，后义为优，无论圣谛矣。[2]

对于统治者来说，这些寺院能够“去吝兴慈，默存劝戒”，起到了维护封建统治的作用。对于广大百姓来说，这“增新饰旧，动逾千金”，实际上就是“涂膏衅血，以助辉煌”，耗费民脂民膏！

三　流失国家赋役

明代南京寺院还享有免除赋役的特权，从而导致国家赋役收入的流失。

首先，寺院免除徭役，封建国家徭役大量流失。

在封建社会，赋税和徭役是支撑封建国家大厦的主要经济支柱。封建国家对广大百姓的经济剥削，也主要有赋税和徭役两个方面。在徭役征派方面，明初曾在江南的应天府等地行均工夫役。洪武元年，明朝政府因“建国之初，经营兴作，必资民力，恐役及贫民”，遂下令在直隶应天等十八府州及江西九江、饶州、南康三府“验田出夫”，推行均工夫役，即“田一顷出丁一人，不及顷者以别足之”[3]。洪武三年，明朝政府编上述二十一府州“均工夫

1 《明英宗实录》卷七八。

2 万历《江宁县志》卷四《祠宇志序》。

3 《明太祖实录》卷二六。

图册，定于农隙赴京，供役三十日遣归，田多丁少而令佃户代役者，田主出米一石，资其费用，非佃人而计亩出夫者，其资费每田一亩出米二升五合，一顷出米二石五斗”[1]。均工夫役的特点是政府佥派徭役以田亩计算，即“验田出夫”，而不是按丁。当时，寺院土地似乎也是佥派的对象，连所谓的“钦赐”田地也未获免。如，洪武十四年，明太祖赐灵谷寺赡僧田 250 顷，并未见有免役之令。次年，明太祖又分别赏赐天界寺、灵谷寺岁收 3000 石、4000 石粮的土地，特别申明免除差役。至于洪武十六年，天界寺住持行椿表示，所得钦赐田地 105 顷，因“每顷田一夫，常住盘费艰难，将田土献纳还官”，明太祖才表示“免他夫差”[2]。这就说明当时寺院也是服徭役的，同时一些寺院也获得了免役特权。

迨造黄册成，明朝的徭役佥派制度有了改革，即“以一百十户为一里，里分十甲，曰里甲。以上、中、下户为三等，五岁均役，十岁一更造。一岁中诸色杂目应役者编第均之，银、力从所便，曰均徭。他杂役，曰杂泛。凡祗应、禁子、弓兵，悉佥市民，毋役粮户”[3]。改革后的徭役主要有正役和杂役两大类，里甲称为正役，到官府应役称为杂役；政府按照各户的丁、粮多寡确定户等，“凡遇徭役，发册验其轻重而役之”[4]。男子称“丁”，不满 16 岁的称“未成丁”，16 岁以上的称“成丁”，“成丁而役，六十而免”[5]。可见，徭役的佥派是以丁、粮为准的。而僧人出家，就意味着国家“丁”的流失（即使出家时是“未成丁”，也有成丁的时候），其原来的俗家的户等势必降低，徭役负担也就不得不减

1 《明太祖实录》卷五四。
2 《金陵梵刹志》卷二《钦录集》，洪武十六年。
3 《明史》卷七八《食货志二·赋役》。
4 《明太祖实录》卷一七〇。
5 《明史》卷七八《食货志二·赋役》。

轻。寺院的土地，根据明太祖的规定，不管是钦赐，还是常住，也都免除“僧人杂派差役”[1]。这样，封建国家徭役的佥派在僧人、寺院这里无法进行，也就是徭役在寺院中流失。明初徭役的佥派，因各地具体情况而名目各不相同。以江宁县为例，“黄册编定”者有：坊长、里长、甲首；“选充”者有：老人、粮长、群长、医兽；“坊厢编当”者有：库夫、挑柴夫、拣钞夫、筛簸夫、饭堂夫、花园夫、后湖夫、铜丝匠、宣课司夫、报恩寺夫、刷印匠、黄藤匠；“均徭佥点”者有：巡拦、斋夫、膳夫、馆夫、粮夫、库子、斗级、门子、防夫、皂隶、祗候、弓兵、马夫、驴夫、解户、水夫、铺司、铺兵[2]。南京寺院中的僧人，不管其来自何处，诸多徭役显然都不用承担了。

明代中期以后，由于商品经济的发展和统治阶级对百姓人身控制的松弛，徭役中一些项目逐渐折银征收。同时，由于“正、嘉以来，事日增，役日繁”，“而差役之并于细户者日益盛，猾胥乘之恣诡寄、花分之弊”，人丁益不能支。嘉靖中期，欧阳铎以右副都御史巡抚应天十府，“悉举里甲诸项，并入秋粮，名曰均摊”[3]。这项改革是将徭役折入田亩征收，“计里甲之费于秋粮内带征”，颇为称便。但是，行之既久，弊端又生，“里甲额办、杂派等项，已征米在官，其后科派重出，所征米如故”[4]，大小官吏恣意为奸，鱼肉百姓，民困至极。因此，万历三年，有关官员奏准，“除去秋粮内带征里甲银两”，徭役诸项仍单独折银征收。以江宁县为例，万历年间的徭役银主要有里甲银和均徭驿传银两项。其中，除去一部分摊入地亩征收以外，人丁也要承担一部分。该县里甲银中，丁银额定532.64两，均徭驿传银中，丁银额

1 《释氏稽古略续集》卷二。

2 正德《江宁县志》卷三《力役》。

3 万历《江宁县志》卷三《田赋》。

4 万历《应天府志》卷一九《田赋》。

定665.8两。据万历《江宁县志》记载，该县除去官员、士绅等所谓的“优免”人丁1138丁以外，“实该当差人丁”计13316。每丁负担的里甲丁银为4分，均徭驿传丁银为5分，则每丁合计负担丁银9分。寺院僧人，都免除了这些丁银。而折入田亩征收者，里甲银计3991.9两余，每平米一石征银0.103两余；均徭驿传银计3440两余，每石银0.091两余。根据规定，寺院虽有一些土地要缴纳税粮，但是免除徭役，则这一部分折入田亩者也不用负担。

明代南京寺院僧人成千上万，明代后期仅八大寺就有约3000人，各寺院土地合计70000余亩。如果把寺院之中的丁口、土地也纳入徭役征派之列，则百姓负担会大大减轻。从另一个角度来说，寺院流失了封建国家大量的徭役。由于僧人免除徭役，因此前代一般都对出家者征收免丁钱，而明太祖规定“罢免丁钱”，并“著为令”。其后，虽有鬻牒，但是政府一次性鬻牒所得之钱远非从每个丁口身上所征得的徭役或徭役银可比，这也就是许多人不惜买牒而出家的重要原因。

其次，明代南京寺院的土地以“钦赐”为绝对主体，因此寺院土地中流失了封建国家大量的赋税。

明代的赋税制度沿袭了唐、宋以来的两税制，田赋分为夏税和秋粮两次缴纳，所缴纳的大略以米、麦为主，而丝、绢与钞次之，赋税的征收以土地为准。洪武年间规定的田赋率为：“凡官田亩税五升三合五勺，民田减二升，重租田八升五合五勺，没官田一斗二升”[1]。应天等五府州县，明太祖念为“兴王之地”，明初曾规定“民产免租，官产免租之半”[2]。但是，宣德以后，“大吏创劝借之说，民田亩科二升”，名曰“劝米”，“后以供应稍繁，

1 《明史》卷七八《食货志二·赋役》。

2 正德《江宁县志》卷三《赋税》。

加征二升"，名曰"劝耗"，"延及正德，则升科至七、八升矣"，官田之租，"嘉靖中均为一斗五升"，"而杂徭不与焉"[1]。以江宁县为例，该县万历时的赋税标准是：民田亩科六升八合九勺余，地亩科三升五合，山、塘、杂产亩科一升，官田、地、山、塘等亩科从一斗五升一合至免科不等。

明代南京寺院公田中，绝大部分为"钦赐"土地。葛寅亮称，"灵谷、天界、报恩、鸡鸣、能仁、栖霞诸刹，共赐有赡僧田近五百顷，芦洲亦几其半"[2]。根据前文统计，明代南京寺院公田共72029.76亩，其中八大寺公田计66270.56亩，占明代南京寺院公田总数的92%还强。八大寺公田中，基本上都是"钦赐"土地。而其他一些寺院，尤其是那些敕建寺院，也会有一些"钦赐"土地。因此，总体上说，"钦赐"土地是明代南京寺院公田的绝对主体。根据明朝的规定，寺院的"常住田地"须缴纳税粮，而"钦赐"土地则"税粮全免"。由于"钦赐"土地是明代南京寺院公田的绝对主体，因此南京寺院土地在明代中期以前可以说基本上不纳国家赋税。

明代中期以后，南京寺院的"钦赐"土地被陆续加派，有一部分甚至"与民间一则"。但是，这些加派多仅止于"劝借"，亩科二升，无法与民田或官田所科之数相比。被等同民田起科的"钦赐"土地，万历年间或由官府豁除，或在保证寺租的情况下由佃户缴纳，所以仍等于豁除寺院的赋税。而天界寺溧阳庄采石洲地、报恩寺戴子庄田、灵谷寺陈桥茄地洲地，则"仍照祖制，例不起税"[3]。则寺院流失的国家赋税之多，可以想见。

此外，寺院的租房、房地等商业经营也享受免税特权，这也是寺院流失国家赋税的一个方面。

---

1 万历《江宁县志》卷三《田赋》。

2 《金陵梵刹志》卷一六，葛寅亮《八大寺定租碑记》。

3 《金陵梵刹志》卷五〇《各寺租额条例》。

四 促进经济交流与发展

不可否认，明代南京寺院在促进南京以及全国的经济交流与发展方面也有一些积极作用。

首先，明代南京寺院的兴建和修理需要大量的物料，这促进了南京手工业、商业和运输业的发展。如前所述，明代南京寺院众多，兴建和修理频繁，这就需要大量相应的物料，如砖瓦、木材、石头，等等。这些物料，寺僧自己生产不出来，也不会凭空掉下来。它们需要手工业者的生产，需要商人的运输、供应。这对促进手工业、商业、运输业的发展显然是有好处的。如，明初由于建设宫阙、城市以及寺院等的需要，在南京近郊建有不少砖瓦窑，相传当时专烧琉璃砖瓦的大窑就有 72 座，有 1700 多名工匠[1]。

其次，僧人的日常生活也有很大一部分必须依赖市场，这对促进南京经济交流与发展也有一定作用。僧人的日常生活，衣、食、住是最起码的。住即僧房等建筑，上面刚刚谈过。衣即僧人的衣服，也必须有人生产，有人出卖。明代南京铺户中，即专门有以经营僧人衣服为业者。正德《江宁县志》记载，当时铺户按照经营商品的内容分为 104 行，其中即有一行专营“僧帽”[2]。至于食，粮食自然是主要的。除了一些拥有大量公田收益的寺院有佃户缴纳的粮食以外，其他寺院僧人的饭食或可依靠乞讨，或可以自己手中的钱钞到市场上购买粮食。粮食之外，僧人的食中还应包括豆腐等素菜。万历后期，八大寺普通禅僧每天额定的口粮是银一分或米二升，即用于饭食、腐菜。承恩寺没有公田，但是却有廊房 55 间、房地 15.5 间，每年收益也相当可观。这些收益大部分，应是用于僧人生活，包括购买粮食、素菜等。

1 参阅管玉春：《南京繁盛甲天下（下）》。

2 正德《江宁县志》卷三《铺行》。

第三，寺院的焚修用品以及其他用品也必须依靠市场。寺院的日常焚修以及节日、法会等佛事活动，无不需要大量的香、烛、灯油等用品。这些用品，也都必须依赖市场的供应。从前文明代后期南京八大寺殿堂焚修公费统计表中，我们已经知道，这些用品之费都是以银结算支出的，可见要用银两到市场去购买。正德《江宁县志》所载一百零四行铺户中，也有一行专门经营“香、蜡”[1]。至于寺院所用纸札、笔、墨、茶叶等，也无不有赖于市场的供应。

第四，寺院商业既是南京城市商业的一部分，也促进了它的发展。明代南京寺院的商业经营，已见前述。这些商业经营，既是当时南京城市商业的一个组成部分，也对南京城市商业的发展起了推波助澜的作用。再如，报恩寺出租大藏经板头，各地来南京请刻者纷纷。因此，在报恩寺周围形成了多家靠给来僧刻经的经铺。每当请经僧到，经铺为了抢生意，竟“前路截抢”，争将请经僧邀至自家铺内住下。万历后期，南京礼部在《请经条例》中不得不规定，禁止铺户邀截请经僧，“听其径投禅堂，管经僧即将号簿一本付与细查，随意择取经铺”[2]。经刻频繁，为之配套的纸、绢等原料需求也不断，这又为相关的手工业、商业等的发展提供契机。

第五，明代南京寺院也在促进南京与全国的经济交流方面起了一定作用。明代南京寺院的一切所用，并不都是南京本地生产出来的，有许多是来自全国其他地区的，这就促进了南京与全国的经济交流。不仅如此，由于南京寺院众多，宗教用品等需要量也特别多，因此而形成了众多的宗教用品生产和制作铺户，南京城中的这些用品竟然比一些外地城市、乡村还便宜。于是，一些

1 正德《江宁县志》卷三《铺行》。

2 《金陵梵刹志》卷四九《条约》。

商人就从南京贩卖到外地出卖，以赚其利。《喻世明言》卷二八即记载，弘治年间，南京应天府上元县有个黄公，“以贩线香为业，兼带卖些杂货，惯走江北一带地方”。后黄公使其幼女善聪假充男子做伴，贩香至庐州府，下榻于一客店。不久，黄公因病死于客店。其隔壁客房中住的，“也是个贩香客人，又同是应天人氏”。善聪遂与这位同乡结为异姓兄弟，合伙经营，“轮流一人往南京贩货，一人住在庐州发货讨帐”[1]。

总的来说，明代南京寺院在经济方面的消极作用大于积极作用。它加速了土地兼并，耗费了巨额钱财，流失了国家赋役。这些负担，最终要转嫁到广大百姓身上，使他们所受的剥削和压迫加重，消极作用很大。其促进经济交流与发展的积极作用，在消极作用面前，显然微不足道。

第三节　对文化的影响

明代南京寺院对南京乃至全国文化的发展也产生着影响。这种影响包括，寺院文化构成南京文化，寺院推动南京乃至全国佛教的兴盛和发展，寺院促进文化的发展等。另外，明代南京寺院在中外文化交流中也发挥着一定作用。

一　构成南京文化

佛教文化在很大程度上也是寺院文化，因为这种文化的创造绝大多数以寺院为基地，而且最终又有许多方面体现于寺院中。寺院文化是佛教文化的重要组成部分，也是其所在地域文化的有机构成之一。寺院文化的内容非常广泛，它包括寺院佛学、寺院文学、寺院艺术、寺院教育、寺院建筑、寺院科学（如医学、地

1（明）冯梦龙：《喻世明言》卷二八《李秀卿义结黄贞女》。

理学等）等等各个方面。举凡文化的所有分支，在寺院中基本上都有相应表现。

（一）寺院佛学

寺院佛学首先表现为寺院中僧人佛学水平。这一方面，我们在前文介绍明代南京寺僧时已经述及，兹不赘言。

寺院佛学的另一重要表现是寺院的宗派。寺院的宗派属性，受中国佛教发展的大趋势影响，也与统治者的政策以及僧人尤其是住持僧人的提倡有关。众所周知，佛教传入中国以后，至南北朝时期，经过僧人对印度佛学思想的不断消化和吸收，逐渐在中国形成了涅槃师、成实师、毗昙师、俱舍师、地论师、摄论师等六大佛学流派。当时，各寺院并无流派可以固守。僧人之间，也只重讲说，不重师承，弟子可以继承师说，也可以融汇异说。隋、唐时期，中国佛学思想进一步发展，最终形成天台宗、华严宗、三论宗、唯识宗、净土宗、律宗、禅宗、密宗等成熟的佛学宗派。这些新兴的佛学宗派，与此前的六大流派并称为“十三宗”（地论师和摄论师被当做瑜伽行学派的两个支流看待）。后来，经过再进一步的发展、归并，形成八个大乘宗派和两个小乘宗派。不久，两个小乘宗派也消失，八大宗派正式产生。这一时期，各寺院有了固定的宗派传承。但是，至唐武宗灭佛以后，除中国式的佛学禅宗及简单易行的净土宗外，那些靠讲说经典而传承的义学诸宗多走向衰落。佛学宗派和思想的发展也主要集中在禅宗内部。僧人多习禅宗，全国寺院也多为禅宗所有。至元代，统治者提倡藏传佛教，汉地佛教各宗派江河日下，更加衰微。元朝统治者遂分天下寺院为禅、教、律三类，“领于内外宣政院”，“各守其业”[1]。其中，禅即禅宗，教宗包括天台、贤首、唯识三宗，律指律宗。

1 《元史》卷二〇二《释老志》。

朱元璋攻克南京之后，在此建立根据地。当时，南京城中诸宗寺院僧人修行混乱，朱元璋下令将各寺归并，仅保留一所天界寺：

> 曩者天下兵争之日，朕居金陵，军士在征者多。金陵在城，巨细僧寺庵观数多。当是天界一寺，重门楼观，金碧荧煌，可谓寺之大者矣。其斋僧布施者，鲜入其内。其房一间为庵，三、五间为寺。……其香、灯、烛昼夜不息于小庵、小舍，何也？实非求福，乃构淫佚，败常乱俗。当是时，朕将诸寺院、庵、观一概屏除之，僧不分禅、讲、瑜伽，尽入天界寺。[1]

天界寺原为禅寺，经此归并，成为南京唯一合法存在的综合性的寺院，容纳禅、讲、瑜伽各宗。但是，不久，这一归并的弊病就显现出来。天界寺首僧“信从群小不才”，“凡有经斋去处，验帖验僧而出”，“巧取民施，以为常例”[2]。而且，这种归并寺院、只重禅宗的政策和做法，不利于佛教各个宗派的发展和百姓对佛教的需要。加上朱元璋崇信佛教，在南京又兴建寺院，所以这一归并似乎行之未久。当时，南京的禅寺有天界寺、蒋山寺等。

宋濂作《送无逸勤公出使还乡省亲记》，称有“瓦官教僧”无逸克勤奉明太祖命出使日本，回国后，明太祖复其姓，“使加冠巾出仕”[3]，此僧即前文曾提到的华克勤。日人瑞溪周凤《善邻国宝记》也记载，洪武六年，明朝派遣明州天宁禅寺的仲猷祖阐和金陵瓦官教寺的无逸克勤等为使者，到达日本。因被拘留，克勤遂写信给同属天台宗的日本京都天台座主尊道（承胤法亲王），委托其从中周旋。克勤信中，谈到了瓦官寺：“天界［寺］白庵力金

1 《金陵梵刹志》卷二《钦录集》，洪武二十四年。

2 《金陵梵刹志》卷二《钦录集》，洪武二十四年。

3 《护法录》卷八《送无逸勤公出使还乡省亲记》。

禅师以吾宗耆宿，而数召对，经论称旨，乃奏复瓦官［寺］为天台教寺，众即推某（指克勤，引者注）主之”[1]。则瓦官寺为天台宗寺院，明朝建国初尚存，为元朝规定的一所教寺。但是，不久，瓦官寺即圮废（详见前文）。因此，中国史籍，包括洪武《京城图志》均不载明初南京有瓦官寺。

至洪武五年七月，明太祖又一次下令，将天禧寺、能仁寺归并入禅寺蒋山寺：

> 蒋山［寺］系是大禅刹处所，如今你［中书］省家出给执照，与住持长老行容收执，把那天禧寺、能仁寺两处应有旧日常住田土，并寺家物件，都入蒋山［寺］砧基簿内作数，永远为业，收的钱粮等项，听从蒋山寺支用。其天禧寺、能仁寺僧人，都收入蒋山坐禅。[2]

这次归并，与起先的归并如出一辙，既不符合实际情况，也不利于佛教各个宗派的发展和百姓对佛教的需要。

洪武十五年五月，明太祖颁诏令，将僧人和寺院分为禅、讲、教三类，同时在首都南京建立国家级禅、讲、教寺院。当时的分工是："以天界［寺］安禅侣，以天禧［寺］居义学，以能仁［寺］居瑜伽"[3]。不过，寺院虽分三类，禅宗寺院仍然占有绝大多数，讲寺有一些，教寺则很少，至少在名义上如此。

讲寺以天禧寺即报恩寺为首。根据介绍，报恩寺“牒僧、学僧五百余人，一百四十八房，僧咸擅一艺，每房辄有珍玩数事。十宗兼备，每宗设一讲座，学僧得任择一宗修习”[4]。除报恩寺以

1 （日）瑞溪周凤：《善邻国宝记》卷上。

2 《金陵梵刹志》卷二《钦录集》，洪武五年壬子。

3 《金陵大报恩寺塔志》卷六，释德清《雪浪法师恩公中兴法道传》。

4 《金陵大报恩寺塔志》卷首《大报恩寺全图》。

外，明代南京的讲寺，从有限的记载来看，尚有下列诸所：

（1）栖霞寺。该寺原为三论宗祖庭，宋时改为禅寺，明代中期以前亦应如此。嘉靖年间，人推“中兴禅道之祖”的著名禅僧法会曾应请主之。但是，后来“深得贤首之印”的华宗宗名僧真节来主，栖霞寺成为讲寺。因此，《补续高僧传》称真节之徒法祥“虽居讲肆，而念佛无间”[1]。

（2）十方律院。该寺既为律宗寺院，则按照明朝的划分，亦应属于讲寺。

（3）永庆寺。建文四年四月，左都督徐增寿与僧人清古涧具本奏准：“重建永庆讲寺，起造佛殿、天王等殿及众僧房，修理宝塔”[2]。永乐年间，该寺得以重建。

（4）三山寺。洪武十三年兴建，明太祖赐额“三山讲寺”[3]。

（5）安隐寺。正统间，僧人开俊重建，上疏乞寺额，奉旨：“还与它安隐讲寺”[4]。则此寺原即讲寺。

（6）凤岭寺。宣德元年七月，名僧溥洽示寂，“敕葬凤台门外凤岭之阳，并敕建凤岭讲寺”[5]。

（7）永泰讲寺。

（8）古林寺。原为古林庵，万历年间，律僧如馨来住，化庵为寺，明神宗赐额“振古香林禅寺”[6]。实际上，该寺是如馨弘扬律宗之地，“为中兴戒律之祖庭”，人称“古林律寺”[7]。

至于教寺，仅知有能仁寺。洪武十五年四月，明太祖在任命戒资等为新设立的僧录司官员以后，又于五月下令，“除僧行果为左

1 《补续高僧传》卷二六《南岳豆儿佛传》。
2 《金陵梵刹志》卷二〇，释宗海《永庆寺缘起略》。
3 《金陵梵刹志》卷三三，释昙昕《三山讲寺实录》。
4 《金陵梵刹志》卷三四，乔宇《重修安隐寺碑记略》。
5 《金陵胜迹志》卷一〇《陵墓》。
6 《金陵马鞍山中兴律祖事迹考》。
7 《金陵马鞍山古林律寺祖庭汇志》自序。

阐教，如锦为右觉义，前去能仁［寺］开设应供道场。凡京城内外大小应付寺院僧，许入能仁寺会住看经，作一切佛事。若不由此，另起名色、私作佛事者，就仰能仁寺官问罪。若远方云游看经抄化，及百姓自愿用者，不拘是限”[1]。似乎南京的教寺只此一所，其他皆归并其中。直到明代后期，能仁寺的教寺身份并无改变。各大寺重修禅堂，供赡禅僧，而能仁寺“独缺”，“姑有待焉”[2]。

明代南京寺院佛学的另一重要表现是佛教典籍的翻译和编撰。中国的佛经翻译，东汉、西晋开始探索草创，东晋至隋代走向兴盛，唐代趋于成熟。南宋以后，佛经翻译事业陷入式微和停顿，译经极少。明初，释智光在南京译《四众弟子菩萨戒》，略补空白。至于佛经的注疏，宗泐《心经注》（一卷）、《金刚经注》（一卷）、寂光《梵网直解》（四卷）等，均有一定影响。此外，许多僧人还有语录等，其中也记载着其佛学观点等，也是明代佛学的重要著述。在大藏经的编集方面，明代在南京先后两次编集。

（二）寺院文学艺术

一般意义上的寺院文学艺术，就是以寺院或者寺院僧众活动为描写对象的文学艺术创作，它包括寺院中的寺、殿匾额楹联，士、僧等吟咏寺院或寺僧活动的诗文，以及寺院中的书法、绘画、雕塑等。明代南京寺院文学艺术创作十分繁荣，产生了大批优秀作品。

寺名、殿名的题匾书额，在中国很早即已盛行。但凡新建寺院或佛殿，寺僧都会请求皇帝赐额或者名家书额，悬挂于寺门或殿门之上，作为标识。前面介绍明代南京寺院的兴建时，已经多次见到。但是，这些纯粹作为寺院标识的匾额许多并不具有文

1 《释氏稽古略续集》卷二。
2 《金陵梵刹志》卷一六，葛寅亮《八大寺重修禅、律堂及赡田碑记》。

学韵味，与匾额文学相去甚远。真正可以纳入文学范畴的匾额，是指那些明显带有题撰者的主观认识与情感的匾额。这类匾额在明代南京寺院中也司空见惯，在在有之。史籍中记载者，如，鸡鸣寺有三座山门，明太祖分别命名为“秘密关”、“观由所”、“出尘径”[1]，给人以超脱出俗的鞭策和指引；华藏庵有魏国公徐宏基“清净声闻”四字匾额[2]，揭示出寺院的佛教性质。寺院中的楹联也很多。如，栖霞寺方丈中，“吉阳何迁所书匾及联尤夥”[3]。寺院楹联一般都具有很强的文学性。如，栖霞寺绿萝庵隐于修竹之中，有联“小洞穿斜竹，重岩夹细莎”，描绘的完全是一幅恬静悠然的世外桃源景象，毫无香火之气，但是又“若足称实景”[4]。

寺院诗文是寺院文学的主体，在寺院文学中数量最多，品位也最高。明代南京的寺院诗文十分繁富，葛寅亮称明朝“建都列署三百年于兹，卿尹大夫之干旄，隐士骚人之芒蹻，聚宝以南，栖霞以北，几无虚日，其诸藻裁，想当绮叠”[5]。《金陵梵刹志》收录明人寺院诗歌 120 余首，散文 170 余篇。这些诗文，“采拾止于郡邑志所载，诸未经目，不暇骈罗”[6]，因此远不完备，充其量只是明代南京寺院诗文的十分之一，甚至更少。如，弘觉寺，《金陵梵刹志》收录的有关明人诗歌共 16 首，散文 11 篇；而与葛寅亮同时的盛时泰的《牛首山志》收录的有关明人诗歌达 64 首，散文计 7 篇。花岩寺，《金陵梵刹志》收录的有关明人诗歌共 10 首，散文 2 篇；盛时泰《献花岩志》收录的有关明人诗歌 81 首。灵谷寺，《金陵梵刹志》收录的有关明人诗歌共 17 首，散文共 13

1 《金陵梵刹志》卷一七《鸡笼山鸡鸣寺》。
2 《白下琐言》卷八。
3 《栖霞小志》。
4 《栖霞小志》。
5 《金陵梵刹志》凡例。
6 《金陵梵刹志》凡例。

篇；而清人谢元福《灵谷禅林志》收录的有关明人诗歌达250余首，散文计41篇。栖霞寺，《金陵梵刹志》收录的有关明人诗歌共6首，散文16篇；清人陈毅《摄山志》收录的有关明人诗歌达43首，散文计17篇。然而，即使是《牛首山志》、《献花岩志》、《灵谷禅林志》、《摄山志》所收者仍多是“卿尹大夫”之类的高官或与作者有唱和的文士之作，一般“隐士骚人”诗文缺漏甚多。如，明季四公子之一的方以智，崇祯年间寓居南京，多有寺院诗文，但清人所编方志及寺院志均未见收录。至于一般无名文人之作，就更不用说了。

寺院诗歌，或者吟寺，或者吟祀，或者吟佛，多借以抒怀，表达作者或忧或喜或悲或忿的心理感受。如，王世贞《报恩寺塔歌》：

壮哉窣堵波，直上三百尺。
金轮撑高空，欲斗晓日赤。
浮云遏不度，穿泉下无极。
钟山颉颃一片紫，余岭参差万里碧。
高帝定鼎东南垂，文孙潜启燕王师。
燕师百万斩关入，庙社不改天枢移。
六军大酺万姓悲，欲向罔极酬恩私。
阿育王家佛舍利，散入支那有深意。
中夜牟尼吐光怪，清昼琉璃映纤碎。
帝令摄之置塔中，宝瓶严供蜀锦蒙。
诸天悉凭龙象拥，千佛趺坐莲花同。
匠师琢石细于缕，自云得法忉利宫。
亦知秋毫尽民力，谬谓斤斧皆神工。
波旬气雄佛缘尽，绀宇雕阑销一瞬。
乌刍额烂走不得，韦猷心折甘同烬。

海东贾客莫浪传，此塔至今犹岿然。
老僧尚夸护法力，永宁同泰能几年。[1]

诗的前部首先描写了报恩寺塔的壮丽高耸，中间追叙“靖难”之役给广大百姓带来的痛苦和建塔经过，最后谴责了建塔浪费了民力，说明佛法并不能保佑长治久安，表达出作者对百姓疾苦的深切关心和对佛教的较为清醒的认识。

寺院散文包括碑文（纪功碑文、寺殿碑文、墓碑塔铭）、游记、杂记以及颂赞等，或记人记事，或描写美丽景色，或赞美佛、僧法力、灵验等，也是明代南京寺院文学的重要组成部分。如，陈文烛《三宿岩记》写道：

南京下关，去城四、五里，有静海寺，余常过之。住持请余游山亭。南京名园假山者众矣，而此山突怒偃蹇，负土而出，奇怪万状，涣若奔云，错若置碁，怒者虎斗，企者鸟厉，如熊罴之士鼓勇而立，又如战马森列，渴而饮于溪也，昔人所谓抉其穴而鼻口相呀、搜其根而蹄股交峙者也。假令香山仙客、平泉庄主人、海岳庵居士见之，有不欣于所遇而赏鉴者哉。余每过之，风月之夕，有登临忘倦、徙倚忘去者矣。[2]

文章通过对三宿岩奇形怪状山石的描绘，表现了作者对美好景色的热爱。

寺院书法以载体划分，有匾楹书法、碑铭摩刻书法以及卷轴条幅书法三类，包含篆、隶、正、行、草各种书体。明代南京寺院书法作品相当多，其中不乏名家之作。前述纯粹作为寺殿标识

1 《金陵梵刹志》卷三一，王世贞《报恩寺塔歌》。
2 《金陵梵刹志》卷一八，陈文烛《三宿岩记略》。

的匾额，虽然难称寺院文学，但是却大多可归入寺院书法之列。顾起元《客座赘语》记载：明初“宫殿诸榜，詹希源[1]正书，府、部、列寺、寺、观及诸牌坊，皆詹希源书”，“‘大报恩寺’榜，朱孔旸正书”，“‘碧峰禅寺’榜，乃紫芝黄谦正书”，“燕子矶(弘济寺)‘水云亭’、‘大观亭’匾，中允景旸篆书”，“天界寺‘万松庵’匾，仲山王问行书”，“报恩寺‘三藏殿’、‘娑罗馆’匾，济宁于若瀛书”，“永庆寺‘招隐堂’匾，李登钟鼎篆书”[2]。这些人都是当时的书法名家。而“定林庵”匾额，则为大书法家李贽所书[3]。碑铭书法，寺院中更是俯拾皆是。栖霞寺中，明代碑刻至今仍随处可见。大者如焦竑撰、耿定力篆额《栖霞寺修造记》，今日依然竖立于寺中，供游人和书法爱好者欣赏。而在该寺千佛岩及山路两边的一个个小石窟中，供奉着许多明人所造佛像或观音像，每窟一碑。这些碑刻，虽然不一定都是书法上品，但是将它们列于明代寺院书法之中当无不妥。

摩刻指镌于岩石之上的造像题记、石刻经典等书法作品。见于记载的明代南京寺院摩刻书法，大者有两件。一件是栖霞寺般若堂中的《四十二章经》摩刻。据汪道昆《栖霞般若堂记》称，栖霞寺僧慧光在般若堂中“筑说经台，广若千寻，高若千尺，求[《四十二章经》]遗经善本，谒诸名士，书各一章，勒石四面”[4]。这件摩刻书法，清人也记载说：“明人集书《四十二章经》，连经首共四十三段，人各一段，自大学士张居正起，至六止居士周天球止，凡四十三人。石刻在金陵摄山般若台下”[5]。另一件为报恩寺

1 按，“詹希源”应为“詹希原”之误，下同。《明史》卷一三六《詹同传》称，詹希原，明初吏部尚书詹同从孙，官中书舍人，“善大书，宫殿、城门题额，往往皆希原笔也”。

2 《客座赘语》卷二《旧匾字》。

3 《金陵梵刹志》卷二〇，李贽《定林庵记》。

4 《金陵梵刹志》卷四，汪道昆《栖霞般若堂记》。

5 《白下琐言》卷一〇。

濠上亭摩刻。濠上亭址原为报恩寺放生池，后淤填，为太监占耕，万历年间还寺。葛寅亮建濠上亭于上，“随取心存恒物、言触痛肠者”即历代放生不杀言行十九条，“镌之壁”[1]。

寺院卷轴是就书法长卷而言，条幅则是单条作品。长卷主要是写经和抄经，条幅内容多为诗词等。明代南京寺院长卷书法也有不少，有许多是名家之作。如，灵谷寺中有明初著名书法家宋遂“篆书《金刚经》”，翰林学士解缙、胡广等游寺，寺僧出而使观[2]。再如，曾任侍御史的陈丹衷晚年“以翰墨为佛事”，在栖霞寺跪书《法华经》七卷，人称“点画端楷，笔势巉耸，见者敬叹”[3]。至于寺院条幅，数量也相当之多。

寺院绘画就其载体而言，有壁画、纸画、帛画三种；就其形式而言，有单幅画、组画与连环画等。明代南京寺院壁画很是盛行，最著名者如灵谷寺画廊中的壁画。《灵谷禅林志》记载，该寺有画廊 148 间，“皆绘如来历劫、出世及大士源流、诸罗汉缘因”，其中有 12 幅为著名画家吴伟“亲笔”[4]。后灵谷寺遭火灾，尚存吴伟画壁三堵，明代中后期严嵩有诗咏之：“回廊古壁留名画，坠叶冷风助梵音”[5]。报恩寺，“佛殿、画廊壮丽甲天下”[6]。鹫峰寺，左庑之半建观音殿，“簇以画廊二十余间”，右庑之半建藏经殿，“亦簇以画廊二十余间”，“俱彩绘其壁”[7]。静海寺画廊，“以间计则四十云”[8]。寺院纸画或帛画，也在在有之。如，明太祖“因忧虑既多”，入一寺中“与禅者盘桓”，见方丈两

1 《金陵梵刹志》卷三一，葛寅亮《濠上亭镌壁并序》。
2 《金陵梵刹志》卷一三，胡广《游阳山本业寺记》。
3 《摄山志》卷三《人物·陈丹衷》。
4 《灵谷禅林志》卷三《建置》。
5 《金陵琐事》卷一《画壁法被》。
6 《金陵琐事》卷三《报恩寺回禄》。
7 《金陵梵刹志》卷二二，邹干《鹫峰寺碑记略》。
8 《金陵梵刹志》卷一八，杨廉《静海寺重修记略》。

壁“皆悬水墨高僧，凡四轴六人，一轴《三禅海水》，一轴《了经松下》，一轴《抚鹿溪边》，一轴《乐水于岩前》”，意境深远，“足可坚修者之心”。明太祖“为斯而乐，至暮而归”[1]。明代南京寺院绘画的代表，当推吴彬为栖霞寺所绘《五百阿罗汉》画。吴彬生于蒲田，长游南京，精于词翰，兼综绘素。万历中期，他因见栖霞寺“仁祠大修，像设未备，乃发弘愿，手绘阿罗汉，施于精蓝，以五百躯尽千万状”[2]。吴彬所绘《五百阿罗汉》共若干轴，赢得当时诸名士的一致喝彩。著名画家董其昌也称赞其“有贯休之古，而黜其怪，有公麟之致，而削其烦，可以传矣”[3]，评价甚高。

作为偶像崇拜宗教，寺院中的雕塑也蔚为大观。殿堂中的佛、天王、菩萨、金刚、罗汉等像设雕塑，无疑是寺院雕塑的主体。和前代一样，明代南京寺院中佛像等殿堂像设仍多以泥塑。但是，一些富有的寺院也有以金属铸者，如，天界寺即有大铜佛。《白下琐言》记载：“天界寺大殿右偏有铜铸大佛，头高二丈有奇，四面合掌，露其半体，明初所造”[4]。在一些寺院中，如栖霞寺等，明人还凿山为窟，雕造石像供奉。另外，寺院像设还有以木、砖等雕者，不一而足。关于明代寺院造像的艺术特点，有关专家评价说：“明代虽然力图恢复唐、宋佛像艺术传统，但整个社会的发展趋势是不能改变的，如佛像艺术进一步世俗化，有的追求表面装饰效果，佛、菩萨、天王、罗汉更以明代现实人物为典型。商品经济进一步发展，佛像艺术也更加注重适应市场需求，小型工艺雕刻佛像以商品形式大量涌现，而大中型的石窟造像几乎绝迹”，“佛像艺术已概念化、模式化，表现在注重细节，尤以观音

1 《明太祖御制文集补·游寺记》。

2 《焦氏澹园集》卷二一《栖霞寺五百阿罗汉画记》。

3 《金陵梵刹志》卷四，董其昌《栖霞寺五百阿罗汉画记》。

4 《白下琐言》卷一。

和罗汉造像更是风格多样”[1]。这既是明代全国，也是南京佛寺造像的特点。

明代南京的寺院教育，已有专文论述，兹不赘言。在寺院建筑技术和艺术方面，明代南京也有新的突破，并出现了灵谷寺无量殿、报恩寺琉璃塔等建筑精品。这些建筑，正如张惠衣所说：“辉煌金碧，虽皆涂以黔首膏血，然为建筑艺术之所寄、东方文物之重镇，要亦未可厚诬也”[2]。

以寺院佛学、寺院文学艺术、寺院建筑为主的明代南京寺院文化，是明代南京文化的一部分，也是明代全国文化的一部分。

二　促进明代南京及全国文化的发展与交流

明代南京寺院在促进南京及全国的文化发展与交流方面也发挥了积极作用。

（一）推动佛教的发展

明代南京寺院得到大的发展，推动了南京及全国佛教的发展。

明初，统治者以南京为首都，在此先后兴建和修复许多寺院，并建立起以灵谷寺、天界寺、报恩寺为首的国家八大寺。统治者通过举办法会、编校大藏经等途径，将全国各宗名僧召至南京。同时，南京作为全国政治中心，又有壮丽富庶寺院，且名僧大德云集，也吸引着各地僧人前来，或企得政治实惠，或求请佛学指点。许多名僧皆受命在南京升座说法，为广大僧众提供了极好的学习机会，对南京佛学水平的提高与发展有很大帮助。如，前述班的答禅师，明初至南京，明太祖谕令有愿从受戒法者勿禁，且每宣谕僧众，必举其行，“俾效法焉”，当时“从受戒者八万余众”[3]。名僧溥洽以右讲经兼住持天禧寺，“四方来学者归向益

1　参阅曹厚德、杨古城：《中国佛像艺术》，第 99 页，中国世界语出版社，1993 年。

2 《金陵大报恩寺塔志》序。

3 《金陵梵刹志》卷三七，智光《西天班的答禅师志略》。

盛，接踵户外”[1]。而南京寺院中有许多得到统治者的大量赐田等，寺院经济力量强大，也为僧人专心修习解除了后顾之忧。这样，南京迅速发展成为全国佛教中心，南京佛教也继南朝之后再次出现一个高潮。

另一方面，不少僧人在南京修习以后，又走向四方，这对各地佛教的恢复与发展不无益处。永乐迁都后，南京寺院不少陷于寺贫僧穷的境地，南京佛教也衰颓不振。至明代后期，法会、真节等名僧先后来到南京，在寺院中指导参禅，讲说经论，先后培养出德清、洪恩、如馨等名僧。德清禅、教兼通，影响很大，是明末佛教四大师之一。他一生在各地弘传佛法，如，万历十年春在五台山讲《华严玄谈》，“百日之内，常住洎十方缁素云集，每日不下万众”[2]。他充军雷阳期间，修复禅宗六祖慧能的开山道场曹溪寺，并“选僧授戒，立义学，作养沙弥”[3]，中兴曹溪。其弟子众多，法派四十字，偈云:“德大福深广，慈仁量普同。修持超法界，契悟妙心融。寂静觉常乐，圆明体性通。慧光恒朗照，道化久昌隆”。其中“德”为其自己辈名，“大”则是慈圣李太后辈名，“命弟子名，自福字辈始”[4]。如馨先从真节学，后至五台山得精律学，归住古林寺，在南京及各地寺院弘传律宗，徒众累万，世称“中兴律祖”。如馨嗣法弟子有十二人，其中，莲宗相受命住南京天隆寺、大会海受命住北京悯忠寺、中堂正受命住南京吉祥寺、汉月藏受命住苏州邓蔚山圣恩寺（复住钟山灵谷寺、常熟三峰寺、杭州灵隐寺）、三昧光受命住扬州石塔寺（后住宝华山隆昌寺）、澄芳清受命住石鼓名山涌泉寺、茂林祗受命住苏州报国寺、金刚福受命住云凤山香水寺、隐微理受命受古林寺、印含璞后

1 《金陵梵刹志》卷三一，杨士奇《南洲洽法师志略》。
2 《憨山大师年谱疏》卷上。
3 《憨山大师年谱疏》卷下。
4 《憨山大师年谱疏》卷下。

“逊受”古林寺，古林律学“所以遍行于天下”，影响及于全国[1]。

明代南京寺院对于佛教的推动，除了表现于僧人以外，还表现在居士佛学。其中最著名者，当推焦竑的佛学研究，已见前述。

明代南京寺院对于全国佛教影响的另一重要方面，是报恩寺所藏《南藏》经板的刻印。由于当时《北藏》收于禁中，“印造苟非奏请，不敢擅便”[2]，所以求经者纷纷南来。根据葛寅亮的统计，每年各地来印整藏者约20藏，印其中的《大般若》、《宝积》、《华严》、《涅槃》四经者约20部，印杂号经者约200函。则有明一代二百余年中，有成千上万藏、部、函的大藏经、四经和杂号经从南京印出，并流向全国。也正是由于来请印者太多，因此该经板至明代后期已经“模糊，不甚清白矣，且岁久腐朽”[3]，释真可遂倡刻方册大藏经（即后来的《嘉兴藏》）。报恩寺所藏大藏经板对明代佛教发展的贡献，则不应低估。

（二）促进文化的繁荣

明代文化的繁荣，寺院在其中也发挥着重要作用。

首先，寺院为士人读书、讲学提供了幽静的场所。

寺院清净整洁，干扰较少，历来是士人读书攻文的好去处。寺僧有空余房舍，也往往出租或借给士子读书或授徒，如，前述僧定林出家前，曾侍杨道南。杨道南为“东南名士”，“终岁读书破寺中”[4]。前述沈越，早晨“往寺中授徒，日日如是”[5]。焦竑为盛时泰《献花岩志》作序，称其曾“读书其地”。盛时泰作僧兴善碑铭，称其嘉靖年间曾“读书报恩［寺］”。《牛首山志》称，“［牛首］山中僧庐，士人从来无以之肄业，盖其地多游侣故也”，

1 《金陵马鞍山中兴律祖事迹考》。

2 （明）释真可：《紫柏老人集》卷一三《刻藏缘起》。

3 《紫柏老人集》卷一三《刻藏缘起》。

4 《金陵梵刹志》卷二〇，李贽《定林庵记》。

5 《续金陵琐事》卷下《定数》。

但是殷迈“为举子时，曾读书其中”[1]。对于一些有名的士人，寺僧还主动请至寺中读书。如，万历四年，天界寺一庵中“忽生二芝”，寺僧圆慧“喜为文明之瑞”，“因以双芝颜其轩”，并请盛时泰父子“读书其中，以应其瑞”，时盛时泰“最有声于文场也”[2]。万历后期，葛寅亮额定南京各大寺支出时，明确规定灵谷寺、天界寺、报恩寺三大寺公务杂费“科举年加银三两”。这些增加的银两，显然用于寺院迎来送往那些应考士子。明代南京考中举人、进士者在全国名列前茅，寺院也应该有一份功劳。

明代南京寺院还是一些士人讲论哲学、发明儒家经典旨意的处所。士人进入寺院，向僧人请教佛学，并将佛学融入自己的思想之中，这是寺院影响士人最主要的表现，不用多说。这里所指的是，寺院为纯粹的儒士的讲学讨论提供场所。柳诒征先生说：“明儒讲学之所，自书院之外，复有寺、观、祠宇之集会，月有定期，以相砥砺”[3]。如，嘉靖十二年，王守仁的门人欧阳德“合同志会于南畿”，“远方志士四集，类萃群趋，或讲于城南诸刹，或讲于国子［监］、鸡鸣［寺］，倡和相稽，疑辨相绎”[4]。再如，《金陵琐事》记载：“王大成侍坐唐荆川［顺之］先生于高座寺，因问：‘王阳明［守仁］、陈白沙［献章］二先生亦有优劣乎’？荆川曰：‘吾十二先生，且学他好处，未可优劣’。少间，曰：‘白沙久在林下，所养较纯’”[5]。

其次，明代南京寺院也是士人、僧人的重要文化创作基地。

明代南京寺院不仅有饱学僧众、壮丽殿堂，还有丰富的文化遗存。历史上，南京佛教几度盛衰，寺院屡次兴废，历代士人、

1 《牛首山志》卷上。

2 《金陵琐事》卷一《双芝轩》。

3 柳诒征：《中国文化史》，第372～373页，正中书局，1948年。

4 （明）王守仁：《王文成公全书》附录《年谱四》。

5 《金陵琐事》卷四《王、陈优劣》。

僧人也在此留下许多故事，创作出难以数计的文学艺术作品。在佛教传播和寺院建设方面，支谦、康僧会开南京佛教之先，建初寺及其中的阿育王塔是南京最早的佛寺和江南最早的佛塔。东晋、南朝时期，南京成为全国重要的佛学中心，寺院大量兴建，大爱敬寺、光宅寺、开善寺、同泰寺、道场寺等既富丽堂皇，又名僧云集。其后，栖霞寺、弘觉寺、清凉寺又先后成为三论宗、牛头宗、法眼宗的祖庭，在中国佛教史上皆有一定地位。这些寺院，伴随着佛教的传播和僧人的活动，留有许多动人的传说。如，南朝梁时，中国禅宗第一祖达摩从南方来到南京，因见梁武帝“机不契”，遂“折芦一枝渡江”[1]，前往北魏洛阳少林寺，幕府寺据说就是达摩“一苇渡江”之处；梁时，云光法师在高座寺讲《法华经》，“天雨宝华”，讲经台亦因名“雨花台”；花岩寺有献花岩，唐时法融在岩下讲《法华经》，传说“时素雪满阶，获奇花二茎，状如芙蓉，灿同金色，又有百鸟衔花翔集”[2]。

历代士人、僧人在这些寺院中创作出大量的文学艺术作品，其中有许多堪称中国文化史上的瑰宝。如，在文学作品方面，唐代大诗人杜牧的《江南春》通过吟咏南朝寺院、楼台，讽喻统治者对佛教的崇尚，是一首千古绝唱；李白《凤凰台》诗中的“凤凰台上凤凰游，凤去台空江自流”，“三山半落清天外，二水中分白鹭洲”，也使瓦官寺凤凰台万世留名。在绘画方面，东晋时著名画家顾恺之在瓦官寺作《维摩诘像》壁画，竟为该寺赢得参观者的布施钱百万，成为中国艺术史上的佳话。这幅作品首创维摩诘像，“有清羸示病之容，隐几忘言之状”，是中国绘画史上的杰作之一。据说，其后著名画家陆探微、张僧繇均“效之”，“终不能及”[3]。梁武帝崇信佛教，凡装饰佛寺，必命当时著名画家张僧繇

1 明成祖：《神僧传》卷四《达磨》，《大正藏》本。

2 《金陵梵刹志》卷四三《献花岩花岩寺·山水》。

3 《金陵梵刹志》卷二一《凤凰台瓦官寺·古迹》。

绘壁。张氏所绘佛像，自成式样，有“张家样”之称。在书法方面，寺院中的历代书法作品更是多若繁星，其中有许多是名家之作。如，灵谷寺有唐代大书法家颜真卿所书李白为吴道子所画宝志像作的赞，还有元代著名书法家赵孟頫所书宝志《十二时歌》；栖霞寺在南唐时改名“妙因寺”，著名书法家徐铉题额；多福寺寺额，为赵孟頫所书。一些寺院，还将留存的名家作品冠以“三绝”、“四绝”等名，妥加保存。如，灵谷寺有吴道子画宝志像，李白赞，颜真卿书，赵孟頫又书《十二时歌》，“世谓之四绝碑”[1]。瓦官寺古有狮子国贡玉佛像，戴逵塑《五世佛》，吴道子画《维摩诘像》，并称“三绝”。

南京寺院历史上的丰富的文化成就，足可使人感觉到强大的艺术魅力。这些丰富的文化遗存，至明代有许多仍然以实物形式存在，也有许多已经难觅实物。但是，湮灭者在史书中也仍然闪烁着夺目光彩。这些文化成就，以强大的艺术魅力，吸引着士、僧进入寺院，或巡礼“圣迹”，修持佛法，或探访遗踪，寻找创作灵感。因此，它们是明代南京寺院文化的创作的强大的推动力。

明代南京寺院对文化创作的影响，并不仅仅表现于它是寺院文化的创作基地。我们知道，寺院之中，往往延住不少士人、僧人，他们在其中也创作出不少与寺院或僧人活动无关的文化作品。如，明代著名画家吴伟曾寓于报恩寺北廊，一次散步，“见碑亭旁两乞儿打绳，觉有神会，急回僧房，纵笔挥之，图成，人即争买去”[2]。再如，明朝大药学家李时珍，曾居静海寺，考察郑和从西洋带回来的二十一国花草，增补了《本草纲目》条目。再如，

1 《金陵琐事》卷三《古碑碣》。按，《金陵梵刹志》卷三《钟山灵谷寺·古迹》“三绝碑”作：“唐张僧繇画大士像，李白赞，颜真卿书，为三绝。下复有赵孟頫书［宝］志公《十二时歌》”。二书记载略有不同，似应以前者为准，因为前三绝皆是有关宝志的作品，赵孟頫书其《十二时歌》于碑上也才显得合理。

2 《二续金陵琐事》卷上《吴小仙二事》。

明末阮大铖曾寓居祖堂寺，创作出很有影响的戏剧作品。阮大铖依附宦官魏忠贤，劣迹斑斑，崇祯时定为阉党，罢职家居。崇祯八年初，李自成农民起义军进逼安徽，他闻风举迁，流寓南京。初至南京，阮大铖洋洋自负，四处活动，冀以边才起用，遭到复社文人声讨。至《留都防乱公揭》出，他“奄奄气尽”，只得“潜迹南门之牛首”[1]，谱写传奇。清初王士祯记载说：“金陵八十老人丁胤常与予游祖堂寺，憩呈剑堂，指示予曰：此阮怀宁［大铖］度曲处也。阮避人于此山，每夕与狎客饮，以三鼓为节，客倦罢去，阮挑灯作传奇，达旦不寝，以为常。《燕子笺》、《双金榜》、《狮子赚》诸传奇皆成于此”[2]。阮大铖虽然在政治上为正人所不齿，但是其传世剧作《石巢四种》（《春灯谜》、《燕子笺》、《双金榜》、《牟尼合》）却常为戏曲史家所乐道。明代士、僧在南京寺院中创作的非寺院文化的文化作品，还有很多。

第三，明代南京寺院也是《元史》等书的编修场所。

明代建国初，为了总结元朝的成败得失，宣扬明朝的正统地位，同时笼络、引诱地主阶级知识分子参加明朝政权，明太祖下令编修《元史》。洪武二年二月，明朝以左丞相李善长为监修，前起居注宋濂、漳州府通判王祎为总裁，征聘“山林隐逸”之士汪克宽、胡翰、宋僖、陶凯、陈基、赵埙、曾鲁、赵汸、张文海、徐尊生、黄篪、傅恕、王锜、傅著、谢徽、高启等 16 人为纂修，开局于天界寺，“分科修纂”[3]。八月，告成。因元顺帝一朝无实录可征，明太祖遂遣使者四出采辑。至洪武三年二月，再次开局，仍以宋濂、王祎为总裁，复征四方文学士赵埙、朱右、贝琼、朱世濂、王廉、王彝、张孟兼、高逊志、李懋、李汶、张宣、张简、杜寅、余寅、殷弼等 15 人为纂修。七月，书成，“凡前书所未

1 （明）陈贞慧：《书事七则》。

2 （清）王士祯：《池北偶谈》卷一一，谈艺一《阮怀宁》。

3 《元史》，附李善长《进〈元史〉表》。

备，颇补完之”[1]，共计210卷。是为《元史》之修。明初将《元史》之局设于天界寺的原因，可能是天界寺有空余之房，而且寺中较少喧嚣，有利于士人独立而迅速地修史。时任总裁的宋濂即说：“洪武二年春，濂以总修《元史》，被召来京。然史事贵严，诏命礼部统之，设局分科，限绝内外，将以日视其成”[2]。

洪武二年八月，在第一次纂修《元史》告成、史局解散之时，明太祖又下令纂修礼书，“诏郡县举高洁博雅之士年四十以上者，礼送京师”[3]，仍开局于天界寺。原来史局的曾鲁、徐尊生被留下，加入礼局。其他纂修者，有梁寅、宋讷、徐一夔等，共18人。次年九月，礼书修成，计50卷，赐名《大明集礼》。

除了史局、礼局之外，据说天界寺还有律局、诰局。《金陵待征录》记载：“天界寺，明初置三局，曰律，曰礼，曰诰，不止一志局也”[4]。

三　中外文化交流的重要场所

明代建国以后，实行和平外交政策，多次派遣南京寺院僧人为使节，出使斯里兰卡、印度、尼泊尔、日本等国。而一些国家，如印度、日本等，也有不少僧人来南京寺院参访。后来，日本又以僧人为使节，与明朝进行交往。在僧人往复中，南京寺院成为中外文化交流的重要场所。此外，由于郑和下西洋，南京寺院也是中国与印度洋沿岸的亚、非各国实现文化交流的重要基地。

明初，明太祖为了与西域各国建立外交关系，首先于洪武三年六月派遣名僧、天界寺住持慧昙出使各国，开辟了以僧为使的创举。慧昙率领使团一行20余人，访问西域各国，于洪武四年秋

1 《元史》，附宋濂《目录后记》。
2 （明）宋濂：《文宪集》卷三《寅斋后记》。
3 《明通鉴》卷二。
4 《金陵待征录》卷四《志地》。

到达省合剌国（今斯里兰卡），布宣明朝“威德”，其国王“喜甚”，馆于佛山寺，“待以师礼”[1]。不久，慧昙患病，预向其王留下遗表而寂。至洪武十一年十二月，天界寺住持宗泐又受命率领佛徒30余人，再使西域，“搜求遗经”。宗泐等“不惮烦疲，冒渡流沙，竟达天竺”（今印度）。由于宗泐“少时便习梵音，能晓呗谊”[2]，因此在印度等地进行文化交流也相对方便。至洪武十四年十二月归国，从印度取回《庄严宝王》、《文殊》等经。慧昙、宗泐等人先后出使西域，向西域各国介绍了中国文化，包括南京寺院文化。同时，他们及其从僧回国后，多住于南京寺院，也必然向中国，包括南京寺院，介绍西域各国的文化，从而增进了中外各国人民，包括佛教界之间的了解和友谊。

明代中国和尼泊尔的外交往来，也以僧人为使节。洪武十七年，明太祖命僧智光与其徒惠便等赍玺书彩币出使尼八剌国（今尼泊尔），“宣传圣化”。其王马达纳罗摩随遣使从智光来南京，送金塔、佛经及名马、方物。智光在尼泊尔期间，曾从麻诃菩提上师受“金刚曼坛场四十二会礼”[3]。永乐初年，智光又曾奉明成祖之命再次出使。智光等人当时皆住南京寺院，因此南京寺院成为中、尼文化交流的重要场所。

明初，一些印度僧人也来到南京，在中印文化交流中起到一定作用。如，前述著名禅师班的答即为印度人，明初“居钟山佛寺”。随同班的答而来的，有其徒古麻辣室哩等12人。班的答等来时，明太祖“尝询其所历之地，闻其景物多异”，“喜焉”。班的答死后，古麻辣室哩等乞归本国，“且欲以所历中国风土人物归语其国王，使王不出户庭，坐知中国之盛”。明太祖遂特赐古麻辣室哩“孝净戒师”之号，“俾而还”，并认为他们“凡经历诸国

---

1 《补续高僧传》卷一四《觉原昙禅师传》。

2 《新续高僧传四集》卷二《明临安净慈寺沙门释宗泐传》。

3 《金陵梵刹志》卷三二，杨荣《西天佛子大国师志略》。

及诸酋长，或问僧何来，所历者几，僧必具言”[1]。班的答、古麻辣室哩等来南京以及后来离开中国回归印度，必然增进中国和印度乃至西域各国佛教界以及广大人民之间的相互了解和友谊，促进了中外文化交流。

明代南京寺院在中、日文化交流中发挥的作用更大。中、日文化交流史源远流长，中国文化对日本产生了深远影响。宋、元时期，僧人开始成为两国文化交流的主要执行者。当时，大批日本僧人来到中国，巡礼求法，磨砺诗文。同时，一些中国僧人也东赴日本，在日本传播中国文化。

明朝建国初，中、日尚未恢复外交关系，但是一些日本僧人已经像他们的前辈一样，渡海来华。这些僧人多为求法僧，来华的目的是钻研禅学，体验中国的禅林生活，领略中国风趣，学作可与明人媲美的诗文。由于当时南京是明朝首都，寺院众多，名僧云集，所以有不少日本求法僧来到南京，出入各寺院。如，洪武元年（1368 年，日本正平二十三年），日本僧人绝海中津、汝霖良佐来华，与明僧怀渭、来复等以诗交往，明太祖并在英武楼召见。绝海中津在南京期间，曾与无逸克勤交往，并托其转请大文学家宋濂，为日僧梦窗疏石的行状撰写碑铭。汝霖良佐曾受命在钟山与诸老点校藏经。同时，南京寺院之中也有日本留学僧人，如天界寺有椿庭海寿。至洪武七年六月，又有日本僧人宗岳等 71 人游方至南京，明太祖“令居天界寺，人赐布一匹为僧衣”[2]。这些来明僧人，皆为自发，属于私人性质。虽然求法僧总数不是很多，但是由于他们“留明期限较长，所以对于中国文学以及其他各种文化的移植，极有贡献”[3]。

1 《明太祖实录》卷一三九。

2 《明太祖实录》卷九〇。

3 （日）木宫泰彦著、胡锡年译：《日中文化交流史》，第 587 页，商务印书馆，1980 年。

洪武四年（1371 年，日本应安四年），在明朝三次派遣使者赴日缔交之后，日本南朝的怀良亲王派遣僧人祖来等人赴明，“入朝称贺”，与明朝正式建立了外交关系。明太祖很想了解日本情况，在奉天殿召见了天界寺留学僧椿庭海寿，探询日本国情。当祖来回国时，明太祖也命僧人祖阐、克勤为使节，椿庭海寿为翻译，出使日本。明太祖还对克勤等说：“朕闻其君臣上下咸知奉佛敬僧，非汝僧不足以取信。彼有禅、教僧欲访道中国，悉使之来，无禁”[1]，鼓励日本僧人来中国参访。其后，中、日之间又不断有僧使往来。至永乐二年（1404 年，日本应永十一年），日本室町幕府的第三代将军足利义满统一日本后，向明朝纳贡称臣。明朝政府同意与日本进行勘合贸易，规定“日本十年一贡，人止二百，船止二艘”[2]。据统计，从永乐二年到嘉靖二十六年（1547 年，日本天文十六年）中、日进行勘合贸易期间，日本共向明朝派遣勘合船十七次。由于当时日本以五山为中心的佛寺禅僧的汉学修养在各阶层中最高，对中国了解也最多，因此日本政府往往以他们充任历届遣明正使、副使、居座、土官，或作他们的从僧，带领勘合船入明。他们一般由宁波登陆，沿运河北上，到达明朝的都城南京。永乐迁都以后，则到北京，但是仍要经过南京。在明朝期间，使僧们除了要完成使命——与明朝进行勘合贸易以外，还要进行一些文化交流活动。大体说来，日本使僧在南京期间，都会出入寺院，与中国僧人交往，进行文化交流，有的甚至留在了中国。这种文化交流活动主要有：

第一，巡礼圣迹，参访名僧，学习佛法。日本使僧进入南京寺院，自然要礼佛赏景。如，日本《碧山日录》记载，一僧述其随遣明使来华，“所践历之境，金山、焦山、灵隐、天竺、甘露、

1 （日）瑞溪周凤：《善邻国宝记》卷上。

2 《明史》卷三二二《日本传》。

育王、寒山等诸寺，及多景楼、伟观楼、扬子江、白鹭洲之风致。所说宛尔，如目亲睹之”[1]。此僧在杭州、苏州、镇江游历了不少寺院，而南京仅提及扬子江、白鹭洲。我们知道，白鹭洲在南京城南部，紧靠着明代南京寺院最集中区——聚宝门一带，而且其附近也有瓦官寺遗址。日僧游白鹭洲而不参礼附近壮丽的寺院，几乎是不可能的。日僧进入寺院，往往结交名僧（我们在下文详细讨论），佛法自然是他们共同的话题，谈禅问法，在所难免。一些僧人甚至留在南京寺院，不再回国。如，前述德始，明初随日本国使至中国朝贡，馆于天界寺，后偕数辈留中国，参访求法[2]。

第二，请名僧为其诗文、语录作序、跋，请他们撰写塔铭、像赞、碑文、行状、篆额等，与他们赠诗唱和。来明请中国各地的名士、名僧等作序、跋、塔铭、像赞、碑文等，是日本使僧在中国进行文化交流的重要活动，不独在南京寺院中如此。而在南京寺院中的有关活动，正是其中的一部分。请南京名僧为诗文集作序、跋者，如，日僧绝海中津的《蕉坚稿》，于明朝永乐元年由其徒等闻随遣明使携来中国，请僧录司左善世道衍作序。请南京名僧为语录作序、跋者，如，日僧南浦绍明的《大应国师语录》，于洪武初年由入明僧携入中土，洪武八年天界寺住持宗泐为之作序；春屋妙葩的《普明国师语录》，于明朝永乐二年由其门下芳通持随遣明使来华，请道衍作序。请南京名僧等作塔铭、像赞等者，如，明朝洪武二十三年，日本天龙寺独芳清昙禅师死后，其徒弟带其顶相来华，请天界寺宗泐作赞[3]。

第三，搜求汉籍。日本使僧来中国，还有一个重要的文化交流活动是搜求中国书籍，以补其国内缺佚。胡宗宪《筹海图编》

1　转引自（日）木宫泰彦：《日中文化交流史》，第 607 页。

2 《补续高僧传》卷一五《日本德始传》。

3　参阅王勇、（日）大庭修：《中日文化交流史大系·典籍卷》，第 262～270 页，浙江人民出版社，1996 年；（日）木宫泰彦：《日中文化交流史》，第 611 页。

记载，日人于古书中，“‘五经’则重《书》、《礼》”，“‘四书’则重《论语》、《学》、《庸》”，“重佛经”，“若古医书，每见必买”[1]。日本学者木宫泰彦在《日中文化交流史》中也说：“入明僧带回的物品，可能不在少数，但因缺乏资料，无法阐明。不过，当时五山僧侣都喜欢舞弄诗文，钻研儒学，所以带回来的诗文集、儒书、史书等典籍当不在少数”，“每当遣明使一行回国时，想必带回很多典籍，为日本的诗文学和儒学不断给予了清新的刺激”[2]。南京寺院，尤其是那些大寺中名僧云集，语录自不会少，应是日僧搜求的对象。

第四，学习中国的哲学、书法、绘画等。日本僧人来中国，有的还学习了中国的哲学、书法、绘画等。限于所见资料，我们难以列举出他们在南京寺院中学习这些知识和技能等的例子，但是应该是有的。

由于勘合贸易是明代中、日联系的唯一合法的渠道，且历时长久，因此两国的文化交流在很大程度上是靠日本的遣明使僧来实现的。故而，日本僧人来华，在南京寺院参访求文等，南京寺院成为日本僧人学习中国文化、中国文化进一步影响日本的重要场所。

另一方面，日本僧人在南京寺院的活动，以及中国僧人在日本的活动，也使日本文化影响及于南京寺院。日本僧人，不论是求法僧，还是使节僧，来到中国，在广泛学习中国文化的同时，也把丰富多彩的日本文化介绍到中国。求法僧，如绝海中津、汝霖良佐、无初德始（虽是使僧名义，但是也应归入求法僧）等，在中国包括南京寺院中逗留时间较长，因此无疑要向中国以及南京寺院介绍日本文化。那些使节僧在进入南京寺院时也不可能不

1 （明）胡宗宪：《筹海图编》卷二《倭好》。
2 （日）木宫泰彦：《日中文化交流史》，第 609～610 页。

向寺僧们介绍日本文化。而且，他们带来请写序、跋、塔铭、像赞等的日僧语录、诗文集、僧传、顶相等，也正是日本文化的一部分，它们有利于南京僧人对日本文化的了解。

明初派往日本的使节，有些是南京寺院僧人。如，前述洪武年间，瓦官寺住持克勤出使日本。再如，永乐年间，天界寺住持道成也曾受命出使日本。他们在日本都与日僧进行文化交流，接触日本文化。当其回国、归寺后，也必然要把日本文化或多或少地向中国人民包括南京寺僧加以介绍。不仅如此，有时他们赴日，还专门带有文化交流的目的。如，克勤在日，向日僧开列希望抄归“天台教典散亡数目”，计三十部六十六卷。不知这些书最终抄归与否。如果抄归，当有不少留于瓦官寺，这也可以看作南京寺院在明代中、日文化交流中的贡献。由此看出，明代南京寺院也是日本文化传播于中国的一个场所[1]。

此外，伴随着郑和几次出使西洋，南京寺院也成为中国与印度洋沿岸的亚、非各国实现文化交流的重要基地。郑和为穆斯林，但也崇信佛教，为虔诚的佛门弟子，已见前述。郑和在南京出入寺院，进行佛事活动，并与一些名僧，如道衍、道永等关系密切。出使西洋期间，他必然要向一些信奉佛教的国家介绍南京的寺院情况。同时，他还在一些国家兴建佛寺。如，他在暹罗兴建三宝寺塔等。郑和在海外兴建佛寺，将中国以及南京的寺院建筑技术、像设规制等介绍到各国。他还向一些国家的佛寺布施。如，第一次下西洋时，他即奉香、花、经诣锡兰山佛寺供养。第二次至锡兰山时，他又“以金银、织金伫丝宝幡、香炉、花瓶、表里、灯烛等物布施佛寺，以充供养”[2]。这些法物，应有一些出于南京寺

1 参阅拙文：《明代的中日文化交流》，《日本研究论集》（3），南开大学出版社，1999 年。

2 （明）郑和等：《布施锡兰山佛寺碑》，转引自郑鹤声、郑一钧：《郑和下西洋资料汇编》中册（下），第 1957 页，齐鲁书社，1983 年。

院。出使回国，他也必然要向南京寺院介绍各国佛教和寺院的情况。同时，郑和还将从亚、非各国带回的一些奇珍异物施于南京寺院。如，他从阿拉伯国家带回玉石、檀香木等，用于南京寺院的建设。静海寺“础石大如车轮，润如苍玉，柱皆数围，或云沉香木为之”[1]，郑和得之于西洋。他还将亚、非各国的一些绘画等带回，施于南京寺院。如，静海寺有阿罗汉像，“水陆毕陈，巧夺造化之奇”，“此使者得之西洋，藏之兹寺”[2]。碧峰寺中，也有其所施沉香罗汉像，“像甚奇古”，与当时寺院中所塑“不同”[3]。郑和还将一些奇异植物采回，种于南京寺院。如，静海寺有西府海棠，郑和等“自西洋携至，建寺植于此”[4]；永宁寺有詹葡花，“乃三宝太监西洋取来者，中国无其种”[5]；报恩寺有五谷树一株，“不但结子如五谷，亦有似鱼蟹之形者，乃三宝太监西洋取来之物”[6]；弘济寺有娑罗树，“永乐间三宝太监带来之种”[7]。这些奇珍异物的引入，无不引起中国人民的兴趣，有的甚至对其加以研究。如，静海寺水陆罗汉像，“每夏间张挂，都人士女竞往观之”[8]。永宁寺詹葡花，明人周晖称他曾“三见其开花，花瓣似莲而稍瘦，外紫，内淡黄色，与佛经云詹葡花金色者同”，并称当时以博学、考证著称的杨慎、胡应麟“皆云詹葡花即栀子花者”，“非也”，“杨、胡二公特未见詹葡花耳”[9]。明朝大药学家李时珍，曾在静海寺研究郑和从海外带回的各国花草，补充《本草纲目》，已见前述。

---

1 《白下琐言》。

2 《金陵梵刹志》卷一八，俞彦《静海寺重修疏序》。

3 《留都见闻录》卷下《寺观》。

4 《客座赘语》卷一《花木》。

5 《金陵琐事》卷一《詹葡花》。

6 《金陵琐事》卷三《五谷树》。

7 （明）郎瑛：《七修类稿·事务类·婆罗棋树》。

8 《客座赘语》卷九《诸寺奇物八则》。

9 《金陵琐志》卷一《詹葡花》。

第四节　对民众生活的影响

明代南京寺院对民众生活的影响也是相当大的。这种影响体现为，寺院是民众礼佛的胜地，寺院是民众游冶的主体，以及寺院参与社会公益事业等。

一　礼佛的胜地

寺院不仅是僧人修习和生活的场所，也是民众礼佛的胜地。在封建社会里，广大民众在生活中承受着无尽的痛苦，经历着种种的不幸，面临着诸多的困惑。他们希望过上幸福生活，断除各种苦难，并对世界有更深的了解。佛教的世界观、人生观对他们的痛苦和困惑作出了听起来十分合理的解释，佛教的解脱论又为他们描绘出一个美好富足的极乐世界，而历代僧人又大力宣扬所谓的佛法灵验、善恶报应等，使广大民众在心理上基本都接受了佛教。但是，佛教烦琐的清规戒律、寺院难赖的枯寂生活，又是他们不愿接受的。因此，不到不得已的时候，绝大多数的中国民众并不愿意脱离世俗，遁入空门，出家为僧。然而，佛教的极乐世界又极富吸引力，现实世界中又充满各种苦难和困惑。如何在不出家的情况下一样得到佛祖等的保佑，并在死后往生极乐世界，佛教为人们指明了一条简单易行的途径，那就是敬礼佛教，为善去恶。敬礼佛教除了在家供奉佛像、念诵礼拜以及斋僧布施以外，最重要的场所就是寺院。

寺院礼佛，首先就是到寺院中向佛、观音等像以及一些所谓的灵异之物焚香行礼，有特别目的（如求子、求福、求平安等）还要告诉他们，希望得到他们的保佑。明代南京寺院中，民众礼佛者众多。早在明初，明太祖就批评南京“小庵、小舍”中“香、灯、烛昼夜不息”，并称他们“实非求福，乃构淫佚、败常乱俗”[1]。不可否认，其中可能有“构淫佚、败常乱俗”者，但是大多数还应是“求福”的善男信女。其后，随着佛寺的大量兴建，到寺院礼佛者也剧增。如，当明太祖宣布观音岩“与那老和尚住”后，“沙弥云集，香火滋盛”[2]。牛首山有著名的弘觉寺，虽远在南京城南几十里，但是“每春杪、秋初及浴佛、腊日，则都城(指南京，引者注) 缁素担杭荷秫者动以百十，各投所经，爰以栖止，或宵而合掌三尊，或夕而执役千众”[3]。一些寺院有所谓的“灵验”，更为民众乐趋。如，弘济寺，据说“凡官民趋于国事，商旅务于经营，舟楫往来，或遇风涛险阻，以诚祷之者，皆获平顺，应如影响”[4]，在信众中有很高声誉。弘觉寺兜率岩，“叠石为浮图，游人每绕之，云当得福”[5]。

民众到寺院中礼佛，不仅仅是向佛像、“灵迹”等焚香礼拜，有的虔信者还要布施、听法等。佛教宣扬，僧是佛教“三宝”之一，敬礼僧人也就是敬礼佛教。佛教还宣扬，布施僧侣可以得到百倍报。因此，民众进寺礼佛，往往还要斋僧布施，称为财布施，借以向佛教表达自己的诚意，企望得到佛的保佑。而僧人一般也要为这些信众说法，以佛法度人，称为法布施，这也是信众进寺礼佛的内容之一。如，前文多次提到各寺院得到大量的布施，僧人讲法时也常常听者众多。盛时泰《牛首山志》记载信众到弘觉寺布施、听法的情况说：“凡缁素裹粮施众，斛稻弘慈，跋涉岩门，络绎途路者，虽劳顿不以为倦。又有报诚净域，普设无遮之会，皈心宝座，同酬有漏之因者。僧则为之披衣持诵，以法受施。梵呗之声，时满岩洞”[6]。栖霞寺观音庵，“四方来斋施者”也是

1 《金陵梵刹志》卷二《钦录集》，洪武二十四年。
2 《金陵梵刹志》卷二九，吕柟《弘济寺碑记略》。
3 《牛首山志》卷下。
4 《金陵梵刹志》卷二九，吕柟《弘济寺碑记略》。
5 《牛首山志》卷上。
6 《牛首山志》卷下。

“络绎道路”[1]。

对于一些有影响的信众，特别是那些退职高官或有名士人中的居士，寺僧还请他们住于寺院，使他们专心礼佛。如，焦竑结莲社于栖霞寺。众所周知，莲社是一种僧社，是由官僚、贵族和在家居士同僧人结成的社会团体。最早的莲社由净土宗的先驱者、东晋高僧慧远创办，入社之人在阿弥陀佛像前建斋立誓，共期往生西方净土。焦竑在栖霞寺结莲社，显然也是其皈心礼佛的重要行动。再如，殷迈，致仕后乃“皈心佛学，栖息天界寺，灰心缚禅，精持戒律”[2]。

在寺院礼佛和佛教的影响下，民众尤其是信众、居士等，多能皈心佛教，这构成了他们生活的重要内容，也影响着他们的日常生活。他们不仅更加增强了对佛教的信仰，不少人还付诸行动，如吃斋念佛、为善去恶等。《续金陵琐事》记载有王老“笃于奉佛，普种功德”，尝造一桥，有道人以钱助之，王老辞而不受，称自己为求嗣，“凡有善业自任之，不欲附也”，后他又以己力“造一寺”，“功程颇大”[3]。像王老这样的人在当时绝非个别。真正信仰佛教的人多了，社会风气也会为之有所改变。

二　游冶的主体

直到近代以前，游冶始终是中国古代民众的主要游乐活动，而游冶的主体则是寺院。

以明代南京为例。众所周知，对于广大民众来说，游冶的主体应该是公共场所，其中还要有秀丽的景色等。而符合这些条件者，首推寺院。其一，寺院占据着大多数的风景名胜之地。古语

1 《栖霞小志》。

2 《列朝诗集小传》闰集《秋溟先生殷侍郎迈》。

3 《续金陵琐事》卷上《王老》。

称，“天下名山僧占多”，明代南京同样如此。钟山为南京近郊最大之山，林木葱郁，风景独佳，其中除明孝陵以外，最大建筑群即是灵谷寺。但是明孝陵是游冶禁区，可供赏玩者惟灵谷寺而已。天界寺“僧庐幽邃，松竹深通”，“得城南幽胜”[1]。报恩寺之左，“有山蔚然苍翠者，曰雨花台，登览最胜处”[2]。摄山秀耸南京城北四十里外，“峰峦入云，青迴翠合，而捧出一栖霞寺，如莲花幄中”[3]。鸡鸣寺居鸡鸣山上，“其南则凤台、牛首，其西则石城、长江，其东则大内宫阙，其北则玄湖、钟阜，景未有若此之胜者也，而一览可以尽之”[4]。牛首山“双峰高插云汉，实金陵之巨屏，东夏之福地，林树葱郁，泉石相映”[5]，人称“金陵多佳山，牛首为最”[6]，而占据牛首山的，则是弘觉寺。卢龙山“山岭绵延”，晋元帝初渡江，以为“江上关塞”，比作“北方卢龙”，俗名“狮子山”[7]。卢龙山之麓，即静海寺。那些中寺、小寺，也各得幽胜。清凉寺居清凉山，“山不甚高，而都城宫阙、仓廪历历可数，俯视大江，如环映带”[8]。弘济寺建于燕子矶，“俯临大江”，“下瞰江水，如燕怒飞，波涛喷激”[9]。花岩寺在芙蓉峰之半，“岩洞甚多，俱奇绝”，可坐观弘觉寺楼殿林壑，“浮图金碧，宛若画。障绝顶，望京城，历历错绣，钟山连带，江外数峰青出，最登临胜处”[10]。铜井院“背城面河，城下伏道中引水，从铜井口溢出，达于御沟，霖雨后汹涌可观”，“虽僻隘，不足匹诸

1 《金陵梵刹志》卷一六《凤山天界寺》。
2 《金陵梵刹志》卷三一《聚宝山报恩寺》。
3 《金陵梵刹志》卷四，葛寅亮《摄山栖霞寺清欢堂记》。
4 《金陵梵刹志》卷一七，吕律《凭虚阁记略》。
5 《金陵梵刹志》卷三三，释普庄《牛首山崇教寺辟支佛塔记略》。
6 《金陵梵刹志》卷三三，都穆《游牛首山记》。
7 《金陵梵刹志》卷一八《卢龙山静海寺·山水》。
8 《金陵梵刹志》卷一九《石头山清凉寺》。
9 《金陵梵刹志》卷二九《燕子矶弘济寺》。
10 《金陵梵刹志》卷四三《献花岩花岩寺》。

中寺，而抚槛临流，颇有濠梁之趣”[1]。崇善寺“溪萦山映，得地幽胜”[2]。永庆寺“其地深僻，林竹苍翠，萧然野旷，出寺左数十武有谢公墩，极登眺之胜”[3]。可以说，几乎每一所寺院都选于风景秀美之处。因此，曾任明代南京吏科给事的祝世禄说，“金陵名胜在诸寺”[4]。葛寅亮也说:“金陵佳丽，半属江山，如钟阜、栖霞、清凉、雨花、鸡鸣、凤台、燕矶、牛首而外，何可胪列？是为花宫兰若，标奇占胜”[5]。

其二，寺院有众多的人文景观。众所周知，寺院一般都有悠久辉煌的历史文化、壮丽金碧的殿堂像设、优雅别致的亭台楼阁、葱郁鲜艳的林木花草，这些无不令人心驰神往，期望游赏。有些寺院，还有一些独具特色的人文景观，如奇绝的建筑、独特的景象以及一些奇异之物等。奇绝建筑如，灵谷寺无量殿，奇绝雄伟，堪称中国建筑艺术的一朵奇葩。报恩寺殿堂“皆准宫阙规制”，“规摹宏壮，罕与此俪”[6]。琉璃塔尤为其中之胜，明人即称其为“中国之大古董，永乐之大窑器”[7]。独特景象如，灵谷寺说法台前有琵琶街，利用声学原理，即在礼法王路上，“制数百土缸于下，覆以土而中虚，故足或重踏，手或交拍，皆有声相应”，“又相传下有大铜琵琶”[8]。弘觉寺，“塔影入禅堂隙中，倒挂几席，阴晴不改”[9]。奇异之物除前文提到的以外，再如瓦官寺有“明神宗陈皇后施藏经绣幡及御书五字额、贵人米氏手书《法华经》”，

1 《金陵梵刹志》卷五《铜井院》。
2 《金陵梵刹志》卷一三，夏瑄《崇善禅寺碑铭略》。
3 《金陵梵刹志》卷二〇《永庆寺》。
4 《金陵梵刹志》卷四，祝世禄《修栖霞寺法堂短引》。
5 《金陵梵刹志》凡例。
6 《金陵梵刹志》卷三一《聚宝山报恩寺》。
7 《陶庵梦忆》卷一《报恩塔》。
8 《灵谷禅林志》卷四《旧迹》。
9 《金陵梵刹志》卷三三《牛首山弘觉寺·古迹》。

“寺僧以比古人三绝”[1]。顾起元《客座赘语》南京寺院奇物八则：

(1) 宝光寺有西域来贝多《婆力义经》，长可六、七寸，广半之。叶如细猫竹笋壳，而柔腻如芭蕉。……经字大如小赤豆，旁行蠕蠕如虫豸，不识其为何经也。外以二木片夹之，其木如杉，而纹细致可爱。南都诸寺中仅有此经而已。记又言，此贝叶经，保护可六七百年。

(2) 祖堂幽栖寺有历代祖师像，黄贞甫膳部命工临摹，载归天竺供养。

(3) 牛首弘觉寺禅堂有丹灶，投以薪，火风自内生，甚炽烈，须臾炊熟。如去薪，火即止。

(4) 静海寺有水陆罗汉像，乃西域所画，太监郑和等携至。每夏间张挂，都人士女竞往观之。

(5) 方山定林寺有乳钟，即所称景阳钟也。钟有一百八乳，乳乳异声，故名乳钟。又有象皮鼓，云是象皮所挽者。

(6) 天界寺有佛牙，阔寸，长倍寸之五。万历中，僧人真淳献之尚书五台陆公，公因具金函、檀龛盛之，迎供于寺之毗卢阁。牙，得之天台山中。

(7) 永庆寺有古藏经，板刻工雅，纸色古淡，非宋刊，则元刊也。较今《南藏》本稍低而狭，以木函函之。今俱为人所窃去，无复存矣。

(8) 灵谷寺有宝志公遗法被，四面绣诸天神像，中绣三十三天、昆仑山、香水海，高一丈二尺，阔如之，齐、梁时物。[2]

1 《金陵待征录》卷八《志事》。按，明神宗无陈皇后，疑为孝安陈皇后。孝安陈皇后，嘉靖后期册为裕王（即后来明穆宗）继妃，隆庆元年册为皇后，神宗即位后上尊号为仁圣皇太后，后谥号曰孝安皇后。传见《明史》卷一一四。

2 《客座赘语》卷九《诸寺奇物八则》。

这些独特的人文景观，连同寺院的前代文化遗存、明代寺院文化等，无一不对人产生巨大的吸引力。

其三，一些士人、僧人还确定景点，并形于题咏，使寺院的名声大噪。如，天界寺有“西庵曲径”、“苍翠乔松”、“半峰烟雨”、“双桂返照”、“南庵碧玉”、“古拙品梅”，号为“六景”[1]。高座寺有“八景”，除雨花台之外，“曰聚宝山，曰手植松，曰中孚塔，曰掞秀堂，曰永宁泉，曰铜钟碑，曰白石庵，各有故事，不能尽述”[2]。盛时泰取“众人所忽”十景，吟成《杂忆》十诗，命周晖“步韵，且约往游”。这十景中，寺院占了一半，即“祈泽寺龙泉”、“天宁寺流水”、“龙泉庵石壁”、“云居寺古松”、“东山寺蔷薇”[3]。盛时泰又历举南京城内外泉之可烹茶者，有鸡鸣山泉、国学泉、城隍庙泉、府学玉兔泉、凤凰泉、骁骑卫仓泉、冶城忠孝泉、祈泽寺龙泉、摄山白乳泉、品外泉、珍珠泉、牛首山龙王泉、虎跑泉、太初泉、雨花台甘露泉、高座寺茶泉、净明寺玉华泉、崇化寺梅花水、方山八卦泉、静海寺狮子泉、上庄宫氏泉、德恩寺义井、方山葛仙翁丹井、衡阳寺龙女泉，共二十四处，“皆序而赞之”[4]，名《金陵泉品》。二十四泉中，寺院或寺院所在地附近的泉占了一大半。后来，周晖又访得数泉，有谢公墩铁库井、铁塔寺仓百丈泉、铁作坊金沙井、武学井、石头城下水、清凉寺对山莲花井、凤台门外焦婆井、留守左卫仓井（即鹿苑寺井），寺院井泉仍占不少。而至清代，甘熙仍抱怨说：“明盛仲交［时泰］《金陵二十四泉品》独无一及钟山，如应潮井、一品泉、八功德水之类，皆未选入。周吉甫晖《金陵琐事》补八品，

1 《金陵梵刹志》卷一六《凤山天界寺》。

2 《金陵琐事》卷四《雨花台诗集序》。

3 《金陵琐事》卷一《十景》。

4 《金陵琐事》卷一《泉品》。

亦未及之。岂当时足迹未到耶？然栖霞、牛首、祈泽、衡阳较钟山更远，而皆入品题，抑又何也”[1]？由此也可见文人雅士对寺院的宣传。

民众另一重要的游冶场所是道教宫观。但是，明代南京的道观无论是数量，还是景观，都无法与寺院相比。《金陵梵刹志》的姊妹篇、也是葛寅亮所作的《金陵玄观志》收录的南京道观仅有69所，《金陵梵刹志》中随处可见的“得地幽胜”、“极登眺之胜”等词句在该书中几乎难觅。道观之中，历史文化遗存极其缺乏，当代名道也十分罕见，因此游者很少，文人所作的碑记、游记等文字仅有寥寥数篇。因此，明代中期任南京礼部侍郎的陈琏赞灵应观说：“予惟都城（指南京，引者注）宫观仅二三所，皆廛市中。惟斯［灵应］观据乎山上，引紫金之形势，俯城郭之佳丽，城外江山举在眉睫，林木葱茜，市嚣不闻，诚栖神妥灵之所”[2]。至清代，有人比较南京的寺、观，仍不无揶揄和不平地说：

> 名山诸胜，僧占居多。惟雨花台吕祖阁、朝天宫飞霞阁二处，高距峰巅，万家烟火，一览而尽，最为胜境，羽士主之。虎踞关之隐仙庵，丹桂荫庭，乾河沿之，不二庵白莲盈沼，以及灵应观小桃源诸处，皆可游览者也。昔李笠翁［渔］云：“遍庐山而揽胜者，皆佛寺也，道观惟简寂观而已。释、道应作平等观，何世人厚于僧而薄于道如此？”聊题一联云：“天下名山僧占多，也该留一二奇峰栖吾道友；世间好话佛说尽，谁识得五千妙论出我仙师”。[3]

---

1 《白下琐言》卷一。

2 《金陵玄观志》卷二，陈琏《灵应观碑略》。

3 《白下琐言》卷二。

可见，道观无法与佛寺争雄，寺院是民众游冶的主体。

明代南京寺院中，最为民众所乐游者有钟山灵谷寺、城南聚宝山附近诸寺、摄山栖霞寺、牛首山弘觉寺、献花岩花岩寺、幽栖山祖堂寺、燕子矶弘济寺、凤凰台瓦官寺、凤游寺、清凉山清凉寺、鸡笼山鸡鸣寺等诸处。如，聚宝山附近“诸寺环列，春秋游人亦盛”[1]。二月踏青，南京人“携酒游山，城南雨花台最盛”，“每日游人晚归如蚁，迄三月终无间日”，重阳节出城南登高，“亦多在雨花台”[2]。“春牛首、秋栖霞”，牛首山、栖霞山也为人们所乐趋。牛首山的游览盛况，盛时泰记载说：“由冬入春，则元日以后便多游客，自试灯至清明，无一日无抵牛山者。其豪爽凄楚，浓纤雅丽，各有诗句纪之”[3]。而随着明代后期禅悦之风的兴起，原来人迹罕至的栖霞山也因风景秀丽、名僧汇萃，而引来络绎过访的士大夫，逐渐成为新的旅游热点。清人称：“金陵旧称名都，最著之山无过茅、蒋，而历代以来，尚觉隐现互见。惟摄山孤立江表，过客罕觏焉。六朝、唐、宋间，时有题咏。观元人百家诗，无一过而问之者。明兴，近在畿辅。诗人如高、杨、张、徐诸公竟未游。及嘉、隆间，留都多暇，一、二风雅朝士搜奇揽胜，几如汗漫游”[4]。再如，燕子矶原来僻处江边，居民寥寥，游者罕见。自明太祖扩建南京城，燕子矶遂密迩外郭城。尤其是此地兴建了观音阁，以及随后的弘济寺，来此游览、礼佛者渐多。焦竑《栖霞寺修造记》即称：“金陵名蓝三，牛首以山名，弘济以水名，兼山水之胜者莫如栖霞”。可见，在游览方面，弘济寺已经可与古刹弘觉寺、栖霞寺相提并论了。

游览的民众，则包括了各个阶层。如果把皇帝也视为民众一

1 正德《江宁县志》卷二《山阜》。

2 正德《江宁县志》卷二《风俗》。

3 《牛首山志》卷下。

4 《摄山志》陈毅序。

员，于情于理应该皆可接受。如，明太祖在南京多次游览寺院，其文《天界寺花架说》有“暇游入寺”之句[1]；《游寺记》称“朕因忧虑既多，特入寺中与禅者盘桓，暂释几冗之一时”，“至暮而归”，“余月，复至寺”[2]；诗《思游寺》云:“雨落黄梅麦已秋，日思精舍梦还游。晨昏几度经钟听，岩壑云生出野楼”[3]。明武宗来南京，则住于牛首山。至于普通士庶，游览者更多，我们前面所引的诸多史料足可说明这一点。如果再作细分，则栖霞寺、弘觉寺等远离城市的寺院中，游览者多为文人雅士和虔诚信众。而城内或近城诸寺，如雨花台附近诸寺等，则各阶层皆有。

另外，寺院定期举行的法事活动（如法会、祈雨等）、节日活动以及庙会等，也是民众游冶的机会。

在公共娱乐场所尚不很发达的情况下，寺院作为民众游冶的主体，对民众生活的丰富的意义是巨大的。

三　寺院与社会公益事业等

明代南京寺院还为一些民众提供宴客、丧葬场所，主动参与一些铺路架桥等公益活动，并为人们提供住房、斋饭等，对穷人进行救济。

寺院安静整洁，又有美丽风景，为一些文人雅士所喜欢，他们不仅来此游览，还往往在此宴客。如，前述阮大铖在祖堂寺与狎客宴饮就是一例。再如，《金陵琐事》记载:“驾部王仲山间，邀四司饮天界寺万松庵”[4]。而南京各衙门宴客，竟也选在寺院之中。如，嘉靖年间，“士夫饯客俱从元真观、普惠寺二处”，原来所用椅、桌、器皿“多自借办地方”，但是后来“俱行兵马司着落

1 《明太祖御制文集》卷一七《天界寺花架说》。

2 《明太祖御制文集补·游寺记》。

3 《明太祖御制文集补·思游寺》。

4 《金陵琐事》卷三《鼠出头》。

地方夫甲借办"，致累夫甲。经过商议，改为由南京工部置椅、桌30张贮普惠寺，南京礼部亦置30张于元真观，"遇各衙门饯客，俱听借用"[1]。

火葬之俗在中国起源很早。佛教传入中国后，火葬之俗开始在中国流行，至唐、宋时而盛行。举行火葬的场所，即基本上在寺院之中。由于火葬有悖中国传统的"孝道"，所以宋、元以来的历代统治者都明令禁止。明代洪武年间颁布的《大明律》也规定："其从尊者遗言，将尸烧化及弃置水中者，杖一百"。但是，由于受佛教的影响以及百姓多"苦无地可葬"[2]，火葬风俗并未因禁而止。在南京，遇有死亡，民家仍多于寺院设立斋堂，祭奠死者。正德《江宁县志》记载：南京人"举丧则先致吊者练帛，发引则具席于城南"，"凤台安德门外皆有斋堂，近日多于僧寺，甚有设席七八百者"[3]。嘉靖年间，南京礼部尚书霍韬也反映，各寺院庵堂奸僧、土工人"私创斋堂、椅、桌"，"待人送丧"，"混杂饮燕"[4]。祭奠之后，即将尸体于寺中焚化。如，南尚宝少卿夏瑄于景泰年间为崇善寺所作碑铭称，该寺"置化人亭一所，为此方送终者计，可免暴露"[5]。嘉靖年间，三塔庵僧明瓒等也"创有化人厅，违例招人焚尸取财，宴饮于此"[6]。此俗时经南京兵部尚书湛若水严禁，但其后仍行而不止。一些人死了以后，将尸体于寺中焚化，并埋葬于寺院之中。如前述许多寺院即是太监的埋葬地，永宁寺是太监郑强葬地。再如，栖霞寺中有上元县令程栉埋葬其殇子之墓，并立有小墓碑[7]。无疑，火葬于移风易俗、节省耕地都

1 《霍文敏公全集》卷九下《南京礼部公行》。
2 《湛甘泉先生文集》卷三一《奉诏新建南京漏泽园西城一等号碑文》。
3 正德《江宁县志》卷二《风俗》。
4 《霍文敏公全集》卷九下《南京礼部公行》。
5 《金陵梵刹志》卷一三，夏瑄《崇善禅寺碑铭略》。
6 《湛甘泉先生文集》卷三一《奉诏新建南京漏泽园西城一等号碑文》。
7 《栖霞小志》。

有好处。

寺院还参与一些铺路架桥等公益活动，并为人们提供住宿等方便。铺路架桥、施药治病、救灾济贫等公益事业和救济活动等，是佛教福田思想的一个方面，也是古代寺院经常参与的活动。参与公益事业如，崇善寺“近村往来病涉，建桥梁四处，以便行人”[1]。寺院为游人提供住宿等方便，前文曾不止一次地提到。由于寺院多有闲房，所以还能为那些非游览者提供住宿等。如，明武宗南巡，驻跸牛首山西峰祠堂中，“当时从驾数千人，僧房家家占满，殊无措足地”[2]。至明末，由于大量人口猬集南京，而南京又难以有足够的官舍、民房可住，于是南京寺院之房遂成不少官吏的安家之处。史载，天界寺于“明季多为官寓”，阮大铖即有《卧病天界寺杜于皇过访》诗[3]。而对那些无家可归、无食可餐的穷人，寺院常常提供住房、斋饭救济等。如，天顺年间，福建人马任来南京找人，“盘缠俱已用尽，虽不学伍大夫吴门乞食，也难免吕蒙正僧院投斋”[4]，在报恩寺等寺院中就食糊口，维持生存。这，也是寺院积极参与社会公益事业的重要表现。

此外，寺院的存在往往还能带动周围民居之建，使原来人烟稀少的地区居民辐辏，从而走向繁华。如，卢龙山周围，明代以前“江山辽落”，“为江涯聚沙浮渚一瓯脱，不任化城”，人烟稀少，甚至连寺院都没有一所。明代在此建立静海寺以后，该地“气运兴发，烟火万家，繇此饶积矣”[5]。再如，原来荒僻的燕子矶自明太祖扩建南京城，以及观音阁、弘济寺之建，来

1 《金陵梵刹志》卷一三，夏瑄《崇善禅寺碑铭略》。

2 《金陵琐事》卷一《牛首山吼》。

3 嘉庆《新修江宁府志》卷一〇《古迹》。

4 （明）冯梦龙：《警世通言》卷一七《钝秀才一朝交泰》。

5 《金陵梵刹志》卷一八，俞彦《静海寺重修疏序》。

此游览、礼佛者渐多，居民也逐渐积聚，这一地区遂慢慢发展起来。

综上所述，明代南京寺院在政治方面发挥了构成、协助和稳定封建国家政治的作用，稳定了社会秩序，维护了封建统治，给广大人民套上更加沉重的封建枷锁，应当予以否定。不过，这对当时的生产发展和百姓生活提高在一定程度上也是一件好事。另外，明代南京寺院在加强民族团结、维护国家统一方面也起了一定作用。在经济方面，它加速了土地兼并，耗费了巨额钱财，流失了国家赋役，使广大百姓所受的剥削和压迫加重，消极作用很大。当然，它也有促进经济交流与发展的些微的积极作用。在文化方面，寺院文化构成南京文化，寺院推动南京乃至全国佛教的兴盛和发展，促进文化的发展，并在明代的中外文化交流中也发挥着一定作用。明代南京寺院对民众生活的影响也相当大，表现为寺院是民众礼佛的胜地、游冶的主体，以及寺院参与社会公益事业等。因此，我们说，明代南京寺院对南京乃至全国的政治、经济、文化以及民众生活都产生了重要影响，在当时社会中发挥了重要作用。

通过以上的研究，联系历史和现实，我们认为，佛教作为一种意识形态，在历史上对社会的发展和进步主要起着消极作用，但是也有积极影响。评价历史上的佛教，既要看到它的消极作用，也不能无视其积极影响。马克思称“宗教是人民的鸦片”[1]，指出了宗教的社会消极作用。但是，另一方面，马克思、恩格斯也不止一次地指出，宗教在历史上也发挥了一定的积极作用。因此，对“宗教是人民的鸦片”的论断应全面理解，不能将“鸦片”视为宗教的唯一定义和唯一作用。在我国现阶段，由于政治、经济、文

1　马克思：《〈黑格尔法哲学批判〉导言》，《马克思恩格思选集》第1卷，第2页，人民出版社，1972年。

化等各方面的原因，佛教等宗教还会长期存在。因此，必须十分慎重地对待各种宗教，发挥其积极作用，限制消极影响，使其更好地为改革、开放和现代化建设服务。这是我们从研究明代南京寺院中得到的启示。

参考文献

（清）孙文川撰：《南朝佛寺志》，《中国佛寺志汇刊》本，台湾明文书局，1980 年。

《皇明寺观志》，不著撰人，明抄本。

（明）葛寅亮撰：《金陵梵刹志》，《中国佛寺志汇刊》本。

（明）盛时泰撰：《栖霞小志》，《南京文献》本，南京市通志馆，1947 年。

（明）盛时泰撰：《牛首山志》，《南京文献》本。

（明）陈沂撰：《献花岩志》，《南京文献》本。

（清）汪訚撰：《覆舟山志》，《南京文献》本。

（清）陈毅撰：《摄山志》，《中国佛寺志汇刊》本。

陈邦贤撰：《栖霞新志》，上海商务印书馆，1930 年。

朱浩轩编著：《栖霞山志》，香港鹿野苑。

（清）刘名芳撰：《宝华山志》，《中国佛寺志汇刊》本。

（清）谢元福撰：《灵谷禅林志》，《中国佛寺志丛刊》本，江苏广陵古籍刻印社，1996 年。

释仁友编：《金陵马鞍山古林律寺祖庭汇志》，民国刻本。

张惠衣撰：《金陵大报恩寺塔志》，民国铅印本。

（明）葛寅亮撰：《金陵玄观志》，明刻本。

（明）周应宾撰：《普陀山志》，《四库全书存目丛书》本，齐鲁书社，1997 年。

(明) 周永年撰：《邓尉圣恩寺志》，《四库全书存目丛书》本。

(明) 宋奎光撰：《径山志》，《四库全书存目丛书》本。

(明) 杨明撰：《天童寺集》，《四库全书存目丛书》本。

(明) 程嘉燧撰：《常熟县破山兴福寺志》，《四库全书存目丛书》本。

(明) 释无尽撰：《幽溪别志》，《四库全书存目丛书》本。

(明) 郭子章撰：《明州阿育王山志》，《四库全书存目丛书》本。

(明) 释广宾撰：《杭州上天竺讲寺志》，《四库全书存目丛书》本。

(明) 李贤等修：《明一统志》，《四库全书》本。

(明) 曹学佺撰：《大明一统名胜志》，《四库全书存目丛书》本。

清高宗敕修：《大清一统志》，《四库全书》本。

(清) 于成龙等修、张九征等纂：康熙《江南通志》，清康熙刻本。

(清) 尹继善等修、黄之隽等纂：乾隆《江南通志》，清乾隆刻本。

缪荃孙等纂修：民国《江苏通志稿》，民国稿本。

王培堂编：《江苏乡土志》，民国商务印书馆铅印本。

(宋) 马光祖修、周应合纂：景定《建康志》，明影印宋抄本。

(元) 张铉纂修：至正《金陵新志》，明正德补刻本。

(明) 王俊华纂修：洪武《京城图志》，《北京图书馆古籍珍本丛刊》本，书目文献出版社，1990 年。

(明) 闻人诠修、陈沂纂：嘉靖《南畿志》，《北京图书馆古籍珍本丛刊》本。

(明) 程嗣功修、王一化纂：万历《应天府志》，《四库全书存目丛书》本。

（清）陈开虞纂修：康熙《江宁府志》，清康熙刻本。

（清）于成龙纂修：康熙《江宁府志》，清康熙刻本。

（清）吕燕昭修、姚鼐纂：嘉庆《新修江宁府志》，《中国地方志集成》本，江苏古籍出版社，1991 年。

（明）程三省修、李登等纂：万历《上元县志》，明万历抄本。

（清）唐开陶纂修：康熙《上元县志》，清康熙刻本。

（清）蓝应袭修、何梦篆等纂：乾隆《上元县志》，清乾隆抄本。

（清）武念祖修、陈栻纂：道光《上元县志》，清道光刻本。

（明）王浩修、刘雨纂：正德《江宁县志》，《北京图书馆古籍珍本丛刊》本。

（明）周诗等修、李登等纂：万历《江宁县志》，明万历刻本。

（清）佟世燕修，戴光孝纂：康熙《江宁县志》，清康熙刻本。

（清）袁枚纂修：乾隆《江宁县志》，清乾隆刻本。

（清）莫祥芝等修，汪士铎等纂：同治《上江两县志》，清同治刻本。

（清）陈作霖编：《上元江宁乡土合志》，清宣统刻本。

（明）李维樾修，沈中孚纂：崇祯《江浦县志》，明崇祯刻本。

（明）董邦政修，黄绍文纂：嘉靖《六合县志》，明嘉靖刻本。

（清）李景峰等修，史炳等纂：嘉庆《溧阳县志》，清嘉庆刻本。

（清）闵派鲁等纂修：顺治《溧水县志》，《北京图书馆古籍珍本丛刊》本。

（明）刘启东等纂修：嘉靖《高淳县志》，明嘉靖刻本。

（清）曹袭先纂修：乾隆《句容县志》，清乾隆刻本。

（宋）张敦颐撰：《六朝事迹编类》，南京出版社，1989 年。

（明）范景文撰：《南枢志》，《中国方志丛书》本，台湾成文出版社有限公司，1983年。

（清）金鳌辑：《金陵待征录》，江苏广陵古籍刻印社，1987年。

（清）陈作霖等编：光绪《金陵通纪》，《中国方志丛书》本。

（清）陈作霖等编：光绪《金陵通传》，《中国方志丛书》本。

（清）陈作霖等编：光绪《金陵琐志》，《中国方志丛书》本。

柳诒征等编著：民国《首都志》，《中国方志丛书》本。

胡祥翰撰：《金陵胜迹志》，民国铅印本。

朱偰撰：《金陵古籍图考》，商务印书馆，1926年。

《净土五经》，福建莆田广化寺佛经流通处。

（元）释觉岸撰：《释氏稽古略》，江苏广陵古籍刻印社，1992年。

（明）释幻轮撰：《释氏稽古略续集》，江苏广陵古籍刻印社，1992年。

（梁）释慧皎撰：《高僧传》，《高僧传合集》本，上海古籍出版社，1991年。

（唐）释道宣撰：《续高僧传》，《高僧传合集》本。

（宋）释赞宁撰：《宋高僧传》，《高僧传合集》本。

（明）释如惺撰：《大明高僧传》，《高僧传合集》本。

（明）释明河撰：《补续高僧传》，《高僧传合集》本。

喻谦撰：《新续高僧传四集》，《高僧传合集》本。

（梁）释宝唱撰：《比丘尼传》，《高僧传合集》本。

释震华撰：《续比丘尼传》，《高僧传合集》本。

（明）释福征述疏：《憨山大师年谱疏》，河北省佛协虚云印经功德藏，1994年。

（明）释袾宏撰：《缁门崇行录》，河北省佛协虚云印经功德藏，1994年。

（明）释元来撰：《博山和尚警语》，河北省佛协虚云印经功德藏，1994 年。

释仁友撰：《金陵马鞍山中兴律祖事迹考》，民国刻本。

（明）释弘赞撰：《解惑编》，清道光刻本。

（明）宋濂撰：《护法录》，明万历刻本。

（宋）马令撰：《南唐书》，《四库全书》本。

（明）宋濂等撰：《元史》，中华书局，1976 年。

（清）张廷玉等撰：《明史》，中华书局，1974 年。

《明实录》（包括《崇祯长编》），台湾中研院史语所校印本、江苏国学图书馆影印本。

（清）谈迁撰：《国榷》，古籍出版社，1958 年。

（清）谷应泰撰：《明史纪事本末》，中华书局，1977 年。

（清）夏燮编著：《明通鉴》，上海古籍出版社，1990 年。

（清）计六奇撰：《明季北略》，中华书局，1984 年。

（明）王世贞撰：《弇山堂别集》，中华书局，1985 年。

（明）申时行等修：《大明会典》，江苏广陵古籍刻印社，1987 年。

（明）王圻撰：《续文献通考》，台湾文海出版社有限公司影印明万历刻本。

（明）徐学聚撰：《国朝典汇》，《北京大学图书馆藏善本丛书》本，北京大学出版社，1993 年。

（明）何乔远撰：《名山藏》，《北京大学图书馆藏善本丛书》本。

（明）陈子龙、徐孚远等编：《明经世文编》，中华书局，1962 年。

（清）钱谦益撰：《列朝诗集小传》，上海古籍出版社，1983 年。

（清）陈梦雷等编：《古今图书集成》，中华书局、巴蜀书社，1985 年。

（清）永瑢等撰：《四库全书总目》，中华书局，1965 年。

明太祖撰：《明太祖文集》，《四库全书》本。

明太祖撰：《明太祖御制文集、文集补》，《洪武全书》本，黄山书社，1995年。

(明) 宋濂撰：《宋学士文集》，《四部丛刊》本。

(明) 宋濂撰：《文宪集》，《四部备要》本。

(明) 高启撰：《高太史大全集》，《四部丛刊》本。

(明) 徐一夔撰：《始丰稿、补遗》，清光绪刻本。

(明) 姚广孝撰：《逃虚子集、类稿补遗》，《四库全书存目丛书》本。

(明) 姚广孝撰：《道余录》，《四库全书存目丛书》本。

(明) 倪岳撰：《青溪漫稿》，《四库全书》本。

(明) 王守仁撰：《王文成公全书》，清光绪刻本。

(明) 霍韬撰：《霍文敏公全集》，清同治刻本。

(明) 霍韬撰：《渭崖文集》，《四库全书存目丛书》本。

(明) 湛若水撰：《湛甘泉先生文集》，《四库全书存目丛书》本。

(明) 焦竑撰：《焦氏澹园集》，台湾伟文图书出版社有限公司，1977年。

(明) 王世贞撰：《弇州四部稿、续稿》，《四库全书》本。

(明) 叶向高撰：《苍霞草、余草》，明末刻本。

(明) 高攀龙撰：《高子遗书》，《四库全书》本。

(清) 尤侗撰：《艮斋倦稿》，清刊本。

(明) 释德清撰：《憨山梦游集》，清光绪刻本。

(明) 释袾宏撰：《竹窗随笔、二笔、三笔》，上海涵芬楼影印本。

(明) 释真可撰：《紫柏老人集》，清刊本。

(清) 沈德潜、周准编：《明诗别裁集》，上海古籍出版社，1979年。

（明）朱权等著：《明宫词》，北京古籍出版社，1987 年。

（明）冯梦龙编：《喻世明言》、《警世通言》、《醒世恒言》，岳麓书社，1992 年。

（明）凌濛初著，《拍案惊奇》、《二刻拍案惊奇》，上海古籍出版社，1982 年。

（明）郑晓撰：《今言》，中华书局，1984 年。

（明）陆容撰：《菽园杂记》，中华书局，1985 年。

（明）顾起元撰：《客座赘语》，中华书局，1987 年。

（明）沈德符撰：《万历野获编》，中华书局，1959 年。

（明）刘若愚撰：《酌中志》，台湾伟文图书出版社有限公司，1976 年。

（明）李绍文撰：《皇明世说新语》，《四库全书存目丛书》本。

（清）王士祯撰：《池北偶谈》，中华书局，1982 年。

（明）张岱撰：《陶庵梦忆》，作家出版社，1995 年。

（清）顾炎武著、（清）黄汝成集释：《日知录集释》，岳麓书社，1994 年。

（明）周晖撰：《金陵琐事》、《续金陵琐事》、《二续金陵琐事》，《中国方志丛书》本。

（明）吴应箕撰：《留都见闻录》，清光绪铅印本。

（清）甘熙撰：《白下琐言》，民国刊本。

（清）陈夔龙撰：《梦蕉亭杂记》，北京古籍出版社，1985 年。

（明）沈榜撰：《宛署杂记》，北京古籍出版社，1982 年。

罗竹风主编：《宗教学概论》，华东师范大学出版社，1991 年。

罗竹风主编：《宗教通史简编》，华东师范大学出版社，1990 年。

严耀中著：《中国宗教与生存哲学》，学林出版社，1991 年。

中国佛教协会编：《中国佛教》（一——四辑），知识出版社，1980~1989 年。

黄卓越主编：《中国佛教大观》，哈尔滨出版社，1995年。

潘桂明著：《中国的佛教》，商务印书馆，1997年。

宽忍编著：《佛教手册》，中国文史出版社，1991年。

郭朋著：《中国佛教简史》，福建人民出版社，1993年。

杜继文、魏道儒著：《中国禅宗通史》，江苏古籍出版社，1993年。

郭朋著：《宋元佛教》，福建人民出版社，1981年。

郭朋著：《明清佛教》，福建人民出版社，1982年。

陈垣撰：《明季滇黔佛教考》，中华书局，1962年。

弘学主编：《藏传佛教》，四川人民出版社，1996年。

苏渊雷、杨同甫等编著：《佛学十日谈》，上海书店出版社，1996年。

高峰、业露华等编著：《禅宗十日谈》，上海书店出版社，1996年。

周叔迦著：《佛教基本知识》，中华书局，1991年。

（日）池田大作著、王健译：《佛法·西与东》，四川人民出版社，1996年。

中国社科院世界宗教所佛教室编：《佛教文化面面观》，齐鲁书社，1989年。

魏承思著：《中国佛教文化论稿》，上海人民出版社，1991年。

方立天著：《中国佛教与传统文化》，上海人民出版社，1988年。

段玉明著：《中国寺庙文化》，上海人民出版社，1994年。

方立天著：《佛教哲学》，中国人民大学出版社，1991年。

陈士强撰：《佛典精解》，上海古籍出版社，1992年。

任继愈著：《汉唐佛教思想论集》，人民出版社，1973年。

陈垣撰：《释氏疑年录》，中华书局，1964年。

白化文著：《汉化佛教与寺院生活》，天津人民出版社，

1989年。

李富华著：《中国古代僧人生活》，商务印书馆国际有限公司，1996年。

夏志峰、张斌远著：《中国古塔》，浙江人民出版社，1996年。

曹厚德、杨古城著：《中国佛像艺术》，中国世界语出版社，1993年。

丁钢著：《中国佛教教育》，四川教育出版社，1988年。

(法) 谢和耐著、耿昇译：《中国五——十世纪的寺院经济》，甘肃人民出版社，1987年。

杨荣良、高树森主编：《金陵佛寺揽胜》，南京出版社，1992年。

卿希泰主编：《中国道教》（一——四辑），知识出版社，1994年。

卿希泰、唐大潮著：《道教史》，中国社会科学出版社，1994年。

陈国符著：《道藏源流考》，中华书局，1963年。

葛兆光著：《道教与中国文化》，上海人民出版社，1987年。

中国社科院世界宗教所道教室编：《道教文化面面观》，齐鲁书社，1990年。

中国社科院世界宗教所伊斯兰教室编：《伊斯兰教文化面面观》，齐鲁书社，1991年。

努尔·默罕默德·郑勉之著：《伊斯兰教常识答问》，江苏古籍出版社，1992年。

唐逸主编：《基督教史》，中国社会科学出版社，1993年。

中国社科院世界宗教所基督教室编：《基督教文化面面观》，齐鲁书社，1991年。

徐宗泽著：《中国天主教传教史概论》，上海土山湾印书馆，1938年。

集体编：《简明基督教百科全书》，中国大百科全书出版社上海分社，1992年。

马西沙、韩秉方著：《中国民间宗教史》，上海人民出版社，1992年。

李尚英著：《民间宗教常识答问》，江苏古籍出版社，1990年。

马克思、恩格斯著：《马克思恩格斯选集》，人民出版社，1972年。

胡如雷著：《中国封建社会形态研究》，三联书店，1979年。

柳诒征著：《中国文化史》，正中书局，1948年。

梁思成著：《中国建筑史》，百花文艺出版社，1998年。

刘敦桢主编：《中国古代建筑史》，中国建筑工业出版社，1984年。

蔡美彪、南炳文等著：《中国通史》（八），人民出版社，1993年。

南炳文、汤纲著：《明史》（上、下），上海人民出版社，1985~1991年。

南炳文著：《明清史蠡测》，天津教育出版社，1996年。

黄冕堂著：《明史管见》，齐鲁书社，1985年。

林延清著：《嘉靖皇帝大传》，辽宁教育出版社，1993年。

张德信、谭天星著：《崇祯皇帝大传》，辽宁教育出版社，1993年。

谢国桢著：《明清之际党社运动考》，中华书局，1982年。

高树森、邵建光编：《金陵十朝帝王州》，中国人民大学出版社，1991年。

丁守和、劳允兴主编：《北京文化综览》，北京师范学院出版社，1990年。

郑一钧著：《论郑和下西洋》，海洋出版社，1985年。

王勇、（日）大庭修著：《中日文化交流史大系·典籍卷》，浙江人民出版社，1996 年。

王晓秋、（日）大庭修著：《中日文化交流史大系·历史卷》，浙江人民出版社，1996 年。

（日）木宫泰彦著、胡锡年译：《日中文化交流史》，商务印书馆，1980 年。

（日）大庭修著，戚印平等译：《江户时代中国典籍流播日本之研究》，杭州大学出版社，1998 年。

（日）田中健夫编：《善邻国宝记、新订续善邻国宝记》，日本集英社，东京，1995 年。

后 记

本书是在我的博士毕业论文基础上修改而成的。几年以来，为了本书的写作和修改，我及我的诸位师友、家人付出了大量劳动，其中的艰辛一言难尽。现在，终于可以向他们有所交待了。

自 1985 年进入南京师范大学历史系学习，我即对明清史产生了浓厚的兴趣。1989 年，我来到了由已故著名历史学家郑天挺先生创立的南开大学历史研究所明清史研究室，师从南炳文教授攻读硕士学位，从此立志将明清史作为自己终身学习和研究的课题。在明清史研究室，我得到了各位师友的悉心帮助，从他们的言传身教中受到了郑天挺先生提倡的“求真、求新、求用”学风的熏陶，摒弃浮躁，开始脚踏实地地进行自己的研究。在十余年的冷板凳上，我逐渐发现佛教对中国历史的发展有很大影响，并形成了一些初步认识，产生了研究的兴趣。因此，在 1995 年开始攻读博士学位时，选取了介于明清史和佛教之间的明代南京寺院加以研究，撰写申请学位论文。

博士论文的写作，始终得到导师杨志玖教授的关心和指导。杨先生虽然体弱事多，但是仍然不断地讲授自己的治史心得，诲人不倦，使我受益颇多。他还经常询问论文的进度，关心论文的写作，督促我作好这项研究。当论文通过答辩、修改完成后，杨先生又欣然提笔为序，给我鼓励，并提出新的希望。我虽钝驽，但一定会不断进取，以报师恩于万一。

论文从选题、拟定提纲、初稿、直至定稿都凝聚了南炳文教授的心血。自入南开大学以来，南先生无论在生活上，还是在学术上，都给我以无微不至的关怀和指导。此时，南先生作为指导小组成员之一，协助杨志玖教授，承担了博士论文指导的绝大部分工作。因为原来对明清政治史、思想史稍有涉猎，所以我最初提出以明代东林党为博士论文研究的课题。但是，南先生认为这样可能难于获得新的突破，应选取那些研究较少、又有现实意义的问题加以考察。在数次的往复讨论中，我们终于共同确定以明代南京寺院为论文选题。其后，南先生又帮助我拟定写作提纲，不厌其烦地指导写作方法。当论文初稿出来时，他放下手中一切工作，全力修改这晦涩、枯燥而又多达三十余万字的文稿。对论文从篇章段落安排，到词句概念使用，到论点确立和表述，南先生无不提出了中肯、允当的看法，供我修改之用，使论文大为改观。

论文的写成，还与其他许多师友的帮助密不可分。1997 年 11 月，我南下金陵，往返在栖霞山、牛首山、古林公园间，奔波于鸡鸣寺、灵谷寺、静海寺中，寻觅碑刻等资料，请教有关佛学知识。在南京期间，南京市佛协秘书长刘大任先生不仅连续两天为我解答疑问，还将佛协收藏的《南京文献》供我复印，并为我赴栖霞寺提供便利。在栖霞寺，知客传真法师与我作彻夜长谈，纵论内外，又以私人收藏的香港出版《栖霞山志》供我摘抄。在《南京史志》编辑部，卢海鸣编辑赠以《南京史志十年总目录》。在论文写作过程中，我还得到了日本东洋文库山根幸夫研究员、美国普林斯顿大学韩书瑞（Susan Naquin）教授、台湾暨南国际大学徐泓教授等人的帮助。他们分别介绍了日本、美国以及台湾、香港地区的有关成果，使我对海外学者的明代寺院研究有了了解。另外，南开大学历史所白新良研究员、李小林副研究员等人，或予建议，或予鼓励，或加督促。来南开大学留学的日本中央大学博士荷见守义携来日本《善邻国宝记、新订续善邻国宝记》等书，借我使用。这些，对我的论文写作帮助都很大。

论文于1998年11月写成。北京大学历史系王天有教授、中国人民大学历史系毛佩琦教授、中国社会科学出版社王俊义研究员、中国社会科学院考古所张显清研究员、吉林大学《史学集刊》梁希哲教授作为同行评议专家，均对本文给予了较高的评价。同年12月10日，由中国社会科学院近代史所蔡美彪研究员主持，天津社会科学院历史所罗澍伟研究员、南开大学历史系李治安教授、南开大学历史系杨志玖教授、南开大学历史所南炳文教授共同组成答辩委员会，在百忙中为我举行了论文答辩，也对论文进行了充分的肯定，誉为优秀博士学位论文。这一切，使我既深感欣慰，又倍觉压力。因此，论文答辩后，我又用了半年多的时间对论文进行修改。一方面将同行评议专家、答辩委员们的正确修改建议纳入文中，另一方面重读有关史料，从头审查论文，反复推敲。其间，我又将论文呈递于恰巧来华的韩书瑞教授以及部分佛教史专家，如南开大学中文系孙昌武教授、陈洪教授等，向他们请教。韩书瑞教授于明清时期的北京寺庙有精深研究，并撰有相关专著，是我的“同志”。应邀在南开大学历史系讲学时，她也对拙文谬加推许。孙昌武教授不仅对一些问题提出了自己的看法，而且热情提出将拙著推荐出版。

我的妻子王赤虽然也肩负教学任务，但是为了我写作论文，在怀孕期间仍承担了许多家务。在论文写作过程中，我的儿子降临人世，她即携子长住于娘家，使我得以专心写作。独自坐在筒子楼里的陋室中敲击键盘，挪动鼠标，我的内心每每涌起对妻、儿深深的歉意。

在本书出版之际，谨向以上提到的各位以及未提到而亦对本书的写作、出版给予帮助的诸位先生致以诚挚的谢意！

何孝荣

1999年9月

再版后记

拙著《明代南京寺院研究》将由故宫出版社再版，这是一件令我欣喜又有些感伤的事。

《明代南京寺院研究》最初于2000年底出版。它试图通过考察明代南京佛教寺院的修建和兴衰、佛寺建筑、僧人修学、寺院经济、制度、影响，来展示明代上自皇帝下至普通民众的佛教信仰，管窥中国古代佛教史的面貌。对于明史及中国佛教史研究来说，这是一条新的学术路径和一种新的研究方法，因此出版后迅速获得了明史学界、中国佛教史学界以及佛教界的肯定和好评。尤其是时年已85岁的著名学者、国家图书馆名誉馆长任继愈先生，在收到素不相识的我寄呈的拙著后，稍作浏览，即不顾年高事多，于当日（2001年1月9日）给我写信，肯定“这是一部有意义的著作，值得继续推广这一领域”；次日，他又给杨志玖先生写信，表扬“这个青年有科研的能力，学风也正，与时下流行的那些取得博士头衔的博士生不大一样。希望你们好好培养培养，是棵可以长大的幼苗”。其后，在任先生等众多学者的鼓励下，我一直坚持自己的研究方向，不断对明代佛教史做出新的探索。2007年9月，当我将自己的国家社科基金项目结项成果“明代北京佛教寺院修建研究”书稿（2008年2月获得国家社科成果结项优秀等级）呈送给任先生审阅后，他很是高兴，又欣然应请为该书题写了书名。当时，他已是91岁的老人！2008年3月，他还亲自颁发聘书，请我担任国家重大出版工程项目“中华大藏经续编（汉文部分）”编委，负责主持佛寺志山志的编撰和点校，给我以较高的荣誉和充分的信任。

时光荏苒，白驹过隙。转瞬之间，从《明代南京寺院研究》初版到现在，已经十年了！任继愈先生已于 2009 年 7 月驾鹤西去，杨志玖先生则先于 2002 年 5 月归真。而我也从 35 岁的青年增长为 45 岁的中年，满头黑发中不知何时添出几根白发。当初参与本博士论文指导和答辩的南炳文教授等专家学者，也多数退休。写着这篇再版后记，往事顿时浮现眼前，真令我有些伤感，唏嘘不已。

《明代南京寺院研究》初版后，在学术界产生了一些影响，不仅其中的研究成果、结论被多次引用，而且研究方法、路径也为不少学者所借鉴参考。该书 2000 年 12 月第一次印了 1000 册，2001 年 4 月第二次印刷又印了 2000 册，三千册书早已售罄。这对于一本纯学术著作来说，在当年确实是不多见的。后来，经常有一些读者、学者好友向我索要此书，但我手头也早已无书可赠。这次故宫出版社决定再版本书，真是一件欣喜的事。

《明代南京寺院研究》初版前，已经过反复修改、核实，所以史料、结构、观点结论大多经历住了时间的考验。这次再版，我对原书没有做大的改动，基本保持原貌。只是对个别错误加以改正，如明太祖分寺、僧为禅、讲、教三类的时间，释迦也失的籍贯，班的答的事迹等，这实际上也是我近几年读书学习及研究的新进展中的一部分。

明代南京寺院的研究告一段落后，近些年，我的研究方向转向明代北京佛教，特别是关注明代皇室、宦官等对佛教的崇奉，不知不觉地进入故宫学的领域，与故宫博物院有过不少合作，得到了故宫博物院原院长郑欣淼先生、故宫学研究所所长章宏伟先生、故宫博物院科研处赵中男先生等的大力支持和关照。目前，我们的合作正在走向深入，成立了南开大学故宫学与明清宫廷研究中心，聘请故宫博物院院长单霁翔先生、原院长郑欣淼先生等人担任南开大学兼职教授，相信故宫学研究必将得到发扬光大。

这次故宫出版社再版本书，是我和故宫博物院的又一次结缘。感谢故宫出版社的责任编辑杨付红、艾珊歌，也感谢所有关心和帮助本书初版、再版的各位专家学者、亲朋好友。

本书继续期待专家学者和广大读者的批评指正。

何孝荣

2011年11月20日

明清纪元简表

皇　帝	年　号 （在位年限）	元年干支 （公元纪年）
太祖（朱元璋）	洪武（31）	戊申（1368）
惠帝（朱允炆）	建文（4）*	己卯（1399）
成祖（朱棣）	永乐（22）	癸未（1403）
仁宗（朱高炽）	洪熙（1）	乙巳（1425）
宣宗（朱瞻基）	宣德（10）	丙午（1426）
英宗（朱祁镇）	正统（14）	丙辰（1436）
代宗（朱祁钰）	景泰（8）	庚午（1450）
英宗（朱祁镇）	天顺（8）	丁丑一（1457）
宪宗（朱见深）	成化（23）	乙酉（1465）
孝宗（朱祐樘）	弘治（18）	戊申（1488）
武宗（朱厚照）	正德（16）	丙寅（1506）
世宗（朱厚熜）	嘉靖（45）	壬午（1522）
穆宗（朱载垕）	隆庆（6）	丁卯（1567）
神宗（朱翊钧）	万历（48）	癸酉（1573）
光宗（朱常洛）	泰昌（1）	庚申八（1620）
熹宗（朱由校）	天启（7）	辛酉（1621）
思宗（朱由检）	崇祯（17）	戊辰（1628）
*建文四年，成祖废除建文年号，改为洪武三十五年。		
太祖（爱新觉罗·努尔哈赤）	天命（11）	丙辰（1616）
太宗（爱新觉罗·皇太极）	天聪（10） 崇德（8）	丁卯（1627） 丙子四（1636）
世祖（爱新觉罗·福临）	顺治（18）	甲申（1644）
圣祖（爱新觉罗·玄烨）	康熙（61）	壬寅（1662）
世宗（爱新觉罗·胤禛）	雍正（13）	癸卯（1723）
高宗（爱新觉罗·弘历）	乾隆（60）	丙辰（1736）
仁宗（爱新觉罗·颙琰）	嘉庆（25）	丙辰（1796）
宣宗（爱新觉罗·旻宁）	道光（30）	辛巳（1821）
文宗（爱新觉罗·奕詝）	咸丰（11）	辛亥（1851）
穆宗（爱新觉罗·载淳）	同治（13）	壬戌（1862）
德宗（爱新觉罗·载湉）	光绪（34）	乙亥（1875）
爱新觉罗·溥仪	宣统（3）	己酉（1909）
1616年，努尔哈赤建立后金；1636年，改国号为清；1644年，清入关。		

◆ 制表参考《现代汉语词典》（第5版，商务印书馆，2010年）。

◆ 年中改元时，在干支后用数字注出改元的月份。

编后说明

《明清史学术文库》旨在整合出版上世纪以来，明清史学研究领域中学术影响深远的专题论著（暂未包括专有出版权与其他出版机构有合同约束的论著）。

由于所选书稿在此前分别由不同的出版社出版，因此在编辑制作过程中，我们尤其注重构建本丛书的体例。特作说明如下。

一　内容

为保持与相关领域学术发展同步，本丛书出版前，各册书稿内容均请作者、作者家属或相关学者在原著基础上作了厘正。

二　结构

丛书各册内容按照章、节等体例安排层级关系，图表按章排序。

三　文字

文献名、引文、年号、姓名等文字中，如遇异体字或无对应的现行简化字，则保留原字。

四　注释

1. 相同文献的相同版本信息，只在第一次出现时予以标注（该文献如在书中出现其他版本信息，则逐一标注；如来稿每则注释皆信息完整，且体例统一，则不予改动；如信息查询未果，则维持缺项）。

2. “二十四史”等常见古籍，如无特殊需要，皆不注明版本信息。

3. 古籍卷数用“卷”与汉字表示，如卷一九、卷一三五等。

五　年代换算

明清两朝的干支纪年不逐一换算成公元纪年，对于原著未附纪元表的专著，附以《明清纪元简表》，以便参考。

六　寄语

本丛书各册作者皆为相关领域学术大家，故每册卷首均设作者寄语。寄语或为约请作者提供，或从其专著中援引。

官廷历史编辑室

二〇一二年七月